本书受"西安交通大学人文社会科学学术著作出版基金"和"中央高校基本科研业务费专项资金"资助

The publishing of this book is supported by "the Fundamental Research Funds for the Central Universities"

THE POLITICAL ECONOMY OF
IRAN UNDER THE QAJARS:
SOCIETY, POLITICS, ECONOMICS AND
FOREIGN RELATIONS 1796-1926

HOOSHANG AMIRAHMADI

伊朗恺加王朝
（1796-1926）
政治经济学

社会、政治、经济及外交

［伊朗］胡桑·阿米拉马迪 著　　冯广宜 译

中国社会科学出版社

图字：01-2020-6924 号

图书在版编目（CIP）数据

伊朗恺加王朝（1796—1926）政治经济学：社会、政治、经济及外交 /（伊朗）胡桑·阿米拉马迪著；冯广宜译．—北京：中国社会科学出版社，2021.7

书名原文：The Political Economy of Iran Under the Qajars：Society, Politics, Economics and Foreign Relations 1796-1926

ISBN 978-7-5203-8554-1

Ⅰ.①伊⋯ Ⅱ.①胡⋯②冯⋯ Ⅲ.①政治经济学—经济思想史—伊朗—1796-1926 Ⅳ.①F093.734

中国版本图书馆 CIP 数据核字（2021）第 106715 号

出 版 人	赵剑英
责任编辑	范晨星
责任校对	李　剑
责任印制	王　超

出　　版	中国社会科学出版社
社　　址	北京鼓楼西大街甲 158 号
邮　　编	100720
网　　址	http://www.csspw.cn
发 行 部	010-84083685
门 市 部	010-84029450
经　　销	新华书店及其他书店
印　　刷	北京明恒达印务有限公司
装　　订	廊坊市广阳区广增装订厂
版　　次	2021 年 7 月第 1 版
印　　次	2021 年 7 月第 1 次印刷
开　　本	710×1000　1/16
印　　张	21.75
插　　页	2
字　　数	335 千字
定　　价	118.00 元

凡购买中国社会科学出版社图书，如有质量问题请与本社营销中心联系调换
电话：010-84083683
版权所有　侵权必究

译者序

近年来，随着"一带一路"倡议持续发展和中伊合作不断加强，伊朗研究在我国方兴未艾，在历史和现状研究领域产生了大量优秀成果。恺加王朝是伊朗近代历史的开端，是伊朗由传统封建农业和游牧部落社会向现代社会转变的过渡阶段，在其近代历史发展进程中的地位至关重要，但国内学者对这一时期的研究尚不多见，而以马克思主义政治经济学视角研究这一时期历史的成果更是寥寥可数。

马克思主义政治经济学是"马克思理论最深刻、最全面、最详细的证明和运用"，是研究生产关系及其发展规律的科学，具有科学性和真理性、人民性和实践性、开放性和时代性的理论特征，为我们提供了认识和分析伊朗近代历史的理论基础和研究框架。《伊朗恺加王朝（1796—1926）政治经济学：社会、政治、经济及外交》以马克思主义政治经济学为理论基础，大量借鉴伊朗、欧美学者的研究成果、档案文献和史料，从社会、经济、政治、地理、意识形态、外交等领域全面、深入分析了这一过渡阶段的发展和变化过程；以生产方式和阶级分析为方法，独到地剖析了这一时期伊朗半封建半殖民地社会发展变化的轨迹，及其对现代伊朗社会的影响。本书是西方学界用马克思主义政治经济学视角分析伊朗近代社会发展变化为数不多的代表作之一，对我国的伊朗研究具有重要的借鉴意义。

胡桑·阿米拉马迪教授是著名经济学家和伊朗研究学者，自1982年起便展开恺加王朝政治经济学的研究，历时数十载，易稿十数次，经过持续研究和反复推敲，于2012年为读者呈现了这样一部经典之作。译者初读该书正值筹备博士论文之际，该研究方法独到、思路清晰、史料详实、分析严谨，令人顿时耳目一新，并有了将其译成中文，与更多国内学者分享的念头。本书的翻译、出版工作历经四载，在阿米拉马迪教授的鼎力支持、帮助和鼓励下，经过反复修改和不断完善，最终得以付梓出版。在此过程中，阿米拉马迪教授对译者每封邮件中提出的所有问题都给予了及时、耐心、详尽的回答，从而确保了译文能准确、全面地传达原作的内容和思想。书中专有名词的翻译基本沿用国内约定俗成的译法，对尚无汉语译文的专有名词，译者在翻译时反复斟酌，以确保译文准确恰当且统一规范，既符合汉语表达习惯，又能准确体现该词的基本内涵，从而避免由于专有名词翻译的差异而导致信息不对称。

本书的出版离不开中国社会科学出版社范晨星编辑及其同事的不懈努力和辛勤付出，也离不开西安交通大学外国语学院、社科处、亚欧研究中心各位领导和同事的大力支持和帮助。在此对他们致以衷心的感谢。

译　者
2021年6月于中国西部科技创新港

Preface to Chinese Translation
中译版序

I was most delighted when, in April 2018, I first heard from Dr. Feng Guangyi of Xi'an Jiaotong University, Xi'an City, China, that he intends to translate and publish in Chinese my book: *The Political Economy of Iran under the Qajar: society, politics, economics, and foreign relations, 1796 – 1926*. I had previously had interviews and short articles published in Chinese, but having a book in Chinese was a much higher event. This translation also comes at the time when COVID – 19 pandemic has exposed the global community of its shared vulnerabilities and the need for a deeper global understanding to better manage a safer human co-existence. Although China's Middle Eastern Studies, Iranian Studies in particular, has been progressing fast, few books and articles have been published about the political economy of Middle Eastern countries. Therefore, this translation is hoped to draw more Chinese scholar to engage in this field as well as serve as a model for integrating the two disciplines in academic studies.

2018年4月，意外收到西安交通大学冯广宜博士的来信，得知他计划将拙著《伊朗恺加王朝（1796—1926）政治经济学：社会、政治、经济及外交》译成中文出版，我异常高兴。尽管之前曾多次接受中文媒体采访，亦偶有汉语文章见诸报端，但著作被译成中文出版，对我来说绝对算得上一件大事。本书的出版筹备工作偶逢新冠肺炎疫情肆虐全球之际，疫情使我们清楚认识到人类社会何等脆弱，唯有加强合作才能创造更好的生存环境。近年来，中东研究在中国迅速发展，伊朗研究表现尤为突出，但关于中东国家政治经济学研究的成果仍不多见。希望本书的出版既能抛砖引玉，吸引更多中国学者投身中东国家的政治经济学研究，同时也能成为一个跨学科、跨国界学术合作的范例。

This book is about the political economy and history of contemporary Iran, and it is most fitting to have it translated by a scholar of Iranian studies as well as English major in Xi'an City, the ancient capital of Tang Dynasty and Han Dynasty, when China was most open to the outside world. As early as Tang Dynasty, the city hosted many foreign students, scholars, merchants, and diplomats. The Silk Road was also initiated during Han Dynasty 2100 years ago, with its east end beginning in Xi'an City and extending westward through Iran and beyond. The Road is currently being revived by the Chinese Government as the core of its Belt and Road Initiative connecting people and products across a large part of the Eurasian land mass, including China and Iran.

本书主要讲述伊朗近代历史及政治经济学，由一位既有扎实英语专业背景，又长期从事伊朗问题研究，且来自古都西安这一汉、唐时期即高度开放之地的学者翻译本书，可谓完美至极。早在唐代，就有外国留学生、学者、商贾、外交官云集西安。汉代时，以西安为起点的古丝绸之路向西延伸至伊朗乃至更远地区。当前，"一带一路"倡议正致力于重振这条贯通亚欧大陆大部分地区人民文化交流和货物交通的重要纽带，为包括中、伊在内的沿线国家提供更好的交流与合作平台。

China and Iran are builders of two great ancient civilizations and have had fraternal relations throughout their histories. As two key nations along the ancient Silk Road, China and Iran had cooperated to spread cultural and technological achievements throughout the world, greatly benefiting the development and progress of world civilization. I am sure that the cooperative tradition will serve as the foundation for the development of bilateral relations between the two countries and benefit their people even more. As a key advancing economy in the world, the Chinese people are working hard to rejuvenate the Chinese nation under the leadership of their government. The Iranians are also striving to develop their economy and culture, wishing to revive their splendid history as soon as possible. Given this circumstance, a deeper mutual understanding and cooperation is not only a helpful step to promote their friendship, but also a driving force to revive the two great nations' magnificent histories.

中、伊两国都曾缔造了伟大的古代文明，彼此间的交往和友谊源远流长。作为古丝绸之路沿线的重要国家，两国曾多次通力合作，将古代人类先进科技和文化传播至世界各地，极大地促进了人类社会的共同进步和发展。我相信，两国间同心协力的优秀传统将成为双边关系不断发展的重要基石，为两国百姓谋求更大福利。作为当今世界一支重要的新兴力量，中国政府正积极带领全国人民实现中华民族的伟大复兴；而伊朗人民也在勠力发展经济和文化，争取早日实现民族复兴。在此背景下，两国间更加深入地相互理解和通力合作，不仅有助于两国友好关系的持续和发展，亦是推动两个伟大民族早日实现复兴的重要动力。

Historical experience of Iran and China are also similar. They have both created dazzling civilizations in ancient time, and suffered foreign invasion, penetration, and domination in modern history; they both have fought liberation wars against foreign powers and have waged domestic revolutions against internal reactionaries and stooges of imperialist powers to build their new nations. The countries' foreign encounters brought them miseries, disarticulated their societies, fragmented their internal nation-building processes, and disrupted their political geographies. No wonder the two nations have been equally nationalistic and revolutionary, constantly fending and defending their heritage and honors. The Chinese Opium War with Britain broke out in 1840 when China was defeated by the advanced weapons of the Western world. Qing Dynasty signed one humiliating treaty after another, greatly undermining the survival of Chinese nation. The Taiping Heavenly Movement from 1851 to 1864 is one of the earliest efforts by Chinese people to save their nation. Similarly, Iran lost two wars to Russia in early 1800s and signed two humiliating treaties of *Gulistan* and *Turkmenchay*, losing large areas of land and economic interest in the Caucasus. The Babi Movement of the mid-1800s is also one of the earliest efforts for Iranian people to save their nation. Iran's Constitutional Revolution of 1906 was one of the earliest in Asia.

中、伊两国都曾缔造了辉煌的古代文明，亦都在近代遭受帝国主义列强的侵略、渗透和控制。两国人民经过顽强不息的斗争赢得了国家独立，并在一次次革命中推翻了国内反动势力和帝国列强代言人的压迫，赢得了民族解放，并最终建立了新的政府。近代以来，帝国主义列强的侵略给两国人民带来了沉重灾难，强行撕裂了两个古老的社会形态和地理版图，使其国家构建进程支离破碎。因而，为了维护民族尊严和保护历史自豪感，两国人民都频繁表现出民族主义和革命性特点。这一点当无可厚非。1840年英国发动鸦片战争，拉开了帝国主义列强侵略中国的序幕，晚清政府随后在列强坚船利炮的打击和威胁下签订了一系列丧权辱国的不平等条约，将中华民族置于生死存亡的边缘，而1851—1864年的太平天国运动正是中国人民早期救亡图存的努力尝试。19世纪初，沙俄先后两次入侵伊朗，尽管伊朗人民英勇抵抗，但仍以失败告终，先后签订了《古利斯坦条约》和《土库曼恰伊条约》两个屈辱的不平等条约，丧失了高加索地区大片领土和经济利益，而19世纪中期席卷全国的巴布运动正是伊朗人民救亡图存的早期尝试，1906年爆发的伊朗宪政革命更是亚洲人民以革命形式谋求民族复兴的最早壮举。两者何其相似！

Given this similarity in political-economy histories of the two nations and the increasingly complicated world situation today, there is growing need for the two countries to cooperate. The Belt and Road Initiative has also entrusted a more important and responsible role to China in the world. This new role for China makes the study of the history and political economy of developing countries like Iran especially significant for the Chinese people. The present translation will not only help Chinese scholars better understand these developing countries, but also help build a more mutual global trust and create a better international environment for the development of Belt and Road Initiative. Indeed, what makes the translation of this book into Chinese momentous is its unique historical-political-economy framework. China has world-class scholars in political-economy studies and world-class scholars in world-history research, but hardly has scholars who have built bridges between the two academic fields. It is my hope that this translation will contribute towards building those bridges and introduce an Iran to its Chinese readers that has hardly been so exposed in the past.

鉴于两国近代政治经济高度相似，且当今国际环境愈趋复杂，两国间相互合作的必要性不断提升，加之"一带一路"倡议正赋予中国更加重要的国际角色和更大的国际责任，加强对伊朗等发展中国家历史和政治经济学发展进程的研究便显得尤为重要，不但有助于中国学者和民众进一步了解、认识这些国家，更有助于增强彼此互信，营造更有利于"一带一路"倡议发展的国际环境。在此背景下，本书以独特的历史—政治—经济研究视角和理论框架为读者全面分析了伊朗恺加王朝的历史，因而意义重大。它不仅有助于中国读者从全新的视角更好地了解"一带一路"沿线国家，还有助于在全球范围内增强互信，为"一带一路"倡议的顺利发展营造良好的国际环境。中国学者的政治经济学研究享誉世界，其世界史研究亦独树一帜，但从政治经济学视角研究近代世界历史的成果目前并不多见。希望本书的出版能够抛砖引玉，吸引更多中国学者参与，共同搭建这座跨学科研究的桥梁，从全新的独特视角为中国读者解读伊朗等发展中国家的近代历史。

The Political Economy of Iran explores the roots of the present-day challenges facing Iran by setting its struggle for development in an historical political-economy framework. It offers a critical and comprehensive analysis of the nations' economic, political, and social predicaments as well as its highly contested foreign relations during its critical nation-building period of 1796 to 1926. For the last two centuries, Iranians have been struggling to revive their nation, but they have not yet become a developed country. More significantly, in 20th century the country experienced an Islamic Revolution that led to the formation of a theocratic state. Many have wondered why. The answer: Iran's transition to modernity was hindered by both its corrupt ruling elites and devouring foreign adversaries.

当今伊朗面临诸多挑战，其源头来自何处？本书以历史政治经济学为研究框架，以伊朗人民寻求国家发展的不懈斗争为研究对象，全面分析了1796—1926年伊朗民族构建这一关键时期的经济、政治、社会及外交困境。近代以来，伊朗人民为实现民族复兴付出了不懈努力，但为何仍未实现成为发达国家这一目标？更为重要的是，伊朗为何爆发伊斯兰革命，并建立神权政体？人们不禁对此产生疑问。我的回答是：统治精英集团的腐败和帝国主义列强的殖民掠夺严重阻碍了近代伊朗现代性的形成和发展。

I let the readers of this book explore the facts and analyses regarding this answer for themselves. What I wish to underscore, though, is the fact that Iran's struggle for development continues to date despite several revolutions, uprisings, and nationalist movements to break from the past. As the world's largest developing country, China has found a successful path to rejuvenate its nation. Will China's experience be an example for Iran to learn something from and follow as it searches for a new and more effective path to modernity? I certainly hope so. While Iran should learn from successful experiences, it must also be attentive to its specificities of history, culture and geography as China was and is.

对于本书所列史实及所做分析，读者定有自己的解读。尽管如此，我仍希望强调一点：除那些旨在与过去决裂的革命、抗议和民族主义运动外，伊朗人民寻求国家发展的努力至今仍未停歇。过去几十年里，作为世界最大的发展中国家，中国成功走出了一条民族复兴的道路，这条全新的道路能否为伊朗提供借鉴，使其更好地走向现代性？诚望如此！当然，伊朗不仅需要借鉴中国的成功发展经验，更需要学习中国立足本国独特历史、文化和地理条件的务实精神，探索出适合自己的独特发展道路。

Finally, I am not versed in Chinses and may never be able to read this Chinese translation of my book. My Chinese readers will be the ultimate judge about how good this translation is. However, I can say this: during translation, Dr. Guangyi has kept in constant contact with me and asked a good number of important technical and scholarly questions, to make sure about the translation of almost every consequential word. This has convinced me that he is a careful scholar and translator. I want to thank Dr. Guangyi for the translation and introduction of my book to the Chinses scholarly community. His tireless and extensive efforts are very much appreciated. I am also grateful to his program and university for supporting this project. I have visited China a few times and look forward to visiting my Chinese colleagues in Xi'an City the soonest possible. Last, I wish this world pandemic will disappear soon and cross-national academic communication will return to normal as early as possible.

我不懂中文，无法拜读这本中文译本，亦不想妄议本书译文的好坏，只有中文读者才最有资格对此做出评判。但我想说的是：在本书翻译过程中，广宜博士长期与我保持沟通，并随时来信核实相关专业术语和史实细节，以求翻译准确无误。这足以使我相信他是一位谨慎、认真的学者和译者。感谢他向中国读者引介本书，并为此付出大量辛勤工作。同时也感谢西安交通大学对本书出版给予大力支持和资助。我曾数次到访中国，但仍希望再到中国与学界同仁深入交流。最后祈愿疫情早日结束，跨国学术交流尽早恢复正常。

Hooshang Amirahmadi, PhD., Distinguished Service Professor, Rutgers University, USA; Senior Associate Member, Oxford University, UK

胡桑·阿米拉马迪 博士
美国罗格斯大学杰出教授、英国牛津大学高级研究员
Princeton, November 2020
2020 年 11 月于普林斯顿

前　　言

　　本书以全方位的视角呈现了19世纪初至20世纪20年代伊朗社会从伪封建主义向原始资本主义转变过程中的政治经济学，全面分析了伊朗社会、经济、政治、地理、意识形态及外交关系的发展。在伊朗近代历史中，恺加王朝具有承上启下的重要意义。深入了解这一时期伊朗历史发展的框架和脉络，不仅对我们充分认识当今伊朗社会纷繁复杂的诸多问题至关重要，亦能使我们制定更加有效的措施，来应对伊朗社会面临的诸多挑战，从而确保其顺利完成向更加和谐、民主、发达国家的过渡，并最终与国际社会、尤其是西方国家实现关系正常化。

　　本书回答了一个关键的问题：尽管伊朗拥有悠久的历史、丰富的人力和自然资源，却为何未能实现有效的经济发展，未能建立一个西式自由主义民主的国家，亦未能够与世界其他国家建立友好的积极外交关系？本书将尽最大努力来探寻伊斯兰革命何以爆发这一谜团。根据本书研究的结果来看，似乎可以肯定地认为其最根本原因是王朝政府的错误领导和外国势力的野蛮干预。其他影响因素还包括统治精英阶层的剥削性特征、商人阶层与宗教权威联盟、强调意识形态派系对抗的腐朽政治文化，错综复杂、自上而下的国家构建进程严重挫伤了国家统一和民族主义的发展，以及新兴知识阶层过早、过快地推进市民社会政治化进程等。

　　需要强调的是，本书与以往观点不同，认为恺加王朝时期伊朗生产力实现了较大发展，但其资本主义的形成和发展由于诸多阻碍力量和不利因素被迫中止。因此，伊朗社会不但未能顺利完成从自给自足农业生产方式向工业化大生产的过渡，而且陷入了长期依赖对外贸易和不动产拉动经济发展的怪圈。新兴的资产阶级未能成功实现伊朗经济工业化，这就使得伊朗独特的封建主义生产方式得以延续，从而导致伊朗社会只能以独裁君主统治取代传统的君主专制制度。独裁统治者与外国势力联合，持续扼杀民族主义和民主进步力量，破坏他们争取国家发展、民族独立和自由的努力。

本书的出版是我多年研究、撰写和反复推敲的结晶。我于1982年在康奈尔大学攻读博士学位时便开始此方面的研究，随后在罗格斯大学任教时持续推进，并于2009年在牛津大学圣安东尼学院担任高级访问学者期间完成了全书的撰写工作。这些年来，我得到了导师、同事、学生、朋友和家人的指导、建议、帮助和支持，虽然无法在此将他们的名字一一列出，但我要向他们表达我衷心的感谢，感谢他们对我的支持和帮助。

我希望借此机会向几位以各种方式对本书的撰写和成功出版给予巨大帮助的导师、同事和朋友表达我最诚挚的感谢。首先，我要感谢康奈尔大学的威廉·戈德史密斯（William W. Goldsmith）教授，如果没有他高瞻远瞩的指导和鼎力支持，这一研究课题或许根本不可能形成。此外，我也要感谢康奈尔大学的西德尼·萨尔茨曼（Sidney Saltzman）教授和汤姆·戴维斯（Tom C. Davis）教授，他们在我研究过程中提出的批评和建议是我顺利完成这一研究的重要保障。我还要感谢已故的普林斯顿大学查尔斯·伊萨维（Charles Issawi）教授，他认真阅读了我的部分书稿，并给了我莫大的鼓励和建设性意见。

在此，我还要感谢我的三位博士生大卫·格拉德斯通（David Gladstone）、纳巴塔·托卡特利（Nebahat Tokatli）和普雅·阿莱迪尼（Pooya Alaedini）在本书撰写过程中所付出的大量极具价值的工作。目前他们已分别赴美国、土耳其和伊朗的大学任教。如果没有他们所做的重要贡献，本书可能依然只是我最初完成的那篇简单的博士论文而已。大卫和普雅尤其为此付出了大量的额外劳动，对原稿做了反复修改。我的另一位博士生玛丽亚姆·扎尔南尼（Maryam Zarnani）在文献查新方面付出了大量的劳动，在此也对她表示感谢。

在罗格斯大学，我有幸得到了副校长拉斐尔·卡普里奥（Raphael J. Caprio）博士的鼎力支持，他的慷慨资助使得本书撰写过程中所必需的额外研究工作得以顺利开展。我的好友、国际海事公司董事长马歇尔·克罗伊德（Marshall P. Cloyd）先生也慷慨解囊，为我在牛津大学访学期间的研究提供了经费。不仅如此，马歇尔和他优秀、和谐的家庭生活也对我的学术生涯和人生产生了重大影响，是激励我一往无前的一盏明灯。拥有这样一位挚友令我感到三生有幸。

非常有幸与牛津大学圣安东尼学院中东研究中心主任尤金·罗根（Eugene Rogan）博士共事，如今，他已是我的挚友之一。他与赫马·卡图兹安（Homa Katouzian）博士等几位同事对我的研究工作提出了大量友好而诚恳的评价和建议。此外，我还要感谢帮助我审阅此书的多位友人和陶里斯出版社的编辑莱斯特·克鲁克（Lester Crook）博士。他与出版社董事长伊拉杰·巴赫扎德（Iradj Bagherzade）先生为本书的成功出版付出了大量时间和辛勤劳动。

最后，我要向我的妻子扎赫拉·贝赫什提（Zahra Beheshti）博士和我的女儿罗克萨娜·阿米拉马迪（Roxana Amirahmadi）致以最真诚的感谢。他们持续不断的爱、鼓励和包容是我得以顺利完成本书撰写工作的强大动力。我还要在此向我已故的父母和远在伊朗的兄弟姐妹致以诚挚的感激。长期以来，他们无条件地给了我最为坚定的支持。本书的顺利出版是众位导师、学生、朋友和家人关怀、支持、关心和关爱的共同结果。本书如有任何纰漏，还望各位读者不吝批评指正，对此我将不胜感激。

目　　录

第一章　引言 …………………………………………………（1）

第二章　前资本主义时期的社会结构 ………………………（9）
　　现代伊朗国家的起源、神权政治与封建主义 ……………（11）

第三章　人口、城市化和基础设施 …………………………（20）
　　人　口 …………………………………………………（21）
　　城市化 …………………………………………………（29）
　　基础设施 ………………………………………………（32）

第四章　经济力量及其转变 …………………………………（39）
　　生产力变化 ……………………………………………（40）
　　生产关系变化 …………………………………………（59）
　　原始积累 ………………………………………………（70）
　　经济基础 ………………………………………………（79）
　　　货币问题 ……………………………………………（79）
　　　通货膨胀 ……………………………………………（84）
　　　地租与税收增长 ……………………………………（86）
　　　工资 …………………………………………………（88）

第五章　政治体制与公共政策 (91)
 封建王权 (91)
 政府机构 (93)
  国家管理体制 (94)
 官僚体系及其腐败 (94)
 公众金融和预算赤字 (99)
 国家统治机器 (113)
  司法体系和法律 (113)
  军事组织 (119)

第六章　伊朗社会与意识形态的碰撞 (130)
 教育与媒体 (131)
 意识形态斗争、改革家及其改革 (147)

第七章　外贸、干涉与内政 (164)
 帝国主义与渗透：1796—1870 年 (165)
 帝国主义列强支配伊朗与伊朗的依附地位：1870—1926 年 (190)

第八章　阶级联盟与政治斗争 (214)
 阶级联盟与斗争，1796—1890 年 (218)
 阶级联盟与斗争，1891—1911 年 (236)
 阶级联盟与斗争，1912—1926 年 (273)

第九章　经验主义与理论结论 (281)
 从伪封建主义到原生资本主义：总结 (282)
 政治经济学理论与实践 (287)

参考文献 (305)

第 一 章

引　言

> 历史是一面镜子，帮我们汲取过去的教训，并为我们照亮未来的道路。
>
> ——波斯谚语

为了更好地理解今天伊朗社会的矛盾，应对伊朗社会向更为和谐和民主的发达国家发展过渡过程中所遇到的一系列挑战，我们有必要以批判的视角详细审视伊朗现代社会形成时期（整个19世纪到20世纪20年代）所发生的政治经济变化。本书综合回顾了这一时期伊朗社会、经济、政治、空间、社会意识形态及国际关系等方面的内容。

尽管有不少专著和文章都对19世纪及20世纪早期伊朗社会的诸多方面进行了比较深入的探讨和研究，却未有任何著作能够以批判的视角全面分析这一时期伊朗的政治经济发展。利用"划时代转变"理论（见第九章）的分析，本书不但全面分析了这一时期伊朗社会的变化，也间接探讨了1979年伊斯兰革命爆发的原因。此外，本书还将使读者更好地理解伊朗长期面临的两个巨大挑战：民主发展与国际关系正常化。

19世纪的欧洲游客通常会把伊朗描绘成一个落后、破败不堪的国家，农业和手工业在"常规租税"和"非常规剥削"的双重压力下遭受了严重的破坏。① 通常情况下，人们认为这一时期伊朗农业和手工业生产者所遭受的繁重租税来自政府官员、地主、宗教权威、大商人和高利贷者等几乎所有统治阶级的残酷剥削，但我在此还需补充三点。

第一，这一时期的欧洲游客曾试图对比伊朗与同时期欧洲的社会、经济状况，但很少将这一时期伊朗的社会、经济状况与之前的伊朗进行比较。如此一来，他们就必然得出错误的结论，认为整个19世纪和20世纪初，伊朗社会并未取得任何明显的进步。

第二，同样是这些欧洲游客，他们用定量的方法来看待这一时期伊朗的经济和社会状况。虽然他们通过阅读19世纪早期和中期到访伊朗的欧洲游客对伊朗农民和手工业者所受压迫和剥削的描绘在一定程度上了解了伊朗的社会状况，却并未意识到19世纪末伊朗农民和手工业者的没落与19世纪早期和中期农民、手工业者所遭受的剥削存在本质上的差异。这一时期伊朗农民的贫困化过程正是1860—1880年伊朗社会原始积累达到相当明显程度的一个表现方面，这一原始积累过程一直持续至1926年恺加王朝灭亡之时。我们将在接下来的几个章节中向大家详细呈现。

第三，西方游记作家的描绘忽略了一个事实，即英、俄等列强对伊朗的军事侵略和经济侵蚀极大地扼杀了伊朗自身的发展，改变了其发展的自然进程，使其未能顺利实现从自给自足的农业社会向国内贸易扩张，再向民族资产阶级崛起发展的自然过程。

本书通过详细的讨论和分析证明，19世纪的伊朗虽在诸多方面与之

---

① 有关伊朗的游记，详见 James Fraser（此人为英国间谍）所著 *A Journey through Persia*、*A Second Journey through Persia*、*Narrative of a Journey to Khorassan*、*Travels and Adventures in the Persian Provinces on the Southern Banks of the Caspian Sea*，以及 *Historical and Descriptive Account of Persia*。又见 Prince Alexis Soltykoff 所著 *Mosafarat Beh Iran*（即《伊朗游记》，波斯语版由 Mohsen Saba 翻译而成）；C. A. De Bode 所著 *Travels in Luristan and Arabistan*；R. Binning 所著 *A Journal of Two Years' Travel in Persia*，2 Vols；C. M. MacGregor 所著 *Narrative of a Journey Through the Persian Province of Khorassan*，2 Vols；W. Brittlebank 所著 *Persia During the Famine*；de Morgan 所著 *Safar Nameh - e de Morgan*（即《德·摩根游记》，波斯语版由 G. Qa'emmaqami 翻译而成）；A. V. W. Jackson 所著 *Persia: Past and Present*；以及 S. K. Nweeya 所著 *Persia, the Land of the Magi*。又见本书参考文献中所列 Malcolm、Markham、Rawlinson、Sykes、Browne、Curzon、Shuster、Kinneir 以及 Lorime 等的著作。

前的伊朗社会高度相似，仍处于极为落后的状态，但由于其相对稳定的封建体制、帝国主义列强干预不断加强、新兴社会阶层和力量反帝反封建斗争持续不断，以及他们争取实现国家发展的努力等全新因素的存在，这一时期的伊朗已开始为未来的变化酝酿重要基础。尽管我们的研究内容是1796—1926年整个恺加王朝时期伊朗社会所发生的变革和发展，但其不同阶段则表现出不同特点。事实上，当我们总体考虑这一时期影响伊朗社会变革的所有力量时，某一力量可能在某个特定阶段推动了社会的发展，但到了新的历史阶段，它可能会成为阻碍社会发展的因素。因此，我们很有必要将这一研究的时间跨度进一步细分为多个更加具体的时间阶段。

通常情况下，我们把恺加王朝分为四个历史阶段。[①] 第一阶段（1796—1834年）是历经长期战乱后的迅速恢复和实力集聚阶段。这一时期国库充盈，对外贸易迅速增长。第二阶段（1834—1864年）是对外贸易持续高速增长，经济作物种植开始发展和欧洲工业品进口开始增加的阶段，但经济总体仍呈现明显增长的趋势。第三阶段（1864—1890年）是自然灾难频发和经济严重倒退的阶段。家蚕微孢子虫病[②]导致伊朗蚕丝生产大幅缩减，持续干旱和瘟疫导致民不聊生，加之货币持续贬值和通货膨胀，最终导致伊朗陷入严重困境。虽然这一时期伊朗的对外贸易仍呈现增长态势，却伴随着诸多负面影响。第四阶段（1890—1926年）是伊朗融入世界经济体系的阶段。这一时期的特点是贸易赤字持续增加，同时，石油工业开始发展，并有很多金融机构和大型工业企业相继建立。尽管有了这些重要发展，伊朗的经济和社会却愈加落后，且越来越依附

---

① 详见C. Issawi 所著 *The Economic History of Iran*，第17—19页。
② 译者注：家蚕微孢子虫病（pébrine 或 Microsporida，拉丁名为 Nosema bomycis）是由家蚕微粒子寄生引起的古老的、分布广泛的传染性病害，是桑蚕中唯一能通过卵传给下一代的慢性传染病，严重危害种蚕的生产。病蚕在小蚕期体躯瘦小，发育迟缓，重者逐渐死亡；大蚕期行动呆滞、食欲减退，发育迟缓，群体大小不齐，重者成半蜕皮蚕而死亡；熟蚕期多不结茧，吐丝慢，多数结成薄皮茧；产卵期则出现卵形不整，大小不一，排列不整齐，有重叠卵，产附差，易脱落，不受精或死卵多。1845年，法国沃克吕兹省首次暴发家蚕微孢子虫病，随后迅速蔓延到意大利、西班牙等欧洲其他蚕区，给19世纪的欧洲养蚕业带来毁灭性打击；接着该病又传播到亚洲国家。1865年，此病使法国及意大利养蚕业陷于绝境。

于西方列强。

以上阶段划分主要以经济发展为基础，可参考的经济数据不仅数量少，其可靠性也存在问题。尽管如此，这种阶段划分为我们研究恺加王朝的经济发展提供了重要的编年史视角。然而，仅从经济视角研究恺加王朝难免有失偏颇，因此，我们用政治经济学的框架来划分恺加王朝的经济发展和生产力水平、相应的社会关系、帝国主义列强干预伊朗内政的本质，以及这一时期所爆发的阶级冲突和斗争。这就要求我们根据所研究的不同社会阶段对恺加王朝的政治统治时期进行不同的阶段划分，这也是本书所遵循的主要研究方法。

然而，根据政治经济学的标准和伊朗社会从"伪封建主义社会"向"原始资本主义社会"转变过程的视角来看（详见第二章），我们把1800年以后伊朗社会、政治和经济的发展分为三个互有重叠的历史阶段则显得更为合理。第一阶段（1796—1880年）是简单资本主义协作阶段，这一时期伴随着早期的原始积累过程。第二阶段（1881—1963年）是资本主义大生产的过渡阶段，其中1881—1926年是起步阶段。第三阶段（1963年至今）是后机械化工业大生产阶段，或称为现代工业阶段。由于第三个阶段不在我们的研究范围之内，我们将不再赘述。

简单资本主义协作阶段是伊朗由前资本主义向资本主义生产方式过渡的重要阶段。[①] 这一阶段初期，在某一雄心勃勃的资本家的努力下，一些长期从事同一工作的手工劳动者聚在一起共同生产同一产品。由于分工合理且高效协作，他们的生产效率较之前大幅提高。这种协作化生产催生了规模经济，但这一时期的规模经济尚未朝着促进劳动分工和任务专门化的趋势发展。这种简单的资本主义协作制度也是一种简单的再生产制度，这一阶段的资本积累仍是一个比较原始的概念，其工作任务也仅限于最小限度的机械化和最大限度的手工化，即劳动力密集型而非资本密集型。

这一时期制造业的特点是劳动协作，不同工种的熟练工在被雇用后

---

① 见《马克思恩格斯文集》第5卷，人民出版社2009年版，第373—389页。

开始从事一系列协作性劳动,以手工或简单机械的方式完成生产任务。[①]生产可以通过两种方式来实现:首先,之前从事多种手工劳动的独立手工业者被集中在一起,各自从事某个特定产品的具体生产;其次,之前由无技能工人生产的某个产品被划分成多道不同的工序,然后由不同工人来完成每一道特定的工序。在生产制造过程中,熟练工只需固定完成一项熟悉的任务或工序,从而使这道有限的工序得到最大限度的完善,而这种完善程度在之前任何时候都无法实现。

现代工业时代的特点就是商品生产过程中机械化大生产的普遍应用。[②] 在工业领域,通过同一动力系统将多种功能类似的机器驱动起来,取代那些只能完成单一操作的人工。劳动分工的专门化及其所标志的生产方式领域的巨大变革是现代工业的典型特点。而更重要的是,现代工业领域某一分支领域的变化会延伸至其他领域的运行之中。这不但可以激发这一产业的变革动力,亦可激活所有与之相关的生产过程及生产领域。现代工业标志着资本主义生产模式的形成。

社会转型的核心内容是其经济领域的变化和发展,这一共识成为劳动分工的基础。但正如之前学术界在伊朗恺加王朝研究中所遇到的问题一样,这种方法会最终引向经济简化主义问题(详见第二章)。这一错误的出现有其原因,即虽然这种方法从本质来讲是意识形态问题,但实际上也是一个方法论问题。以纯粹的量化术语来分析经济问题,导致我们在研究伊朗经济时经常忽略其质变的发生。然而,我们对其经济进行单纯的量化回归分析并不能与质变的发展过程相呼应,甚至有时会使这些质变显得变形和扭曲。

根据政治经济学的传统,有人认为帝国主义列强对伊朗国内政治和经济的毁灭性干预及与伊朗国内政治精英的联盟,使得恺加王朝时期的伊朗政治、经济经历了一个缓慢的技术衰退过程,导致伊朗经济逐渐远离工业资本的原始积累,资本转而被大量投向国内外贸易,严重阻碍了伊朗国内的原始积累过程,既未形成工业资产阶级,亦未形成产业工人

[①] 《马克思恩格斯文集》第 5 卷,人民出版社 2009 年版,第 373—389 页。

[②] 同上。

阶级。因此，1906年的宪政革命就不能被定性为资产阶级革命。实际上，这是一场由包括地主、大商人等沙阿的"臣民"和"奴仆"们所发起、旨在摆脱王权束缚的斗争。[①] 这种观点尽管算不得完美，却具有较强的合理性。

在同一政治经济学研究框架内，还有学者在提出类似观点的同时指出经济技术的衰退是出身商人阶层的大商人资本家们的杰作。这类学者往往倾向于将伊朗宪政革命划归为资产阶级民主革命。[②] 当我们意识到伊朗社会资本的原始积累实际上是在1906年宪政革命爆发多年后才真正开始这一事实后，就不难发现这种观点实际上存在明显的前后矛盾。为了避免这种矛盾发生，有学者提出了依赖性发展的观点，但却并未提供任何具有说服力的事实依据。实际上，伊朗在这一过渡时期确实对西方列强产生了较大依赖，但其国内经济并未因此而取得明显发展。

尽管这些主张"衰退说"的学者都认为这一时期的伊朗资本主义是纯粹的舶来品，但就其如何"舶"来的问题，不同学者之间存在明显分歧。第一种观点是西方列强对伊朗社会影响的机械论学说，他们认为软弱落后的伊朗逐渐被西方列强所主宰并最终毁灭。根据这一观点，资本主义的确是伊朗的舶来品。第二种观点认为伊朗资本主义的形成并不独立于帝国主义世界经济体系之外，而是其不可或缺的一部分，处于边缘资本主义系统之中。正是基于这一原因，虽然在伊朗本国内部并未出现资本主义发展的基础和条件，这些学者依然将宪政革命定义为资产阶级民主革命。

那些坚持政治经济学传统观点的学者在方法论上存在明显矛盾，与那些拒绝使用任何分析方法的学者相比，其观点反而显得苍白无力，使得他们关于伊朗为何长期处于贫穷落后状态这一问题的阐释仅仅停留在特征描述的肤浅层面，严重缺乏说服力。大部分西方学者对伊朗发展的史学史研究都属于这一类，他们中尤以奇巴·卡拉姆（Ziba Kalam）为典型代

---

① 有关这种观点的代表性著作，详见 Homa Katouzian 所著 *The Political Economy of Modern Iran*，第27—71页，以及第46、58页所引内容。

② 这是伊朗左翼力量的"标准"观点。详见本书参考文献中所列 B. Jazani、M. Saudagar、E. Tabari 以及 B. Mo'meni 等人的著作。

表。卡拉姆在其著作《我们何以如此》（*Maa Chagouenh Maa Shodim*）中坚决反对马克思唯物主义辩证法的观点，否认伊朗曾经历过封建主义时期，并为帝国主义列强在伊朗的斑斑劣迹开脱辩护。他甚至未给读者留下任何分析的机会，直接使用描绘性的方法得出"导致伊朗落后的最主要原因是人口居住分散、部落生活方式和君主专制政治制度"这一结论。

一种更为可靠的伊朗社会转型研究方法可帮助我们纠正这些矛盾和方法论上的缺陷，而在此基础上所形成的理论框架可以让我们将宪政革命归于资产阶级民主革命的类型之中，却不致落入"大商人资产阶级"或"依赖性发展"等观点的樊篱之中。尤其值得注意的是，尽管在伊朗国内封建统治阶级和帝国主义列强的相互勾结下，伊朗社会在某些方面经历了量的衰退，但仍在很大程度上成功实现了国内物质生产、人力资源等方面"量"与"质"的综合发展。这些"量"的发展至少在某些领域表现尤为明显，而"质"的发展则在大部分领域都非常明显。

事实上，本书将通过详细的分析向大家证明，从19世纪早期进入伪封建主义社会至20世纪中叶，伊朗发展成为一个落后的原始资本主义经济附属国家，其经济生产力因素都实现了一定程度的增长，而非衰退。但这一微不足道的发展严重扼杀了伊朗进一步发展成为资本主义国家的最佳机会。截至宪政革命时，伊朗社会早已完成简单资本主义协作阶段，进入了资本主义大生产的过渡阶段，出现这种结果主要是因为民族主义运动的发展和帝国主义对伊朗的影响。而与此同时，虽然帝国主义列强的侵略和蚕食给伊朗带来了诸多灾难性后果，导致其社会出现严重倒退，但其对伊朗资本主义发展的影响和作用亦不容忽视。除此之外，封建君主专制制度的蓄意阻挠是影响伊朗社会发展的另一重要原因。

恺加王朝末期，原始资本主义的生产方式已在封建主义统治下的伊朗形成，其地位仅次于占主导的伪封建主义生产方式。然而，由自给自足的农业生产向资本主义工业大生产的转变虽然早已开始，却在帝国主义列强的干预下发展迟缓，使得伊朗经济过早陷入对外贸易和不动产行业，未能真正实现本国的工业化，最终导致伊朗成为落后的帝国主义附庸经济体。早期伊朗资产阶级实现国家工业化努力的失败反而增强了封建势力在伊朗的社会地位，导致伊朗不但未能在恺加王朝末期建立新兴的资本主义国家政权，反而建成了一个更为稳定的专制独裁帝制政府。其后果是，伊朗既未成功实现经济发展，也未建立民主政府，亦未与西方列强及周边国家形成良好的外交关系。

腐朽封建统治阶级的剥削和英、俄等帝国主义列强的侵略和干预这两座大山是导致伊朗落后的最重要原因。在这两座大山的重压之下，无论那些致力于伊朗经济社会发展进步和民主政治的本土力量如何抗争，都会遭到他们无情的扼杀和打击。另外，还有其他一些因素也导致伊朗逐步滑向落后和附庸地位。这些因素包括：连续不断的战争失利及随后的巨额赔款导致伊朗国内宗教势力迅速崛起，并在政治领域扮演越来越重要的角色；陈腐落后的政治文化不但导致伊朗社会严重缺乏现代社会所需的职业道德，还严重打击了宗教宽容的传统，转而极力宣扬意识形态中的教派矛盾和仇恨；复杂的自上而下民族构建模式严重挫伤了国家统一的进程和民族主义的发展；一个尚不成熟且不懂政治艺术的中产阶级在尚未成形的社会中频繁发动不成熟的政治运动。

在这一过渡时期，伊朗社会同时还遭遇了一种以压迫为典型特征的主导性社会公共领域，不接受也不承认任何个人或家庭的私有空间和地位。在此状况和文化氛围下，一个由专制统治者、附庸大商人、传统神职人员和国外侵略势力共同组成的联盟体不断打击和扼杀伊朗国内民族主义者和民主进步力量争取国家发展、独立和自由的努力。本书认为，在国内、国外因素共同作用下，截至1926年，伊朗出现了明显的经济落后、政治独裁，且严重依附于西方列强的状况，而这种政治独裁甚至比传统的专制统治更为恶劣和严重。

第 二 章

前资本主义时期的社会结构

> 伊朗已无法摆脱发展与革命的宿命,每一点发展和每一次革命都只解决伊朗历史现状中的某一个特定问题。
> ——黑格尔

研究伊朗历史的学者大多持有两种基本立场。弗赖伊(Frye)和奥姆斯特德(Olmstead)等西方伊朗学家倾向于认为伊朗的历史具有延续性。他们根据伊朗的王朝传承线索来梳理伊朗历史,令人感觉波斯帝国的荣耀和伟大始终未曾在这块大地上消失,人们看到的是持续的帝国形成、战争和文明的发展。而另一种观点则认为伊朗历史既有延续性,又存在中断。而且即使都承认伊朗历史和文明存在中断,不同学者则分别强调中断的本质、程度、原因和结果等不同方面。根据他们对伊朗前资本主义时期和原生资本主义时期生产方式的不同观点,我们可将其分为多个不同的流派。

第一类是苏联伊朗学家,如:佩古列夫斯卡娅(Pigoulevskaya)、佩塔斯别夫斯基(Pettasbevsky)和伊万诺夫(Ivanov);伊朗本国马克思主义者和左派学者,如:贾扎尼(Jazani)、索达加尔(Saudagar)、莫米尼(Momeni)、塔巴里(Tabari)、沙阿安(Shaian)、诺曼尼(Nomani),他们把前资本主义生产方式的特点归纳为原始社会、奴隶社会、封建社会这种线性的历史发展脉络。尽管意识到了伊朗封建主义社会的特异性,他们还是按照经济还原论的方法从根本上分析其封建社会共有的特征,并未将伊朗的封建主义与欧洲的封建主义明确区分开来。在我们批判苏联伊朗学家和伊朗国内马克思主义者理论框架的同时,阿巴斯·瓦利(Abbas Vali)最新的一项研究却得出了与其相似的结论,即伊朗出现资本主义生产方式之前长期处于封建主义生产方式。[①] 第二类研究者以里克斯(Ricks)和贝纳布(Benab)等为代表,他们将伊朗前资本主义的社会形态定义为半封建半殖民地。第三类以汗吉(Khanji)和阿什拉夫(Ashraf)为代表,他们根据威特福格尔(Wittfogel)的观点,将伊朗前资本主义时期的生产方式定义为亚细亚生产方式,或水力学社会,强调公共供水系统的重要性,否认了伊朗社会存在奴隶制度。这类学者还借用马克斯·韦伯(Max Weber)、迪尔凯姆(Durkheim)、帕森斯(Parsons)等社会学家的观点。第四类以拉姆顿(Lambton)和凯迪(Keddie)为代表,他们把封建主义视作一个政治结构,而非经济制度。他们都主张明确区分伊朗封建社会与西欧封建社会,但以凯迪为代表的一派不太强调这种区别的影响,而是更多地关注伊朗前资本主义时期的社会发展动力。而拉姆顿则详细分析了伊朗的土地所有权制度。第五类以奇巴·卡拉姆(Ziba Kalam)为代表,他们直接否认伊朗曾经历过封建社会这一形态。

综观伊朗历史研究的文献,我们不难发现那些将伊朗资本主义社会形态确立前不久的那段时间定义为封建主义社会的观点得到更为普遍的认可,且占主导地位。本书也支持这种观点,但坚持强调,如果我们想要真正厘清伊朗前资本主义时期的社会发展动力,就需要更多地关注伊朗封建社会的特异性,这远比我们以封建社会的共性来简单分析问题更为重要。同时,本书还认为在伊朗社会转型过程中所形成的资本主义与西方原始的资本主义相比,是明显不同的另一版本。因此,为了能够清楚区分伊朗的封建主义和资本主义与欧洲经典封建主义和资本主义的差别,本书专门发明了"伪封建主义"和"原生资本主义"这两个术语来分别代指伊朗历史中所出现的与西欧不同的封建主义和资本主义社会形态。

接下来,我们将解读伊朗伪封建主义的起源和发展过程,及其推动

---

① A. Vali, *Pre-Capitalist Iran: A Theoretical History*, p. 228.

和阻碍因素。为了对这一问题做出更全面的历史解读，我们必须从萨法维王朝（1501—1722 年）说起。这一时期不但对我们厘清伊朗的伪封建主义具有重要作用，对于那些希望拨云见日，看透当今伊朗政治和社会的学者来说，萨法维王朝的历史也具有至关重要的作用。因为萨法维王朝第一次在伊朗这块大地上建立了强大的什叶派神权政治体系，自那以后，什叶派成为伊朗国教，在政治生活中扮演了愈加重要的主导地位。萨法维王朝不但开创了近代伊朗社会和政治生态，还建立了现代伊朗伊斯兰共和国神权政治的模式。

现代伊朗国家的起源、神权政治与封建主义

　　萨法维王朝得名于 14 世纪萨菲教团的创始人萨菲丁（Sheikh Safi ol-Din），1501 年由沙阿伊斯玛仪（Shah Esmail）建立，奉十二伊玛目什叶派（Twelver Shi'ism）伊斯兰教为国教。整个 14—15 世纪时期，什叶派伊斯兰教成为伊朗社会反对奥斯曼帝国暴政的标杆和各种起义运动的主流意识形态，尤以极端主义的马赫迪反抗运动最为典型。在与极端的什叶派红头军（Qezelbash，主要以突厥人为主）结成同盟后，萨菲教团获得了巨大支持。因此，萨菲教团的胜利实际上也代表了极端什叶派伊斯兰教信仰的胜利。但最终，随着萨法维王朝统治的需要，极端什叶派信仰逐渐退出历史舞台，正统什叶派成为国家的主流信仰。伴随着什叶派国教地位的确立，萨法维王朝越来越呈现出王权至尊的政治特点，为随后恺加王朝所呈现出的王权、神权二元政治制度奠定了基础。[1]

　　在萨法维王朝统治下，伊朗再次实现了国家统一。这主要得益于长期以来伊朗各地民众对什叶派的普遍接受和认可，有助于大一统政治体系的形成，为萨法维王朝统一全国奠定了基础。[2] 然而，萨法维王朝时期

---

　　[1]　详见 S. A. Arjomand 所著 *The Shadow of God and the Hidden Imam*，以及 S. A. Arjomand 所编著 *Authority and Political Culture in Shi'ism*。

　　[2]　A. Bausani, *The Persians*, p. 139.

伊朗尚未真正形成现代意义上的民族国家[①]，萨法维神权政治代表了没落腐朽的封建制度，其统治高度依赖绝对君主权力。然而，萨法维王朝形成中央集权的政治发展趋势却多次被王朝继任者颠覆，主要是因为封建地主之间、封建势力与中央政府之间存在激烈的权力争夺和利益冲突。

1576 年，萨法维王朝内部封建势力与中央集权之间展开了一场旷日持久的利益争夺，一直持续至 1587 年阿巴斯大帝（Shah Abbas I）再次统一国家才最终结束。此后，伊朗经历了一段相对稳定的发展时期，但由于其继任者缺乏治国理政和领兵作战的经验，再次导致王朝权力分裂。1722 年，在大封建主阿什拉夫的率领下，阿富汗部落骑兵攻破萨法维王朝首都伊斯法罕（Isfahan），萨法维王朝随即灭亡。

阿富汗人、奥斯曼帝国、俄国及乌兹别克人随即在伊朗境内展开激烈争夺。1736 年，政治强人纳迪尔沙阿（Nader Shah）崛起，建立阿夫沙尔王朝，收复了大部分领土，再次实现了国家统一。但纳迪尔沙阿终其一生都在与邻近封建势力进行无休止的战争，随着他于 1747 年去世，阿夫沙尔王朝也宣告灭亡，伊朗再次陷入部落军阀混战。随后，卡里姆汗（Karim Khan）于 1763 年建立赞德王朝，实现了短暂的局部统一。但由于他生前未能解决好王位继承人问题，1779 年去世后，帝国再次爆发全面内战。1794 年，奥高·穆罕默德·汗（Aqa Mohammad Khan）最终打败大部分封建军阀势力，建立恺加王朝，伊朗再次实现统一，迎来长达一百多年的政治稳定。

1500—1800 年的三百年间，伊朗逐渐形成了完善的官僚统治体系。除最高统治者沙阿外，还诞生了最高议事委员会，其成员包括一名首相及其副手、一名最高法官、一名总财政大臣、一名皇家财产总管，以及步兵、骑兵及火枪部队的三名司令。但伊朗全军总司令并不在最高议事委员会成员之列。从地方政府机构来看，同样存在一个严密的官僚统治体系，由上至下分别由总督、各省省长、地方长官（主要包括大地主和部落首领）组成。宗教组织也有其严格的等级制度，与国家官僚体制交

[①] 见 N. V. Pigoulevskaya 等所著 *Tarikh* 第 2 卷，第 507 页。反面观点详见 R. Savory 所著 "Notes on the Safavid State"，第 97 页，以及 "The Safavid State and Policy"，第 180 页。

织在一起。政治领导权最初主要掌握在部落联盟首领手中，但 16 世纪末已逐渐由政府官僚体系主导，部落首领的权力被大幅削减。

随着地主阶级构成发生变化，伊朗的土地占有模式也相应发生变化，尽管之前的所有土地占有形式仍得以保存，但地方长官占有土地的面积大幅缩减，而国家土地和王室土地却大幅增加，这正是中央集权不断加强的典型表现。国家土地一般以牧场为主，不但不可继承，且需要满足一定条件才能获得。王室土地分为两种：作为薪酬分封给某个政府部门的土地和作为礼物分封给某些个人、供其终生使用的土地。王室土地制度在一定程度上代表了伊朗政府希望恢复伊克塔制度（eqta）[①] 的努力。18 世纪时，王室土地制度逐渐被恩赐[②]制度取代。在这种新的土地制度下，农民要么成为佃农，要么成为与佃农制度相关的莱亚特（raiyat）。[③] 他们所占有的土地既可以继承，还可选择向地主支付地租，通常都以实物地租的形式支付，只有那些靠近城市的农民以现金形式支付地租。但总体来看，农民的生活状况非常悲惨。[④]

这一时期伊朗的外交政策可总结为：与邻国的战争、与俄国的贸易，以及与西欧个别国家的小规模贸易。萨法维王朝与奥斯曼帝国之间经常以什叶派与逊尼派的纷争为借口而展开利益争夺，频繁的战争经常对伏尔加－里海（Volga－Caspian）商道、沿线农业生产以及这一带的桑蚕养

[①] 译者注：伊克塔（eqta），波斯语与阿拉伯语的音译，意为"分割"，系指阿拉伯帝国、萨曼王朝、喀喇汗王朝、伽色尼王朝、塞尔柱帝国、德里苏丹国、马穆鲁克王朝等中世纪伊斯兰王朝统治者赐给亲信、行政和军事官员作为收入来源的一种土地分封制度。伊克塔与同时代西欧的采邑制不同，伊克塔并非具有封建等级制的世袭领地，获得伊克塔的封建主有权向农民征收苛重的地租，但没有土地所有权，更不能世袭。封建主一般不住在封地，而是委托代理人管理。在奥斯曼帝国时代，伊克塔制度逐渐被更加完善的蒂马尔制度所取代。

[②] 译者注：soyorqal 为蒙古语，音译"莎余儿合勒"，意为"恩赐、施恩"。成吉思汗最早使用这种土地封赏制度赏赐功臣贵戚或主动归顺的部落首领和驸马，以代替本应支付他们的俸禄。蒙古建国后，他采用这种制度委任了 95 个千户长。参见白寿彝《中国通史》第 8 卷第十章。

[③] 见 V. Minorsky（翻译家和评论家）所著 *Tadhkirat Al－Muluk*，第 21 页。

[④] Chardin 的报道认为伊斯法罕周边农民的状况远远优于法国农民。但需要注意的是，Chardin 是在阿巴斯大帝改革之后不久所做的报道。此外，首都伊斯法罕周边的农民并不能代表整个伊朗农民的状况。详见 Minorsky 所著 *Tadhkirat*，第 23 页。

殖带来毁灭性破坏。① 这一时期，两国间至少爆发了五次大规模战争：1543—1555 年、1578 年、1603—1612 年、1638 年、1743—1746 年。大部分情况下，伊朗处于被动的防守地位，但第三次和第五次战争则是由伊朗挑起的收复失地之战。

伊朗曾与英国并肩作战，于 1622 年大败葡萄牙侵略者，收复了波斯湾的霍尔木兹岛，重新夺回霍尔木兹海峡的控制权。纳迪尔沙阿为了获取战利品并满足其部队将领和士卒的劫掠欲望，主动挑起了侵略印度的战争。这次战争给印度造成大约 7 亿卢比的损失，两枚最宝贵的珠宝"光明之山"（Kou‑e‑Noor）和"海洋之光"（Daria‑ye Noor）也被伊朗侵略者抢掠而去。② 同时，沙俄帝国于 1722—1724 年发动伊俄战争，占领了伊朗北方大片蚕桑种植区，而纳迪尔沙阿 1732 年收复失地的战争仅收复了北方的部分地区。这场伊俄战争是沙俄入侵和干预伊朗政治的肇始，而此前伊朗与乌兹别克之间的战争则是伊朗入侵乌兹别克，但乌兹别克后来占据上风，随即展开了激烈的反守为攻斗争，并不能算作真正意义上他国入侵伊朗。

伊、俄两国间的贸易由来已久，至恺加王朝建立时，双方已形成全方位的贸易关系，但伊朗与西欧国家间的贸易仍微不足道。由于波斯湾最初由葡萄牙人和西班牙人控制，英国商人在与伊朗进行贸易时不得不选择穿越由奥斯曼帝国控制的伏尔加‑里海商道。这条商道不但危险丛生，且成本高昂。1622 年，英、伊联军打败葡萄牙军队，波斯湾控制权重回伊朗手中。此后，以东印度公司为代表的英国商人开始从伊朗获取贸易特许权。③ 整个 17 世纪，英国成为仅次于荷兰的伊朗第二大丝绸贸易伙伴。1670 年，荷兰从伊朗进口的生丝高达 1.1 万—1.3 万土曼。

在伊朗，沙阿直接控制并垄断丝绸贸易，向亚美尼亚商人、英国商

---

① 例如，按照 1612 年条约的规定，伊朗将每年向奥斯曼帝国支付 5.9 万公斤的原丝，以此换回被奥斯曼帝国所占西部原丝生产地区的领土。详见 N. V. Pigoulevskaya 等人所著 *Tarikh* 第 2 卷，第 547 页。

② 同上书，第 638 页。

③ 详见 Sykes 所著 *A History of Persia* 第 2 卷，第 192 页。这便是伊斯法罕周边焦勒法街区的亚美尼亚商人既能富甲一方，又可呼风唤雨的原因。他们中有人的财富多达 6 万—20 万金土曼。

人和荷兰商人授予特许专营权。① 除生丝这一最重要出口商品外，伊朗还对外出口各种纺织品、毛料、地毯、烟草、陶瓷、弓箭和马刀等商品。② 伊朗进口的商品包括纺织品（主要是英国台面呢）、各种奢侈品（铁制品、玻璃等）、白糖、纸等。这一时期伊朗对外贸易的规模与国内贸易相比仍有很大差距，加之萨法维王朝统治者严格控制进口以保护本国产业，伊朗国内贸易的规模远大于对外贸易。

然而，这一时期伊朗国内的政策非常复杂，且变化无常。只有在阿巴斯大帝统治时期才开展了一次有效的改革，加强了中央集权，创建了一支常备军，解决了伊朗外交政策的危机，但也残忍地镇压了此起彼伏的起义运动。③ 此后，阿巴斯大帝将精力转向生产力发展，采取一系列减税政策，全力支持贸易和手工业发展。他还派遣部队保护商道，确保商道畅通和安全，并修复和新建道路、桥梁及灌溉设施等基础设施。为了解决劳动力短缺问题，他强行采取严苛的移民政策。④阿巴斯大帝的改革为伊朗手工业和农业的发展带来了活力，迅速实现了手工业和农业繁荣。但随后不久，由于各种原因导致伊朗很快丧失了经济动力，至17世纪下半叶，伊朗经济已出现全面衰退。

这一时期，城市中的行会也得到一定发展，但由于受到各种控制和制约，其发展速度异常缓慢。任何涉及实物地租或现金地租的政策和新规都具有建设性意义。伊朗最主要的手工业产品包括纺织品、地毯、陶器、皮革、金属制品、油漆、玻璃、纸、肥皂、陶瓷等。除规模较小的私人手工作坊外，还有雇用大量工人的国家工厂。在国家工厂工作的手

---

① Pigoulevskaya, et al., *Tarikh*, Vol. 2, p. 577.

② 阿巴斯大帝统治时期，伊朗原丝年产量约为2750吨，其中125吨用于本国消费，其余均用于出口。详见同上书，第567—568页。

③ 在英国人Antony Sherly和Robert Sherly兄弟协助下，伊朗得以于1598年实现军队早期现代化，首次建立永久性常备军，规模约为9万—12万精锐。详见V. Minorsky所著*Tadhkirat*，第30—36页。

④ 见J. R. Perry所著"Forced Migration in Iran during the Seventeenth and Eighteenth Centuries"，第205—208页。纳迪尔沙阿也采取相同政策。16世纪时，伊斯法罕有8万多人口，至17世纪，骤增至60万。详见N. V. Pigoulevskaya等所著*Tarikh*第2卷，第554页。劳动力短缺主要因为农民为躲避繁重的赋税而大量逃往印度等邻国。另外，之前频繁的战争和饥荒也导致农民人口大幅减少。

工业者可以享受社会保障、休假、铁饭碗等很多优越待遇。资本主义生产方式此时已逐渐萌芽。①

　　阿巴斯大帝的改革还扩大了商品交换的规模，改善了货币关系，大幅提升了国内贸易和对外贸易的规模和质量。这些发展和变化反过来迫使地主阶层追求更多的货币财富。同时，改革也削弱了封建地主阶级的税租基础。伊朗经历了一段和平稳定的发展时期，这就意味着伊朗百姓不再遭受战争的侵扰，他们的人身和财产也有了安全保障。如此一来，封建地主只有依靠地租税收来获取源源不断的收入。自1694年起，在提高税收比例的同时，伊朗政府还增加了几个新的税种。地主阶级已不满足于掠夺农民的剩余产品，开始掠夺他们赖以生存的基本生产资料，最终导致民不聊生。② 暴力掠夺和暴力反抗成为这一时期最明显的特征。③

　　随着大规模人口迁移和城市化发展，偏远地区大量已开垦土地被荒废。虽然政府不断加强奴役系统的约束力，仍然无法阻止封建地主收入持续下降的趋势。手工业者的生产和生活也每况愈下，却仍需缴纳越来越繁重的税负，劳动积极性遭受巨大打击，社会经济生产严重倒退。④ 贸易和手工业迅速衰落，丝绸的生产和贸易也大幅下滑。商道上盗贼四起，致使伊朗对外贸易环境不断恶化，一度出现严重停滞。沙阿强征劳力和强制移民的措施导致社会、经济状况严重恶化。例如，火炮和铁器工厂的工人几乎全部是强征的劳力。⑤ 与此同时，高利贷却发展迅速，进一步加剧了农民和小手工业者的负担，也给地主阶级带来沉重的打击。最后，地主阶级之间开始互相兼并、掠夺，而他们背后最大的地主纳迪尔沙阿又进一步大肆盘剥这些大地主。

　　就这样，伊朗的资本主义生产关系甫一萌芽即被扼杀。政治危机、

---

① V. Minorsky, *Tadhkirat*, pp. 14, 21.
② 有些税赋增加高达5倍以上。详见 Pigoulevskaya 等所著 *Tarikh* 第2卷，第542页。
③ N. V. Pigoulevskaya, et al., *Tarikh*, Vol. 2, pp. 607–608.
④ 例如，阿巴斯大帝统治时期，阿巴斯港每年关税收入约2444金土曼，17世纪末仅为910—1100金土曼。同上书，第610页。
⑤ 有关以上发展的状况，详见 L. Z. Ashrafian 与 M. R. Arownova 所著 *Daulat – e Nader Shah*（即《纳迪尔沙阿政府》）第3、4章。

社会动荡和外国入侵亦随之而来。纳迪尔沙阿的崛起虽然暂时化解了这些政治危机，但在他短暂的强权统治结束后，伊朗再次陷入严重的混乱局面。在大规模入侵印度后，纳迪尔沙阿宣布全国免税三年，但随后又立即推翻这一政策，并命令农民和手工业者将之前少交的税款一次性全额补齐。纳迪尔沙阿政府征缴税收的方式也极其残暴，在对普通百姓掠夺的同时还不断加重对他们的折磨。据记载，仅1743年就有20万—30万伊朗农民被捕入狱或遭受残酷的肉体迫害。[①] 而这种残暴政策带来的结果却是金银和珠宝充盈沙阿的国库。

这一时期，伊朗人口开始下降，大量人口要么死于战乱，要么逃亡邻国或充当奴隶，或由于严重饥饿而死亡。伊朗的城市也遭受了严重的破坏和劫掠，人口出现下降。伊斯法罕（Esfahan）、设拉子（Shiraz）、加兹温（Qazvin）、亚兹德（Yazd）和大不里士（Tabriz）等昔日繁华的大都市人口锐减近三分之二。卡里姆汗建立赞德王朝后试图通过减税、扶持手工业、改善灌溉网络和道路等措施恢复生产活力，但由于这些改革来得太晚，伊朗社会生产力已遭受严重的毁灭性破坏，短期内难以恢复。

封建君主的残酷剥削和压迫遭到民众一致反抗。18世纪，伊朗频繁爆发由农民和手工业者发起、反对什叶派国家意识形态的起义和暴动。早在1523年，伊朗就曾爆发奇兹尔巴什起义，最终导致沙阿被迫全面改造军队。16世纪20—30年代，吉兰（Gilan）、卡尔霍尔（Kalhor）、艾斯特拉巴德（Estarabad）等地爆发了一系列由地方小地主和农民联合发动的起义。但这些起义都是小规模的自发起义，缺乏明确的斗争目标。仅有贝拉特（Berat）人民大起义才可算得上一场革命意义上的起义运动，这次起义主要由小手工业者、城市贫民和附近地区的农民组成。

这些起义中影响最大的是17世纪下半叶吉兰百姓所发动的一系列旨在保护其自治权的抗议运动，其中规模最大的一次当属由希尔扎德·马克拉瓦尼（Shirzad Maklavani）率领的1571年大起义。这次起义的目标已远远超出地方自治的简单要求，得到了广大农民和城市贫民的鼎力支持。

---

① 见 L. Z. Ashrafian 与 M. R. Arownova 所著 *Daulat - e Nader Shah*（即《纳迪尔沙阿政府》），第640页。霍伊市之前每年仅需纳税3000金土曼，而今却需10万金土曼。

1571年，大不里士爆发了由巴拉万·雅里（Pahlavan Yari）所率领的起义，这是一场城市居民联合反抗封建地主和大商人压迫的斗争。1592年和1593年，吉兰人民两次发动起义。同年，塔利什和洛尔人也发动起义。1596年，赛义德·莫巴拉克（Seiyed Mobarak）在阿尔达比勒（Ardabil）发动起义，与此同时，马赞德兰地方政府也发动叛乱，要求独立。但这些起义都遭到了残酷的镇压。

1629年，由于沙阿将整个吉兰的土地都划归王室所有，导致吉兰人和塔利什人在卡里布·沙厄·吉拉尼（Qarib Shah–e Gilani）的率领下掀起了最大规模的一次起义，以恢复其土地所有权和自治权，并推翻腐朽的剥削制度。① 18世纪初，亚美尼亚和格鲁吉亚爆发起义。随后，1709年、1711年、1715年、1717年、1720年和1721年，大不里士、达斯塔尼斯、库尔德地区、阿富汗地区、洛尔地区和俾路支地区也先后爆发起义。

一方面，伊朗国内起义和叛乱频发，动荡不安。另一方面，伊朗频繁遭受外来侵略。截至1722年，阿富汗、奥斯曼帝国、乌兹别克和俄国先后入侵伊朗。同时，亚美尼亚也爆发了大规模的暴动。为了维持其摇摇欲坠的王朝统治，伊朗政府一次又一次地充当刽子手，残忍地镇压了哈瓦伦茨、巴尔克和希尔万等地的起义。但是，残忍的镇压并未动摇人民反抗暴政的决心。1743—1747年，伊朗连续爆发了多场暴动和起义：法尔斯农民起义、恺加部落起义、库尔德部落起义、阿拉伯部落起义、洛尔人起义、巴赫蒂亚里人起义、俾路支人起义，以及呼罗珊起义、科尔曼人起义和艾斯特拉巴德人起义等。随后，1747—1763年又爆发了长期的封建军阀战争，最终赞德王朝的建立暂时结束了国内的混乱局面。1779年卡里姆汗去世后，伊朗再次陷入部落军阀混战，直至1796年恺加部落重新统一全国，才结束了长达近一个世纪的动荡和军阀割据局面。

以上事实无不说明伊朗的封建社会具有典型的特异性。这些特异性包括土地所有制会定期重新洗牌，原有土地所有权被重新划分；长期内

---

① 有关这次革命，详见 M. Paiandeh 所著 *Qiam–e Qarib Shah–e Gilani*（即《卡里布·沙阿·吉兰尼起义》）。

战和部落入侵严重冲击土地所有权，从而导致上层社会结构发生明显变化；伊斯兰教在伊朗全社会广为普及；居住在城市中的大地主垄断了大部分农村土地，支配了社会经济生活；部落军阀或部落首领控制了大量土地；大量公有土地的存在。此外，实物地租在经济生活中扮演重要角色、严重缺乏领地制度、灌溉等公共工程系统严重缺乏等因素也成为伊朗封建社会的独有特点。农业经济作物种植大幅增加、城市非自主发展和行会组织结构过于呆板等因素也都是伊朗封建体制独有的特点。

最后，伊朗国内商品市场相对封闭，地主贵族（即所谓外居地主）过度参与商业和城市事务，地主阶级、大商人和宗教权威间相互联姻而结成政治同盟，上层建筑具有明显的专制本质，政府权威具有不受约束的任意性，法律体系、私有财产及私人空间严重缺失等因素也是导致伊朗封建制度与西欧封建制度存在明显差异的重要原因。这些差异都在一定程度上阻碍了伊朗社会由封建主义制度向资本主义制度的过渡和转变，从而导致伊朗的资本主义形态、内容及结果均与西欧国家明显不同，也为其后的社会发展铺就了一条截然不同的道路。事实上，正如本书所言，这种伪封建主义社会最终只能朝着原生资本主义社会的形态发展，这是其唯一出路。

第 三 章

人口、城市化和基础设施

本章主要探讨1796—1926年伊朗从封建主义社会向资本主义社会发展过渡过程中的基本状况,包括其人口、城市化和基础设施(仅限于交通运输和通信)三个方面的内容。正常情况下,人口增长、城市化步伐不断加快和基础设施保障充分是衡量一个国家从封建主义社会向资本主义社会大生产顺利过渡的基本条件,西欧国家大多沿袭这一衡量标准。例如,人口增长是工业化改善人们生活水平的一项重要指标,无论医学进步还是科技进步,抑或农业生产力水平提升,都有利于促进人民生活水平的提高,从而进一步促进人口增长。人口增长还意味着劳动力和国家潜在生产力增加。同样地,城市化(或城市作为生活和生产中心而兴起)则会促进创新,降低生产成本,从而为工业化进程提供最主要的动力。随着在城市地区生活和工作的人口比例不断增加,以交通运输和通信为代表的基础设施建设也会相应改进,从而为封建社会向资本主义大生产的过渡提供重要保障。

伊朗满足这三个工业化前提条件的程度极其有限,虽然1926年较之1796年国家总人口确有增加,城市人口比例亦有所提升,王朝统治者在扩大和完善国家交通运输网络和通信网络方面也取得了比较明显的成就。但是,其人口增长、城市化和基础设施建设的增长比例远不足以推动伊朗这个庞大的国家进入自我经济发展的轨道。另外,与英国在正常工业化过程中实现这些发展不同,伊朗在人口增长、城市化和基础设施建设方面的变化和发展是在英、俄两国的侵略和干预下,以伊朗在19世纪整个资本主义世界体系中扮演边缘依附角色为代价而实现的。其后果是伊朗的发展呈现不均衡且反复无常的特点，不但没有充分享受这三种基础条件所带来的益处，甚至致使伊朗愈发落后。

人　口

纵观历史，在正常情况下，一个国家（如英国）从封建社会向资本主义社会的转变过程必然伴随明显的人口变化，尤其随着人口出生率增加和死亡率下降，人口增长率和人口总量都将呈现明显上升趋势。人口学家将这种现象视作人口学转变的重要部分，也是一种以欧洲发展经验为基础的人口增长模式。根据人口学转变理论，一个国家的成功发展必然经历四个人口增长和下降的阶段。第一阶段可称为前工业化阶段，其出生率和死亡率均处于较高水平，人口总量呈小幅增长或维持不变。第二阶段为制造业阶段，人口出生率仍维持较高水平，而与此同时，随着粮食生产增加和医学发展，死亡率开始下降，出生率和人口总量均呈现高增长的趋势。第三阶段为工业化阶段，这一时期，随着城市化不断推进和家庭抚养孩子成本不断增加，人口出生率开始小幅回落。第四阶段为后工业化阶段，人口出生率进一步下降，最终导致人口总量呈现零增长，甚至下降趋势。

表3—1　　　　　　　恺加王朝人口估算统计　　　（单位：千人）

年份	城市	农村	部落	总计	城市人口所占百分比（%）	农村人口所占百分比（%）	部落人口所占百分比（%）	总人口变化幅度（%）
1800[a]	—	—	—	6000	—	—	—	—
1812[b]	800	—	—	5000	16.00	—	—	-17.00
1838[b]	—	—	—	6000	—	—	—	20.00
1858[b]	—	—	—	5000	—	—	—	-17.00
1867[c]	1000	1700	1700	4400	22.73	38.64	38.63	-12.00
1869[b]	—	—	—	5000	—	—	—	14.00
1884[d]	1964	3780	1910	7654	25.66	49.39	24.95	54.00

续表

年份	城市	农村	部落	总计	城市人口所占百分比（%）	农村人口所占百分比（%）	部落人口所占百分比（%）	总人口变化幅度（%）
1888[e]	1500	3000	1500	6000	25.00	50.00	25.00	-22.00
1891[f]	2250	4500	2250	9000	25.00	50.00	25.00	50.00
1894[b]	—	—	—	7500	—	—	—	-17.00
1900[g]	2070	5320[h]	2470[h]	9860	20.99	53.96	25.05	31.00
1905[g]	2140	5509	2561	10210[i]	20.99	53.96	25.08	3.60
1910[g]	2220	5710	2650	10580[j]	20.98	53.97	25.05	3.60
1915[g]	2300	5915	2745	10960	20.99	53.97	25.04	3.60
1921[g]	2410	6163	2847	11420	21.10	53.97	24.93	4.20

资料来源与注释：[a] 见 Malcolm 所著 History of Persia 2 第 372 页，又见 Curzon 所著 Persia 2 第 492 页。Gardane 估算 1807 年伊朗人口为 900 万，Issawi 在其著作 Economic History 第 25 页认为尽管这一数据包括了 1813 年割让给俄国的外高加索地区，但仍显过高。[b] 由 Bemont 在其所著 Les Villes de l'Iran 中估算而得出。Rawlinson 所估算 1850 年伊朗人口为 1000 万显然过高，他认为 1875 年伊朗人口为 600 万，明显考虑到了 1871—1873 年大饥荒的影响。见 Curzon 所著 Persia 2 第 492 页。[c] 见 Thomson 所著 Report on Persia 第 247—250、255—258 页。[d] 见 Huotum - Schindler 所著 Persia 第 617 页。又见 Curzon 所著 Persia 2 第 493 页。[e] 见 Zolotarev 所著 The Area and Population of Persia 第 120 页。[f] 见 Curzon 所著 Persia 2 第 494 页。[g] 见 Bharier 所著 The Growth of Towns and Villages in Iran, 1900—1966 第 335 页。Chirol 在其所著 The Middle Eastern Question 第 95 页认为 1900 年伊朗人口为 650 万。[h] 1900 年和 1910 年的农村人口统计数据是按照 Bharier 所给出的总人口减去城市人口和游牧部落人口而得出，见 Bharier 所著 The Growth of Towns 第 335、338 页。关于 1905 年、1915 年、1921 年农村和游牧部落人口的计算，我认为 1900 年的人口比例也适用于 1905 年，同时 1910 年的人口比例也适用于 1915 年和 1921 年。[i] Maclean 认为 1903—1904 年伊朗的人口为 1000 万，这与 Bharier 估算的 1905 年人口为 1021 万相一致。见 Maclean 所著 Report on the Conditions and Prospects of British Trade in Persia 第 2—9 页。[j] 见 Bemont 所著 Les Villes 第 65 页，他认为 1910 年伊朗人口为 800 万。Medvedev 认为 1909 年伊朗人口为 1000 万，略少于 Bharier 估算的 1051 万人。Medvedev 认为这一年伊朗城市、农村、游牧部落人口分别为 250 万、500 万和 250 万。见 Medvedev 所著 Persiya 第 390 页。Shuster 认为 1909 年伊朗的总人口为 1200 万，见其所著 The Strangling of Persia，又见 Issawi 所著 Economic History 第 33 页、Bharier 所著 The Growth of Towns 第 335 页、Fateh 所著 The Economic Position of Persia 第 2 页。

第三章 人口、城市化和基础设施 / 23

接下来，我们将尝试分析恺加王朝时期伊朗人口动力与上述人口转型模式中第一阶段后期和第二阶段早期的相似性。清楚分析恺加王朝时期是否满足这一条件显得尤为必要，因为如果我们要将恺加王朝时期界定为伊朗由封建社会向资本主义大生产转型的过渡阶段，伊朗就必须首先经历人口增长的过程。

鉴于这一时期伊朗的人口规模及其结构基本只能依靠一些零散的、可信度较低的资料估算而来，我们很难就伊朗这一时期的人口发展总体趋势得出明确的结论。另外，由于这一时期伊朗经常因为政治杀戮、百姓向邻国大规模迁移、饥荒、瘟疫和政府压迫等原因导致人口出现周期性变化，清楚、准确地统计这一时期的伊朗人口变得更加困难。虽然由于以上原因我们很难对每一阶段的人口数据进行精确统计，但根据已经掌握的资料，至少可以在整个恺加王朝人口发展的整体趋势方面得出一些基本结论。表3—1和表3—2是1796—1926年伊朗人口的总体发展趋势。总体来看，除19世纪40年代至1900年由于人口数据记录存在很大谬误而无法确定外，这一时期伊朗人口基本保持增长趋势，即使偶尔出现短暂下降也会迅速恢复或超越原来的规模[①]。即使在1840—1900年这个相对动荡的年代，伊朗的人口规模仍整体呈现稳步上升趋势。

表3—2　　　　　　　伊朗城市人口：部分城市

城市[a]	1867[b]	1900[c]	1913[d]	1867—1900年占比变化（%）	1900—1913年占比变化（%）	1867—1913年占比变化（%）
德黑兰	85000	200000	350000	135	75	312
大不里士	110000	200000	300000	82	50	173
伊斯法罕	60000	100000	80000	67	−20	33
马什哈德	70000	75000	70000	7	−7	—

---

① 伊朗人口下降时期大致为：1840—1867年（见表3—1）、1871—1873年大饥荒时期（未在表3—1中列出）、1884—1888年（见表3—1），以及1891—1897年（见表3—1）。人口恢复时期大致为：1868—1871年（从表3—1中可推算得出）、1874—1884年（从表3—1中可推算得出）、1889—1892年（见表3—1），以及1898—1900年之后（见表3—1）。

续表

城市[a]	1867[b]	1900[c]	1913[d]	1867—1900 年占比变化（%）	1900—1913 年占比变化（%）	1867—1913 年占比变化（%）
亚兹德	40000	75000	50000	88	-33	25
科尔曼	30000	60000	50000	100	-17	67
科尔曼沙阿	30000	60000	50000	100	-17	67
哈马丹	30000	50000	50000	67	0	67
霍伊	20000	60000	50000	200	-17	150
加兹温	25000	40000	40000	60	0	60
设拉子	25000	60000	30000	140	-50	20
拉什特	18000	40000	25000	122	-38	39
乌尔米耶	30000	35000	20000	17	-43	-33
布什尔	18000	15000	15000	-17	0	-17
总计	591000	1070000	1180000	81	10	100
年均增长率	—	—	—	2.45	0.77	2.17

资料来源与注释：[a]据报道，尼沙普尔、沙赫鲁德、霍拉姆沙赫尔、舒什塔尔等城市人口均在 1 万以上。[b]据 Thomson 在其著作 Report on Persia 第 247—250、255—258 页中估算，伊朗各大城市的人口总计为 85 万。[c]见 Bharier 所著 The Growth of Towns 第 333—334 页。[d]见 Sobotsinskii 所著 Persiya：Stastistiko - ekonomicheskii 第 11—18 页。又见 Issawi 所著 The Economic History 第 34 页。

尽管大部分人口学家都认可 1796—1926 年伊朗人口整体呈稳步增长趋势[①]，但就具体增长率和增长幅度存在差异。寇松（Curzon）、索博辛斯克（Sobotsinskii）和巴里耶（Bharier）等都赞同辛德勒（Schindler）提出的 1796—1913 年年均 0.75% 增长率的观点[②]，而伊萨维（Issawi）认为

[①] 有关恺加王朝时期伊朗人口呈下降趋势的观点，详见 League of Nations（国际联盟）出版的 Commission of Inquiry into the Production of Opium in Persia，第 34 页。

[②] 见 Hon. G. N. Curzon 所著 Persia and the Persian Question 第 2 卷，第 493 页；C. Issawi 所著 The Economic History of Iran：1800 - 1914，第 33 页；J. Bharier 所著 Economic Development in Iran：1900 - 1970，第 3—4 页。Schindler 的统计延伸至 1884 年，Curzon 延伸至 1891 年，Bharier 延伸至 1900 年，Sobotsinskii 延伸至 1913 年。

这一时期伊朗人口年均增长率只有0.5%，其中后半期的增长率略微高于前半期。① 卡图兹安（Katouzian）则认为19世纪伊朗人口平均年增长率可能高达0.96%，并指出，由于连续多次暴发霍乱，1800—1870年伊朗人口基本维持原有规模，未出现明显增长。② 根据表3—1中所列数据，我们可以计算出这一时期伊朗整体人口的增长幅度为128.4%，由此可以得出年增长0.76%的数据。处于资本主义生产阶段的1884—1926年的年均增长率为1.09%，比处于简单资本主义协作阶段的1812—1884年0.59%的年均增长率高了85%，③ 因此我们可以肯定地认为1796—1926年伊朗整体人口是呈增长趋势的，而且后半期的增长幅度高于前半期。那么，到底是什么具体原因导致19世纪伊朗人口增长的速度过低呢？

要想弄清这一问题，我们必须搞清楚是什么因素影响了这一时期的出生率和死亡率。医学的发展使得伊朗新生儿死亡率大幅降低，同时也降低了因疾病而导致的未成年人死亡率。农业生产力的提高使得粮食生产大幅增加，加之国家经济状况整体得到改善，减少了因为长期营养不良和饥饿而引发的死亡。这些都是这一时期伊朗人口增加的原因。这一时期相对稳定的政治局势是诸多有利于人口增长的因素发生和发展的最重要前提。1826年后，除两次伊俄战争外，伊朗社会基本没有遭受任何大的政治或军事动荡。

然而，伊朗的人口增长率并未达到以西欧国家转型期人口增长率为基础的人口增长模式所应实现的幅度。另外，还有诸多限制伊朗人口快

---

① C. Issawi, *The Economic History*, p. 20.
② 见H. Katouzian所著 *The Political Economy of Modern Iran 1926-1979*，第29—30页。除霍乱外，Katouzian认为领土割让是导致19世纪上半叶伊朗人口流失的另一主因。这些领土大部分割让给了俄国，从而导致伊朗损失了高加索地区100多万人口。
③ 在计算这一时期年均人口增长率时，本书将1812—1884年划为第一阶段。根据这一划分，本书一定程度上忽略了人口变化的周期性影响。尽管《古利斯坦条约》签订于1813年，但本书中1812年的人口估算数据也刨除了该条约所割领土上的人口，而1884年的数据则考虑了19世纪30年代至19世纪60年代间几场霍乱瘟疫的影响。按这种方式，本书计算出了这一时期人口长期变化更为精确的数据。

速增长的因素。除战败后割地赔款①、战争杀戮、女性社会地位低下②、政府对百姓的压迫和残酷剥削外，还有三个重要因素也制约了伊朗人口的增长：瘟疫、饥荒和向邻国移民。瘟疫与饥荒总是相伴而生。早在1810年，伊朗多个省份就发生饥荒③，而19世纪30年代后，瘟疫和饥荒频繁发生，且不断向全国蔓延。这一时期伊朗正处于简单资本主义协作生产方式的准备阶段。几乎每年在伊朗的一个或多个省份都会暴发饥荒。虽然当某一地区发生饥荒时，别的地区可能仍会粮食丰收，但由于缺乏有效的粮食长途运输条件，小范围饥荒导致人口大规模饥饿死亡的情况经常发生。④ 1835—1861年，伊朗至少暴发了9次霍乱瘟疫，加之饥荒频仍，导致1840—1868年全国人口明显减少⑤。

经过短暂的恢复期后，1871—1873年又一轮毁灭性的瘟疫和饥荒再次席卷伊朗全国，导致50多万人因疾病和饥饿而死亡⑥，甚至有伊朗官方资料统计这次死亡人数高达250多万⑦。随后不久，1876年的一次瘟疫又导致大量人口死亡⑧。1884—1888年，又有多次小规模瘟疫暴发，再次导致人口小幅下降。1892年再次暴发严重的霍乱瘟疫和饥荒，波及范

---

① 译者注：1813年、1828年伊朗分别因两次伊俄战争失败而被迫与俄国签订丧权辱国的《古利斯坦条约》和《土库曼恰伊条约》，丧失了大片领土，导致伊朗人口锐减20%。

② 该观点由 Dr. J. E. Polak（一位长期生活在伊朗的欧洲医生）于1873年在其"Report on Persia"中首先提出，并被 Curzon 在其 *Persia and the Persian Question* 第2卷第492页中引用。有关政府压迫导致人口下降的内容，详见 Malcolm 所著 *The History of Persia* 第2卷，第372页。

③ H. Busse, *History of Persia Under Qajar Rule*, a translation of H. Fasai's Farsnama - ye Naseri, p. 135.

④ V. Chirol, *The Middle Eastern Question*, p. 97.

⑤ 见 D. Behnam 所著 *Consequences Economiques de la Croissance Demographique* 第三章。1836年呼罗珊地区暴发的瘟疫是导致伊朗征服赫拉特的进程被迫延迟的主要原因。见 H. Busse 所著 *History of Persia*，第251页。

⑥ 引于 C. Issawi 所著 *The Economic History*，第22页。又见 W. Brittlebank 所著 *Persia During the Famine*。

⑦ E Adamiyat and H. Nateq, *Afkar - e Ejtemdi Ya Siasi Ya Eqtesadi Dar Asar - e Montasher Nashodeh - e Dauran - e Qajar* (The Social and Political and Economic Thoughts in the Unpublished Works of the Qajar Period), p. 241.

⑧ C. Issawi, *The Economic History*, p. 21.

围甚广，导致大量人口死亡，仅吉兰一省就有 1 万多人死亡[①]，这也是为何我们的统计表中显示 1892—1897 年人口呈现下降的原因。进入 20 世纪后，饥荒和瘟疫仍频繁暴发，且每次都造成巨大损失，仅 1917—1918 年的一次流感和饥荒大暴发就导致大量人口死亡。法尔斯省有近一半人口死亡，其最大城市设拉子有 1 万多人死亡[②]；德黑兰省四分之一农业人口死亡[③]。饥荒如此严重以至于这一时期出现了伊朗历史上惨绝人寰的易子而食或食尸现象[④]。

如果饥荒和瘟疫是导致某些时期人口下降的最主要原因，那又是什么原因导致饥荒和瘟疫暴发呢？大多数研究者会认为干旱、交通设施落后、农业生产力低下、卫生状况糟糕、出生率低、死亡率高等是导致饥荒和瘟疫的常见原因。除以上世界各国普遍发生的公认因素外，导致伊朗饥荒和瘟疫频发的原因还有其特异性：由自给自足农业经济种植方式向资本主义经济作物种植方式的转变、帝国主义列强的侵略和干预、统治阶层和大商人联盟垄断导致市场不公平、重税和剥削对农民的盘剥等都是其特有的原因。时任英国驻布什尔外交官对伊朗社会从自给自足的小农经济向经济作物种植过程的转变做了如下记录：

> 几年前，鸦片种植的暴利吸引了波斯人的眼球，在亚兹德、伊斯法罕及周围地区，几乎所有可利用的土地都被用于种植鸦片，之前种植的燕麦等作物一律被废弃……最终，由于干旱天气和其他因素共同影响，导致 1871—1872 年暴发了大饥荒。[⑤]

我们必须指出的是，这里所说的"波斯人"指的是伊朗的官员、大

[①] C. Issawi 在其著作 *The Economic History* 第 21 页中引用了这一数据，并详列了吉兰、呼罗珊、德黑兰三省的死亡人数。

[②] 详见 P. Sykes 所著 *A History of Persia* 第 2 卷，第 512、487、515 页。

[③] 见 J. M. Balfour 所著 *Recent Happenings in Persia*，第 23 页。又见 C. Issawi 所著 *The Economic History*，第 373 页。

[④] J. Shahri, *Tehran - e Qadim* (The Old Tehran), pp. 75 - 76.

[⑤] Persian Gulf, UK Parliament, Accounts and Papers, 1873 - 1878, 1880, p. 73.

地主和大商人，因为他们是鸦片种植的最大获利者，而当时的伊朗农民既没有权利，也没有能力决定种植哪种作物，他们只能在利益集团的胁迫下被动服从。

说到帝国主义势力干预的影响，最典型的例子就是1918年第一次世界大战结束后暴发的那场饥荒。第一次世界大战期间，英、俄、德、奥各国军队在伊朗国土上展开激烈战争，尽管伊朗是中立国，仍然遭到战争重创，仅有的几条运输线路被彻底摧毁。同时，由于外国军队在伊朗大量购买和囤积粮食及日用品，致使伊朗国内物价大幅上涨，从而导致大饥荒暴发①。统治阶级与大商人垄断国内贸易也是重要的因素。1918—1919年，每卡瓦②小麦的价格从4土曼涨到了400土曼，每100曼③大麦价格从2土曼涨到了200土曼，即使如此高达百倍的暴利，利欲熏心的投机商人们仍不满足④。

导致人口下降的另一原因是失去生产资料的农民和小手工业者被迫迁往印度、奥斯曼帝国、俄国等邻国。早在1880年，就有超过10万伊朗人被迫迁往奥斯曼帝国谋生，在俄国亦有9万多伊朗人⑤。1891年，伊朗境内大面积耕地荒芜，无人耕种，⑥ 1900年，有近100万伊朗人移居国外⑦。20世纪初，每年有成千上万的伊朗人为了生计而被迫迁往别国⑧，大量伊朗贫民迁往俄国南部的外高加索地区，仅此一地就有几十万常住伊朗人⑨。除俄国和奥斯曼帝国安纳托利亚地区外，还有大量失地农民被迫迁往印度卡拉奇地区、阿富汗赫拉特地区，甚至有人迁往马斯喀特、

---

① 见 L. I. Miroshnikov 所著 *Iran in the First World War*，以及 P. Sykes 所著 *A History of Persia* 第 2 卷，第 487、515 页。关于价格上涨，详见 J. Shahri 所著 *Tehran - e Qadim*，第 75—76 页。

② 译者注：重量单位，约等于300公斤。

③ 译者注：重量单位，又称大不里士曼，1曼等于10磅。

④ 见 J. Shahri 所著 *Tehran - e Qadim*，第 75—76 页。1866—1867 年冬季爆发"饥民暴动"，饥寒交迫的设拉子贫民大喊"法尔斯省长是面包涨价的罪魁祸首，他必须离开"。见 H. Busse 所著 *History of Persia*，第 357 页。

⑤ R. Adamiyat and H. Nateq, *Afkar - e Eitemdi*, p. 295.

⑥ Hon. G. N. Curzon, *Persia*, Vol. 2, p. 496.

⑦ T. E. G. Gordon, *Persia Revisited*, p. 9.

⑧ Z. Z. Abdullaev, *Promyshlennost*, pp. 183 - 192.

⑨ 同上。又见 P. Sykes 所著 *A History of Persia* 第 2 卷，第 392 页。

桑给巴尔岛等地①。毫无疑问，这些大规模的人口外迁对伊朗的人口规模造成严重的负面影响。

导致这些大规模人口迁移的原因之一就是农民被剥夺土地后失去了赖以生存的生产资料。恺加王朝时期，随着大商人不断购买和兼并土地，农民手中的土地逐渐由国有变成王室所有，最后变成大商人和乌勒玛所有，农业生产也因此而呈现出越来越严重的商业化趋势。诸如小麦、大米等传统自给自足的作物也逐渐被鸦片、靛蓝、烟草等高收益的经济作物所代替，为居住在城市的地主们带来了巨额利润。但与此同时，不断增长的债务负担和贫困化趋势将大量农民驱赶到附近城市，沦落为无业游民，或到南部的油田成为苦力，或被迫迁往邻国谋生。

英、俄两国的侵略和干预行为是伊朗人外迁邻国的另一重要原因。在帝国主义胁迫下，伊朗政府被迫对欧洲工业品征收超低关税，在融入资本主义世界体系的过程中，扮演边缘化角色。欧洲国家技术先进，其工业品成本远低于伊朗的同类产品，对伊朗手工业和尚不成熟的现代工业雏形造成了毁灭性打击。城市地区的破产手工业者因此而被迫沦为社会底层，或到俄、印等邻国谋生。

在诸多积极和消极因素共同影响下，19世纪伊朗人口仍实现了增长。但即使全国人口呈现净增长态势，其增幅亦远远不能满足国家迈向自我中心经济增长的需要。此外，各地人口增幅也不尽相同，甚至有些地方人口增长是建立在临近地区人口减少的基础之上，城市人口增长普遍高于农村地区等不均衡因素也是导致伊朗未能顺利完成向资本主义生产方式过渡的原因。鉴于城市化对任何向资本主义生产方式过渡的国家都至关重要，我们接下来将具体讨论这一时期伊朗城市化的进展。

城市化

纵观历史，西欧国家资本主义形成和发展的过程总是伴随着大幅度的城市化进程。生产要素（劳动力和资本）大量聚集于城市，使规模经

---

① Z. Z. Abdullaev, *Promyshlennost*, pp. 183–192; C. Issawi, *The Economic History*, pp. 50–52.

济和聚集经济得以生根发芽，从而降低生产成本，大幅提高了创新产出。另外，人口不断向城市聚集，使得那些源源不断来自农村地区的伊朗人逐渐改变了生活方式。随着新迁入城市的农村人口逐渐适应以城市生活为标志的工业化节奏，社会生产力得到提升，经济增长也开始加速。对大多数发达国家来说，城市化和工业化总是相伴而生。但在发展中国家，城市化的速度往往要远远高于工业化的速度，这就会形成所谓非正常城市区域，出现城市地区失业率高和不充分就业现象，以及因为新移民而导致的城市住房供应不足。

城市化的产生与以下三个历史过程密切相关。首先与农业生产力的提高直接相关。随着农业技术的改进，生产同等农产品所需的劳动力大幅减少，而农村劳动人口大量剩余则成为农村人口向城市迁移的巨大动力。导致城市化加快的第二个因素是农业生产商品化过程中农民遭受的剥削不断加重。第三个原因是城市人口自然增长率迅速提高，或至少在资本主义工业化初级阶段这一增长速度极大提高。因此，伊朗社会向资本主义生产过渡的一个指标就是全国城市人口迅速增加。事实上，情况的确如此，在恺加王朝统治时期，以上三个过程均有发生。

1867年之前，虽然我们可以根据伊朗整体人口规模估算出人口增长的速度，但却缺乏可查阅的可靠数据来统计城市、农村和游牧部落[1]人口的具体分布情况[2]。从表3—3可以看出，1876—1926年，城市人口占伊朗全国人口比例有所下降，原因很可能是饥荒、瘟疫等因素导致人口大规模外迁。根据表3—4可以看出，这一时期的平均年城市化率为1.64%，且大部分增长发生在1867—1900年。但即使在这一时期，城市人口的比例下降仍然比较明显。主要的城市中心（其中有100多个城市

---

[1] "Ashaier"指游牧部落，经常迁徙。"il"则指部落联盟，往往在一位强大的部落可汗带领下，按血缘关系结成联盟，在伊朗政治和军事生活中扮演了至关重要的作用。由于二者的差异并非本书的考察重点，因此本书中这两个词经常通用。

[2] Issawi采用了Thomson的数据，认为19世纪上半叶伊朗城市化程度极低。见C. Issawi所著 *The Economic History*，第26页。

中心的人口数据是1913年统计的①）1867—1900年的人口增长幅度也高于1900—1913年（见表3—2和表3—5）。

表3—3　　　　　　城市、农村和部落人口所占比例　　　（单位：%）

	1876年	1900年	1913年	1921年
城市	22.72	20.99	21.00	21.10
农村	38.64	53.96	53.93	53.97
部落	38.64	25.05	25.07	24.93
总计	100	100	100	100

资料来源：根据各种资料汇编而成，其中包括 Bharier 所著 The Growth of Towns。

1900—1913年，伊朗发生了大规模的人口外迁。1867—1900年农村人口比例大幅提升的同时，游牧部落人口的比例发生了同样规模的下降。随后几年里，三类人口所占总人口的比例没有发生明显变化。1867—1926年，这两类人口都实现了增长，且农村人口增长速度高于游牧部落，但总体增长率有所降低（见表3—3和表3—4）。根据表中数据，1867—1926年，伊朗游牧部落开始大规模定居。然而，由于有关19世纪伊朗社会的资料非常有限，我们很难引用具体数据来支撑这一观点，但大部分资料均表明这一时期伊朗游牧民族逐渐实现了定居生活。

表3—4　　　　　　城市、农村和部落人口增长率　　　（单位：%）

地区	1867—1921年总增长率	1867—1900年年均增长率	1900—1921年总增长率	年均增长率	总增长率	年均增长率
城市	141.00	1.64	107.00	1.36	16.43	0.28
农村	262.53	2.41	212.94	2.14	15.85	0.27
部落	67.47	0.96	45.29	0.69	15.26	0.26
全国	159.55	1.78	124.10	1.51	15.82	0.27

资料来源：依据表3—1计算得出。

---

① 见 C. Issawi 所著 The Economic History，第34页。1900年有78座城市。见 J. Bharier 所著 "The Growth of Towns"，第336页。

19世纪后半叶，农民丧失生产资料的速度不断加快，导致他们源源不断地涌向附近城镇，从而加速了1867—1900年的城市化进程。但由于城市工业化进度远落后于农民涌入城市的速度，伊朗城市中便诞生了一个新的社会阶层——失业阶层，亦称为盲流阶层。他们的困境正是这一时期伊朗城市频繁发生贫苦阶级抗争的物质基础。19世纪末，当涌入城市的农民发现城市并不能为他们提供比农村更为优越、舒适的生活条件且前景黯淡时，他们开始向邻国的城市迁移，这就导致1900—1926年伊朗城市化进程大幅减速。但尽管如此，伊朗的城市化程度远高于欧洲发达国家，但这些人口很少涌向港口地区，因此在伊朗并未形成较大的港口城市。[1]

基础设施

纵观历史，资本主义大生产的转型过程总是伴随着交通和通信等基础设施的持续改进和提升。人口增长、经济货币化和全国范围内逐渐展开的市场扩张要求足够的基础设施网络来满足信息、商品和资本的流通需求，加快流通速度。1796—1926年，伊朗的交通运输和通信系统有了一定改善和提升，道路系统已能够满足较大规模国内贸易的运输需求[2]。但由于受到英、俄等帝国主义列强的干预，伊朗未能建成完备的交通网络系统。列强尤其加大对伊朗铁路修建计划的反复干预，致使恺加王朝修建自己铁路交通网络的雄心胎死腹中。当然，崇山峻岭、无边荒漠、海岸线短、水道缺乏、地广人稀等地理因素也是导致伊朗交通运输和通信网络发展缓慢的重要原因。

---

[1] 见 C. Issawi 所著 *The Economic History*，第26—27页。得益于这一时期对外贸易路线的变化，某些地区（如大不里士于19世纪40至60年代成为主要贸易集散中心）的城市化进程发展迅速。本书在数据统计过程中尽量不拘泥于这些周期性城市人口波动的数据。又见 Ira Lapidus 编著 *Middle Eastern Cities* 一书中 C. Issawi 所撰写的 "Urbanization and Economic Development" 一文。

[2] Abbott, "Report on Trade for 1841", 31 December, 1841, UK Public Record Office, Foreign Office Series, 60/92.

从外部看，1830年前，伊朗与欧洲间有三条商路，第一条经布什尔到波斯湾，第二条经里海—伏尔加河到外高加索，第三条经黑海到君士坦丁堡。1830年大不里士—特拉布宗商道开通后，运输成本大幅降低，成为当时效率最高、最繁忙的商道，以上三条商道则逐渐没落。大不里士成为伊朗—欧洲贸易新的商业中心城市[①]。但随着1869年苏伊士运河开通，途经波斯湾的商道再次受宠，催生了伊斯法罕、设拉子等新兴商业重镇。这也是伊朗真正融入资本主义世界经济体系的开端。

表3—5　　　　　　　1892年的交通状况　　　　　（单位：英里）

从德黑兰出发至…	距离	货物邮寄每日行进里程	大篷车队每日行进里程[a]
大不里士	350	4	17
拉什特	200	3	10
马什哈德	558	8	24
伊斯法罕	245	4	12
设拉子	530	8	27
布什尔	700	13	37
亚兹德	412	8	21
科尔曼	640	12	32
巴马丹	200	3	9
科尔曼沙阿	330	5	14

资料来源和注释：见 Rabino 所著 "Banking in Persia"，载 *Journal of the Institute of Banking* 1892年1月13日。[a] 与货物运输相关。

在带给伊朗社会任何实质性变革和发展之前，欧洲列强首先把整个伊朗强行拉入其世界市场之中，并利用伊朗来改善和拓展其在世界范围内的交通运输和通信系统。俄国和英国在里海（1861年）和波斯湾（1862年）尝试扩张和改进其蒸汽轮机交通网络，并横跨伊朗，修建欧洲至印度的电报网络，使得伊朗在列强面前国门洞开。截至19世纪80年代，伊朗已有长达3966英里的电报线路、6266英里长的电报线和84个

[①] C. Issawi, *The Economic History*, pp. 100, 110.

电报站。截至1913年，电报线路竟长达6000英里。第一次世界大战期间，伊朗境内的电报线路增加了18%，而电报线则增加了28%[①]。伊朗融入世界资本主义市场体系的进程是通过与西方列强的蒸汽机车和电报线路的共存而实现的。这一进程在1884年俄国铁路延伸到里海沿岸时就已基本实现，这也是伊朗制造业时代的开端。然而，由于受其竞争对手俄国的极力阻挠，英国并未将其铁路网络延伸至伊朗南部境内。

一方面，为实现其全球殖民和掠夺市场的目的，帝国主义列强大肆在伊朗境内扩张其交通运输和通信网络，试图使伊朗成为其世界资本主义经济体系的附庸；另一方面，帝国主义列强极力阻挠伊朗政府和人民自主发展道路和通信网络的努力，并以特许专营权和官僚资本垄断的方式来实现其目的。通常情况下，英、俄等帝国主义列强仅需提供少量启动资金和建造、运营电报、铁路等所需要的基本技术，即可享有其所修建电报或铁路线路的垄断经营权，伊朗政府仅从这条铁路或电报线路的运营收益中获得极小部分分红。因此，虽然这段时间恺加王朝政府向帝国主义列强授予了大量特许专营权，国家和人民从中获取的利润却微乎其微，不但未对其工业化进程做出任何重大贡献，反而对伊朗的发展造成致命的负面影响，使国家和人民付出了沉重代价。

恺加王朝政府早期的特许专营权主要授予英、俄两国，涉及交通运输和通信系统，以电报线和铁路为主。1863年，恺加王朝政府将一条经卡尼钦—德黑兰—布什尔（Khaneqein - Tehran - Bushire），横穿伊朗全境的电报网络的修建和专营权授予英国印欧电报部，并承诺拨付部分资金协助修建电报网络和购买材料。英国政府随即控制这条电报线路，并任命英国人担任项目总负责人。随后，恺加王朝政府又将第二条途径布什尔（Bushire）和卡尼钦（Khaniqin）的国际通信专用电报网络的专营权授予另一家英国公司，由英国工程师担任总负责人，并大量雇用英国职员[②]。

1868年，恺加王朝政府再次授予英国商人两项特许专营权。第一项是授予印欧电报公司焦勒法—大不里士—德黑兰（Jolfa - Tabriz - Tehran）

[①] 见P. Sykes所著 Persia 第2卷，第533页；C. Issawi所著 The Economic History，第153页。
[②] 有关这些专营权协议的概述，详见C. R. Markham所著 History of Persia，第542—543页。

电报线路的修建权，第二项是授予印欧电报部格瓦杜尔—贾斯克—阿巴斯港（Gwadur – Jask – Bandar Abbas）电报线路的专营权。印欧电报部还于1872年获得了第三条电报线路的专营权。三条电报线路完全由英国政府控制，其中仅一条用于伊朗国内通信，另两条服务于英国的国际通信，而伊朗政府却需为此支付1万土曼，分十年付清。电报的最高收费标准，以及向伊朗财政部开具发票的张数均由英国政府设定。仅此一项即导致伊朗政府债台高筑。截至1869年，为修建这两条电报线路，恺加王朝政府从英国举债47217英镑①。

1872年伊朗政府授予英国商人的电报线路专营权成为英国政府直接干预伊朗内政和伊朗融入世界市场的开端。这些电报线路将德黑兰与伦敦、孟买及大量欧洲中心城市和工业中心、商业中心相连接，伊朗各地修建了由英国人掌管的电报局，上空飘扬着米字旗，俨然成为英国的专有租借地②。英国政府动辄还以保护电报局和电报线路为由军事干预伊朗内政，将这些电报局变成一个个占领伊朗的军事堡垒。英国以史无前例的方式渗透伊朗，电报网络则成为列强打开伊朗国门的重要标志。③ 不仅如此，这些电报网络还加强了恺加王朝中央集权统治的能力，这正是英、俄两国最希望的结果④。但极具讽刺意味的是，那场由新兴知识阶层所领导、旨在推翻恺加王朝腐朽、专制统治的宪政革命爆发时，这些原本为了加强王朝中央集权和统治的电报所，转而成为遭受镇压的革命者们的避难所。

授予英国商人的路透特许专营权还包括了铁路和有轨电车的专营权，以及所有与道路交通、电报、邮政相关的诸多产业的专营权。尽管路透特许专营权最终由于遭受强烈反对而被迫取消，但英国政府以此为条件，从伊朗获取了更多专营权，尤其在19世纪80年代后获得了大量专营权。同时，俄国人也不失时机地利用路透特许专营权来扩大其在伊利益。1874年，法尔肯哈根专营权授权俄国人修建一条焦勒法至大不里士的铁

---

① 有关这些专营权协议的概述，见 C. R. Markham 所著 *History of Persia*，第542—543页。
② T. Ricks, "Background to the Iranian Revolution", p. 19.
③ 见 P. Avery 所著 *Modern Iran*，第84页。引于 T. Ricks 所著 "Background"，第19—20页。
④ T. Ricks, "Background", p. 19.

路，但最终由于俄国政府未能提供足够资金而不了了之①。此外，1872—1890年，恺加王朝政府还被迫向英、俄两国授予多项其他特许权，其中包括1881年授权俄国政府利用奇基什拉尔至艾斯特拉巴德电报线路的特许权和授予俄国政府焦勒法至奇基什拉尔电报线路所有电报局的控制权，1888年授予英国政府和商人的卡伦河通航特权，1889年后相继授予英、俄两国的多项道路控制和收费专营权。

伊朗铁路发展的不幸历史向我们生动展示了帝国主义列强如何通过专营权在伊朗互相争夺，并在此过程中遏制伊朗发展。虽然英、俄等国曾于19世纪50年代、60年代、1872年（路透专营，Reuter Concession）、1874年（法尔肯哈根专营，Falkenhagen Concession）和1878年、1888年先后六次提出在伊朗修建铁路的方案，但截至1888年，仅有比利时工程师在德黑兰与阿布多·阿齐姆沙阿圣墓（Shah Abd ol – Azim）之间建成一条6英里长的铁路，这就是伊朗铁路发展近半个世纪的全部成果。此后，英、俄两国围绕铁路修建问题在伊朗你争我夺，矛盾不断激化，直到1890年在英国政府默许下，伊、俄签订阻断协议，规定伊朗政府未来10年不得自行修建铁路，也不得授权任何他国政府或企业、个人在伊朗修建铁路。至此，英、俄之间围绕在伊朗修建铁路的斗争终告一段落②。1900年，阻断协议又被延续了10年，直到1910年才结束③。1911年，俄国与德国签订《波茨坦协议》，规定德国不得将其铁路网络延伸至伊朗境内，不得谋求在伊朗获取任何道路交通或通行的许可和专营权。作为回报，俄国承诺不干涉德国修建巴格达铁路。截至1926年，除第一次世界大战期间英、俄两国因为战略需要而修建的焦勒法—乌尔米耶、扎黑丹—努什基两条很短的铁路外，伊朗境内未再修建任何铁路。

截至1890年，伊朗的公路修建亦未取得任何明显进展。1892年，伊

---

① 关于路透专营协议与法尔肯哈根专营协议，以及英、俄两国在伊朗的势力范围争夺，详见 F. Kazemzadeh 所著 *Russia and Britain in Persia* 第2章。

② 见 C. Issawi 所著 *The Economic History*，第156页。有关英、俄围绕铁路修建而展开的争夺，又见 Hon. G. N. Curzon 所著 *Persia* 第1卷，第613—639页。

③ B. G. Marton, *German – Persian Diplomatic Relations*, pp. 179 – 197. xlii. C. Issawi, *The Economic History*, pp. 200 – 202.

朗的道路交通状况能实现的邮政运输速度最高仅为每天 80 英里，商队行进速度则更慢（见表 3—5）。1890 年后，伊朗道路修建迎来了短暂的春天。1890—1910 年是伊朗的"柏油马路时代"（Paved Road Period），在多项特许专营权的支持下，伊朗修建了多条现代道路，其中主要有俄国贴现信贷银行（Russian Discount and Loan Bank）在北方修建的多条公路和英国波斯帝国银行（British Imperial Bank of Persia）在南方修建的多条公路①。截至 1926 年，多条主要公路已成为交通要道，有些甚至可以通行汽车：安札里—拉什特—加兹温—德黑兰公路（Enzali - Rasht - Qazvin - Tehran）、阿瓦士—伊斯法罕公路（Ahvaz - Esfahan）、伊斯法罕—布劳杰德公路（Esfahan - Buroujerd）、加兹温—哈马丹—巴格达公路（Qazvin - Hamadan - Baghdad）、大不里士—焦勒法公路（Tabriz - Jolfa）、德黑兰—库姆—阿拉克—阿瓦士公路（Tehran - Qom - Arak - Ahvaz）、布什尔—设拉子公路（Bushire - Shiraz）、俾路支斯坦省—马什哈德公路（Balouchestan - Mashhad）。截至 1912 年，伊朗境内的运输速度略有提升，但成本依然居高不下。达贾里（Djazaeri）这样描绘道：

> 从平均速度看，步行不超过每天 30 公里，货物运输的成本为 1—2 克伦②每吨公里，折合 0.45—0.9 法郎。而同时期（1912 年），法国的运输速度为每小时 35—40 公里，运输成本仅为 0.2—0.3 法郎每吨公里。③

恺加王朝政府也曾试图大力提高水路运输的速度。在英国施压下，伊朗政府于 1888 年开通了卡伦河（Karoun River）航运，为大量英国和印度商品通过这条航道进入伊朗大开便利之门④。同时，在阿巴斯港（Bandar Abbas）、布什尔（Bushire）、霍拉姆沙赫尔（Khorramshahr）、安札里

---

① C. Jazairi, *La crise economique mondiale et ses repercussions en Iran*, p. 121.
② 译者注：克伦为恺加王朝货币单位，1 土曼等于 10 克伦，1 英镑等于 20 克伦。
③ Hon. G. N. Curzon, "The Karun River and the Commercial Geography of Southwest Persia", Proceedings of the Royal Geographical Society, NS 12, 1890, p. 527.
④ Ibid. .

(Enzali) 和加兹港（Bandar-e Gaz）等重要港口，水路交通状况也有所改善。1914年，伊朗还开放了乌尔米耶湖（Oroumiyeh Lake）的水路运输。

  总之，1796—1926年，伊朗的交通运输和通信网络得到了一定程度改善和提高，但这种改善和提高主要由外来因素推动，其目的是服务外国利益，这就导致国内原材料、商品、服务的流通面临巨大困难和高昂成本。帝国主义列强控制伊朗的交通运输和通信系统是伊朗未能成功创造经济融合条件、建立现代工业生产体系的最主要原因，是伊朗沦为以对外贸易和金融为导向的经济发展模式的关键原因。

第 四 章

经济力量及其转变

本章将详细分析恺加王朝时期伊朗国内经济发展进程及其对伊朗伪封建主义生产方式的改变程度，以及在伊朗社会生产力和生产关系方面的体现。本章将分析不同经济领域的发展和伊朗总体经济状况。在恺加王朝时期，尽管遭到封建势力和帝国主义列强的种种阻碍，伊朗的社会生产力依然实现了一定程度的发展和进步。但在腐朽的国内封建专制统治和强大的帝国主义列强联合摧残下，这些发展和进步严重扭曲和变形，导致伊朗始终处于极度落后的状态，并最终沦为资本主义国际市场体系的附庸。伊朗新兴民族资产阶级未能推动社会生产力发展和政治民主化进程，从而导致国内资本流向对外贸易、土地投资等领域，而且随着资本的高度集中，伊朗建立了一个独裁专制的政权，而非欧洲国家那样的绝对专制主义政体。

根据其经济发展状况，我们可以将恺加王朝分为四个阶段。第一阶段（1796—1834年）是历经长期战乱后的迅速恢复和实力集聚阶段，这一时期国库充盈，对外贸易迅速增长。第二阶段（1834—1864年）对外贸易迅速增长，经济作物种植开始发展，欧洲工业品进口逐渐增加，经济总体呈增长趋势。第三阶段（1864—1890年）是灾变和经济倒退阶段：家蚕微孢子虫病导致伊朗蚕丝生产大幅减少，持续干旱和瘟疫导致民不聊生，加之货币持续贬值和通货膨胀，伊朗国内出现严重灾难。虽然这一时期对外贸易仍保持增长，但同时也带来诸多负面影响。第四阶段（1890—1926年）是伊朗融入世界经济体系的阶段，这一时期的最大特点是贸易赤字持续增加。同时，伊朗石油工业逐渐起步，也建立了许多金融机构和大型工业企业。尽管取得了这些重要的发展，伊朗却越发落后，越来越依附于西方列强，恺加王朝政府也越来越独裁专制。

生产力变化

我们此处所说的生产力指劳动者及其生产方式。劳动者作为生产力的一部分既有量化内涵，又有质化内涵。量化指人口的规模及其增长速度，以及其他各种体格特征，而质化指劳动者的生产效率、经验、技能、知识等方面。因此，如果想要证明某个特定社会的生产力处于发展状态，我们必须首先证明其劳动者在"质"与"量"上取得了发展[1]。正如之前所讲，恺加王朝时期伊朗人口、城市化、基础设施等基本状况整体有所发展，我们将在以后的几个章节详细介绍伊朗劳动者的非经济性因素。

生产方式包括生产工具、劳动者所使用的生产原材料、一般材料和劳动者所面对的自然条件。如果想要证明某个特定社会的生产力实现了发展，我们必须至少部分地证明其生产方式有所发展。恺加王朝时期，伊朗交通运输和通信状况、城市化实现了一定程度的发展。从土地、海洋、河流、灌溉、工业用水、森林、矿山、渔猎等自然条件和生产原材料方面来看，伊朗既算不上富饶也不算匮乏。总体来看，伊朗社会在以上很多领域都实现了一定程度的发展。根据伊萨维的观点，19世纪后半叶，伊朗农业生产实现了大幅度发展，虽然人口增长需要消费更多农产品，其农产品出口仍然出现了较大幅度提高（见图4—1）。[2]

采矿业也实现了巨大发展。早在1836年，伊朗政府就曾尝试在采矿业中使用蒸汽机，雇用欧洲熟练工。然而，欧洲人的帮助未能从根本上

---

[1] 本书并不认为单纯数量上的增长，尤其人口规模的增长本身就意味着社会、经济的进步。本书高度关注伊朗过渡时期的经济发展，但目前我们尚未掌握任何发达国家在过渡时期经济发展的同时人口却未呈现增长趋势的案例。

[2] 见C. Issawi所著 *The Economic History*，第211页。又见H. Katouzian所著 *The Political Economy*，第43—44页。Katouzian认为土地税增加可能是19世纪末伊朗整体税收增加的结果，但他认为这一时期伊朗农业产出一直呈稳步上升趋势，且至少持续至1890年前后。农业产出增长得益于这一时期农业生产力的提升。

改变伊朗采矿业的落后面貌,反倒是伊朗政府和人民通过自主发展取得了巨大进步。例如,伊朗企业家塔耶尔·阿巴布(Tajer Arbab)成功将其采矿企业员工规模扩大至数百名,并对工人进行详细的技术分工。艾博特(Abbott)指出,1888年,仅在伊朗东北尼沙布尔地区的一个绿松石矿上,就有200多名工人同时作业。截至20世纪20年代中期,大约有65个各种小规模原始矿山开采场,年总产值达将近300万克伦[①],伊朗政府每年从中获得80万克伦的税收,其中30万克伦来自绿松石矿,其余来自盐矿、铜矿、煤矿、铅矿、硫矿和铝矿等。虽然伊朗采矿业未能在规模和数量上实现明显提升,但截至1910年,其组织和结构发生了明显变化,呈现出资本主义大生产的初期形态。

表4—1　　　　　　地租、农业产量与国民生产总值（单位：千里亚尔[②]）

	1800年代	1836年	1867年	1886年	1888—1889年
地租[a]	17000	20918	27190	41220	41110
农业产量[b]	113333	139453	247933	274800	274066
国民生产总值[c]	141666	174316	309916	343500	342583

资料来源和注释：见Katouzian所著 The Political Economy of Iran 第44页。[a]地租数据的计算是以"地租占伊朗政府公共财政收入85%（关税收入除外）"这一假设为基础而计算得出。[b]农业产量的计算是依据"地租平均占农业产量15%"这一数据得出。[c]国民生产总值是以"农业占全国产量的比例为80%"这一假设为基础估算得出,其余20%则为工业和服务业。

伊朗采矿业大部分以特许专营权的形式授予英、俄等国商人。1890年,英国波斯帝国银行投资100万英镑建立波斯银行矿权公司,其垄断经营权包括所有国有铁矿、铜矿、铅矿、水银矿、煤矿、石油、锰矿、硼

---

① 见J. Bharier所著 Economic,第13、15页。1900年时,伊朗政府的地租、土地税等全部收入为1.5万英镑,而30万克伦的绿松石矿专营权年税收占其40%。见Sir A. Houtum - Schindler, "Persia", pp. 621 - 622. 关于采矿方式,见H. E. Wulff所著 The Traditional Crafts of Persia,第14—18页。关于Abbott的报告,见C. Issawi所著 The Economic History,第283页。

② 译者注：里亚尔为伊朗货币单位。恺加王朝时期,1里亚尔=1克伦+5夏希,1土曼=10克伦。

砂矿、石棉矿等。①但由于运输和能源成本过高而导致无利可图，该公司最终于1894年解散。1895年，另一家比利时公司也由于同一原因被迫关闭。

尽管恺加王朝的统治者们缺乏改善公共设施和服务的热情，这一时期伊朗的灌溉系统依然得到了比较明显的改善。例如，胡泽斯坦省卡尔黑河（Karkheh River）上修建了纳赛里大坝（Naseri Dam）；1848—1850年，大改革家阿米尔·卡比尔（Amir Kabir）下令对大量坎儿井进行维修②，并在多个省份修建灌溉工程，在法尔斯省投入数千劳力对郫尔河（Shah Pir River）进行改道改造等。③

以专营权为主导的森林和渔场开采利用也得到很大发展。1890年，希腊公司库西斯与西奥弗拉科托斯（Koussis and Theophilaktos）获得伊朗北部森林的专营权，截至1900年，这家公司在伐木方面的投资超过50万卢布④。1907年后，其他公司也相继涉足伊朗伐木行业。一些伊朗本国企业也开始承包森林。由于这些专营权不受伊朗政府监管，最终导致北部地区大量森林植被因滥砍滥伐而遭到严重破坏。

早在1840年，恺加王朝政府就开始向本国商人授予渔场专营权，但由于乌勒玛将此定义为"不洁行为"而坚决予以反对，渔场商业化发展的步伐非常缓慢，直至1873年亚美尼亚人参与其中，情况才发生了戏剧性转变。这一年，一位臭名昭著的亚美尼亚人利亚佐诺夫（Liazonov）以每年4.1万土曼的费用承包了伊朗北部所有渔场的专营权。随后几年里，该合同几经更新，每次的承包费用亦有所增加。利亚佐诺夫共计投资1000万卢布，还专门修建了电话网络和发电站。其公司雇佣2000多名员

---

① 见 Hon. G. N 所著 *Persia* 第2卷，第513页。又见 C. Issawi 所著 *The Economic History*，第282—284页。

② 见 F. Adamiyat 所著 *Amir Kabir va Iran*，第227—230页。1925年，除大量早期设施外，伊朗出现了至少一项"现代化的汲水装置"："原油泵被用于灌溉卡鲁恩地区几千公顷的土地。"见 League of Nations 出版的 *Production of Opium in Persia*，第22页。

③ H. Busse，*History of Persia*，p. 278.

④ "早在1870年代，伊朗的黄杨木就被出口到俄国和（经由俄国出口至）英国。仅出口至英国的黄杨木就高达3万英镑。"见 C. Issawi 所著 *The Economic History*，第212页。

工，多以俄国工人为主。仅 1913 年，利亚佐诺夫就从中获取利润 51 万卢布①。

需要注意的是，采矿业、伐木业、渔业都是伊朗经济出口的主要支柱，这些公司如此专注于这些行业，主要是因为他们可以借此在欧洲市场赚取巨额利润。这种情况尤以采矿业为甚，其主要市场均在欧洲，伊朗国内市场几乎可以忽略不计。由于伊朗国内现代制造业仍处于初级发展阶段，矿石的需求市场尚未形成。这种外向型采矿业发展策略导致随后几年里伊朗工业发展愈加落后。一方面，其矿石内需市场规模非常有限；另一方面，国内运输成本高昂，导致矿石生产和运输成本过高，国际市场对伊朗矿石的需求也非常有限。欧洲老牌资本主义国家可以用更为低廉的价格从其他殖民地获取相同品质的矿石。

在其他生产方式发展方面，劳动者在劳动过程中使用劳动工具的变化可在很大程度上显示一个国家从封建主义生产方式向新的生产方式转变的程度和范围。由于缺乏有关恺加王朝的相关资料，我们仅能获取这一时期伊朗社会生产工具及其发展变化的少量资料。首先，整个 19 世纪，农业生产工具都未发生大的变化，但这并非意味着农业生产技术没有任何发展。事实上，这一时期，伊朗的休耕制、犁耕技术和除草技术都得到明显改进。经济作物的引入和发展促进农业领域新的栽培、维护、收割、储藏等技术的发展。对伊朗农民来说，经济作物种植是一个全新事物，他们必须发明新技术或新工具来满足这种全新的耕作需求，伊朗也因此在这些领域经历了很多重大而深刻的变化。

英国驻伊朗南部城市布什尔的外交官于 1880 年记录了当时伊朗农业耕作中的几种主要工具：钉犁（一种由几层锋利薄刃组合而成，用来分离麦粒与麦壳的工具）、簸箕、镰刀、麻袋、铁锹、筛子、背篓和绳子等。根据当时规定，莱亚特需为每皋（一头牛所能够完成的耕作面积，

---

① 见 C. Issawi 所著 *The Economic History*，第 255—256、361 页。又见 F. Kazemzadeh 所著 *Russia and Britain in Persia*, 1864 – 1914，第 207 页。1910 年，利亚佐诺夫的大肆掠夺行为引起伊朗人民反对，并联合抵制其在伊朗的经营，但并未奏效。见 C. Issawi 所著 *The Economic History*，第 569 页。

需要2009磅的麦种）面积的耕地提供价值50克伦的生产工具①。生产工具还包括耙、拖拉和运输的动物（以牛为主）、沟渠、水井和坎儿井等。恺加王朝末期，1910—1918年，伊朗农业领域也开始引入机器作业②。1926年，米尔斯普奥（Millispaugh）在评价这一时期伊朗农业发展时指出："来自美、英、俄等国的农业机械开始引入伊朗，并成功应用于农业生产中。"③

表4—2　19世纪中期至晚期伊朗织机和作坊的数量（部分地区和产业）

地区	19世纪中期 织机数量	19世纪中期 作坊数量	19世纪晚期 织机数量	19世纪晚期 作坊数量	备注
卡尚	800台丝织机	14000家锦缎作坊	200台丝织机	8家锦缎厂，100家棉纺厂	19世纪初，该城有8000台丝织机
伊斯法罕	200台丝织机	丝绸作坊：486家（1834—1848年），240家（从1848年到19世纪80年代）	2000台棉织机	12家丝绸作坊	19世纪初，该城有1250家丝绸作坊
科尔曼	300-350台丝织机 1300台棉织机 2200台织巾机 545台毛织机	1800家丝绸作坊	2000台丝织机 2000台棉织机 1000台织巾机 700台毛织机 1000台织毯机	400家丝绸作坊 800家棉纺作坊 80家棉纺作坊	19世纪后期的数据存疑，或是一个特例：（1）丝绸作坊雇用多达9000人（2）700台毛织机中有200台属于内恩镇（3）545台织机中有352台属于临近村庄（4）1920年，科尔曼有5000台织毯机

---

① 见英国议会 Accounts and Papers, 1880, 73, 第55页, Report on Bushire。又见 J. Malcolm 所著 History of Persia 第2卷, 第379页。

② J. Bharier, Economic, p. 94.

③ A. C. Millspaugh, The Financial and Economic Situation of Persia, p. 36.

续表

地区	19世纪中期 织机数量	19世纪中期 作坊数量	19世纪晚期 织机数量	19世纪晚期 作坊数量	备注
马什哈德	650台丝织机 320台织巾机	无	204台丝织机	116家丝绸作坊	（1）其中4台丝织机和16家丝绸作坊属于尼沙布尔镇 （2）1908年，织毯机约150台，从业工人1500人
苏尔坦拿巴德	无	无	5000台织毯机	150家村庄作坊	10000名村民从事该产业
库尔德斯坦	无	无	2000台织毯机	无	无
奎纳特	无	无	2000台织毯机	无	12000名村民从事该产业
大不里士	无	无	3000台织毯机	无	10000名村民从事该产业

资料来源和注释：根据各种资料汇编而成，其中包括 Abbott 所著 *Notes on the Trade, Manufacturers, and Production of Various Cities and Countries of Perisa*；Abdullaev 所著 *Promysblennost* 第58页、78页、87—98页、112—122页；Issawi 所著 *Economic History* 第267—268页、299页、302页；Curzon 所著 *Persia 1* 第52页、167页；*Persia 2* 第242—245页；M. Sutudeh 所著 *Juqrafiya - ye Esfahan* 第93—104页；*Tabriz: Accounts and Papers, 1875* 第75页；*Tabriz: Accounts and Papers, 1899* 第101页；Aubin 所著 *La Perse d'Aujourd hui*；Maclean 所著 *Report: Accounts and Papers, 1904* 第95页；English 所著 *City and Villages in Iran* 第29页；Adamiyat 与 Nateq 合著 *Afkar - e Ejtemai* 第270页；Issawi 所著 *Economic History* 第303页。

如此一来，伊朗农民使用这些原始的生产工具为世界资本主义体系提供了重要的原材料，帝国主义市场将耕种新经济作物的重担交给伊朗，但却丝毫不关心其生产工具和技术是否能够满足需要，更无兴趣帮助他们改进生产工具和技术。他们只在乎这些农业经济作物为其带来的巨额利润①。事实上，这一时期伊朗农业领域的很多变革都首先得益于金融交易制度（即货币化）的引入，其次才是通过农业领域本身生产力的变化而实现。20 世纪 50 年代，帝国主义列强再次在伊朗使用这一经济策略，使其始终停留在落后的传统生产力水平。与此同时，当我们意识到 20 世纪 50 年代伊朗的农业生产占伊朗国民生产总值的比例依然最高时，农业生产力停滞不前为伊朗带来的灾难性悲剧不言而喻。

19 世纪初，拿破仑在欧洲发动大规模战争，导致欧洲对外出口严重萎缩，这为伊朗工业的复兴提供了绝佳机会，其工业生产不但需要满足国内市场需求，也需为国际市场提供商品②。早在 19 世纪 20 年代，伊朗的国有工厂就从英国聘请技术人员（包括一名制铁厂厂长、两名熔炉工、一名玻璃工、两名矿工和一名布料生产工），并从英国购买蒸汽机③。随后，大不里士的军工厂得到改进，截至 19 世纪 30 年代，已相继建立生产丝绸、棉花、纺织品、肥皂、皮革、陶瓷和火药等的工厂④。几乎在同一时期，卡尚有 8000 多台丝织机和 14000 多家蚕茧生产厂⑤，伊斯法罕则有 1000 多家丝织车间⑥。这些丝织车间被称为"织物间"或"卡尔哈纳"，表明其规模之大和技术之先进⑦。表 4—8 和表 4—9 罗列了 1848—1925 年引入处于伪封建主义社会形态的伊朗的其他行业和生产工具。

1870 年的这篇报道为我们提供了有关伊朗工业产品的重要信息：

---

① 原料价格越低，不变资本额就越低，利润率也就越高。假如 P = 利润率，S = 剩余价值，C = 不变资本，V = 可变资本，即 $P = S/C + V$。当 V 和 S 固定不变（或 S 变大且 V 值缩小），C 值越小，P 值就越大。详见《马克思恩格斯文集》第 7 卷，人民出版社 2012 年版，第 120—122 页。在购买伊朗农产品方面，由于彼此间尚未形成稳定的交换关系，列强国家遇到了一些困难。因此，引入市场关系成为帝国主义列强在伊朗的一项重要目标和任务，而 19 世纪早期尤其如此。详见本书第 7 章。

② C. Issawi, *The Economic History*, p. 258.

③ Mirza Abul Hassan Khan to Castlereagh, 9 January 1820, and Ouseley to Planta, 23 November 1829, UK Public Record OiBce, Foreign OiBce Series, 60/19.

④ N. A. Kuznetsova, "Materially", in C. Issawi, *The Economic History*, p. 286.

⑤ F. Adamiyat and H. Nateq, *Afkar – e Ejtemdi*, p. 270, and C. Issawi, *The Economic History*, p. 267.

⑥ Manouchehr Setoudeh (ed.), *Joqrafia – ve Esfahan* (Esfahan's Geography), pp. 103 – 104.

⑦ F. Abdullaev, *Gousheh – i Az Tarikh – e Iran* (A Part of Iranian History), p. 180.

第四章 经济力量及其转变 / 47

  伊朗工业及其产品主要有丝绸、蚕茧、地毯、制钢、剑刃、矛头、枪管、玻璃、玫瑰水、棉布、围巾、高档羊皮、原丝、靛蓝、烟草、大黄、各种药品、干果、棉花、铁矿、铜矿、科曼羊毛，以及少量的酒、大理石和一些小物品。此外还有波斯和土耳其硬币、德国皇冠、金条和银条等。[①]

  事实上，我们还可为以上目录加上天鹅绒、平纹皱丝织品、印花布、铜器等产品。这个目录表明伊朗生产力的发展、社会分工的程度，以及19世纪70年代伊朗的市场关系。它还表明，虽然并非所有商品都用来出口，但出口商品在伊朗工业体系中占有绝对地位。表4—2更清楚地向我们证明了这一事实，其中丝绸、棉织品、围巾、地毯及其他主要出口产品的生产都出现了较大幅度增长。虽然与消费品生产相比，生产资料生产的增幅较小，但也出现了一定增长。

  然而，以上我们所引用的数据具有一定误导性，因为它使我们误认为伊朗工业领域的这些发展全部是在19世纪70年代实现的。但事实上，我们可从表4—2与19世纪50年代戈比诺（Gobineau）的记录对比发现，19世纪50年代伊朗的手工业和现代工业比19世纪70年代还要发达。戈比诺首先罗列了过去大规模生产的商品，并认可了诸多生产分支机构的存在，随后他写道："今天（19世纪50年代），所有这些不但满足了生存的需要，而且各种物品都出现了剩余。"[②] 另外，我们还必须清楚地意识到，戈比诺对伊朗工业状况的评估是阿米尔·卡比尔首相推行了雄心勃勃的全方位改革之后伊朗制造业所呈现的繁荣景象（见表4—3）。

  但遗憾的是，阿米尔·卡比尔及其后继者们的努力未能带给伊朗社会任何重大改变。有人记录了1876年几项失败的尝试。例如，在创建制绳厂和蜡烛厂的过程中，政府损失了巨额资金[③]。1877年，还有人为伊斯

[①] 见 C. Issawi 所著 *The Economic History* 第 88 页所引 The Reports of the Select Committee Appointed by the Court of Directors 第 113—120 页的内容。又见 C. Markham 所著 *History of Persia*，第 366 页。有关 19 世纪早期的相关内容，见 J. Malcolm 所著 *History of Persia* 第 2 卷，第 380 页。

[②] A. de Gobineau, *Trois Ans en Asie*, pp. 400 – 404.

[③] F. Adamiyat and H. Nateq, *Afkar – e Ejtemai*, pp. 242 – 243.

法罕纺织工人所处的困境而抱怨,他写道:"纺织工人至少占该城行会的十分之一,但只有不到五分之一的纺织厂能够存活。"① 19世纪80年代的一篇报道也表达了类似观点:"阿塞拜疆的所有丝织厂在经营了三十多年后都突然倒闭。"② 还有一篇1897年的报道观点更为偏激:"在法塔赫·阿里沙阿(Fath Ali Shah)时代(19世纪30年代),仅卡尚一地就有14000家织锦厂。但到了1895年,仅剩两家操作车间。"③ 这些零散的信息碎片让我们对伊朗工业发展有了一点感性认识,使其早期蓬勃发展(1800—1834年)、中期为生存而激烈斗争(1835—1865年)及晚期逐渐被彻底摧毁(1865—1880年)的历程显得更加清晰。

丝绸、围巾、锦缎生产是最早发展的行业,其次是棉花和羊毛制品行业。但这些也是最早被彻底击垮的行业。所幸的是,原丝生产和棉花种植得以保留且持续增长,但1860年的一场家蚕微孢子虫病导致伊朗蚕丝生产遭受严重创伤,19世纪80年代鸦片等经济作物的大面积种植也彻底摧毁了伊朗的棉花种植业④。在丝绸、围巾、锦缎生产衰落的同时,地毯生产开始增长,但直至19世纪90年代,才出现较大幅度的增长。

20世纪初,伊朗地毯生产迅速增长,大不里士甚至诞生了大工业生产式的地毯生产车间,单家企业雇用1500多名织毯工的情况屡见不鲜⑤。其他地毯生产中心,也随处可见100人以上规模的生产厂。很多大型地毯厂由外国商人创办⑥。

伊朗地毯业得以发展主要得益于以欧洲和北美为主的消费市场,以及外国企业对伊朗地毯业的垄断控制。加之国际羊毛市场的衰落为大量

---

① Manouchehr Setoudeh, *Joqrafia - ve Esfahan*, pp. 100 - 105, in C. Issawi, *The Economic History*, p. 281.

② 见 F. Adamiyat 和 H. Nateq 所著 *Afkar - e Ejtemai*,第294页。该书第138—139页还详细列举了一位水晶商人的案例。他积累了一定的资本,创办了一家"玻璃厂"和一家"水晶作坊",开始生产"水烟枪、玻璃杯、茶碟、盘子和糖盅",但因其质量不及外国产品,最终负债"50万"土曼而倒闭。

③ 同上书,第270页。

④ C. Issawi, *The Economic History*, pp. 135 - 136.

⑤ Z. Z. Abdullaev, *Promyshlennost*, pp. 116 - 170, in C. Issawi, *The Economic History*, p. 298.

⑥ Ibid..

热钱进入羊毛原料市场提供了机会，欧洲商人不再需要这些羊毛原料，也不会自己织造地毯，而之前伊朗纺织行业中的大量熟练工在丝绸、围巾和锦缎生产衰落后相继失业，为地毯行业提供了大量廉价熟练劳动力①。

从表4—3可以看出1848—1925年伊朗各行业的发展状况，但不包括织毯业、石油工业以及其他几个工厂。很明显，伊朗政府花费大量精力建立生产制造基地，尽管新兴民族资产阶级最终未能在伊朗实现工业化，却通过开办现代意义的工厂为伊朗做出了一些现代化尝试。这些工厂所使用的工具及其大规模生产方式和生产过程中，明确而详细的劳动分工等因素都有力地证明了这些早期发展具有现代工业化社会性质。

表4—3　　　　　1850—1925年部分制造企业
（地毯、石油、采矿和渔业除外）

创建年份	工厂类型、地点、创建人或老板等信息
1848—1851	由锐意改革的阿米尔·卡比尔首相在马赞德兰创建2家制糖厂，生产精制砂糖和块糖
1848—1851	德黑兰1家印花棉布纺织厂
1848—1851	德黑兰1家四层纺纱厂：从欧洲进口设备。见Adamiyat所著 *Amir Kabir* 第218—226页
1848—1851	卡尚1家丝织厂
1848—1851	1家造纸厂
1849	1家制陶厂
1850—1851	德黑兰1家步枪厂，每月生产1000支步枪。由政府创建
19世纪50年代	德黑兰1家水晶切割厂，由阿米尔·卡比尔筹建
19世纪50年代	马赞德兰1家铸铁厂，由阿米尔·卡比尔筹建
19世纪50年代	2家兵工厂，分别位于德黑兰和伊斯法罕。由政府创建
19世纪50年代	1家纺织厂，由阿米尔·卡比尔筹建

---

① 地毯编织成为科尔曼城最主要的活动，该城拥有最好的羊毛和最训练有素的编织工。见C. Issawi所著 *The Economic History*，第29页。

续表

创建日期	工厂类型、地点、创建人或老板等信息
1853	2家造纸厂，分别位于德黑兰和伊斯法罕，由阿米尔·卡比尔筹建。德黑兰1家蒸汽纺纱厂，耗资95万里亚尔
19世纪60年代	德黑兰1家蜡烛厂，后因原料短缺而关闭
19世纪60年代	德黑兰1家造纸厂
1861—1862	1家雷管厂
1868—1869	德黑兰1家玻璃厂，由外国人管理，随后因原料短缺而关闭。见Jamalzadeh著 *Ganj-e Shaigan* 第93页
1870—1871	德黑兰1家燃气照明厂，耗资3万英镑，由阿明·阿尔扎布创建，后被比利时人收购。由于煤炭短缺而关闭
1876	1家制绳厂
1887—1888	德黑兰1家玻璃厂，由阿明·阿尔扎布创建
1880—1900	伊斯法罕1家亚麻织造厂，为军队制作军装
1800—1900	拉什特附近1家缫丝厂，由俄国人创建
1800—1900	1家火药厂，使用蒸汽机，由政府创办
19世纪90年代	2家陶瓷厂，分别位于德黑兰和大不里士，由阿明·阿尔扎布和哈吉·礼萨创办。后者因俄国人入侵而被迫关闭。见Jamalzadeh著 *Ganj-e Shaigan* 第93—94页
1890—1891	德黑兰附近1家火柴厂，耗资2万英镑（约100万克伦），由俄国公司发起而创建，后因外国竞争而关闭。见Jamalzadeh著 *Ganj-e Shaigan* 第94页
1891—1892	德黑兰1家玻璃厂，由比利时人创建，后因材料短缺而关闭。见Lorini著 *La Persia Economica* 第159—160页
1891—1895	德黑兰1家燃气照明厂，由比利时人创办
1894—1895	德黑兰1家纺纱厂，由萨尼·阿尔道莱创建，使用昂贵的机器设备，但因无法与国外的廉价商品竞争而被迫关闭。见Jamalzadeh著 *Ganj-e Shaigan* 第94—95页
1895	伊朗北方1家现代化橄榄油生产厂，由希腊人创建
1895—1896	由比利时人在卡里扎克创建1家制糖厂，但成本过高及预料之外的额外花费，导致最终延迟于1899/1900年才开业。见Jamalzadeh著 *Ganj-e Shaigan* 第94—95页
1900	1家披风生产厂，由塔巴塔巴伊创办
20世纪	吉兰1家缫丝厂，由阿明·阿尔扎布创办，投资额达300万里亚尔，从法国进口生产设备。1916年，阿明·阿尔扎布因从俄国贴现信贷银行贷款过多而破产，该厂随即关闭

第四章　经济力量及其转变　/　51

续表

创建日期	工厂类型、地点、创建人或老板等信息
20 世纪	2 家发电厂，分别位于拉什特和大不里士，后者由阿米尔·图曼创办
20 世纪	德黑兰附近 1 家制砖厂，由阿明·阿尔扎布创办。1916 年因其破产而被迫关闭
20 世纪	德黑兰附近 1 家印花布纺织厂
20 世纪	德黑兰附近 1 家小型发电厂，由政府创办
1900—1925	1 家棉织厂
1900—1925	1 家锯磨厂
1900—1925	1 家针织厂
1900—1925	2 家火柴厂
1900—1925	数家大规模制砖厂、制轨厂、造纸厂；颜料作坊和鸦片作坊
1902—1903	马什哈德 1 家发电厂，耗资 8 万里亚尔，由哈吉·米拉尼创办
1907—1908	德黑兰 1 家发电厂，由阿明·阿尔扎布创建，后于 1916 年因其破产而关闭
1908—1909	大不里士 1 家纺纱厂，由哈吉·拉希姆创办
1910	德黑兰 1 家肥皂厂，由拉比扎德哈特许权所有人创办
1910	德黑兰 1 家啤酒厂
1912	2 家轧花厂，分别位于巴尔福鲁斯和萨里，由俄国人创办
1912—1913	1 家纺纱厂，由德国人创办
1913—1914	乌尔米耶 1 家制砖厂，使用蒸汽机，由德国人创办。见 Jamalzadeh 著 *Ganj - e Shaigan* 第 96 页
1914—1918	马赞德兰 1 家制糖厂
1915	德黑兰 1 家啤酒厂
1924	德黑兰 1 家大规模现代化军火厂
1900—1924	几个其他工厂。见 Jamalzadeh 著 *Ganj - e Shaigan* 第 96 页

资料来源和注释：根据各种资料汇编而成，其中包括 Issawi 所著 *The Economic History* 第 47—48 页、211 页、261 页、276 页、293 页、305—310 页；Abdullaev 所著 *Promyshlennost* 第 125—160 页；Jamalzadeh 所著 *Ganj - e Shaigan* 第 45 页、93—96 页；Polak 所著 *Persien 2* 第 163—190 页；*Notes on Olive Cultivation*：*Accounts and Papers*，1897 第 88 页；Lorini 所著 *La Persia* 第 159—163 页；Bharier 所著 *Economic Development* 第 171 页；Shahri 所著 *Tehran - e Qadim* 第 117 页；Adamiyat 所著 *Amir Kabir* 第 218—226 页；劳动部 *Statistical Survey of Major Industrial Plants of Iran*，1947。

由于缺乏可靠的数据,我们很难测算出这一时期伊朗的国内投资额度。虽然表4—3列举了很多项目,但这些投资所占国民生产总值的比例并不高(见表4—4)。以1900年为例,这一年的国内固定资本形成总额为3亿里亚尔,其中39%用于生产资料投资,只有2%用于现代化机器及设备等进口生产资料的投资。1926年时,国内固定资本形成总额并无太大变化,但其构成却发生了巨大变化:生产资料的投资上升至52%,且其中24%用于进口生产资料。然而,与全年的进口商品总额相比,进口生产资料所占比例仍然很小(见表4—5)。

表4—4　　　　国内固定资本形成总额（GDFCF）
（单位：百万里亚尔）及其构成　　　　　（单位：%）

年份	当前（市场价）	常量（1965年价格）	当前（要素成本）	进口资本商品	国内资本商品	住房	其他建筑
1900	0.3	—		2	37	47	14
1900—1910[a]	0.3	5.3	0.3	6	35	44	14
1911—1920	0.4	6.3	0.4	17	32	38	13
1921[b]	0.4	7.5	0.4	24	28	32	17

资料来源和注释：[a] Row估算的总数为99,实际应为100。[b] Row估算的总数为101,实际应为100。根据各种资料来源汇编而成,主要有Bharier所著 *Economic Development* 第50、54页。

表4—5　　　　　　　进口资本商品　　　　　（单位：百万里亚尔）

年份	价值	占总进口额的比例（%）
1900—1927	442	3

资料来源：见Bharier所著 *Economic Development* 第107页。

国外资本对伊朗制造业的投资主要集中在地毯等出口行业,其他行业几乎可以忽略不计(见表4—6和表4—7)。事实上,制造行业的投资主要来自伊朗本国的民族资产阶级,除阿米尔·卡比尔担任首相期间

（1848—1851年）进行了较大规模的政府投资外，整个恺加王朝时期，政府对工业生产的投资很少，且主要集中在军工和照明行业。

表4—6　　　　　1914年俄国对伊资本投资　　　（单位：卢布）[a]

投资对象	投资额
电报	1000000
德艾斯科特银行（股份资本）	11800000
安扎利道路公司	10000000
安扎利港务公司	1300000
卡拉贾达克矿业公司	500000
林诺佐伊渔业公司	10000000
焦勒法·大不里士·加兹温公路公司	4600000
石油运输（安扎利港至德黑兰）	100000
焦勒法·大不里士·加兹温铁路公司股本	4690000
债券	14260000
俄国人所持比利时铁路的股份（占50%）	2000000
林业公司（希腊人利用俄国资本建立）	500000
船运公司、贸易公司	20000000
总计	71250000[b]

资料来源和注释：见Litten所著 *Persien* 第102—109、185—190页。[a] 此处为粗略估算。[b] 此外，大约有9250万卢布以贷款、抵押贷款、固定债务的形式流入伊朗。该数据不包括俄国政府在伊朗的军事支出。

表4—7　　　　　1914年英国对伊资本投资　　　（单位：英镑）[a]

投资对象	投资额
印欧电报部	275000
印欧电报公司（总资本为300万英镑）	50000
波斯帝国银行股本	1000000
波斯运输公司（林奇兄弟）	100000
英波石油公司	2747905
波斯铁路联合公司	3000000

续表

投资对象	投资额
齐格勒有限公司	200000
东方地毯制造有限公司	200000
航运线路和贸易公司	400000
总计	7972905[b]

资料来源和注释：见 Litten 所著 *Persien* 第 102—109、185—190 页。[a]此处为粗略估算。[b]此外，1704281 英镑以贷款、预付款的形式流入伊朗。该数据不包括英国政府在伊朗的军事支出。

值得注意的是，伊朗本国的新兴民族资产阶级将大部分资本投向那些用于替代进口商品的工业领域，大多为基础工业领域。新兴民族资产阶级的这种以国内需求为导向的投资使其具有很强的民族性，从而成为真正的民族资产阶级（详见第七章）。令人意外的是，从 20 世纪 20 年代到 60 年代，伊朗民族资产阶级采取了同样的策略，大量投资进口替代品生产领域，但这次不是为了反帝，而是表达对巴列维政府和伊朗人民的慷慨支持[①]。

从表 4—3 我们可以看出德黑兰地区的投资聚集程度最高，而德黑兰城市化进程的快速发展也得益于这一趋势（见表 3—2）。这种策略既非常必要且难以避免：难以避免是因为伊朗的交通运输和通信状况极度落后，投资很少；非常必要是因为这些本土化经济发展会对城市化造成必要的影响。而在 1926 年之后，类似情况再次发生，但由于其规模过于庞大，不久就抵消了聚集经济和累进效应的影响。

从表 4—3 我们可以得出一个重要结论：伊朗民族资产阶级对进口替代产业进行全面工业化和发展基础工业的尝试基本以失败告终。据此，我们不难发现，国有工业领域和大部分由外国资本控制的大规模出口行业取得了较大成功。那么，民族资产阶级为何未能维持在制造领域的投资呢？

---

① 帝国列强对伊政策这一变化主要因为：伊朗国内生产结构发生变化，出现新的世界货币局势，以及由于帝国列强国内问题频发而迫使其将目光投向第三世界国家，以期通过改变这些国家的生产结构来缓和其本国矛盾。详见 A. O. Hirschman 所著 *A Bias for Hope*，第 85—123 页。

来自欧洲列强的竞争是伊朗民族资产阶级失败的根本原因。列强根本无须在伊朗采取倾销政策来挤垮伊朗的民族资产阶级，因为他们早已摧毁了伊朗经济发展的供应链，使其工业发展几乎陷入全面停滞状态。之前我们所列举英、俄等列强在伊朗交通运输、通信及采矿业领域的政策就是导致伊朗民族资本主义的发展陷入停滞的最佳例证。况且，19世纪帝国主义列强的对外贸易与落后国家的出口产业领域并不直接冲突，相反，他们的工业体系与这些国家的出口产业形成了互补。于是，国外的生产商或贸易商并不需要与整个社会形成竞争，而是只需与进口替代生产行业竞争即可，这就使得帝国主义列强能够轻松挤垮伊朗民族资产阶级发展进口替代行业的努力，从根本上阻碍其基础工业领域的发展。

当然，殖民主义者还可使用其他方法对付殖民地的本土企业。首要的方法就是向被殖民国家出口低劣商品，即使以极低的价格销售，仍可获取丰厚的利润[1]。这也是一种倾销策略，虽然没有降低商品价格，却降低了品质。由于伊朗民族企业生产的商品质量更好、成本更高，其价格必然更高，很难与列强的廉价商品竞争。帝国主义列强还通过战争、条约、贷款等手段胁迫伊朗政府执行超低进口关税，为其倾销政策大开便利之门[2]。帝国主义列强根本无须对伊朗实行低价倾销政策或使用其他任何市场行为来打击伊朗民族企业，他们只需利用好恺加王朝封建统治者这张牌就可轻松打败伊朗民族资产阶级。恺加王朝的统治者对本国民族资产阶级课以重税、随意征收土地或没收其资产，与资本主义列强里应外合，联手打击伊朗民族资产阶级[3]。

---

[1] Report by Consul – General Jones, "Tabriz", UK Parliament, Accounts and Papers, 1873, pp. 364 – 371.

[2] The Reports of the Selected Committee Appointed by the Court of Directors, pp. 113 – 120.

[3] 恺加王朝政府的经济专制行为不胜枚举，例如在阿米尔·卡比尔大力支持下，一位民族资本家创办了一家（俄式）茶炊作坊，但阿米尔·卡比尔遭解职后，这位民族资本家因无力偿还贷款而被刺瞎双眼。见 F. Adamiyat 所著 Amir Kabir，第22—23页。封建地主和恺加王朝政府还随意奴役熟练劳力。详见 C. Meredith 所著 "Early Qajar Administration: An Analysis of Its Development and Function"，第73页。阿明·阿尔扎布是当时伊朗最大的实业家、银行家和商人，但频繁成为沙阿巧取豪夺的对象。详见 C. Issawi 所著 The Economic History，第47—48页。又见 J. Malcolm 所著 History of Persia 第2卷第378页："一旦某人展现出超凡的生产技能，他就极有可能成为专制君主或地方长官的私人劳力。"

除来自列强的竞争外，还有很多其他因素也加速了伊朗民族资产阶级的失败。这些原因包括伊朗国民整体处于缺乏安全保障和极度贫穷的状态、缺乏全国性市场体系、资本不足、利息过高、信用体系建设缺乏、农业利润过高（尤其在鸦片等经济作物引入伊朗后）而导致资本转向农业。然而，导致伊朗民族资产阶级失败的两个主要因素是原材料缺乏及其高昂的价格，和落后的交通运输和通信网络无法满足经济向资本主义制造业转型。这两个因素盘根错节、相互影响，导致其发生的根本原因是之前我们所提到的帝国主义列强在伊朗所执行的策略致使其工业体系陷入严重瘫痪。

贸易机构、人口、生产工具和工厂都是生产力的重要组成部分。如果没有大商人资产阶级，工业资产阶级的发展则难以想象，反之亦然。因此，在大力兴建工厂，发展生产制造业的同时，新兴资产阶级也积极组建商贸机构以加快其货币和商品资本的流通。

伊朗大商人阶层历史悠久，自有人类历史记载以来就已存在。但在1880年前后，一部分伊朗大商人升级为大资本家，这是伊朗历史中的全新现象。我们将在下一节详细讨论这一现象发生的原因，但我们在此先简要介绍一下他们所取得的成就。阿卜杜拉耶夫认为：

> 19世纪80年代，第一批民族大商人联合资本投资兴起，主要从事大规模国内、外贸易。这一时期，早期民族资本家第一次试图抗衡外国资本在伊朗的主宰地位。[1]

这些努力的最终结果就是创建了诸多民族企业、商行、早期银行及类似机构（见表4—8）。截至1906年，伊朗多个城市诞生了10—12个大公司和主要贸易渠道[2]，除大规模商业银行外，还有很多小的信贷机构，仅马什哈德就有114家私人银行和高利贷机构，资金总量达931000土

---

[1] Z. Z. Abdullaev, *Promyshlennost*, pp. 37–40, C. Issawi, *The Economic History*, p. 45.

[2] *Habl ol-Matin*, Calcutta, 18 May 1906.

曼①。这些发展和变化进一步提升了商人和高利贷者的专业化程度，加深了社会分工，有助于形成全国性市场。②

表4—8　　　　　19世纪末创建的公司、交易行、萨拉夫

年份	名称	资本额（万里亚尔）	备注
1882	艾米尼公司	—	—
1886	伊朗商业公司	350	—
1889	奥穆米公司	1000	位于德黑兰
1890	贾汗尼贸易行	—	—
1892	曼苏里公司	—	位于亚兹德
1896	法尔斯公司	—	位于设拉子
1897	埃特哈德公司	—	延续了15年
1898	玛斯奥迪公司	—	位于伊斯法罕
1898	伊斯拉米公司	150	—
1900	图曼尼贸易行	—	—
不详	贾姆什迪安贸易行	—	—
不详	萨拉夫联合公司	—	位于德黑兰，为反制波斯帝国银行而组建
1912	沙尔克公司	—	位于德黑兰

资料来源：见Abdullaev所著 *Promyshlennost* 第32—34页、Glukhoded所著 *Problemy* 第41页、Issawi所著 *Economic History* 第44—48、303页。

然而，帝国主义列强与伪封建主义统治者们狼狈为奸，建立了很多相关企业和机构来狙击以大商人为代表的伊朗民族企业和银行业的发展，破坏全国统一市场的形成。正如他们在19世纪80年代摧毁伊朗民族制造

---

① Hon. G. N. Curzon, *Persia*, Vol. 1, pp. 167-168.
② 早在1849年，一些从事国际贸易的伊朗商人便表现出专业化倾向。以下文字便是最有力的证明："君士坦丁堡和大不里士的波斯商行专营棉织品。"详见C. Issawi所著 *The Economic* 第101页中引用R. Godel的观点。

业那样,帝国主义列强又一次通过其操控的国际资本扼杀了伊朗新兴民族商业资本家的崛起。例如,当时最著名的大商人民族资本家阿明·阿尔扎布(Amin ol-Zarb)的资产曾一度高达2500万土曼,但在沙阿的反复勒索和俄国贴现信贷银行的挤对下,最终被迫于1908年宣布破产,并欠下贴现信贷银行500万卢布债务[1]。其他私人银行也遭遇了类似境遇。这批新兴资产阶级虽曾组成联合财团抗衡英国波斯帝国银行,但最终在英国波斯帝国银行和俄国贴现信贷银行的联合挤压下被迫屈服。

表4—9　　　　　　　私有商业与工业不动产支出　　　　（单位：百万里亚尔）

年份	商业	工业
1900—1920	40	2
1921—1930	36	12

资料来源和注释：见 Bharier 所著 *Economic History* 第235页。

英国波斯帝国银行和俄国贴现信贷银行是伊朗本国银行业发展的最大障碍。此外,英、俄之间为争夺伊朗金融系统控制权而相互厮杀,对伊朗金融和汇率造成巨大冲击,反过来又对伊朗民族银行业造成严重打击[2]。同时,凭借与地主阶级的传统联合,少部分大商人资本家开始大力投资农业经济作物、工业原材料和房地产。阿卜杜拉耶夫(Abdullaev)指出："当时最著名的大商人资本家阿明·阿尔扎布、贾姆什迪安(Jamshidian)等都先后投资农业、不动产等领域。他们不但在伊朗投资房地产,甚至还走出国门,在俄国等地投资房地产。"[3]

大商人资本家实现民族企业工业化的努力失败后,伊朗的商业化进程开始加剧。1900—1920年,私人商业建筑领域的建造花费是同时期工业建筑领域花费的20倍(见表4—9)。但必须强调的是,不是所有资本

---

[1] Z. Z. Abdullaev, *Promyshlennost*, pp. 39–42, in C. Issawi, *The Economic History*, pp. 47–48.
[2] 同上书,第39—41页。见 C. Issawi 所著 *The Economic History*,第46页。
[3] 相似的是,除进出口贸易、农业外,图马尼安特家族的商行还从事大规模金融业务。同上书,第41—47页,引于 C. Issawi 所著 *The Economic History*,第43—46页。1900年,Sykes 详细研究了一位伊朗商人所拥有的村庄。详见 P. Sykes 所著 *A History* 第2卷,第388—390页。

家都选择了同样的发展路径。也有资本家一直专注于自己的领域，并取得了较大成功。伊朗新兴民族资产阶级投资工业领域的政策似乎发生了重大变化：为躲避帝国主义侵略者的注意力，他们开始利用自己的经验、专业技能、技术乃至之前所经营的破产工厂里的机器和设备开展小规模经营。巴里耶指出：

> 由于缺乏经济融合的条件，进口关税过低（4%—5%），伊朗的大规模民族工业资产阶级很难发展壮大。但由于小规模工业在大城市发展迅速，一定程度上弥补了大企业发展不足所造成的损失。仅德黑兰一地，就有5000多家工业作坊（1928年），雇用了15000多名工人，产品种类也五花八门。[1]

我们介绍了1796—1926年伊朗各主要生产力要素的状况，在最后总结论得出之前，我们还将对生产力要素的每一个部分进行具体总结，结论必须包括人力因素和物质因素两方面。就人力因素来看，恺加王朝时期，无论人口数量还是人口素质都有了明显提高。就物质因素而言，这一时期的总体规模和数量都有所下降，但未发生技术方面（或称质的方面）的倒退或下降，主要因为量上的衰退幅度并不明显，尚不足以引发质（或技术）上的衰退。但必须承认，伊朗生产力虽未发生质的衰退，但发展方向却发生扭曲、变形，未来很难按照欧洲资本主义国家的工业化途径和模式实现其现代化进程。

生产关系变化

生产关系由马克思和恩格斯提出，是标志历史唯物主义形式的基本概念，是人们在物质资料的生产过程中形成的社会关系，是生产方式的社会形式。生产关系包括生产资料所有制形式、人们在生产中的地位和相互关系、产品分配形式等。其中，生产资料所有制形式是起决定作用

---

[1] J. Bharier, *Economic*, p. 171.

的最基本因素。物质资料的生产方式是社会存在和发展的基础。如果我们把生产力看作某个特定社会变革和发展的唯一原因,生产关系则是这种变革和发展的结果,而这一过程不断循环往复,因果关系之间经常发生互换。因此,任何社会的变革和发展都需通过生产关系和生产力表现出来。这就是为何我们经常用生产关系来区分社会生活的不同发展阶段和时期。只有将生产力和生产关系联系起来才能进行很好的划分。

阶级关系是生产关系的一个方面。阶级是一定生产方式下具有相同经济利益关系的人们组成的集合。按照马克思政治经济学术语,他们是"自为阶级",然而,"自为阶级"只有在阶级斗争过程中才能形成,其目标是夺取政权。如果不能代表这一目标,任何社会群体都不能称为阶级,充其量是"自在阶级",即那些阶级觉悟不高、尚未形成自己党派的群体。

整个恺加王朝时期伊朗人可被划分成多个不同群体。统治阶级包括皇室成员、政府官员、封建地主、地方长官(可汗)和宗教权威。被统治阶级包括农民、部落联盟成员、手工业者、下层毛拉、城市贫民、商人、萨拉夫①、大商人、高利贷者、店主、知识阶层、新兴劳动者和新兴资产阶级。

虽然统治阶级内部也存在一定的矛盾和冲突,维护封建社会关系仍是他们共同的利益和目标。无论从自为阶级还是自在阶级的角度来看,他们都拥有共同的经济和政治利益,并经常联合起来压制社会其他阶级。尽管恺加王朝的统治阶级占全国人口不到三分之一,但由于他们占有、控制着大部分社会物质财富和精神财富,因此仍然是国家的主宰者。

统治阶级中最腐败、最残忍的是沙阿及其大臣。在纳赛尔·阿尔丁沙阿(Naser ol - Din Shah)统治时期,有一群贪得无厌、恬不知耻的官僚,他们一方面极力怂恿沙阿维持独裁统治,另一方面则以卑鄙的手段,像强盗一样大肆抢掠国家和人民的财富,并将其一点点供奉给欧洲列

---

① 译者注:即放贷人。

强①。赛克斯（Sykes）指出，以省长为代表的政府官员比沙阿和大臣有过之而无不及，几乎每个省长都是一名强盗，对百姓的剥削堪称敲骨吸髓②。统治阶级腐败和剥削的特征甚至令时任首相哈吉·米尔扎·侯赛因（Haji Mirza Huseyn Khan）都慨叹不已：

> 贵族剥削百姓是伊朗的传统，他们获取财富的途径有三种。第一种是行贿：通过向官员缴纳一笔钱来换取某种利益；第二种是强占：地方治理权被授予一名无德之人，任其对百姓横征暴敛；第三种是送礼：胆小怕事者出于对官员的畏惧而向地方长官贡送自家头生牛犊、美餐、马鞍等。③

一部分地主也包括在大臣和政府官员的范围之内，因为有些部落联盟的长官同时也是政府官员，他们对百姓的剥削非常严重。但相较之下，那些没有太大权势、不受沙阿宠信的地主和地方长官对百姓的剥削则要稍轻一些，除非他们能够成为整个官僚体系的一部分。恺加王朝末期，

---

① *Rouh ol - Qodos*, 6 November, 1907.
② 详见 P. Sykes 所著 *A History of Persia* 第 2 卷，第 484 页。Sykes 列举了政府官员与强盗勾结的事实，即使 1917 年，伊斯法罕省长仍与其辖区的强盗互相勾结，通过出让各种贸易线路给强盗而每日收取费用，并对强盗的销赃所得进行抽成，因此赚得双份利益。同上书，第 519 页。在剥削和压榨伊朗人民这一点上，英帝国与恺加王朝的统治者们一样嗜血成性，而作为英帝国压榨伊朗人民的代理人，Sykes 将军一方面严厉指责"波斯达官显贵们不仅残酷剥削其百姓，还对国家和民族的命运置若罔闻"；另一方面却对包括他本人在内的英国统治阶层带给伊朗人民的灾难缄口不言，其讽刺意味不言而喻。同上书，第 384 页。
③ 详见 H. Busse 所著 *History of Persia* 第 375—376 页对大首相哈吉·米尔扎·侯赛因所描述程度的转引。关于这一时期伊朗统治阶级腐败特性的例子，还有首相艾因·阿尔道莱于 1903—1906 年任期内以 8 万土曼的价格出卖外交部长的职位。详见 E. Rain 所著 *Faramoushkhamh* 第 1 卷，第 450—451 页。他每天还强行从德黑兰的屠夫、面包店主处收取多达 1000 土曼的礼物。*Faramoushkhamh* 第 2 卷，第 243 页。早在 1809 年，时任首相即因严重腐败而被沙阿罚没 15 万土曼（政府没收百姓财产的典型案例），他当即用个人财产支付了这笔罚金。详见 H. Busse 所著 *History of Persia*，第 132 页。关于统治者的残酷剥削对农业及农民的影响，详见 N. R. Keddie 所著 *Historical Obstacles*，第 4—5 页，以及 "Report on Bushire", UK Parliament, Accounts and Papers, 1880，第 250—255 页。

随着农民不断没落，地主的权力比以往变得更大①。

在受压迫阶层中，农民的窘境最为严重。之前我们已列举了农民所遭受的各种经济剥削和压迫，至19世纪末，由于繁重的苛捐杂税、剥削、经济作物种植、货币贬值、饥荒、瘟疫等原因，农民的状况进一步恶化。其具体社会表现为高税率、大规模移民潮、高物价和高死亡率。凯迪指出，随着西方列强的影响，伊朗农民出现民不聊生的悲惨状况②。18世纪末，农民被划分为不同类别，他们既可以是私人土地拥有者，也可以是耕种者，既可以选择耕种或出租自己的土地，也可以选择耕种他人的土地。

莱亚特私人占有一定的土地，被称为"沙阿的农民"③，他们所组建的村庄被称为莱亚提，村庄中还有一些专门充当他人劳动力的无地农民④。既有贫穷的莱亚特，也有富裕的莱亚特⑤，无论哪种都得以货币形式交税，与非莱亚特可以实物地租形式交税不同⑥。这实际是一种额外剥削方式，因为如果他们想要将农产品换成货币，就需要提前预售或在收获后马上销售农产品，这样必然遭受重大损失。1880年，每位穷莱亚特每年支付60克伦的货币地租给政府，富莱亚特则要缴纳1000克伦地租给

---

① 详见 N. Keddie 所著 *Historical Obstacles*，第6页；A. Lambton 所著 *Landlord and Peasant*，第176—177页；A. Bausani 所著 *The Persians*，第176页。获赠王室土地者（即土地收益权的受让人）往往是压迫佃农最厉害的地主。"在伊朗，凡事要看其所在村庄是否与政府存在直接往来。那些偏远的山谷地区，对于再贪得无厌的可汗也遥不可及，从而幸免于难，得以五谷丰登、安居乐业。然而，倘使沙阿或某省省长无力支付其下属官员薪俸，便以某个村庄或某些村庄的土地抵偿其薪俸，任由其剥削这些村庄的农民。如此一来，没人敢再宣称自己拥有任何东西，因为任何东西都可能成为被剥削和掠夺的对象。"详见 J. T. Bent 所著 "Village Life in Persia"，第366页。

② H. Keddie, *Historical Obstacles*, p. 4.

③ P. Sykes, *Report on the Agriculture of Khorasan*. E. J. Hooglund, "The Khushnishins in the Population of Iran", pp. 229 – 245.

④ P. Sykes, *Report on the Agriculture of Khorasan*.

⑤ "Report on Bushire", UK Parliament, Accounts and Papers, 1880, 73, pp. 250 – 255.

⑥ Ibid. .

政府①。对莱亚特的其他额外剥削形式还包括过高的水资源税和以高出实际市场30%价格购买政府所征收实物地租的义务②。19世纪末，大部分莱亚特失去了土地，莱亚特一词随即专门用来指无地农民。

莱亚特佃农没有自己的土地，靠租种他人土地为生，偶尔亦会在经济作物种植中担任临时工，与莱亚特处境非常相似③。莱亚特佃农大多生活在地主的村庄，他们要么从事经济作物种植，要么充当雇佣劳动力，有的甚至成为失业人员。非莱亚特可以是有地农民，亦可是无地农民，与莱亚特相比，他们生活比较富裕，受到的剥削也较少。他们以实物地租形式缴纳税收，且只需缴纳一半的水资源税。但这部分人数量较少，无论人数还是社会影响都远不及莱亚特重要。无论什么情况，在伊朗要当农民不是简单地缴纳税收即可，除非这位土地所有者是一位有影响的德高望重者、毛拉，或穆智台希德④。

财产关系是法律、习俗所规定的生产关系。它决定了生产资料所有权的具体形式，例如劳动者与生产方式的关系、劳动者互相之间的关系等。财产关系进一步决定生产方式如何与直接生产者合作从事生产。例如，它决定了控制和剥削的关系。整个恺加王朝期间，封建主义生产关系仍占主导地位。早在10世纪，佃农制度已在伊朗农业生产中正式形成。随着越来越多的农民失去土地，佃农制度成为主导的生产关系。虽然这一时期佃农制度尚未完全形成，但也发生了一些重大变化，这种变化在经济作物领域尤为明显。

---

① "Report on Bushire", UK Parliament, Accounts and Papers, 1880, 73, pp. 250 – 255。为了感受农民遭受剥削的残酷程度，我们有必要了解以下事实：足够2000磅种子种植的土地在同一地区（卡泽伦）的价格为100—600克伦，而普通家庭的可移动财产一般不超过250克伦，其中50克伦为农具，200克伦为家具。此外，莱亚特农民及其妻子、子女每年在同一地区的开销约为100克伦。

② 同上。如果莱亚特是水资源拥有者，则要缴纳3/5作为税收，如为非莱亚特，则缴纳一半作为税收。

③ Z. Z. Abdullaev, *Promyshlennost*, p. 22, in C. Issawi, *The Economic History*, p. 210.

④ "Report on Bushire", UK Parliament, Accounts and Papers, 1880, 73, pp. 254 – 255.

收成制是地主与无地农民之间的一种契约性关系①。虽存在地域差异,但其基本形式大致相同。首先,地主与无地农民签订合同,按劳动力、土地、水资源、种子、牲畜五个因素明确规定各方的收益分配比例。理论上,各方将平均获得收成的五分之一。但实践中,土地和水资源这两个因素往往获得最大份额,地主对其辖区范围内所有东西都具有任意处置权,他们往往在划分收成时随意多占②。

收成制导致伊朗农业逐渐由自给自足向经济作物种植转变,从而导致生活必需品的生产大幅下降。造成经济作物种植迅速发展的原因包括外国企业对伊朗原材料的需求不断加大、经济作物生产率和利润高、政府重视发展货币关系和新兴民族资产阶级未能成功实现伊朗经济工业化。经济作物种植不但对莱亚特的社会经济状况造成致命打击,也严重阻碍了农村资本主义生产关系的形成和发展,因为这种制度将农民捆绑在土地上的同时,极大地增加了地主的权力③。

从自给自足农业向经济作物种植的转变过程改变了生产关系。尽管经济作物在伊朗农业中所占比例不大,但它在将收成制生产关系改变为新生产关系制度的过程中取得了很大效果。早在19世纪40年代,固定地租制度,资本主义农业和借贷制度就与收成制一道被引入伊朗。阿博特记录了1844年伊朗里海地区的农业生产关系:

> 土地以多种形式被出租。有时地主支付所有花费、政府税收、雇佣劳力,并向劳动者支付丝绸、大米等收成的一半作为工资,但这种情况并不常见。通常情况下,地主将土地出租给农民,收取固定地租。在这种劳动关系中,可怜的农民往往成为牺牲品。偶尔也

---

① 本书以下所说"莱亚特"均指"无地莱亚特"。19世纪末,所有莱亚特都失去了土地,因而该词被赋予了新的含义,即"无地农民"。而我们所说的地主要么为拥有私人土地的封建地主,要么为拥有王室土地和国有土地的政府,要么为王室土地的受赐人,要么为拥有宗教瓦克夫或私有土地的宗教权威或机构。莎余儿合勒封地所占比例此时已微不足道。见本书第二章中对这些概念的定义和解释。

② A. I. Demin, "Selskoe", pp. 44-50, in C. Issawi, The Economic History, p. 223.

③ Ibid., pp. 221-222.

会有地主自己耕种土地的情况，这就需要雇佣一定的劳动力来完成。①

在伊朗所有新兴生产关系中，只有资本主义生产关系得到发展，但却以一种扭曲的形式发展：虽然市场是资本主义形态，但生产关系仍是扭曲的佃农制度。在丝绸生产方面，外国蚕卵进口商以无息贷款向地主放债，而作为回报，地主则以略低于市场的价格将蚕茧售给外国商人。地主转而将钱贷给农民，供其购买生产资料和养家糊口。最后，蚕农以现金或蚕茧的形式向地主偿还债务。19世纪60—70年代，参与者可获得三分之一的收成。这种制度被称为"三一制"②。③

但随着外国进口商与国内地主阶级间竞争不断加剧，地主阶级废除了"三一制"，引入"四一制"④，进口商获得收成的四分之一，农民获得的份额保持不变，地主的份额则有所增加⑤。这种制度不断朝着这一方向变化，每次变化进口商的份额都有所减少（五分之一、六分之一等）直到地主不再向进口商支付任何回扣⑥。但事实上，受这种制度伤害最大的是蚕农。1860年，有人这样写道：

---

① K. E. Abbott, "Report on Journey to Caspian", 29 June 1844, UK Public Record Ofiice, Foreign Office Series 60/328.

② 译者注：mosaleseh，即"三分之一"，是恺加王朝时期伊朗生丝生产行业的一种制度。19世纪60年代，伊朗暴发了严重的家蚕微孢子虫病，导致蚕丝生产大幅下降，伊朗本土蚕种无法继续使用，从事原丝生产的地主和农民遭受了严重打击。一些亚美尼亚商人（伊朗籍或俄国籍）借机引进中国和日本的优质蚕种，免费发放给从事原丝生产的地主，但要求无偿获得其收成（蚕茧）的三分之一，另外三分之二则由地主与蚕农平均分配。在这种制度下，从事原丝生产的地主承担了最主要的风险，无论收成如何，地主都需要向政府交纳土地税。

③ Abbott to Thomson, 5 April 1870, UK Public Records Office, Foreign Office Series 60/328.

④ 译者注：morabeeh，即"四分之一"之意。随着原丝生产中"三一制"的推广，越来越多的外国商人开始涉足伊朗原丝生产领域，彼此竞争愈演愈烈，"四一制"随即替代"三一制"。在这种制度下，提供蚕种的外国商人仅获得最终收成（蚕茧）的四分之一，蚕农仍然获得三分之一，地主所占比例则大幅提高，极大地调动了其生产积极性。

⑤ F. Lafont and H. L. Rabino, *L'industrie Sericole en Perse*, pp. 28–30.

⑥ 进口商们自己从银行贷款，并支付高额利息。同上。

在吉兰省，为了偿还地主的债务，莱亚特为生活所迫，不得不以每土曼2000第纳尔①和2里亚尔的利息来借高利贷。因此，农民被迫以6—7土曼的价格提前预售生丝，而这些生丝在收获时可以卖到12土曼。②

因此，生丝生产方面的新生产关系是以合同关系为主，同时伴有现金支付、信用和利息等内容。这种制度在1906年后似乎有所发展，逐渐开始仅用现金支付③。1910年，一群被称为塔瓦夫（tavvaf）④的商人开始以现金预付款的方式购买蚕农的蚕茧，随后他们以低于拉什特地区市场价2克伦的价格收购蚕茧，这2克伦实际成为他们的佣金⑤。小的塔瓦夫随后把蚕茧转卖给大塔瓦夫，大塔瓦夫随后又以半年期信用方式转卖给大商人，前三个月免息，后三个月则以商品价值12%的标准收取利息⑥。

截至1910年，商品交换关系已进入伊朗经济作物种植领域，对伊朗经济造成明显影响：现金支付变得越来越流行和普遍⑦。自给自足的农业经济因此受到冲击，实物地租开始向货币地租转变（见表4—10）。这种转变给农民带来巨大伤害，不但将农民的剩余产品转变成地租，甚至将其赖以维持生计的那部分收入也转成地租，进一步加深了农民的痛苦。在政府强力推动下，伊朗社会的原始积累逐渐开启。如果没有这一转变过程，伊朗社会不可能实现原始积累⑧。

---

① 译者注：第纳尔为恺加王朝货币单位，1土曼=10克伦，1克伦=20夏希，1夏希=50第纳尔。
② F. Adamiyat and H. Nateq, *Afkar – e Ejtemai*, pp. 214 – 215.
③ F. Lafont and H. L. Rabino, *L'industrie*, pp. 28 – 30.
④ 译者注：即中间商。
⑤ 注③，第44页。
⑥ Ibid..
⑦ Ibid., pp. 28 – 30.
⑧ 见 N. Keddie 所著 *Historical Obstacles*。

表 4—10　　　　　　　　　政府财政收入构成　　　　　（单位：万里亚尔）

财政收入年份	关税收入（现金）	地租及其他财政收入（现金）	地租及其他财政收入（实物）	总计	关税+现金地租	现金地租+实物地租	关税在总收入中占比（%）	关税在现金地租与关税中占比（%）	现金地租在总收入中占比（%）	现金地租在现金地租与关税中占比（%）	实物地租在总收入中占比（%）	实物地租在地租中占比（%）	现金收入在总收入中占比（%）
1836—1837	269[d]	1813[d]	379[a]	2461[a]	2082[a]	2192	10.9	12.9	73.7	87.1	15.4	17.3	84.6
1867—1868	537[b]	3825[b]	551[b]	4913[b]	4362[b]	4376	10.9	12.3	77.9	87.7	11.2	12.6	88.8
1888—1889	800[c]	3897[c]	1010[c]	5707[c]	4697	4906	14.0	17.0	68.3	83.0	17.7	20.6	82.3
1922—1923	6809[e]	13830[e]	2232[e]	22871[e]	20639	16062	29.8	33.0	60.5	67.0	9.8	13.9	90.2

资料来源和注释：[a] 见 Issawi 所著 *Economic History* 第 361 页。[b] 见 Thomson 所著 *Report on Persia*：*Accounts and Papers*，1867 – 1868 第 19 页。[c] 见 Curzon 所著 *Persia 2* 第 481 页。Rabino 在 *Banking in Persia* 中给出的数据与此略有不同。Curzon 在其 *Persia 2* 第 481 页中做了以下修改：（1）将克伦换算成里亚尔时对数据采取四舍五入的处理；（2）Curzon 在处理他所说的"其他数据"和在同一页的脚注给出的数据中都最后加入了"以现金支付税收"的统计数据，这就导致这一最终数据高达 3896854，即第 2 栏中 1888—1889 年的数据。[d] 该数据的计算以"1867—1868 年所占百分比中第 1 栏和第 4 栏的比例同样适用于 1836—1837 年"这一假设为基础，这一点很可能是事实，因为在 1863 年后，家蚕微孢子虫病的暴发和蔓延导致蚕丝大幅减产，蚕丝出口也严重下滑，从而导致其对总关税收入的贡献也大幅下降。[e] 数据见 Millispaugh 所著 *The Financial and Economic Situation of Persia* 第 29 页。此处在将 Millispaugh 的数据由克伦转换为里亚尔的过程中采取了四舍五入的处理。除类型（税收和领域）和关税外，Millispaugh 的其余数据都折算为第 2 栏中所给出的单一数据。

尽管有了这些重要变化，1906 年宪政革命爆发前夕，伪封建主义生产关系仍是伊朗占主导的生产方式。宪政革命和第一议会 1906 年的改革进一步削弱了封建主义生产关系的基础。但随后封建势力与帝国主义垄断势力联合扼杀了这场革命，致使地主不但可以重新剥削农民，而且剥削程度也不断加重，并以新的方式进行：新宪法和被削弱的中央集权成为地主阶级权力和加重盘剥农民的基础。不久，礼萨汗（Reza Khan）上台，在宪法代言人的外衣下继续剥削广大百姓，在摇摇欲坠的封建制度依旧占主导的情况下，开始了又一次财富聚敛，尽管如此依然无力挽救陷于崩溃边缘的伊朗经济。

在此，我们有必要分析一下伊朗游牧部落的状况。游牧人口占伊朗总人口25%左右（1926年统计数据，见表3—3、表3—4），这种数量优势与紧密的组织特征使其在伊朗政治结构中占有重要分量，他们的这种优势一直保持至1926年。1917年时，在部落联盟的政治影响下，有人指出游牧部落的生活方式出现了一种新的发展趋势①。经济上，由于家畜数量下降，1926年时，部落联盟的力量已大大降低。除战争外（第一次世界大战影响最大），还有三个原因导致部落联盟权力下降，即经济作物种植、瘟疫和饥荒。另外，繁重的苛捐杂税、部落经济状况恶化、游牧部落地区商品经济关系得到发展和实物地租向货币地租转变等都是加速其状况恶化的重要因素。在这些因素共同作用下，游牧部落成为瘟疫和饥荒的受害者。例如，1872年的大饥荒中，法尔斯省的很多游牧民因为饥饿而死亡②。另外，虽然程度未及农民严重，游牧部落也经历了与农民相同的赤贫化过程。南部地区石油开采为附近游牧部落提供了就业机会，有很多游牧民转而成为工人、保安、技师等。③

农民是农村地区的主要人口，城市地区的主要人口则是手工业者，他们也遭受了与农民相同的境遇。19世纪初，绝大部分伊朗城市手工业者都是合法的自由生产者，从事手工业或额外兼职从事商品蔬菜种植或庭院经济④。在大城市，他们通常形成自己的行会，在小城市则组成联合体。他们缴纳各种直接和间接税收给行会或联合体组织，行会再统一按额定的数量上缴政府。

行会有严格的组织结构：会长⑤处于顶端，其职责是确保所有成员遵

---

① P. Sykes, Vol. 2, p. 540.
② H. Busse, *History of Persia*, p. 376.
③ 详见K. Afshin所著 *Naft Ya Khouzestan*（即《石油与胡泽斯坦省》）。
④ 详见H. A. Ruznetsova所著"Materially"，引于C. Issawi所著 *The Economic History*，第285页。另外还有两种非自由手工业者：一是受雇于沙阿宫廷或部落可汗家庭的工匠，他们依靠出卖劳力维持生计；二是受雇于军工作坊或军工厂的工匠，他们为公共项目的建设服务。尽管他们没有人身自由，但可通过出卖劳动力而获得实物或货币工资。
⑤ 译者注：naqib，即"纳齐布"，又称"谢赫"，为行会的最高领袖。行会会长一般由成员推举，得到官方任命后，成为政府与行会间的沟通桥梁。他同时还负责召集会议、巴扎内的新店开张、与政府交涉税收事宜等。会长不仅是行会首脑，也是行会生存的象征。参见车效梅《奥斯曼帝国城市行会结构与作用初探》，《都市文化研究》2007年第1期。

守法律、传统、习俗等。其次是行会长老，他们负责具体事务和税收。长老们从大商人处拿到订单，然后分配给下一级手工作坊主①，每个手工作坊都有一名作坊主（又称为匠师）和一两名学徒。19世纪中期，随着规模不断扩大，手工作坊开始雇佣工人，这就是早期的简单资本主义协作生产，其特点是尚未形成明确的劳动分工，每个工人都需要能够熟练完成每道工序，且能够独立生产每件产品。②

受帝国主义列强竞争的影响，加之以简单协作为基础的手工作坊已无法满足社会不断增长的商品需求，这种简单的资本主义协作生产模式开始逐渐没落③。截至19世纪80年代（见表4—3），伊朗手工业开始尝试向资本主义大生产方式转型。就生产关系而言，截至1900年，在绝大多数出口行业（如地毯、皮革等）已经确立了这种制度。1904年，麦克莱恩（Maclean）对当时的情况做了如下报道：

> 大部分地毯行业都在纺织工的家中进行生产，女人和孩子从事纺织，所谓制造商只需向纺织工提供设计图案、不同颜色毛料等原材料。他们还会预付一笔定金来保障事先商定的价格，余额会在交货时付清。④

事实上，这种生产制度已具备资本主义大生产的特点。在同一份报告中，麦克莱恩还提道：

---

① 见 C. Issawi 所著 *The Economic History*，第289页。Gobineau 曾于19世纪50年代记录了受雇于商人的手工业主。详见 A. de Gobineau 所著 *Trois Ans en Asie*，第392—404页。

② 见 C. Issawi 所著 *The Economic History*，第289页。早在1833年，J. Fraser 就记录了"工匠们工资极高"及熟练工匠的工资如何自1840年后逐渐固定下来。详见 J. Fraser 所著 *Historical and Descriptive*，第204页。

③ 详见 Z. Z. Abdullaev 所著 *Promyshlennost*，第115—122页。Abdullaev 此处的研究对象为织毯业，但其他行业如制革、鸦片作坊等都经历了相同的发展趋势。具体案例详见 L. A. Sobotsinskii 所著 *Persiya*，第228—229页。

④ H. W. Maclean, "Report", UK Parliament, Accounts and Papers, 1904, 95. Z. Z. Abdullaev, *Promyshlennost*, pp. 115–122, and V. S. Glukhoded, *Problemy*, p. 41.

在大不里士，纺织工作由男孩完成，他们还负责照看工程，每月可获得 12 克伦的工资，另外还有每月 12 克伦的午餐补贴。工头每月可获得 50 克伦的工资。①

麦克莱恩甚至指出"女性也能在纺织厂找到合适的工作"②。

索博辛斯克（Sobotsinskii）于 1913 年写道："大量雇用 5—10 名工人的作坊开始逐渐转型成为新工厂。"③ 鉴于这一时期伊朗生产力发展水平较低，这就应该是资本主义大生产工厂的雏形。所有证据均表明伊朗资本主义生产关系的形成过程自 1910 年后便开始加速，在大不里士的地毯生产中心，随处可见雇用百人以上规模的地毯生产工厂④。

在出口商品领域，不但地毯行业的资本主义大生产方式发展迅速，皮革、鸦片、染料等其他出口行业的生产方式也发生了相同转变。需要说明的是，这些出口行业既有外国资本专营的公司，也有外国资本与伊朗商人合营的公司，也有很多完全由伊朗人经营的公司。

原始积累

所谓的原始积累⑤或财富积累是资本主义生产关系确立前的阶段，为随后崛起的资产阶级积累了大量资本，这一过程具有两个维度：资本量的简单积累和资本上升为新的社会关系形式，其中后者源自资本将劳动者与生产资料强行分离的特点。从量的维度来看，资本主要表现为货币

---

① H. W. Maclean, "Report", p. 95.
② Ibid..
③ L. A. Sobotsinskii, *Persiya*, pp. 228–229, in C. Issawi, *The Economic*, p. 259.
④ Z. Z. Abdullaev, *Promyshlenmst*, pp. 115–122, in C. Issawi, *The Economic*, p. 298.
⑤ 译者注：所谓原始积累即财富和资本的积累，指通过暴力使直接生产者与生产资料相分离，从而使货币财富迅速集中于少数人手中的历史过程。这一过程发生在资本及与之相适应的生产方式形成前的历史阶段，所以称为原始积累。原始积累是资本主义生产方式的前提和起点，对农民土地的剥夺是整个原始积累的基础。实际上，资本原始积累是一个使用暴力剥夺劳动者、消灭以个人劳动为基础的私有制过程，它不是田园诗式的过程，而是用血和火的文字载入人类编年史的暴力过程。参见《马克思恩格斯全集》第 23 卷，人民出版社 1972 年版，第 783 页。

和生产方式。在货币方面，伊朗富有的商人阶层控制着大部分资本。根据戈比诺的观点，早在19世纪50年代，伊朗商人就是社会中最受尊敬的阶层，他们掌握着伊朗社会的大部分资本。① 大商人开办银行、办经纪公司、为政府提供经费从而获得政府批准某种产品或某块土地的专营权②。因此，大商人对土地的兴趣和贪婪并非因为他们与地主阶级和帝国主义列强势力相勾结，觊觎经济作物种植的高额利润或在工业领域失败后转而投向不动产投资。恰恰相反，他们之所以转向土地投资是因为沙阿及其大臣为了不劳而获，勾结大商人阶层出卖国家资源，从而中饱私囊。大商人资本家通过开办银行赚取了巨额利润：一般利率可高达24%，如果延期还贷，利率则高达60%，如果有不能偿还贷款者，法庭会判决没收其土地或财产③。

除了这些收入来源，由于大商人往往被认为德高望重而受人尊重，大部分伊朗人都会毫不犹豫地将投资委托给他们④。截至1890年，有很多大商人的财富高达5万—10万土曼。20世纪初，阿明·阿尔扎布的财富多达2500万土曼⑤。直到1880年，在伊朗几乎没有百万富翁或富有的业主，但到1900年，百万富翁则多达数百人⑥。然而在政治上，大商人阶层与小手工业者一样，都属于被统治者，在统治者的淫威之下，他们随时可能会被没收财产、被迫倒闭，更有甚者会被抄家灭口。但无论如何，整个大商人阶层还是朝着财富不断聚集、政治地位和权力逐渐提升的主流趋势发展。因此，可以肯定地说，大商人阶层的资金是伊朗早期资本主义发展的最主要资本来源。

除大商人外，恺加王朝的政府官员也通过腐败和剥削的方式聚敛了大量财富。1809年，时任法尔斯省省长穆罕默德·纳比汗（Mohammad

---

① 见 A. De Gobineau 所著 *Trots*，第392—404页。据称，1845年时，某些哈吉的财富即多达350万克伦。详见 E. Ashtiani 所著 *Mirza Taqi Khan - e Amir Kabir*，第195页。
② 同上。
③ 同上。
④ 同上。
⑤ Z. Z. Abdullaev, *Promyshlenmst*, pp. 32 – 42, in C. Issawi, *The Economic History*, pp. 42 – 46.
⑥ M. Atrpet, *Mamed – Ali – Shakh*, p. 141.

Nabi Khan）因在经商和担任驻印度大使期间的腐败行为被罚 15 万土曼①。1895 年，外交部长穆希尔·阿尔道莱（Mirza Nasr ol – Lah Khan – e Moshir od – Dauleh）在短期内聚敛了大量财富，仅为保住其外交部长之职，就向首相阿明·阿尔道莱（Amin od – Dauleh）一次性支付了 10 万土曼②，而阿明·阿尔道莱本人也以强行剥削、敲诈、受贿、收礼等方式从德黑兰的屠夫、面包店主等处每天获取 1000 土曼的财富。③

包括沙阿及其朝臣在内的政府官员们的大部分财富都是依靠剥削小地主、农民或没收其政敌的财产等形式在短时期内迅速聚敛而来。从这一意义来看，他们与封建地主、可汗、大商人和高级宗教权威等人相同。但土地不属于货币资本，而是生产方式的一部分，而生产方式又是资本量化维度的另一个方面。1848 年，大首相米尔扎·阿迦西（Haji Mirza Aqasi）的财富多达 1438 个村庄之多④。拉姆顿指出，"1880 年前后，绝大部分土地已被大地主阶级所占有"⑤。

阿特拉佩特（Atrpet）认为，在 20 世纪最初的短短几年内，拥有大量村落的大地主几乎榨取了全国所有财富，一夜之间成为大资本家⑥。阿特拉佩特将这些地主称为资本家是因为他们居住在城市，且从事贸易活动⑦，抑或因为大商人已成为这一时期伊朗大部分村庄的真正拥有者。无论哪种情况，不可否认的是少数大地主获得了大量土地，而与此同时，农民在遭受剥削压榨之后最终被赶出了自己的土地⑧。1907—1914 年宪政

---

① H. Busse, *History of Persia*, p. 132.

② 引于 E. Rain 所著 *Faramoushkhaneh* 第 1 卷，第 448—449 页。实际支付额为 8 万土曼。同上书，第 450—451 页。

③ *Faramoushkhaneh* 第 2 卷，第 243 页。有关这一类型的更多例子，详见同上书，第 69 页，以及 H. Busse 所著 *History of Persia*，第 195 页。

④ E. Ashtiani, *Mirza Taqi Khan – e Amir Kabir*, p. 193.

⑤ 见 A. Lambton 所著 *Landlord*，第 209 页。Lambton 认为导致土地高度集中的原因是："随着时间流逝，各省的省长、军事长官、税收官、包税人，以及赠予土地受让人开始集于一人之身，从而催生了拥有大量土地的大地主，其财产往往不受中央政府管理"。见 A. Lambton 在 *Symposium on Rural Development* 上的会议发言稿"Rural Development and Land Reform in Iran"，第 112—115 页。尽管这一观点无可置疑，却并不全面。

⑥ M. Atrpet, *Mamed – Ali – Shakh*, p. 141.

⑦ Z. Z. Abdullaev, *Promyshlennost*, pp. 32 – 34, in C. Issawi, *The Economic History*, p. 43.

⑧ D. Wilber, *Iran*, p. 69.

革命后伊朗封建国家开始解体，土地和财富兼并过程一直持续，其剧烈程度丝毫未减。这七年中，贵族阶层损公肥私，中饱私囊。作为地方长官，他们把本应上缴国库的税款据为己有，聚敛了大量财富①。这种趋势一直持续到1926年以后。

在伊朗，财富的聚敛有多种方式。1844年的一份报告表明瘟疫和重税是压在伊朗农民头顶的两座大山。

> 当农民拥有土地等财产时，（吉兰地区）地方长官可以从他们这里榨取和掠夺任何东西，而农民却哭诉无门。最后，他们甚至觉得失去土地实际上比拥有土地更加安全，这样一来，他们可以与长官讨价还价，商量如何处置那些土地。在整个过程中，大量财富从穷人手中不断聚集到富人手中。瘟疫过后，大量土地荒芜，一些富人开始购买和兼并这些土地。通过以上两种方式，吉兰省有80%的土地财产都被上层阶级所占有。②

大量土地迅速聚集的另一种方式是皇家土地。1876年，按当时情况估算，皇家土地价值高达2000万土曼，但如果有效开发，其价值可倍增至4000万土曼。从这一数据来看，皇家土地规模很小，并不受重视，但不久情况就发生了戏剧性变化。随着皇室开销不断增加③，政府财政出现严重危机。为解决资金困难，政府制定了一个自相矛盾的政策：为提高租金和税收，政府开始公开将官职拍卖给出价最高者，他们只要每年能按时向政府缴纳额定的税款，便可在其管辖范围内任意盘剥百姓。随着越来越多财政收入来源被拍卖给私人，除可从这些地方获取租金和税收外，政府可支配的资源越来越少。地主阶级是税收增加的最大受益者，他们的权力也随之不断增加。但不久，政府强行扩大王室土地的政策就消解了这种矛盾。政府开始直接没收土地、以欠款等为由强行夺取或低

---

① P. Sykes, *A History of Persia*, Vol. 2, p. 433.

② K. E. Abbott, "Report on Journey to Caspian", 29 June 1844, in UK Public Record Office, Foreign Office Series 60/108.

③ F. Adamiyat and H. Nateq, *Afkar－e Ejtemai*, p. 248.

价强购土地，短期内获取了大量土地资源。①

　　理论上，全国所有土地都属于沙阿，因此沙阿并不需要这么多土地，他需要的是现金。于是，政府开始出售这些土地。一方面，政府通过巧取豪夺扩大土地；另一方面，政府转手将掠夺而来的土地卖给大地主，不但满足了政府聚敛财富的需要，也满足了大地主不断兼并土地的愿望②。这一过程自1890年前后开始。购买王室土地者不仅有大地主，还有贵族、政府官员和宗教权威。其收购价格也非常低廉，100金币即可换取价值10万土曼的土地③。购买皇家土地带来的结果意义重大：由于这些皇家土地几乎没有确定的边界，购买者开始将邻近的土地不断兼并成自己的财产。有地农民和小地主成为这场土地兼并运动的最大受害者，其土地要么被没收，要么被强行低价收购。④

　　具有讽刺意味的是，以无根据债权为依据没收土地的行为在伊朗曾有先例。1880年，英国驻布什尔领事曾记录道：

> 拥有土地的业主可能会遇到以下多重困难：缺乏免遭莱亚特抢劫的安全保障；沉重的政府苛捐杂税（包括正常税负和超常税负）、财产频繁遭受无根据债权掠夺。最后一项是伊朗封建主义的特色，很多土地拥有者皆毁于此。政府和宗教权威对这种无根据债权往往视而不见，因为这是其收入的重要来源。⑤

　　其他剥削机制和方法包括增加土地税负、人为抬高生活必需品价格、

---

① 见 C. Issawi 所著 *The Economic History*，第208页。关于"强行购买"和"罚没"，详见 J. Bharier 所著 *Economic*，第11页。关于"饥荒时期通过政令罚没或强占"，详见 A. Bausani 所著 *The Persians*，第174页。更多内容详见 A. Lambton 所著 *Landlord*，第153—154页。

② C. Issawi, *The Economic History*, p. 221, A. Lambton, *Landlords*, pp. 154 – 155, N. Keddie, *Historical Obstacles*, p. 6.

③ E. Rain, *Anjomanha – ye Serri*, p. 24.

④ A. Kasravi, *Tarikh – e Mashrouteh*, 1, pp. 52, 148.

⑤ "Report on Bushire", UK Parliament, Accounts and Papers, 1880, 73, pp. 250 – 255. F. Adamiyat and H. Nateq, *Afkar – e Ejtemdi*, p. 383.

提高未偿债务利率等。1913 年的税负比前 30 年增加了 10 倍①。政府高官经常会在自家仓库囤积粮食等生活必需品，人为哄抬物价，并借机大发横财②。1870—1895 年，小麦价格由每卡瓦 2 土曼涨到了 4 土曼，而 1895—1905 年，小麦价格更是上涨了 6 倍③。

还有另外两个原因也加速了这一时期伊朗财富的高度聚集：由于私人财产制度被引入伊朗，农民拥有一些普通土地的权利被取消；随着实物地租向货币地租转变，农民被迫以低价提前预售其收成，却以高价购买维持生计的产品④。如此一来，农民负债越来越多，最终只有抵押土地来换取额外贷款，一旦不能按时偿还贷款，其土地就被迫成为地主或高利贷者的财产（事实上，地主和高利贷者往往是同一群人），有时甚至农民本人也被迫卖身于地主⑤。虽然伊朗社会的原始积累从 19 世纪 50 年代就已开始，但直到 19 世纪 80 年代以后才形成了一股新的力量，而这一时期恰好是伊朗大工业生产的开端。

财富向统治阶级手中迅速聚集的基础是社会底层市民和农民的贫困不断加深。这一过程的本质是将劳动者和生产资料（生产方式）相分离，而正是这一剥夺过程帮助伊朗完成了原始积累。其最终结果是社会上形成了一个依靠工资生活的劳动者阶层（无产阶级）和全国性统一市场。然而，由于伊朗社会的原始积累过程障碍重重，整个恺加王朝时期无产阶级和全国统一市场的形成过程都只处于初期状态。其障碍要么是伊朗伪封建主义社会的明显特异性，要么是其作为半殖民地国家的特异性。尽管这一原始积累过程面临诸多困难，截至 1926 年，其成效仍足以推动伊朗社会朝着资本主义大生产第一阶段发展。除以上所列几种情况外，我们将进一步分析伊朗无产阶级和全国性市场的形成过程，进一步证明我们的观点。

在一个社会的无产阶级形成过程中，虽然其数量不一定庞大，但我

---

① 引于 C. Issawi 所著 *The Economic History*，第 210 页。
② Z. Z. Abdullaev, *Promyshlennost*, pp. 32 – 33, in C. Issawi, *The Economic History*, p. 43.
③ M. Atrpet, *Mamed – Ali – Shakh*, pp. 138 – 140.
④ N. Keddie, *Historical Obstacles*, pp. 5 – 7.
⑤ Ibid., p. 5.

们必须注意以下三种现象：在工坊或大生产工厂里靠出卖劳动挣取工资的工人、在大城市街头流浪的贫民、人口向邻近国家迁徙等情况。巴里耶指出1926年时伊朗全国共有约3万名工人，但这一数据仅限那些在现代化大规模工厂从事劳动的工人①。在伊朗的大规模工厂相继失败后，小规模工厂开始在大城市繁荣起来。截至1928年，仅德黑兰就有5000多家作坊，雇用了15000多名工人②。另外，1900—1925年，全伊朗只新建了8所现代化大工厂，雇用了3500多名工人。③

首先，1900—1925年，伊朗新建了8家大型现代化企业（见表4—3）。1910年，在几座地毯织造中心城市，新增了大约100多家工厂。这些工厂多由外国资本控制④。其次，每家工厂平均437名工人（8家工厂，3500名工人）的数据远远低估了这一时期伊朗的现代化工业规模。例如，1910年，仅大不里士一家大型地毯织造工厂就雇用了1500名工人⑤。

事实上，截至1914年，大约有65000名工人受雇于地毯织造产业，其中20000多人从事纺织，15000多人在其他简单协作类型车间工作，还有400多人在轧棉厂、300多人在制糖厂、7000—8000人在英伊石油公司工作。另外还有5000多人（包括部分俄国人）在伊朗境内的俄国工厂工作，以及800多人在其他现代工厂工作⑥。这些数据既不包括季节性临时工⑦，也不包括1914—1926年新建企业⑧的工人⑨。我们在计算1920年伊朗产业工人数量时还必须考虑大量在建筑行业工作的劳动

---

① J. Bharier, *Economic*, pp. 34-35.
② Ibid., p. 171.
③ Ibid..
④ Z. Z. Abdullaev, *Promyshlennost*, pp. 116-120, in C. Issawi, *The Economic History*, p. 298.
⑤ Ibid..
⑥ 同上书，第125—160页。引于C. Issawi所著 *The Economic History*，第261页。
⑦ 译者注：在与经济作物加工相关的临时性工作车间、榨汁行业、制糖工厂中有大量季节性工作，按照经济作物的收获时间，每年工期虽短，却雇用了大量劳动力。
⑧ 译者注：1914年第一次世界大战爆发后，伊朗国内新建了大量依靠战争发财的企业，专门生产战争必需物品。
⑨ 见J. Bharier所著 *Economic*，第171页。第一次世界大战为伊朗富人刮来横财，但却给草根阶层和国家带来灭顶之灾。

力，这一年的建筑行业贡献了 49% 的全年国内固定资本形成总额（见表 4—4）。

根据阿卜杜拉耶夫的统计和分析，广大农村地区失去生产资料的农民成为伊朗无产阶级产业工人的最主要来源，其次是失去生产资料的手工业者，最后是大量生活在温饱线以下的城市贫民[1]。这些人大量散布于伊朗大小城市的街道和巴扎中，他们没有工作，生活处境异常困难，随时都可以为了一块面包而出卖自己的劳动。[2]这些城市贫民被资产阶级历史学家归类为脚夫、穷人、罪犯、寡妇、孤儿、暴民、赤贫者、饥民、下等人、盲流、贱民等。虽然这个群体构成复杂，且人口庞大，但我们没有详细的统计数据[3]。从他们参与城市阶级斗争的程度和在斗争中的重要性来看（详见第八章），其人数应该非常庞大。城市贫民这种现象有力地证明了伊朗国内农村人口向城市迁移的规模非常庞大。

然而，原始积累最重要的后果是大量被剥夺土地的农民和被剥夺了生产工具、失去生活资料的小手工业者和城市游民向邻国大规模迁徙。早在1880年，奥斯曼帝国就有超过10万多伊朗人，在俄国亦有9万多伊朗人。1900年，移民国外的人数达到100万之多[4]。20世纪初，几乎每年都有几十万伊朗人为了工作、谋生而迁往其他国家。在外高加索，常住的伊朗人口规模有接近100万之多[5]。除俄国和奥斯曼帝国安纳托利亚地区外，还有大量失地伊朗农民被迫迁往印度卡拉奇（Karachi）地区、阿富汗赫拉特（Herat）地区，甚至有人迁至马斯喀特（Muscat）、桑给巴尔岛（Zanzibar Islands）等地[6]。1910年冬，赛克斯在其著作中指出，"有数万呼罗珊省农民迁往俄国图尔克斯坦（Turkestan）地区谋生，寻找

---

[1] Z. Z. Abdullaev, *Promyshlennost*, pp. 183 – 192, in C. Issawi, *The Economic History*, p. 49.

[2] 同上，引于 C. Issawi 所著 *The Economic History*，第 50 页。

[3] A. Kasravi, *Tarikh – e Mashrouteh*, 1, pp. 336, 355; H. Busse, *History of Persia*, pp. 171, 356 – 357, 236 – 237; E. G. Browne, *Persian Revolution*, p. 118; J. Shahri, *Tehran*, pp. 9 – 10.

[4] T. E. Gordon, *Persia Revisited*, p. 9.

[5] Z. Z. Abdullaev, *Promyshlennost*, pp. 183 – 192, in C. Issawi, *The Economic History*, pp. 50 – 52.

[6] Ibid. .

工作机遇"①。1915年，高加索地区的萨布奇（Sabounchi）、巴拉哈尼（Balakhani）等油田雇用了1万多来自伊朗的移民②。在1906年写给穆扎法尔·阿尔丁沙阿（Mozaffar od-Din Shah）的一封著名书信中，伊朗宪政革命著名宗教领袖塔巴塔巴伊（Tabatabai）曾痛陈伊朗农民在被剥夺生产资料后的悲惨状况，并指出这是导致成千上万伊朗人口流失到邻国的罪魁祸首。他还列举了库恰尼（Qouchani）地区1万多农民逃往俄国谋生的事实。据历史学家统计，这一时期大量伊朗人逃往俄国谋生：1891年，仅大不里士就有26855人迁往俄国谋生；1903年和1904年，这一数据上升至32866人和54846人；1905年，30万伊朗人逃往俄国，1911年仍有超过19万人逃往俄国，但随后又有16万人相继返回伊朗。③

伊朗移民不但在俄国、奥斯曼帝国、印度等地从事各种职业，且由于其数量非常庞大，他们参与这些国家工业生产的程度也非常高。1912年，俄国北部炼铜厂中有27.5%的工人来自伊朗移民，1913年，该地区石油行业有29.1%的工人来自伊朗。这些地区雇佣如此大量的伊朗移民，主要因为"伊朗移民工作能力强、聪明、技艺娴熟，而且任劳任怨，他们非常愿意尝试新的工作，并能以令人吃惊的效率保质保量完成任务④"。这些地区对伊朗劳工需求如此之高主要是因为：

> 波斯工人能干、聪明且技艺娴熟，而且还非常勤劳。他们总是被那些自己之前从未干过的工作所吸引，然后不遗余力地将这种工作完成，他们在完成这些工作的过程中所表现出的聪明才智和高效率都令人震惊⑤。

在工业化失败后，伊朗又失去这么多熟练、勤劳的工业劳动力，这

---

① P. Sykes, *A History of Persia*, Vol. 2, p. 392.
② A. Kasravi, *Tarikh-e Mashrouteh*, Vol. 1, p. 193.
③ Z. Z. Abdullaev, *Promyshlennost*, pp. 183–192, in C. Issawi, *The Economic History*, pp. 51–52.
④ Ibid..
⑤ A. de Gobineau, *Trois*, pp. 392–404.

无疑是导致伊朗长期落后的重要原因。不但损失了大量优质劳动力，同时也失去了一部分极具消费能力的国内市场。

伊朗全国性市场的形成也因专业化分工过程尚未顺利完成而遭受巨大冲击。其他影响因素还包括：全社会的普遍社会分工受到限制而未能顺利实现、伊朗贸易的外向型特点。另外，落后低效的交通运输和通信网络、人口和城市化的增长率过低也阻碍了伊朗国内消费需求和国内物流配送渠道的增长和发展。还有长期持续的国际贸易收支赤字、货币贬值、现金短缺、通货膨胀、百姓经济困苦、工资水平过低、饥荒蔓延和周期性自然灾难等因素。然而，尽管有诸多严重的负面因素，截至1926年，伊朗还是形成了一个相对统一的国内市场。原始积累过程、农民的分化、商品经济和货币关系引入、一定程度的市场专业性分化和地区性社会分工形成等都是促使这种初级全国性市场形成的重要原因。

经济基础

社会的经济基础是指其所有生产关系的总和，经济基础反映了包括生产关系和市场关系在内的经济整体状况。下面我们将具体分析国家货币、价格、利润、地租、税收、工资等问题。一个坚挺的全国通用货币的形成和价格、利润、地租、税收和工资的上涨是一个社会从封建主义形态向资本主义大生产过渡的基本前提。然而，只有当新兴资产阶级不惜一切代价（尤其以提高生产力的方式）将工人工资维持在尽可能低的水平时，这个社会才能成功完成从封建主义向资本主义的过渡。那么这段时间里，伊朗社会是否都符合我们所说的以上几点要求呢？我们将做详细分析。

货币问题

伊朗银币克伦的短缺和贬值是19世纪伊朗的主要经济问题，也严重阻碍了伊朗社会由封建主义形态向资本主义大生产的顺利过渡。1800—1900年，伊朗货币贬值了近410%（见表4—11）。是什么原因导致如此大幅度的货币贬值呢？第一个原因是政府人为贬值货币的行为。19世纪早期，黄金土曼停止作为货币在伊朗流通，取而代之的是白银里亚尔，每白银里亚尔的价值仅相当于八分之一金土曼。此时的克伦中含有9.2克白银①，但没过多久，克伦中的白银含量也被政府人为减少。②

从表4—11可以看出，1800—1900年，官方将银币的含银量减少了50%，仅19世纪初的20年里，就减少了25%之多。表4—11还列举了贬值过程中的百分比分配情况。1800—1850年，白银含量减少了40%，接下来的20年里，白银含量又减少了5.9%，而最后30年里，则减少了大约4.1%左右。这一事实表明，1870年以前政府人为减少货币中的白银含量是货币贬值的主要原因。随后，这种政府主导的货币贬值行为就大为减少，亦未产生太大影响。

表4—11　　　　　伊朗货币贬值情况　　　　　（单位：%）

时期	贬值分布比例 总计	贬值分布比例 年均	货币贬值比例 总计	货币贬值比例 年均	货币贬值百分比（净贬值）总计	货币贬值百分比（净贬值）年均
1800—1900年	50.0	0.5	410	4.1	360.0	3.6
1800—1850年	40.0	0.8	120	2.4	70.0	1.4
1800—1870年	45.9	0.6	160	2.3	114.1	1.6
1850—1870年	5.9	0.3	140	2.0	34.1	1.7
1850—1900年	10.0	0.2	290	5.8	280.0	5.6
1870—1900年	4.1	0.1	250	8.3	245.9	8.2
1800—1892年	—	—	260	2.8	210.0	2.3
1870—1892年	—	—	100	4.5	96.0	4.4
1892—1900年	—	—	150	18.8	146.0	18.7

资料来源和注释：见Katouzian所著 *The Political Economy of Modern Iran* 第36页。第1栏根据Sa'id Nafisi所著 *Tarikh - Ejtemai va Iqtisadi* 第20—21、220—221页数据计算得出；第2栏根据Issawi所著 *The Economic History* 第343—344页数据计算得出；第3栏根据第1、2栏数据汇总得出。Katouzian在其著作中将第1、2、3栏的数据分布在不同表格中分别列出。

---

① 见H. Katouzian所著 *The Political Economy*，第34页。感谢H. Katouzian的慷慨授权，允许本书在讨论货币问题时随时引用其观点和数据。有关货币问题，又见S. Bakhash所著 *Iran*，第270—272页，以及Hon. G. N. Curzon所著 *Persia* 第1卷，第471—473、511—513页。

② 数据来自H. Katouzian所著 *The Political Economy*，第34页。

货币为何会贬值？卡图兹安认为货币贬值是前工业化经济中货币供应随意扩张的标准方法。① 如此一来，封建王朝政府可以获取更多国家收入和财富，其结果则导致通货膨胀，加大百姓所缴纳的隐形税负。因此，货币铸造被承包给出价最高的商人，政府也无法再控制所铸造货币的质量和数量。铸币厂完全有理由在铸币过程中偷工减料，由于货币是垄断商品，铸币厂也不用担心任何可能的竞争。尤其随着国家发展，货币供应需求量越来越高，他们更不用担心因为货币品质变差而压货。1885年，一位法国官员写道："在德黑兰，市面上流通的价值1克伦或2克伦的银币由于铅和铜含量过高，已经与假币没有明显区别了。"②

从表4—11可以看出，1870—1900年，伊朗货币贬值了250%多，但同一时期货币中的含银量只减少了4.1%。这表明伊朗货币贬值还有其他原因，在19世纪最后三十年里，这些成为导致伊朗货币贬值的重要原因。与黄金相比，1870年后白银价格迅速下降，这是导致伊朗银币贬值的原因之一。从表4—12可以看出，1863—1889年，以黄金为参照的白银价格下跌了大约30%。虽然我们无法得知白银价格在1889—1893年如何大幅下跌，但事实上，与黄金价格相比，这一时期白银价格下降了70%③。以此来看，以整个19世纪作为参照，1889—1893年，以黄金价格为参照的白银价格下降了77%。

从表4—11我们可以看出，扣除人为减少硬币中白银含量的因素外，1800—1870年，伊朗货币年贬值率为1.6%，而同一时期以黄金为参照的白银价格则有所上升。然而，在白银价格下降的同一时期里，扣除掉白银含量减少的因素外，伊朗货币每年贬值幅度为8.2%，这表明白银价格下降对货币贬值具有直接冲击。然而，我们也必须同时注意到1892—

---

① 数据来自H. Katouzian所著 The Political Economy，第34页。

② Souchart to Freycient, France, Ministere des Affairs Etrangeres, Correspondence Commerciale, Tehran, Vol. 3, 14 July, 1885. F. Adamiyat and H. Nateq, Afkar – e Ejtemai, pp. 282 – 279. S. Bakhash, Iran, pp. 272, 280.

③ 见H. Katouzian所著 The Political Economy，第34—37页。Katouzian认为1848—1867年，由于美国和澳大利亚金矿开采而导致白银价格相对黄金出现上涨，但当1867年二者的价格比定在1∶16之后，随着白银产量的增加，国际银价开始下降。截至19世纪末，白银贬值幅度达100%。

1900年伊朗货币年贬值率高达18.7%的这一事实，这是19世纪贬值幅度最高的八年，而这八年间白银价格下跌的总幅度仅为23%。这表明虽然白银价格下跌是造成货币贬值的重要原因，但还有其他因素也导致了伊朗货币贬值。

表4—12　　　　1800—1914年的克伦：汇率及贬值　　　　（单位：克伦）

年份	平均汇率（每英镑兑换克伦数）	每盎司白银平均价格[a]	按法定重量和含量计算的克伦价值	按汇率计算的克伦贬值量[b]	按白银价格计算的克伦贬值量[c]
1800	10.00	—	—	—	—
1824	13.60	—	—	—	—
1825	17.60	—	—	—	—
1834	20.00	—	—	—	—
1848	22.50	—	—	—	—
1863	21.20	61.38	25.05	—	—
1866	24.70	16.13	25.15	3.50	0.10
1871	22.65	60.50	25.41	1.45	0.36
1873	24.50	59.25	25.95	3.30	0.91
1875	26.56	56.88	27.03	5.30	1.98
1880	27.75	52.25	31.88	6.55	6.83
1884	30.75	50.75	32.72	9.55	7.67
1886	33.00	45.38	36.60	11.80	11.55
1889	36.25	42.69	38.85	15.05	13.80
1892—1893	38.00	—	—	—	—
1894	50.00	—	—	—	—
1897	51.20	—	—	—	—
1901	52.50	—	—	—	—
1902	55.50	—	—	—	—
1911—1912	54.50	—	—	—	—
1913—1914	55.00	—	—	—	—

资料来源和注释：根据Rabino所著 Banking in Persia 和Issawi所著 The Economic History 第343—345页汇编而成。[a] 1863—1889年白银价格总计下降30.45%。[b] 1863—1889年，根据汇率计算，克伦总计贬值41.5%。[c] 1863—1889年，根据白银价格计算，克伦总计贬值35.52%。

因此，导致伊朗货币贬值的还有另一个重要原因，尤其在 19 世纪末表现得更为明显，那就是长期的国际收支赤字。从表 4—12 和表 4—13 可以看出，1800—1914 年，伊朗克伦相对英镑的汇率下跌了 80%，而大部分下跌发生在 1880—1894 年，正是伊朗国际收支赤字大幅度增加之际。例如，1868 年的贸易赤字约为 250 万英镑①。从表 4—13 可以看出，1875—1906 年，克伦兑换便士的比例下降了 46%，仅在第一次世界大战刚结束后，有了短期的微幅回升。这种短期微幅回升主要是因为卢布纸币大量涌入伊朗南部、白银价格上涨、伊朗货币供应量减少和对外贸易受到限制。②

表 4—13　　　　　　年度平均汇率与平价表[a]

年份	克伦汇率（按便士计算）	平价（按便士计算）	平价离差（按便士计算）	离差比（%）
1875	9.06	—	—	—
1900	4.57	4.15	0.42	10
1904	3.60	3.89	-0.29	-7
1906	4.36	4.54	-0.18	-4
1910	4.40	3.62	0.78	21
1914	3.82	3.72	0.10	3
1916	6.18	4.60	1.58	34
1918	8.66	7.00	1.66	34
1919	9.61	8.40	1.21	14
1921	4.86	5.43	-0.57	-10

资料来源和注释：根据 Bharier 所著 *Economic Development* 第 11、122 页数据整理而来，同时引用 Yaganegi 所著 *Recent Financial and Monetary History of Persia* 的内容。[a] 通过将克伦中的白银含量与伦敦市场白银的英镑价格相乘得出其平价数据。

另外，还有货币供应不足的原因。由于白银价格下跌，克伦的票面价格高于其所含白银的价值。这就意味着铸币厂确实通过超量铸造和发

---

① C. Issawi, *The Economic History*, pp. 130-132.
② P. Sykes, *A History of Persia*, Vol. 2, p. 477. S. Bakhash, *Iran*, pp. 270-279.

行货币而获取了巨额利润。那为何又会出现货币稀缺呢？至少有三个原因：长期国际收支赤字、大量囤积和伊朗从白银贸易中获取了较高利润。第一个因素不言自明，我们也有证据证明后两个因素的真实性。1872年，拉比诺（Rabino）记录了伊朗货币流通长期不能满足国家需要，导致国内流通市场货币短缺的原因之一是因为政府和民间大量囤积货币[1]。另外，1898年的一名波斯商人记录了当时伊朗银币贸易的情况：

> 由于俄国商人在马尔夫和布哈拉地区贸易量巨大，银行和高利贷者将新铸造的伊朗白银货币带到这些地区，布哈拉的商人需要这种银币来购买棉花和其他商品，他们用纸币来支付售卖银币的商人，这些商人可从中获取5%—6%的利润。在最后两年里，有大量伊朗银币流入这两个地区。[2]

伊朗货币贬值对外贸的冲击我们无须赘述。但对于一个处于从封建主义经济形态向资本主义大生产过渡的国家来说，其经济体遭受的最大伤害莫过于货币供应极度缺乏，但同时货币严重贬值，尤其当此时它已融入资本主义世界市场体系，处于边缘角色，成为发达国家的廉价原料来源地和商品倾销市场。其货币贬值不但对外贸带来致命伤害，也为伊朗百姓带来巨大灾难，物价因此被推高，工资水平也因此缩水，严重阻碍了全国性统一市场的形成。而流通货币缺乏本身也减缓了全国性统一市场的形成。克伦供应不足，加之铸币过程中偷工减料，也间接导致铜币流通增加，致使以银币获取工资报酬的工人收入大幅缩水，加重了其贫困程度。[3]

通货膨胀

导致19世纪伊朗经济通货膨胀的主要原因有生产方式从封建自给自

---

[1] J. Rabino, "Banking in Persia". F. Adamiyat and H. Nateq, *Afkar – e Ejtemdi*, pp. 279 – 282.
[2] F. Adamiyat and H. Nateq, *Afkar – e Ejtemai*, pp. 279 – 282.
[3] J. Bharier, *Economic*, p. 18.

足农业向经济作物种植的转变、长期国际收支赤字、官方和非官方人为减少货币含银量、交换作用下降、世界市场白银价格下降、黑市交易不断增长等。此外，通货膨胀为原始积累提供了重要动力，从而成为强加在百姓身上的隐形税负。下面我们将通过表4—14分析这一时期伊朗通货膨胀的具体发展过程。

表4—14　　　　　　大不里士城物价变化　　　　（单位：夏希[①]/曼[a]）

商品	1845年	1847年	1872年	1873年	1900年
大麦	—	—	28	14	51
面包	5	6.33	28	—	64
小麦	4.2	4.35	55	22	36
大米	—	27.20	70	—	201
肉	—	—	40	50	173
羊肉	—	23	80	—	—

资料来源和注释：根据Issawi所著 The Economic History 第339—342页内容汇编而成。[a] 1大不里士曼等于10磅。

1833年，弗雷泽（Fraser）认为当时伊朗粮食价格尚不算太高[②]，而1857年时，大不里士地区的面包、大麦、蜡烛和木炭相较几年前分别上涨了70%、50%、66%和30%。肉价基本维持不变。1854—1861年，面包、肉、大米、家禽、鸡蛋、牛奶、黄油、木炭的价格分别上涨了100%、140%—200%、144%—154%、277%—357%、50%、20%、25%和75%[③]。而1843—1861年，另一份报告则显示德黑兰的物价平均上涨了70%—150%[④]。1866年冬，法萨伊指出设拉子城和整个法尔斯地区粮食和食物价格大涨，导致严重的哄抢和骚乱[⑤]。他还记录了设拉子城在饥饿和瘟疫开始蔓延后物价大幅上涨的情况[⑥]。1898年，有报告指出人

---

① 译者注：夏希为伊朗恺加王朝货币单位。1土曼=200夏希，1克伦=20夏希。
② J. Fraser, *Historical*, p. 204. J. Malcolm, *History of Persia*, Vol. 2, p. 372.
③ C. Issawi, *The Economic History*, p. 341.
④ E. B. Eastwick, 4 April, 1861, in C. Issawi, *The Economic History*, p. 342.
⑤ H. Busse, *History of Persia*, p. 356.
⑥ Ibid., p. 376.

们的生活开支上涨了 100%①，还有报道指出由于主要生活必需物资价格大幅上涨，从而导致大不里士贫苦大众挣扎在死亡线上②。与 1847 年相比，1898 年德黑兰的面包价格上涨了 5 倍，棉花价格上涨了 3 倍③。1914 年的面包价格比 1847 年更是上涨了 8 倍之多，棉花则上涨了 3.5 倍，大米上涨了 5—8 倍④。1870—1895 年，小麦价格翻了一番，而 1895—1905 年，小麦价格上涨了 6 倍⑤。阿卜杜拉耶夫曾于 20 世纪初撰文指出，政府高官不断在自家仓库大量囤积农产品，人为哄抬粮食价格，从中牟取暴利⑥。与此同时，雷恩也指出 1906 年的面包严重短缺与波斯帝国银行滥发货币密切相关⑦。

地租与税收增长

作为封建政府赖以存在的两项主要财政收入来源，恺加王朝时期地租和税收的定价机制极不公平，从而导致其价格连年上涨，最终加剧了农民和小手工业者们的负担。除此之外，还有其他因素也加重了农民的负担。这一时期的外国游记作家都记载了两种税收或地租形式：一种是常规地租，也称为普通地租；另一种是非常规地租，或称额外地租。常规地租是唯一由沙阿强加给其臣民的税收。但这一时期非法税收的量与合法税收一样多。非常规地租非常高，且在王朝末期不断增加。税收增加推动了原始积累过程的发展。增加税收和地租无疑是为了满足地主阶级和王朝政府不断增加的经费开支，这种需求随着货币经济引入伊朗而产生，并随着对外贸易增加而不断增长。

尽管任何有关 19 世纪伊朗历史的文献无疑都包括了税收剥削，但很少有人提到这种剥削的具体细节。然而，从零散记录来看，我们可以列

---

① "Rasht", UK Parliament, Accounts and Papers, 1898, p. 97.
② "Tabriz", UK Parliament, Accounts and Papers, 1897, p. 92.
③ E. Lorini, *La Persia economica*, p. 392.
④ M. Jamalzadeh, *Gani - e Shaian*, p. 185.
⑤ M. Atrpet, *Mamed - Ali - Shakh*, pp. 138 - 140.
⑥ Z. Z. Abdullaev, *Promyshlennost*, p. 32, in C. Issawi, *The Economic History*, p. 43. H. Busse, *History of Persia*, p. 357.
⑦ E. Rain, *Anjomanha - ye*, p. 84.

举一个恺加王朝时期税收剥削百姓的编年史。1833 年，弗雷泽清晰描绘了伊朗农民的生存状况：农民的工资水平颇高，这说明农业利润很大，且粮食价格低廉①。到 1842 年，情况则有所恶化：一名英国人记录了政府金融体制逐年恶化的情况②。1859 年，史蒂文斯（Stevens）记录到：所有运抵大不里士的货物均按每马车 5 克伦的标准纳税③。根据 19 世纪 50 年代的一份记录，除部落联盟、手工业者、商人所要缴纳的非常规税种外，仅农民每年缴纳的税赋就有 22 种。1871 年的另一份报道指出，尽管吉兰省丝绸年产量已大幅缩水，但政府仍按照之前的标准征税。④ 1867—1868 年，有报道记录了伊朗金融管理系统和非法税负给伊朗人民带来的制度性压迫。税负以村庄为单位征收，其中乱象丛生，本需缴纳 50000 克伦的富有村庄每年仅需缴纳 300—500 克伦，而那些贫穷的村庄却要每年缴纳 10000—12000 克伦的税收⑤。

差别征税和累退性征税的现象不仅发生在农村，城市中的个人也频繁遭受同等待遇。1897 年，有人记录："一位年收入只有 10 土曼的老农民却要缴纳 15 土曼的税收，然而年收入达 150000 土曼的富人却无须缴纳一个第纳尔（相当于便士）的税收。⑥"有伊朗百姓曾抱怨道：整个伊朗 1830 年时人口为 600 万⑦，税收总额为 250 万克伦，但 1860 年时全国只有 700 万人口，税收却高达 400 万克伦⑧。最后，阿特拉佩特 1913 年的一句话即可让我们明显感受到这一时期伊朗百姓税负之重："1880—1913 年

---

① J. Fraser, *Historical*, p. 204.

② "Report on the Silk Trade of Ghilan", 5 May, 1842, UK Public Record Office, Foreign Office Series, 60/90.

③ "Stevens to Sheil, February 26, 1851, Tabriz", UK Public Record Office, Foreign Office Series, 60/166.

④ "Gilan", UK Parliament, Accounts and Papers, 1871, 61.

⑤ "Report on Persia", UK Parliament, Accounts and Papers, 1867 – 1868, 69, pp. 250 – 255. Markham 于 1874 年将这种繁重的税负称为"残酷的压迫"。见 *History of Persia*, 第 367 页。

⑥ F. Adamiyat and H. Nateq, *Afkar – e Ejtemai*, p. 266.

⑦ 译者注：原书此处为 22 core，恺加王朝时期 1 core = 50 万。以此计算，1830 年伊朗人口应该为 1100 万。这一数据与事实严重不符。经译者与作者沟通确认，此处为印刷错误，应为 12 core，即 600 万。因此，经作者同意，此处直接译为 600 万。

⑧ F. Adamiyat and H. Nateq, *Afkar – e Ejtemai*, p. 266.

三十多年间，百姓的税负增加了10倍之多。"[1]

工资

表4—15清晰展示了熟练工和无技能工人之间工资差异的发展趋势。弗雷泽曾指出1833年时伊朗工资水平较高，但根据我们所掌握的数据来看，1842年时，伊朗的工资已处于较低水平。其原因是工资整体水平有所下降，还是弗雷泽过于乐观呢？很有可能是他过于乐观。任何情况下，无技能工人的工资应为其人力资源再生成本的两倍，且不应少于熟练工人工资的一半。随着时间推移，熟练工和无技能工人工资整体都有上涨（偶尔会有小幅下降），但1842—1926年的八十多年里，无技能工人工资上涨幅度不超过300%，其中仅1913年一年就上涨了近一半左右。刨除粮食等赖以维持生计的日用品的通货膨胀因素，这点工资涨幅可忽略不计。事实上，伊朗百姓的真实收入水平呈现大幅下降趋势。缺乏成熟劳动力市场、农业劳动力无产阶级化和城市劳动力需求不足是导致新兴劳动者阶层愈趋贫困的最主要原因。虽然有大批劳动力为维持生计移民国外，但并不能从整体上缓解伊朗社会严重的失业现象。

表4—15　　　　　　　　　工资水平　　　　　　（单位：克伦/天）

年份	熟练工	非熟练工	备注
1840	1克伦12夏希 3克伦13夏希	0.5—0.75	非熟练劳力的工资为其在实物上所花费用的2倍
1872	1	0.8	拉什特的散工
1878	3		加上每天6第纳尔的配给和其他福利
1890	1.5—3	1	在阿瓦士和马什哈德，熟练工指石匠、木匠、铁匠
1893	2.5	1.5	在拉什特，熟练工包括石匠、木匠，非熟练工指一般劳力和苦力
1893—1898	5	3-2	拉什特的物价和工资水平都增长了10倍

---

[1] 引于C. Issawi所著 *The Economic History*，第210页。

续表

年份	熟练工	非熟练工	备注
1902—1903	2—4	1	在拉什特，熟练工包括石匠、木匠，非熟练工指一般劳力
1907	3.5	1.5	在布什尔，熟练工指石匠
		1.5	拉什特的缫丝工。妇女每日工资为1/2—3/4克伦，儿童为7/10克伦
	1.5	—	指纺织工。妇女工资为1克伦，儿童为1/2克伦
	3	—	矿工
	3—5	—	伐木业；俄国工人工资为5—10克伦
	2	—	渔业：俄国工人工资为5—10克伦
1913	3—5	1.5—2	熟练工：石匠、木匠；非熟练工：普通劳力和码头苦力。非熟练工还会得到维持生计的实物
1925	4—10	2—3	熟练工：熟练匠人如金匠、银匠或镶钻人等。非熟练工：农业劳力、运输和公共工程领域的工人

资料来源和注释：根据 Issawi 所著 *The Economic History* 第40—42页内容汇编而成。1925年的数据摘自 League of Nations 的 *Commission of Enquiry* 第35页。

熟练工的境况同样糟糕，尽管他们的工资是无技能工人的两倍左右，但1842—1926年的八十多年里，他们的工资整体只上涨了175%，刨除通货膨胀因素后，其收入呈现严重下降的趋势。因此，就工人阶层而言，其整体状况非常凄惨。而对于那些以囤积财富为主的富人，回报率则要高得多。我们可以肯定地说，这种低工资水平和增长幅度对于正经历资本主义原始积累阶段的社会或国家极为有利，事实也的确如此。但由于本章中所列举的几项原因，这种廉价劳动力并未能直接服务于大工业生产领域，社会并未取得真正的进步。

分析了货币、税收、地租、通货膨胀和工资水平等因素后，我们可以得出以下结论：虽然伊朗在19世纪出现了货币贬值和短缺问题，社会的整体变革和发展都为资本原始积累提供了非常有利的条件。这些因素不是导致后期原始积累受阻的原因，其真正原因是恺加王朝落后腐朽的封建主义制度和帝国主义列强对伊朗的侵略和剥削。

尽管 1796—1926 年伊朗以封建主义社会形态为主体，这种封建主义社会结构却不断瓦解，从而催生了经济作物种植①、资本主义简单协作和资本主义大生产的萌芽和初步发展。由于发生了这些变化，伊朗社会整体在缓慢向前发展，而非有人所说的出现了倒退或原地踏步②。事实上，巴里耶曾指出，20 世纪头十年伊朗的整体经济以 10% 的年增长率向前发展③。这种发展之所以发生，部分原因是因为受到英、俄等外部势力的影响。同时，整个恺加王朝时期，伊朗社会也爆发了一系列重大经济危机，而封建统治者在解决这些危机时选择了与帝国主义侵略者共同压迫和剥削本国人民的专制策略，使国内状况更加恶化，这也是加速其封建体制瓦解的重要原因。尽管发生了如此多的变化，伊朗向资本主义大生产的过渡仍受到封建统治阶级和帝国主义殖民者的双重阻碍，未能实现生产力的大幅度发展，新兴资产阶级也转而将其资本投向外贸和土地炒作，为新的专制王朝（巴列维王朝）代替旧的专制王朝（恺加王朝）提供了重要条件。

---

① 译者注：原书此处使用了"盈余农业"（Surplus Agriculture）的概念，"经济作物种植"为其注解内容。由于"盈余农业"的概念在国内尚未普及，为方便读者理解，此处直接译为"经济作物种植"。

② 见 General Sir T. E. G. Gordon 所著 *Persia Revisited*，第 31 页。1891 年时，Curzon 也认为伊朗与 1848 年时相比，"在诸如文明、文化、舒适度、安全感等各方面有明显进步"。见 *Persia* 第 1 卷，第 406—407 页。

③ 见 J. Bharier 所著 *Economic Development in Iran*，第 7 页。然而，此时伊朗的落后已是不争的事实，这一点仅从 1900 年伊朗国内生产总值低达 30 亿—50 亿克伦（约合 7000 万英镑）的数据即可一目了然。就在同一年，Bharier 认为伊朗的人均寿命为 30 岁，而文盲率则高达 95%。同上书，第 3、5、7 页。截至 1913 年，伊朗人均年收入已增至 9 美元。

第 五 章

政治体制与公共政策

本章将分析整个恺加王朝时期伊朗国家上层建筑的变化和发展，并简要分析伊朗君主政体及统治机构（包括官僚机构体系、国家财政、政府预算及赤字）以及专制国家机器（军队、司法等体系）。除对官方制度进行系统分析外，我们还将在本章详细分析民间的发展变化，包括伊朗社会的发展变化、各种意识形态矛盾以及试图改革政府管理机构和体制的努力等内容。

封建王权

伊朗的封建王权制度与其国家历史一样悠久，但其制度的延续性仅仅停留在表面，因为在过去两千多年里，伊朗社会经历了诸多复杂变化。至恺加王朝时，沙阿已成为绝对专制统治者，但在阿拉伯人统治时期，伊朗君主制度作为一种政权存在形式曾一度消失。按照马尔科姆（Malcolm）的观点，恺加王朝的君主是世界上最专制的君主[①]。除传统和宗教因素外，君主的权力不受任何约束，可随心所欲，沙阿即法律，而且在1906年宪政革命前，伊朗没有任何真正意义上的法律。19世纪80年代，马尔科姆曾描绘道：

> 恺加王朝时期，伊朗没有安息帝国时期那样的贵族大会，没有

[①] J. Malcolm, *History of Persia*, 2, pp. 303, 306; Hon. G. N. Curzon, *Persia*, Vol. 1, p. 433.

人民代表大会，也没有波斯王朝时期的宗教权威大会。沙阿的准则就是为所欲为，且无须担负任何责任。沙阿可随意任命和罢免大臣、法官，以及各级官员。沙阿还可随意剥夺任何臣民的财产乃至生命①。

1891年寇松到访伊朗时曾指出，伊朗社会已发生巨大变化，沙阿本人也变得更加温和②。但他同时指出君主依然具有绝对权威：

> 沙阿甚至集立法、行政、司法三权于一身，不受任何约束，即使宗教权威也对其没有任何约束。他是整个国家的轴心，全国人民和所有国家机器都为其服务。③

臣民也对沙阿绝对忠诚。所有穷人和富人，上流社会和下层阶级都一样，他们都必须遵守沙阿的圣旨和命令。例如，位高权重的大臣也不得不感叹："只要沙阿陛下本人说自己想从屋顶跳下，我们都会认为凡是沙阿所言，都无比正确。"④ 事实上，前宪政时期的伊朗与其所处的大部分伊斯兰时期一样，沙阿拥有至高无上的权力，且不受任何约束，在沙阿面前，其子民只有义务，没有任何权利。

如果纳赛尔·阿尔丁沙阿与其前任相比算得上一位温和专制君主的话，其继任者穆扎法尔·阿尔丁沙阿则要更加温和。人们往往将此归因于他的个人性格特点，却忽略了这一时期伊朗社会和经济所发生的一系列变化。穆扎法尔的继任者穆罕默德·阿里沙阿（Mohammad Ali Shah）比两位前任还要温和，尽管他一直努力加强其专制权力，却收效甚微。他的失败正是封建专制君主制度的失败，而恺加王朝的最后一任君主艾

---

① J. Malcolm, *History of Persia*, 2, pp. 303, 306. Hon. G. N. Curzon, *Persia*, Vol. 1, p. 433。又见 Hon. G. N. Curzon 所著 *Persia* 第1卷，第391页；P. Sykes 所著 *A History of Persia* 第2卷，第381页。
② Hon. G. N. Curzon, *Persia*, Vol. 1, pp. 391, 435。
③ 同上书，第433页。关于对王权的限制，见同上书，第434—436页。
④ 引于 S. Bakhash 所著 *Iran*，第163页。

哈迈德沙阿（Ahmad Shah）实际就是一位君主立宪的国王。宪政革命改变了沙阿与臣民间的"权利—义务"关系，赋予人民一定权利，大大削弱了沙阿的权力。虽然这一时期人民的义务仍占主导地位，但其权利亦有了明显改善。1910年，绝对君主专制权力实际已消失，却在1926年巴列维王朝建立后再次以独裁政府的形式死灰复燃。

除维护君主专制制度及其奢靡朝臣和后宫的代价过大外，绝对专制君主制度本身也严重增加了伊朗社会发展的成本①，成为伊朗社会、经济、政治、意识形态、思想、科技发展的最大障碍，严重影响了伊朗现代社会的构建。事实上，绝对君主专制对伊朗社会造成了重大影响，决定了整个社会对政治、社会制度、家庭等的认识和态度，也决定了社会对土地、贸易、工业等的认识和态度。绝对君主专制制度对伊朗社会的负面影响达千年之久，它不但使伊朗社会陷入畸形，也压制了任何社会变革和创新的机会。绝对君主专制制度是社会革新的天敌，没有革新，任何社会都不可能取得真正发展。

政府机构

恺加王朝早期的政府机构与晚期有很大不同。一般情况下，我们所说的制度主要指法律、规则和规范，但本章中，我们指组织机构。我们很难用制度一词来形容恺加王朝早期的政府组织，因为它几乎没有任何规则，所有规定都由沙阿一人随意确定。事实上，直到20世纪初，伊朗政府才在一定规则和法律框架下形成了初步的固定管理机构。虽然也曾受到国外势力的干预和影响，但真正推动伊朗政府机构化管理的还是国内因素。1906年的宪政革命成为伊朗政府组织机构化过程的转折点，开启了伊朗国家构建的新时期。在恺加王朝时期伊朗诸多政府机构及其所经历的变化中，本章将重点分析管理机构和国家镇压机器领域所发生的

---

① 此处无意详细讨论王室及后宫等的生活，但凡影响到本书主要观点的相关内容，都已在有关沙阿、侍臣的讨论中做了讨论，并将其社会经济、政治、意识形态角色都做了详细罗列，也将在本章及下一章中深入讨论。有关这些机构开支的例子，详见S. Bakhash 所著 *Iran*，第262—263页。

变化。我们将在下一章重点分析意识形态统治领域的变化。

国家管理体制

尽管国家管理体制包括很多不同运营机构和职位，这些机构和职位之间也彼此冲突，我们下面将重点分析恺加王朝的重要部门及其功能，包括其规则、态度、运营政策及效率，也包括其官僚机构、腐败及国家财政（包括政府一般财政预算及财政赤字）。我们将在下一章讨论意识形态这一国家机器的同时，一并探讨恺加王朝的两次政治改革及其给政府机构带来的变化。

官僚体系及其腐败

所有政府机构都被视作沙阿的私人职位，不仅普通政府职员，即使那些身居高位的朝廷高官也被视作沙阿的臣民，沙阿对其财产和生命拥有任意生杀予夺的权力。如果哪位大臣惹得沙阿不开心，他随时会有丢官丧命的危险。理论上讲，除沙阿外，没有任何人能任命、提拔、降职或解职大臣。

恺加王朝的官僚体系非常严格，但这种官僚体制更多地存在于管理机构和职位之间，而非其中。国家被分成数个省份，每省都有省长（有4个地区的省长称为总督），均由王子或王室成员担任，并统一由首相间接领导。每个省又被划分成若干地区，由一位副省长管理。再往下是警长、市长和村长。

游牧部落中的官僚体制则有所不同，其部落首领的地位仅次于省长，其次是部落副领、可汗、长老和村长[1]。下至村长，上至沙阿，伊朗的官僚体系严格而嗜血，其特点是可以任意行使权威，且每一等级都有严格的权限规范[2]。在缺乏成熟社会劳动分工的情况下，官僚体系更多依靠个人关系，而非不同岗位间的职能分工。

---

[1] 译者注：toushmal，又称 kadkhoda，为一村之长。
[2] Hon. G. N. Curzon, *Persia*, Vol. 1, p. 391.

伊朗管理体制的根本特点既非其严格的官僚体系，亦非不同职位间个人关系的存在，而是融于这种体系之中的经济关系。获得政府职位是通向财富、安全和社会地位的重要途径之一。恺加封建王朝存在将不同岗位待价而沽的习惯，往往以竞拍方式将岗位承包给出价最高者。因此，在赴任之时，官员往往首先得到所辖省份或地区的财务状况报告。此时，他已以竞拍出价的形式确定了辖区要向中央政府缴纳税收、地租及其他费用的总额度。但其负担远不止于此，他还要向沙阿和首相支付一笔额外的费用作为礼物。这种礼物通常被送礼之人称为贿赂①。

职位拍卖期限为一年。一年期限结束后，为了能够继续保持这一职位，必须与那些愿意出价更高者再次竞价。这笔费用由担任该职位的官员偿付，往往高到让人瞠目结舌的程度②。一旦连任消息得到确认，官员将获得沙阿赏赐的荣誉衣袍，为此，他又必须再支付一笔高额的费用，这笔费用被称为赎衣费③，但此事还远未结束。由于统治阶层之间充满尔虞我诈，他还需另外支付一笔费用来确保其职位。除此之外，任何官员都有可能随时被控犯有某项莫须有的罪名，必须缴纳一笔高昂的自赎金才得以了事④。名目繁多的缴费项目使得竞价购买官位者目不暇接，王室和中央政府每年仅从卖官一项中获得的丰厚收入由此可见一斑⑤。

在竞得省长职位后，竞购者便可像沙阿那样将自己所辖省份划成多个地区，然后将每个地区长官的职位待价而沽。省长将从每位参与竞价

---

① 关于"贿赂"（madakhel）和"礼物"（pishkesh），详见 Hon. G. N. Curzon 所著 *Persia* 第 1 卷，第 438—444 页。Watson 认为"贿赂"指"某人通过欺诈、勒索，或任何其他非常规途径所能获取贿赂的总和"，"恺加王朝官员最渴望获得的正是这些'贿赂'，而非薪俸。有的职位虽然薪俸优厚，但鲜有获取贿赂的机会，往往被视为苦差"。见 R. G. Watson 所著 *History of Persia*，第 372 页。

② "1894 年，尼扎姆·萨尔塔内（Nizam os – Saltaneh）付给沙阿 11 万土曼（约合 2.3 万英镑）购买法尔斯省长一职，沙阿毫不客气地将钱收入囊中，但扭头又将同一职位卖给洛克·阿尔道莱（Rokn od – Dowleh）。顷刻之间便收入翻倍。"见 S. Bakhash 所著 *Iran*，第 264 页。

③ Hon. G. N. Curzon, *Persia*, Vol. 1, p. 446.

④ S. Bakhash, *Iran*, p. 447.

⑤ 纳赛尔·阿尔丁沙阿统治晚期，他仅卖官鬻爵便每年进账 10 万英镑，转让铸币厂每年进账 2.5 万英镑。首相阿明·阿尔苏尔坦则每年从关税、铸币厂、卖官鬻爵等其他途径进账 7 万—10 万英镑。见 S. Bakhash 所著 *Iran*，第 280 页。

的地方官处获取巨额税收和地租，而地方官也将更多地为省长服务。随后，地方官继续将自己辖区拍卖给其他人，然后坐享其成①。每级竞购职位的官员要收回自己所支付的费用，并满足其奢靡的生活，还要同时额外积累一笔财富，社会底层百姓（尤其农民）需要承受何等残酷的剥削由此可想而知。我们不难发现，正是这些可怜的百姓用自己的肩膀撑起了恺加王朝腐败落后的江山。长期定居布什尔的英国人刘易斯·佩利（Lewis Pelly）曾于1874年记录道：

> 这种包税制度的后果之一便是农民被征收高额租税，但这些租税却仅有小部分最终上缴中央政府。举例来说，A君以价钱B外加C的成本从沙阿处竞得省长职位，随后A君将其辖区村庄公开拍卖，D君竞得其中一批村庄的管辖权，并将其划分成更小单元继续向外拍卖，最终由E君竞得其中一个村庄，而E君又将该村庄税收的征缴任务委托给F君。当然，每次竞拍过程中，所有参与竞拍者都期望从中捞取利益，其最终结果是虽然中央政府获得了数量为B的税收所得，但农民最终承担的税赋负担却远不止于此，他们承担的实际税赋为B+C，然后再加上D君、E君、F君通过承包行为所赚取利益的总和。农民无力偿付如此巨额的税赋，F君随即向E君提出抗议，E君转而向A君提出抗议，而A君此时还面临中央政府催缴承包款的巨大压力。如此一来，A君被迫允许其分包商们采取强制措施征缴税收，从而使问题得到暂时解决。但来年会有大量不堪重负的农民被迫逃离村庄，导致大量土地荒芜。总之，恺加王朝政府获得财政收入的行为无疑是杀鸡取卵，丝毫不顾及这种措施所带来的

---

① P. Stolze 和 P. C. Andreas 在其1885年的著作中写道："征税方式如下：低级地方官向其上级缴纳高于约定税额的税金，并转而从其下级（即地方长官）那里获得税收，而那些地方长官则最终从村长处获得税收。每级收税人所上缴的税赋均高于约定税额。"引于 Hon. G. N. Curzon 所著 *Persia* 第1卷，第439—440页。

长远危害。①

　　这种卖官鬻爵的制度不仅发生在农村。事实上，几乎政府每个职位和所有东西都可待价而沽，包括邮政、电报、海关、矿山等。其结果导致贿赂成为恺加王朝官场的主流传统。然而，行贿还只是其恶果之一，而其诱因包括王室急需现金、上流社会追求更加奢华的生活等。卖官和贿赂是伊朗社会对现金需求不断增长的最大直接后果。随着伊朗对外贸易不断增长和经济作物种植持续扩大，货币经济开始引入伊朗。随着统治阶层生活方式变得越来越奢靡、沙阿的欧洲之旅愈加频繁和奢华，国家和政府对现金的需求也变得越来越迫切和严重②。

　　一方面，伊朗统治阶层不断追求更加奢华的欧洲生活方式；另一方面，传统的奢华生活方式尚未被完全放弃。1891年时，普通官员也会有50—500名家臣或侍从③。统治阶级的花费已达到历史新高，他们比以往任何时代的官员都更加渴求金钱。伊朗统治阶层对现金的需求不断增加，而政府管理机构却不断膨胀，效率变得异常低下。1891年，寇松记录道：

　　　　每位大臣、每位省长、每位官员的身边都前呼后拥地聚拢了一

---

①　见 Sir Lewis Pelly 所著 *Report on the Tribes around the Shores of the Persian Gulf*，引于 Hon. G. N. Curzon 所著 *Persia* 第1卷，第443页。所有官员都缺乏安全感，从而进一步加剧了对农民的剥削。一位省长这样描述阿明·阿尔道莱："他花巨资购得首相一职，深知不会长久，亦无稳定可言，因而迫不及待地大肆敛财。由于他已向沙阿支付了大笔金额，即使他残酷剥削他人，沙阿对此亦无可厚非。"见 *Khaterat*，第124页。又见 Lascelles to Rosebery, No. 3, Tehran, 13 January 1893, OF 60/542。

②　见 E. Rain 所著 *Anjomanha-ye Serri*，第30—36页；A. Kasravi 所著 *Tarikh-e Mashrouteh-e Iran* 第1卷，第27页；S. Bakhash 所著 *Iran*，第262—264页。Bakhash 认为"沙阿（纳赛尔·阿尔丁）为筹集资金，不惜出售爵位、奖章、军衔，以及其他荣誉"。他甚至"签署终身养老承诺"。同上书，第263页。关于出售军衔、升官晋级，详见同上书，第174页。沙阿急需现金，因而不厌其烦地要求高官们向其赠送现金，作为礼物，"很多腰缠万贯的高官常常因此而一夜之间负债累累"。见 S. Bakhash 所著 *Iran*，第281页。

③　Hon. G. N. Curzon, *Persia*, Vol. 1, p. 449.

群芒什①、米尔扎②和穆斯塔菲③。他们没有明确分工，缺乏有效机制，混乱不堪。这些庞大的官员队伍没有任何报告，也无法产生应有数据。也不存在任何法定收益记录、表格、日程安排或计算等。即使偶尔存在，也是弄虚作假的结果。④

一名伊朗社会批评家于1897年评说道："一名政府高官的家奴数量可达600人之多，其中300人在其管辖部门任职，其余近300人则整日无所事事。⑤"这群规模庞大且数量不断增加的闲人群体需要吃喝拉撒，而其主子却没有现金。面对这一长期货币短缺问题，政府无法支付官员薪俸，只能将其薪俸定在极低的水平，低得甚至不足以养活其家人⑥。即便如此，政府也经常拖欠官员薪水或直接赖账⑦，或要求官员自己想办法解决薪酬问题，于是收受贿赂就成为官员解决薪俸问题的最佳途径。

恺加王朝的腐败程度可谓登峰造极，而贿赂正是在这一大背景下迅速发展。因为之前我们已经分析过统治阶层的这一特点，在此只做简单评价。19世纪初，马尔科姆记录：

> 沙阿的大臣和官员无须具备美德抑或自由的知识，因为他们的生命都浪费在打理其生意上。他们赖以维持生计的收入取自最为腐败的来源，尔虞我诈即是其职业，总是同样的目标，却以保全自己

---

① 译者注：munshi，即秘书或作家。
② 译者注：mirza，即学者，指学识比较渊博的人，一般充当私人教师或顾问等。
③ 译者注：mustofi，即财政官或税收员，如职员、秘书、会计等。
④ 见 Hon. G. N. Curzon, 所著 *Persia* 第1卷，第450页。关于恺加王朝晚期的官僚体制，见 A. R. Sheikholeslami 所著 "The Patrimonial Structure of Iranian Bureaucracy in the Late Nineteenth Century"，第199—258页。
⑤ 见 F. Adamiyat 和 H. Nateq 所著 *Afkar - e Ejtemai*，第271页。这位批评家还指出"有人（通过包税等行为）每年获利可高达15万土曼，仅将3000—4000土曼用于日常开支，其余全部存入银行或投资土地，或购买电灯、铁锅、缎带、家具等奢侈品。但有人无力支付妻子、子女的日常开支"。有鉴于此，该批评家声称"迪万（即政府高官）的公仆们新年伊始便出卖其薪俸，售价4000土曼、5000土曼、6000土曼不等"。同上。
⑥ Hon. G. N. Curzon, *Persia*, Vol. 1, p. 451. A. Lambton, "Persian Society under Qajar", p. 134.
⑦ Hon. G. N. Curzon, *Persia*, Vol. 1, p. 451.

牺牲他人为主要手段。对他们来说，最好的手段就是奉承和欺诈。总之，他们贪赃枉法、溜须拍马，且假情假意。①

1891年，寇松赞扬马尔科姆上述评价不但生动地描绘了19世纪初伊朗的真实景象，也是19世纪末伊朗社会的真实写照②。1893年，时任首相阿明·阿尔苏尔坦（Amin os – Soltan）对拉塞尔斯（Lascelles）说道："不要期待我们有任何爱国之心，这个东西在伊朗根本不存在。这里只有无尽的自私和贪婪。除此之外，没有人在意会发生什么事情。"③正如我们之前所讲，直到1926年之前，伊朗统治精英阶层对其社会的态度未发生明显转变。1917年，赛克斯说道："每个省长都是强盗，整个统治阶层无时无刻不在压榨百姓，他们恨不得对百姓敲骨吸髓。"④

公众金融和预算赤字

马克思曾说过："在亚洲，从远古的时候起一般说来就只有三个政府部门：财政部门，或者说，对内进行掠夺的部门；战争部门，或者说，对外进行掠夺的部门；最后是公共工程部门。"⑤在恺加王朝统治时期，马克思所说的第三个部门在伊朗几乎不存在，即使在最重要的农业领域，其社会公共工程也遭到严重破坏。其战争部门也停止了运转，因为此时伊朗已自顾无暇，根本没有能力发动对外侵略。而其财政部门也完全处于私人利益集团和外国势力的主宰之下。

---

① J. Malcolm, *History of Persia*, Vol. 2, p. 456.

② Hon. G. N. Curzon, *Persia*, Vol. 1, p. 425.

③ 见 Lascelles to Rosebery, No. 44 (58), Tehran, 12 February 1894, OF 539/66。关于纳赛尔·阿尔丁沙阿的腐败行为，详见 S. Bakhash 所著 *Iran*，第261—262页。关于沙阿长子齐勒·阿尔苏尔坦的腐败程度，见 Hon. G. N. Gurzon, persia, Vol. 1, p. 108。哈吉·米尔扎·侯赛因曾于1871—1873年担任首相，根据他的描述，"齐勒·阿尔苏尔坦痴迷聚敛财富，一旦担任法尔斯省省长，他的残酷剥削将会使法尔斯百姓倾家荡产，一文不名。然而，他盘剥而来的财富不会有哪怕一个硬币上缴国库"。Hon. G. N. Gurzon, persia, Vol. 1, p. 108。

④ P. Sykes, *A History of Persia*, Vol. 2, p. 484.

⑤ 译者注：见《马克思恩格斯文集》第2卷，人民出版社2012年版，第679页。

恺加王朝初期的财政管理体制简单却非常有效。然而，随着腐败不断蔓延，私人利益集团和外国势力逐渐开始篡夺国家财政体系。纳赛尔·阿尔丁沙阿统治时期，伊朗财政体制的最大特点可归纳为以下几点：财政事务总体由金融部、财政部和各省省长（或副省长）负责，他们又直接或间接地处于首相或沙阿的掌控之下。

金融部包括几个分支机构，其中地方税收财政办公室最为重要，负责评估税收、登记造册，制定各部、省的财政预算，并负责每年政府机构各部门的拍卖活动。根据每年的财政预算，地方税收财政办公室发布任务书给每位省长或部门负责人，罗列各省或部门的预期财政收入和所有授权花费。在上缴财政收入后，地方税收财政办公室会给每个部门开具收据或发票，其盈余之款需要通过另一部门返还财政部。该部门会进一步调查涉及各省或各部门财政收入和支出的档案，核算其中差异部分，然后将这部分钱收回财政部。

表5—1　　部分省份的财政收入　　（单位：万里亚尔）

省份	1835—1836[a]	1867—1868[a]	1888—1889[b]	1912—1913[a]	变化（%）1835—1889	变化（%）1888—1913	变化（%）1835—1913
德黑兰	39	210	431	1242	1005.1	188.17	1084.6
呼罗珊	172	220	659	1185	283.14	79.82	588.95
阿塞拜疆	496	620	967	824	94.96	-17.35	66.13
伊斯法罕	304	420	404	389	32.89	-3.86	27.96
吉兰	193	440	345	276	78.76	-25.00	43.01
加兹温	50	70	116	231	132.00	99.14	362.00
博鲁杰德	35	60	70	173	100.00	147.14	394.29
法尔斯	397	380	669	167	68.51	-300.60	-137.72
科尔曼	38	210	291	161	665.79	-80.75	323.68
哈马丹	38	30	91	106	139.47	19.78	178.95
	1762	2660	4043	4754	129.46	17.59	169.81

资料来源和注释：[a]数据选自Issawi所著 The Economic History 第362页表中所给数据。[b]见Curzon所著 Persia 2 第480页。

在此过程中，会自然形成一个各方彼此相互制衡的状态：经政府批准的重大经费预算，必须首先获取由地方税收财政办公室长官（通常由金融部长兼任）、首相、沙阿三人所签署的汇票。三方之间相互制衡、相互约束。纳赛尔·阿尔丁沙阿统治的最后10年里，这种制度发挥了非常大的作用。

为了准备任务书，地方税收财政办公室高度依赖其在各地的分支机构——土地监督办公室。这些分支机构与各省财政官员一同在田间工作，地方税收官是制约省长和地方长官的重要手段。土地监督办公室向财政部呈递各地财物状况的原始报告，并送达省长或地方长官，然后由其地方财政官确认任务书。省长代理机构的主要职责就是收税。理论上，税收过程需要按照规章进行，但在实践中，通常非常随意。每省在首都德黑兰都有办事员，主要负责确保中央政府能够批准其省长所呈递的上一年度收入和花费清单。

金融部长处于财政部和地方政府之间，负责制衡双方，但实际上，为了不得罪任何一方，金融部长往往会敷衍了事，并不会太较真。各省省长握有实际权威，往往由那些出价最高的竞买者担任。然而，财政部亦可对省长形成强大制约，因为需要由财政部根据每省的税收收缴情况开具相应发票。整个体系的关键是由首相签署的汇票，这就赋予首相极大的权力和影响力。但有时首相的权威也会受到强硬的财政部长或金融部长的制衡而被大大削弱。

下面我们从形式转向内容，分析恺加王朝的税收来源。根据1809年马尔科姆[①]的记录和1880年后寇松[②]的记录来判断，构成19世纪恺加王朝财政收入来源的最主要项目并不多，国家财政收入主要靠政府从各省残酷剥削而来（见表5—1）。整个19世纪，常规固定税收和从农民处剥削而来的非常规税收是国家财政收入的支柱。然而，根据米尔斯波（Millspaugh）提供的数据来看，1890—1922年，国家财政收入的主要来

[①] J. Malcolm, *History of Persia*, Vol. 2, pp. 335–343.
[②] Hon. G. N. Curzon, *Persia*, Vol. 2, pp. 470–486.

源发生了变化①。实物地租和货币地租虽然仍是国家财政收入的主要来源（贡献了38%的财政收入），但因为关税和其他来源的税收明显增加，导致地租税收的相对份额有所下降。以上几项税收来源合计贡献了国家财政收入的62%，而石油、邮政、电报和路桥费等收入则贡献了国家财政收入的32%（见表5—2）。

表5—2　　　　　　　　　政府财政收入构成　　　　　（单位：万里亚尔）

年份	货币税收（地租及其他）	实物税收（地租及其他）	货币关税	其他来源	总计	货币税收所占比例（%）	实物税收所占比例（%）	货币关税所占比例（%）	其他来源收入所占比例（%）
1836—1837[a]	1812.82	379.22	268.71	—	2460.75	73.67	15.41	10.92	—
1867—1868[b]	382500	550.84	536.66	—	4912.50	77.86	11.21	10.92	—
1888—1889[c]	3607.68	1010.10	800.00	257.18	5706.95	63.22	17.70	14.02	4.51
1922—1923[d]	6493.80	2232.45	6809.33	7335.86	22871.43	28.39	9.76	29.77	32.07

资料来源和注释：[a] 见表4—10。[b] 见表4—10。[c] 见 Curzon 所著 Persia 2 第481页。作者给 Curzon "其他来源"的数据加上了自己在同一页脚注中给出的数据，包括铸币、电报、邮政、护照、各种租税、从部落收取的费用、过路费、矿产、礼物、皇家花园、马什哈德圣墓、德黑兰砖窑和德黑兰屠宰场。这些数据都采取了四舍五入的处理。[d] 见 Millspaugh 所著 The Financial and Economic Situation of Persia 第29页。我将"直接现金税收""鸦片""烟草"和"其他非直接税收"合并至第1项中，其他以下项目合并至第4项中：铸币、护照和官员、警察部、司法收入、邮政、电报、学校费用、邮票和纪念品、石油特许经营费、波斯帝国银行、俄国贴现信贷银行、氧化铁、过路费、铁路、航海、矿产、森林、电费、电话、渔业、印染学校、议会及其他五花八门的类别，其中石油特许经营费、邮政、电报、过路费等占"其他来源"总额的81%。数据采取四舍五入处理。

除以上变化外，如果我们详细分析恺加王朝时期的传统税收结构，就会清楚地看到政府剥削、掠夺农民及整个国家经济的严重程度。一般来讲，在恺加王朝大部分时期，常规性税收和非常规性税收是伊朗国家财政收入的两大主要来源②。常规性税收包括常规税收项目、王室土地收入、关税、

---

① A. C. Millspaugh, *The Financial and Economic Situation of Persia* 1926, pp. 28–33.

② Hon. G. N. Curzon, *Persia*, Vol. 2, p. 471.

地租和其他来源。而常规税收项目又包括对私人土地所征税收、对店主所征税收以及对小手工业者和商人所征税收。这些税收通常被打包承包给各省省长，再由他们不断分包给地方长官，最后以村庄和城镇为单位征收，而最终收税的执行者则具有很大的任意权，并根据很久之前的评估对各种财产进行征税。城市小手工业者和商人除缴纳人头税和其他剥削外，还要缴纳占其收入五分之一的常规税[①]。游牧部落成员则按其所饲养牧群的数量交税，经常会在交税之余受到各种勒索和敲诈[②]。

王室土地按照承包人每年收成的固定比例征税。而关税则被承包给出价最高者，1889年时承包者可以获得20%—25%的利润。尽管政府已规定了关税税率，而实际征收时却由承包人和进口商人协商确定。由于各海关之间存在竞争，虽然《土库曼恰伊条约》规定伊朗进口关税已低至5%，关税承包人实际所征收的关税往往还要更低[③]。最后，伊朗政府通过出卖或租借政府机构或向外国势力授予专营权而获取地租和利润。

表5—3　　　　　　　　政府财政收入及支出　　　　（单位：万里亚尔）

年份	常规财政总收入	总支出	盈余（+）或赤字（-）	备注
1807—1808[a]	2000.00			外加勒索所得：1000
1808—1809[b]	3000.00			外加勒索所得：3000
1836—1837[c]	2461.00			外加非常规苛捐杂税
1839—1840[d]	3453.00			外加非常规苛捐杂税
1853—1854[d]	3367.00			外加非常规苛捐杂税

[①] 见 Hon. G. N. Curzon 所著 *Persia* 第2卷，第473—474页。"对于省长们来说，辖区内的街头抗议、血亲仇杀、谋杀或争吵比任何事情都受欢迎。一旦其下属犯错，他们便迫不及待地开出高额罚单。"

[②] Curzon 认为，1889年时，农民和部落成员的每只羊需缴纳税收1克伦，每头牛10克伦，每只驴10克伦。Curzon 例举了一个典型的勒索案例："每个地区及其辖区均需每年支付25—50克伦购买沙阿的《第一次赴欧日记（1873年）》。""同样地，由于多年前沙阿的一批爱马在途经布鲁吉尔迪时意外死亡，沙阿随即惩罚该地百姓每年支付一大笔罚金，用于购买一匹新马。此后，该地长官便每年收缴这样一笔罚金。"同上书，第473页。

[③] 同上书，第475—476页。

续表

年份	常规财政总收入	总支出	盈余（+）或赤字（-）	备注
1867—1868[e]	4912.50	3750.00	1162.50	外加非常规苛捐杂税：约4900
1876—1877[d]	5070.00			外加非常规苛捐杂税
1884—1885[d]	5080.00	4750.00	330.00	外加非常规苛捐杂税
1886—1887[e]	5500.00			外加非常规苛捐杂税
1888—1889[f]	5537.00	4223.00	1314.00	外加非常规苛捐杂税：770
1890—1891[d]	6000.00			外加非常规苛捐杂税
1892—1893[g]	6700.00	7000.00	-300.00	外加非常规苛捐杂税
1906—1907[h]	7750.00	10750.00	-3000.00	外加非常规苛捐杂税
1907—1908[d]	8000.00			外加非常规苛捐杂税
1910—1911[i]	14116.00	14618.00	-502.00	外加非常规苛捐杂税
1912—1913[d]	13069.00	19000.00	-5931.00	外加非常规苛捐杂税
1922—1923[j]	22871.40	25508.00	-2636.60	外加非常规苛捐杂税

资料来源和注释：[a] 见 Issawi 所著 *Economic History* 第25页所引用 Gardane 将军1807年12月24日写给英国外交大臣的信。[b] 见 Malcolm 所著 *History of Persia* 第336页和343页。Malcolm 的数据以英镑列出，1808年时1英镑等于10里亚尔（即1土曼）。Malcolm 对此数据的评价是"或许总数（如6000000土曼）有些夸张"。[c] 见 Issawi 所著 *The Economic History* 第337、361页。[d] 见 Jamalzadeh 所著 *Ganj-e shaigan* 第118—119页。1884—1885年的开支数据来自 Issawi 所著 *Economic History* 第337页，Issawi 给出的1876年财政收入数据为47500里亚尔。1912—1913年的开支数据是估算而来。见 Issawi 所著 *Economic History* 第338页。1839年、1853年、1876年数据选自 Rabino 所著 *Banking in Persia*。[e] 见 Thomson 所著 *Report on Persia*。[f] 见 Curzon 所著 *Persia 2* 第483页。[g] 财政赤字的数据选自 Bakhash 所著 *Iran* 第279页，作者指出该数据不包括因为取消路透专营权协议的赔款而产生的年度分期付款额。财政收入总数的数据是指1890—1910年的平均年财政收入，这一数据来自 Bharier 所著 *Economic Development* 第6页。财政支出总额的数根据财政收入和支出的数据计算得出。[h] 见 Kasravi 所著 *Tarikh-e Mashrouteh 1* 第205页、*Tarikh-e Mashrouteh 2* 第487页。又见 Browne 所著 *Persian Revolution* 第240页。[i] 见 Jaza'eri 所著 *Qavanin-e Maliyeh* 第65—69、79—81页。[j] 见 Millspaugh 所著 *The Financial and Economic Situation of Persia* 第28页。

非常规财政收入指政府为满足临时需要，随时向百姓征收的一笔随意数额的税收，这部分税收往往会长期固化下来，成为传统或先例。虽然理论上统治阶层也需要缴纳这部分税收，但实际主要由农民缴纳。非常规性税收包括公开征用、送礼、额外礼偿（包括罚款、贿赂、没收和小费）等①。以上是恺加王朝时期伊朗公共财政和财政收入的主要框架，下面我们将详细分析伊朗财政收入和花费的规模，这就要求我们必须考虑伊朗财政预算赤字的因素。1890年，伊朗政府第一次举债，随后债务便不断增加。虽然在之前几十年里也曾偶尔出现财政赤字，但很快便会得到解决，并未长期持续（见表5—3）。截至1906年宪政革命爆发前夕，政府财政赤字已高达300万土曼。宪政革命爆发后，新政府采取措施，将财政赤字一度减少至50.2万土曼。但1911年宪政革命失败后伊朗政府财政赤字再次迅速攀升，1912—1913年已高达591.1万土曼。

财政赤字反映了政府财政收入与支出间的关系。财政赤字持续增长说明其财政收入增长与财政支出增长不成比例。首先，我们要探究阻碍财政收入正常增长的原因都有哪些。其次，分析恺加王朝的经费支出结构，找出导致其支出迅速增长的原因。最后，我们将分析恺加王朝政府在解决财政问题时所采取的方法和尝试，以及在此过程中所产生的新矛盾。

从表5—3可以看出，恺加王朝政府出现财政赤字主要因为其财政支出高于财政收入。例如，1867—1888年，国家财政收入以每年0.61%的比例增长，扣除所有开支后，还有一定盈余。同一时期财政支出的年增长率只有0.6%。而随后的1888—1907年，情况则发生了戏剧性变化。每年财政收入增长比例为2.2%，比之前的0.61%大幅提高，截至1907年，政府的财政赤字高达300万土曼，财政赤字年增速高达8.6%，而这一时期财政支出年增长率则高达12.7%，这是导致财政赤字迅速增加的

---

① 关于赠礼，Curzon给出了如下数据：

年份	估算人	金额（单位：土曼）
1800	弗雷索	600—720000
1809	马尔科姆	1200000（包括额外600000土曼的礼物）
1870	金纳	943000
1888/1889	寇松	35800

下降原因：（1）伊朗货币贬值；（2）转向其他更有效的剥削形式；（3）农民生活水平下降。见Hon. G. N. Curzon所著 *Persia* 第2卷，第478页。又见J. Malcolm所著 *History of Persia* 第2卷，第341—343页。

最主要原因。1906—1923 年的情况同样糟糕。虽然这一时期财政收入以每年 12.19% 的速度增加，但截至 1923 年，财政赤字高达 263.6 万土曼，虽然比 1906 年减少了 300 万土曼，但仍然保持了很高水平。财政赤字下降不是因为财政收入有了更大增长，而是因为这一时期每年的财政支出增长率有所放缓，只有 8.58%。

虽然财政支出不断增加是导致财政赤字持续攀升的主要原因，但 1888—1907 年财政收入增长缓慢也是不容忽视的原因。正如我们之前所说，税收剥削、通货膨胀、自给自足农业向经济作物种植的转变实际上给伊朗下层阶级带来了毁灭性打击。其中受影响最大的是农民，沉重的税负导致无人愿意继续从事农业，他们要么大规模涌向邻近城市沦为盲流，要么逃向邻国寻找生存的机遇，有的甚至宁愿在农村游手好闲也不愿耕作，导致大片土地荒芜，其结果是政府财政收入遭到灾难性打击。虽然这一过程加速了大量财富向封建地主、政府官员、大商人和部分宗教权威手中聚集，但由于农业萧条，民不聊生，农民已无力缴纳常规性税收，更不用说非常规性税收，加之政府卖官和承包税收的剥削行为，进一步加深了下层社会的贫困状况。然而，税收承包意味着政府收到的税收只是农民缴纳税额的极小部分，其余大部分则被各级官员层层扒皮，中饱私囊。为了保住所担任的法尔斯省省长一职，纳泽姆·阿尔苏尔坦（Nazem os-Soltan）一次性向政府缴纳了 23000 英镑，恺加王朝政府的财政状况由此可见一斑。时任首相阿明·阿尔苏尔坦仅从铸币、关税和卖官几项中每年即可获得 7 万—10 万英镑的收益[①]。

除以上因素外，导致财政收入增长缓慢的原因还有伊朗银币贬值和长期国际收支赤字。1890 年，由于在改革政府机构的问题上未得到大臣、官员和乌勒玛的支持和配合，沙阿随即放手内政，导致货币贬值和国际收支赤字进一步恶化。加之沙阿由于遭到强烈反对而被迫取消烟草专营权，以及英、俄在伊朗的势力范围之争导致伊朗成为两国利益的牺牲品。这些因素致使纳赛尔·阿尔丁沙阿陷入极度苦闷之中，无心理政。沙阿越无心理政，其权力就越容易被切割成碎片，成为强势的各省省长和朝臣们

---

① S. Bakhash, *Iran*, pp. 264, 280.

争夺的对象，因此也越容易导致进一步腐败和政府机构权力的滥用。

其后果可想而知：沙阿越是不理朝政，就会有越多的因素导致政府财政收入增长缓慢，其中军队、宫廷和官员的薪俸所占比例最大（见表5—4）。总之，沙阿对这一时期政府财政开支的迅速增长负有主要责任。沙阿深居简出，极大增加了宫廷和后宫的开支，致使本已千疮百孔的国家财政雪上加霜。在后宫，沙阿被谄媚者包围，其中有很多青年人，他们仅凭一个玩笑或点子就可一夜暴富，但其行为不断挑战全国人民的道德底线[1]。马利雅克（Malijak）是沙阿一位宠妃的侄子，九岁时便获得统领1万人军队的将军头衔，是当时军中的最高头衔[2]。这种现象不断蔓延，甚至一度掀起了一场马利雅克狂热。1890年，伊提马德·萨尔塔内（Etemad os-Saltaneh）说道："我们的国家在不断变年轻，他甚至已变成了一个孩童或婴儿。"[3] 他随后继续更加明确地指出："司法和财政部长年仅27岁，财政和税收大臣年仅12岁，上校和将军只有七八岁。愿真主赐予我王几位经验丰富、年长的公仆吧，这个年轻的时代正在一步步毁灭大波斯国的灵魂。"[4]

表5—4　　　　　　　　部分年份政府支出　　　　　（单位：万里亚尔）

	1867—1868年	1888—1889年	1910—1911年	1922—1923年
（1）总支出	375.00	422.30	1461.80	2550.80
（2）军费支出	175.00	181.00	373.24	984.23
（3）宫廷及后宫支出	50.00	80.00	67.49	38.48
（4）津贴	25.00	100.00	—	456.92
军费占比	46.67	42.86	25.53	38.59
宫廷及后宫支出占比	13.33	18.94	4.62	1.51
津贴占比	6.67	22.68	—	17.91
三项合计占比	66.67	84.48	—	58.01

资料来源和注释：见表5—3中所列各种资料。

---

[1] 见 S. Bakhash 所著 *Iran*，第261页。
[2] 同上书，第262页。
[3] M. H. K. Etemad os-Saltaneh, *Rouznameh-e Khaterat*, p. 247.
[4] Ibid., p. 555.

沙阿虽然意志消沉，但其贪婪程度丝毫未减：妃嫔数量增至200人之多，宫廷和后宫的花费比以往更加奢侈，除1873年、1878年和1889年三次昂贵的欧洲之旅外，他还开始周游伊朗。1892年，沙阿来到伊朗中部的阿拉克，随行人员达5000之多。沙阿在玛赫拉特省（Mahallat）举办了一场皇家聚会，齐勒·阿尔苏尔坦（Zell os – Soltan）专程携6000名随行人员从伊斯法罕赶来请安。为了筹集这趟短途旅行的经费，沙阿从国库中支取了10万土曼（折合2.9万英镑），还从德黑兰的大英帝国银行贷款8.5万土曼（折合2.45万英镑）。而齐勒·阿尔苏尔坦为了确保父亲授予他新的职位，又额外花费了12.5万土曼（折合3.5万英镑）。[1]

侍臣、王子、大地主和政府高官都过着穷奢极欲的生活。由于农民、小手工业者等主要纳税人的生活状况不断恶化，国家财政税收迅速减少。为了满足其奢华的生活，统治者们开始另辟新税源，篡夺政府职位，将黑手不断伸向政府各部门，与其亲属一道大肆侵吞国家财产。没有了沙阿的控制和约束，大臣们的行为变得更加卑劣，成为其聚敛财富的有效途径，统治阶级内部矛盾也不断加深。1890年，沙阿的幼子兼军队总司令卡姆兰·米尔扎（Kamran Mirza）和首相阿明·阿尔苏尔坦成为实力最强的一对死敌。首相直接或间接控制着宫廷、内政部、财政部、金融部、外交部及其他几个重要部门，并负责管理南方的港口、海关及铸币厂。他直接从沙阿手中承包海关并说服沙阿将铸币权承包给大商人阿明·阿尔扎布[2]。

---

[1] 见 S. Bakhash 所著 *Iran*，第263页。有些统计数据有助于我们了解恺加王室的开销。Thomson 认为 1867—1868 年度沙阿的私人开销约为50万土曼；Curzon 认为，包括众位王子在内，1888—1889 年度王室开销为80万土曼；Jazaeri 认为 1910—1911 年度为 67.4947 万土曼；Millspaugh 认为 1922—1923 年度为 38.4772 万土曼。详见 Thomson to Alison, "Report on Persia", UK Parliament, Accounts and Papers, 1867 – 1868, 19；Hon. G. N. Curzon 所著 *Persia* 第2卷，第483页；S. Jazaeri 所著 *Qavanin – e Maliyeh*，第65—69页、79—81页；A. C. Millspaugh 所著 *The Financial and Economic*，第32页。1867—1868 年度、1888—1889 年度、1910—1911 年度，以及 1922—1923 年度王室开销占全年总开支的比例分别为 13.33%、18.94%、4.62% 和 1.51%。仅从 1888—1889 年度的巨额数字来看，恺加王室的奢靡程度可见一斑。

[2] S. Bakhash, *Iran*, p. 269.

为了从军队财政中大获其利，米尔扎·卡姆兰则极力将军队财政独立于国家财政部和国库之外，以摆脱首相阿明·阿尔苏尔坦对自己的约束。1893年，卡姆兰·米尔扎获任军队总司令伊始，即把这一职位视作其私人财产。1867—1868年、1888—1889年、1910—1911年、1922—1923年军队花费所占国家总开支的比例分别为46.67%、42.86%、25.53%和38.59%（见表5—4），由此不难看出军费已成为恺加王朝政府最大的一笔开支[1]。

1867—1889年，军队开支年增长率仅为0.16%，而1888—1911年、1910—1923年军队开支的年增长率则高达4.83%和13.64%。从以上所列比例和年均增长幅度，我们不难看出军队在恺加王朝政府财政中所占的分量。可以肯定地说，军队开支是造成恺加王朝财政赤字的最主要原因。然而有趣的是，这么庞大的一个政府机构被其最高长官视作私人财物，可以随意支配。国家军队的庞大开支已成为卡姆兰·米尔扎损公肥私的工具。不但卡姆兰·米尔扎从中截留大部分经费，出纳员、军官等凡经费所经之手都不会放弃这一发财机会，为自己截留很大一部分，最终人人吃得脑满肠肥。而这些本应用于发放士兵军饷和购买军备的钱被层层剥皮后，真正用于军队建设的钱已所剩无几。我们不难想象这支军队的战斗力会是何等糟糕[2]。

相同的情况也在阿明·阿尔苏尔坦所掌控的政府部门中蔓延。阿明·阿尔穆克（Amin ol–Molk）是阿明·阿尔苏尔坦的兄弟，掌管财政部，他甚至把财政部视作自家的银行来经营[3]。政府汇票经常会拖欠八九个月之久，而国库中的钱却被阿明·阿尔穆克用来在巴扎里的私人银行

---

[1] 1867—1878年度军队开支为175万土曼，1888—1889年度为181万土曼，1910—1911年度为373.2447万土曼，1922—1923年度为984.2342万土曼。1867年的数据来自Thomson to Alison, "Report on Persia", UK Parliament, Accounts and Papers, 1867–1868, 19。1888—1889年度的数据（包括海军）来自Hon. G. N. Curzon所著 Persia 第2卷，第482页；1910—1911年度数据来自S. Jazaeri所著 Qavanin–e Maliveh，第65—69页、79—81页；1922—1923年数据来自A. C. Millspaugh所著 The Financial and Economic，第32页。

[2] S. Bakhash, Iran, pp. 276–278.

[3] Ibid., p. 275.

放高利贷，以获取高额利润①。为保证早日收回所放贷款，债主往往会主动降低10—30个百分点的利息②。

官员的薪俸是恺加王朝政府的又一大笔财政开支。由于担心出现国家内乱，政府出于收买反对者的目的，减少了税收额度，同时也增加了免税人员名单和乌勒玛的薪俸和补贴③。1867—1868年、1888—1889年和1922—1923年，伊朗政府用于支付乌勒玛和官员薪俸的开支占其总开支的比例分别达到6.67%、23.68%和17.91%。当然，毛拉、王子、政府官员、贵族等统治阶层从中获取了巨大利益。

表5—5　　　　1892—1925年伊朗外债：贷款及预付款　　（单位：英镑）

年份	贷方	利率(%)	类型/期限(年)	贷款额度	抵押品	截至1920年尚未偿付额	截至1925年尚未偿付额
1892	波斯帝国银行（英国资本）	6	贷款/40	100000[a]	南方关税		
1900	俄国政府	5	贷款/75	2250000	北方关税		1921年取消
1902	俄国政府	5	贷款/75	1000000	北方关税	3122317[d]	
1904	印度（英国政府）	5	贷款/15	314281	南方关税	180421	
1910	波斯帝国银行（英国资本）	7	贷款/18	—	南方关税		62959

---

① 见S. Bakhash所著 *Iran*，第275页。
② 同上。
③ 同上书，第279页。S. Bakhash认为薪俸部每年用于乌勒玛、宗教学生、个人、后宫等津贴的开支约为50万土曼（约合10万英镑）。同上书，第278页。Thomson认为1867—1868年度有25万土曼用于向神职人员和赛义德发放津贴。Curzon认为在1888—1889年度，仅非神职人员的津贴就高达100万土曼，而神职人员的开支则另做统计。Millspaugh认为1922—1923年度政府发放的津贴为456.9189万土曼。从这些零散的数据来看，除宪政派曾于1906年第一议会中试图削减津贴外，恺加王朝政府用于发放津贴的开支呈逐年增加趋势。详见Thomson to Alison, "Report on Persia", UK Parliament, Accounts and Papers, 1867-1868, 19; Hon. G. N. Curzon所著 *Persia* 第2卷，第483页；A. C. Millspaugh所著 *The Financial and Economic*，第33页。正如表5—4中所列，以上年度津贴占全部开支的比例分别为：6.67%（1867—1868年度）、23.68%（1888—1889年度）、17.91%（1922—1923年度）。需要注意的是，1888—1889年度和1922—1923年度的津贴所占比例增幅巨大，这也是导致当年财政赤字骤增的主要原因。

第五章　政治体制与公共政策　/　111

续表

年份	贷方	利率(%)	类型/期限(年)	贷款额度	抵押品	截至1920年尚未偿付额	截至1925年尚未偿付额
1911	波斯帝国银行（英国资本）	5	贷款/50	1250000	南方关税	1223061[f]	1171387
1911	俄国政府	7	固定贷款/15	1111000[e]	北方关税	583679	1921年取消
1912	英印政府	7	预付款	140000	南方关税	140000	140000
1913	英国政府	7	预付款/2 1/2	200000	南方关税	200000	200000
1913	英国政府	7	预付款	100000	南方关税	100000	100000
1913	俄国政府	7	预付款/3	200000[g]	北方关税	166670[h]	1921年取消
1914	英国政府	7	预付款	50000	南方关税	50000	50000
1915—1917	英国政府	—	预付款	817000	南方关税	817000	
—	英国政府		预付款	20000[i]	南方关税	20000[i]	
1918	英国政府	—	预付款	1850000[m]	南方关税	1850000[j]	
1923	波斯帝国银行（英国资本）	7	预付款	770404	APO特许费[n]		
1925	波斯帝国银行（英国资本）	7	预付款	320000	APO特许费		
1925	波斯帝国银行（英国资本）	9	预付款	250000	APO特许费		116667
1925	波斯帝国银行（英国资本）	7	预付款	200000	APO特许费		
总计：英、俄两国（除利息外）				13025966[k]		5330831[l]	1724346
总计：俄国（除利息外）				3450000[k]		750349[l]	
总计：英国（除利息外）				9575966		4580482	1724346

资料来源和注释：表中数据根据以下资料汇编而成：Sykes 所著 *A History of Persia 2* 第523页，其中又引用了 *The Stateman's Yearbook for 1921*；Millispaugh 所著 *The Financial and Economic Situation of Persia* 第34页；J. E. F 所著 *Memorandum to Persia Government Laws*，1912年11月27日载 *Public Record Office*，FO 371/1711。又见 Jamalzadeh 所著 *Ganj-e Shaigan* 第155页；Kazdmzadeh 所著 *Russian and Britain in Persia* 第5章。该表扣除了购买武器的利息和浮动债务。[a] 50万里亚尔。[b] 2250万卢布。[c] 100万卢布。[d] 3122.317万卢布。[e] 6000.003万克伦。[f] 3152.4501万克伦。[g] 189.15万卢布。[h] 157.625万克伦。[i] 100万克伦。[j] 9250万卢布。[k] 去掉了合并数以免重复计算。[l] 扣除了1900—1902年的未偿贷款（俄国）以免重复计算，因为这些数据已纳入合并数据中。[m] 我已给出相关数据，原始数据中只有未偿贷款的数据。[n] APO指英波石油公司。[o] IBP指波斯帝国银行。

截至1890年，货币经济的引入、沙阿昂贵的欧洲之旅、精英统治阶层崇尚欧洲奢靡之风等因素导致恺加政府对现金的需求大增，加之财政收入增长缓慢和财政支出迅速攀升，恺加王朝政府对现金的需求更加迫切。政府开始急切地寻求补救措施，卖官鬻爵现象愈加猖獗；通过没收民产来扩大王室土地，然后变卖；增加税负；将铁矿、铜矿等国有资源的专营权售予外国商人等措施成为政府解决现金短缺的灵丹妙药。然而，截至1900年，所有这些解决现金短缺问题的方法本身却成为政府矛盾的源头：要么减少了政府的财政收入（如卖官和承包税收）或增加了政府开支（如增加官员薪俸）。加之伊朗银币克伦不断贬值和国际支付赤字不断增长，导致整个问题更加复杂。随着国内财政收入来源陷入枯竭，政府开始在国外寻求帮助，从英、俄等国获取大量贷款和预付款（见表5—5）（我们将在第7章详细分析伊朗从列强手中所获的贷款）。

表5—6　　　　　　　　　固定债务和服务收费　　　　　　（单位：英镑）[a]

	1909年	1913年	1920年	1922年	1925年
固定债务	6000000[b]	6754000[b]	5330831	5590000[b]	1724346[c]
服务收费	360000[b]	537000[b]	319850[d]	335400[d]	103461[d]
浮动债务（欠军火商）	—	900000[b]	—	—	275654[c]

资料来源和注释：[a] 该数据为估算（除与"b"相关的数据外）。[b] 见Issawi所著 The Economic History 第370—372页，其中引用了多个来源的数据。[c] Issawi认为1925年的固定债务为200万英镑，但我认为其中有一部分为购买武器装备所欠的浮动债务，已在本表中列出。计算时假定平均利息率为6%。

然而，情况不但没有好转，还不断恶化。例如，1892年的一笔借款导致政府直接将烟草专卖权授予英国商人作为补偿（详见第八章）。贷款利息增加了政府的开支负担。1900年和1902年的两笔贷款用来支付穆扎法尔·阿尔丁沙阿的欧洲之旅，其贷款利息同样增加了政府财政开支。仅1909年、1913年、1920年恺加政府偿付外国贷款的利息就分别高达36万英镑、53.7万英镑和31.985万英镑（见表5—6）。然而，尽管从列强手中获取了大量贷款和预付款，伊朗货币供应短缺的问题并未得到明显缓解。截至1926年，已无任何其他办法可以解决政府财政赤字问题。政府向列强举债的问题已经非常严重，且成为其财政预算的重要组成部分，以至于除引起外国银行和国内放债人的高度关注和担忧外，百姓对此已习以为常，漠不关心。

国家统治机器

下面我们将分析恺加王朝的司法体制、法律机构和军事机构。整个恺加王朝时期，这些机构均发生了重大变化，尤其王朝军队，从初期的部落军队发展成后期的常备正规军。司法体制和法律机构的变化在宪政革命爆发前进展缓慢，但在宪政革命影响下，虽然遭到来自宗教势力的持续反对，司法体制和法律机构依然发生了重大变化。整个恺加王朝时期，军队都是改革的重点，自19世纪初的伊俄战争起，军队就开始经历深刻的变化。

司法体系和法律

恺加王朝大部分时期，司法体制一方面无限地保护统治阶级的利益和权利，另一方面不断压迫贫苦的人民大众，没有赋予人民任何值得保护的权利。事实上，在宪政革命爆发前，伊朗人民不享有任何法律所保护的权利，只有承担法律所规定义务和责任的机会，但沙阿及其王室却享有一切权利，且不需要承担任何责任和义务。理论上讲，没有任何政府机构能像恺加王朝的司法体制那样，在宪政革命的影响下经历翻天覆地的变化。宪政革命后，尽管未能长期持续，伊朗社会的权利—义务平衡关系还是朝着有利于人民的方向实现了一定的发展。恺加王朝的封建司法体制建立于伊斯兰教法基础之上，按照《古兰经》的解释和伊斯兰传统的声明，其惯例法以风俗、传统、先例和习俗为基础。因此，乌勒玛和法官的职责经常会合二为一。

然而在实践中，社会公正是由两个相对不同的模式提供保障的。教法（如伊斯兰教法）构成了由各级乌勒玛所负责司法体系的分支，且仅局限于案例判决，如宗教仪式、遗产继承、婚礼、离婚、合同、销售及其他民事内容。刑法案例通常也由伊斯兰教法负责,但最终还是要由世俗法（如口头不成文法）决定。世俗法构成了司法体系的第二个分支,一般由世俗地方法官负责。他们按照先例和风俗来裁决谋杀、欺诈、盗窃、腐败以及所有可能处以死刑的犯罪和所有可能归为违反公共秩序的犯罪。

尽管伊斯兰教法和世俗法有所不同,且由不同机构负责,但两个独立的部门经常在案例裁决的过程中发生重叠,导致冲突和斗争频发。彼此总是企图渗透对方权力范围之内,不惜一切代价地试图占据上风,从而在司法领域占据统治地位。这种意识形态斗争自阿拉伯人征服伊朗后就一直存在。在恺加王朝时期,世俗权威希望获取更大影响力的趋势愈加明显[1],宪政革命期间所制定的宪法即是世俗力量极力扩大自己影响力的最佳证明。

理论上,沙阿凌驾于所有伊斯兰教法和世俗法律之上,但实践中,他却总是深陷伊斯兰教法和世俗法的争斗之中。在关键时刻,沙阿总会像所有世俗统治阶层一样偏向世俗法律,毕竟世俗法由世俗统治阶层直接掌控和管理,实践中也最符合其根本社会经济利益,包括帮助他们剥削和压榨百姓,并为其贪污腐败行为提供有力保护。这是伊朗封建社会自形成以来就有的传统和习俗,早已根深蒂固。但具有讽刺意味的是,正是由于这些行为恰好有世俗法律负责,沙阿与高级宗教权威间的矛盾因此变得不可避免。在整个恺加王朝统治时期,沙阿及其世俗统治集团始终占据世俗法的主宰地位。

统治阶层中世俗势力与宗教势力的矛盾具体表现为伊斯兰教法和世俗法之间的矛盾,这是伊朗社会上层建筑的根本矛盾,其本质在于争夺国家权力。然而双方的经济利益高度一致,这也是其相互共生的主要原因。世俗势力在经济上占有绝对支配地位,因此他们总能不断遏制宗教势力侵蚀其权力的企图,使伊斯兰教法成为世俗法的附庸,并在整个统治集团中保持支配地位。从此我们不难看出为何世俗化趋势一直主宰着恺加王朝的统治。

---

[1] Hon. G. N. Curzon, *Persia*, Vol. 1, p. 391.

除频繁爆发冲突外，伊斯兰教法和世俗法彼此间也互相补益。伊斯兰教法主要涉及合法宗教制度的系统化及其保护和律法化，而世俗法主要确保法律制度能够始终符合整个统治集团的利益。就伊斯兰教法的行为是否符合再生产的过程而言，其与世俗法的合作远大于冲突。毕竟，恺加王朝治理下的这两种司法管理模式只是同一个压迫人民大众的封建国家司法机器的两个方面而已，其本质相同，根本利益也一致。

19世纪末，伊朗社会构建过程中经济状况的改变使伊斯兰教法和世俗法越发显得不合时宜，逐渐被淘汰。新生力量要求司法体系必须朝更广的方向发展，而在其腐朽的封建司法体制内却难以找到解决途径。社会劳动分工不断发展，迫使权力产生分工，以往集立法、行政和司法大权于一身的权力体制已无法满足伊朗社会发展的需要，必须推进改革，引入新的法律体系。但是，朝着这一方向发展必然意味着伊斯兰教法和世俗法机构内部相应的改变和发展。

1906年宪政革命爆发前，虽然伊朗政府做了几次改革司法体系的尝试，但均以失败告终。虽然沙阿强烈希望改革司法体系，但事实证明这一封建统治机器具有极强的生命力和韧性。1875年，纳赛尔·阿尔丁沙阿出访欧洲归来后不久即下令组建管理委员会，以制衡国内司法不公正和腐败现象，消除乌勒玛阶层的特权。但在全体毛拉一致反对下，爆发了一场反对改革的狂潮，最后纳赛尔·阿尔丁沙阿被迫放弃这项改革措施①。1878年，第二次访欧归来后，纳赛尔·阿尔丁沙阿试图废除宗教避难所②，建立世俗化的正义法庭，但再次以失败告终。不仅如此，宗教避难所的权力反而大大增加，并在1906年的宪政革命中成为反抗沙阿统治的重要根据地。1888年，沙阿再次下诏进行司法改革：

---

① 见Hon. G. N. Curzon所著 Persia 第1卷，第460页。早在1848—1851年和1871—1873年，政府就曾试图扩大民事法庭权限，并同时限制宗教法庭，但由于遭到乌勒玛强烈反对而被迫放弃。见H. Algar所著 Religion，第139—132、169—182页，以及本书第6章。

② 见Hon. G. N. Curzon所著 Persia 第1卷，第460页。阿米尔·卡比尔也采取了类似的改革措施，但由于遭到乌勒玛阶层强烈反对而被迫放弃。见H. Algar所著 Religion，第133—135页。又见A. Amanat所著 Pivot of the Universe。

> 我下诏宣布所有臣民的人身和财产都是自由、独立的。我很荣幸看到他们无须为其人身和财产安全担忧,他们可以任何方式将其财产投资到任何产业,他们可将资金组合起来构成投资,或组建公司修建工厂或道路,或从事任何有助于推动我国文明和安全发展的产业。[1]

这份诏书颁发后,沙阿向各省下旨,直接用法律监督各省行政长官。次年,沙阿下令颁布新法,但在得知沙阿命令参政院组建新的立法机构来负责全国司法的消息后,德黑兰的官僚阶层一片哗然[2]。像往常一样,在伊斯兰教法和世俗法负责人施压下,沙阿不得不放弃这一雄心勃勃的计划。自1890年起,沙阿放弃了所有改革念头。1896年,纳赛尔·阿尔丁沙阿遇刺身亡后,伊朗国内的司法改革彻底陷入停滞。1906年宪政革命爆发,伊朗的司法机构发生了质的变化。我们在此必须强调的是,纳赛尔·阿尔丁沙阿的司法改革之所以失败,不仅仅是因为国内官员和宗教权威极力反对和阻挠改革,沙阿本人的改革意志也并不坚定,稍遇挫折即言放弃。一旦感觉到需要改革其本已日渐衰微的王权时,他便担心在此方向上的任何深入便会削弱自己在整个统治体系中的权威和权力。这种矛盾心理一直伴随着纳赛尔·阿尔丁沙阿的改革尝试,每次雄心壮志的改革最终均以最大限度维持其王位和权力而收场[3]。

1906年8月,在宪政革命愈演愈烈之际,穆扎法尔·阿尔丁沙阿签署颁布宪法。随后,1906—1909年又相继颁布了四项法律,兆示着恺加王朝统治下的封建主义统治机器已发生根本性改变。我们将简单讨论这些法律对伊朗政府机构的冲击,并在第八章重点讨论其阶级重要性。

1906年9月6日颁布的《选举法》(The Electoral Law)以附加条件的形式赋予了各社会阶层参加选举或被选为未来国家咨询委员会成员的权利[4],同时还限制了其他社会成员,如省长、省长助理、警察及军人

---

[1] Hon. G. N. Curzon, Persia, Vol. 1, pp. 460–461.
[2] 同上书,第461—462、281页。又见 A. Amanat 所著 Pivot of the Universe。
[3] 有关1906—1909年所颁布的法律,详见 E. G. Browne 所著 Persian Revolution,第355—400页。又见 W. M. Shuster 所著 The Strangling of Persia,第291—312页。
[4] A. Banani, The Modernization of Iran, p. 69.

参加国家咨询委员会的权利。而且，政府官员和公务员一旦当选咨询委员会代表，必须辞去政府公职，无权再干涉或参与其之前所担任职位的职权。为了更好地监督大选，《选举法》规定国家咨询委员会将在各省省长和各地行政长官的监督下组建各级分支机构，以确保大选顺利进行。同时，《选举法》还规定将在全国各城镇组建全国选举大会（或选举法庭），并设置监选官（resident Governor）①，一旦发现国家咨询委员会成员有违背公共利益的口头或书面言论，最高上诉法院将对其进行审判。

所有这些机构均是之前伊朗封建社会闻所未闻的权力机构，给伊朗社会带来了巨大冲击。1909年7月1日，《新选举法》（*New Electoral Law*）替代1906年的《选举法》，更加顺应了时代发展的需求。在所有诸多变化中，最重要的一项是要求在每个选举中心设立监督委员会，省长在监督委员会中扮演重要作用，委员会成员悉数来自上层社会。

1909年12月30日，《基本法》（*The Fundamental Laws*）颁布，详细规定了组建国家咨询委员会以促进国家进步和人民福祉，承认每个公民拥有选举国家咨询委员会成员的权利。人民可以要求国家咨询委员会制定、修改、完善或废除任何法律，并授权各部长起草和修改新法，经国家咨询委员会批准后即可生效。而且，审批和调节国家财政预算等所有财政事务、公共开支、财政预算的修改、金融监管、国有自然资源的买卖及其控制机构成员构成、任何形式专营权的授予、条约签订、修建铁路等均须接受国家咨询委员会的审核和批准方能生效。《基本法》还规定了组建参议院及其职能等事宜。

根据1907年10月7日颁布的《基本法补充条款》（*Supplementary Fundamental Laws*），国家咨询委员会所通过的任何法律都不得与神圣的伊斯兰教基本原则相冲突，否则乌勒玛阶层和伊斯兰教的证明可以拒绝或推翻该项法律。《基本法补充条款》承认法律面前人人平等，保护所有公民生命、财产、家庭和荣誉安全，禁止当场逮捕、非法惩罚、驱逐出

---

① 译者注：监选官是中央政府派往省、市、镇等地监督选举的官员，只派往那些已经设立选举制度的地方。

境和任何形式的没收财产行为。"守法者得拯救"成为当时的流行口号，为法律的制定和顺利推广提供了重要思想保障。与此同时，法律还强调加强对义务教育的管理，除异教和可能对神圣的伊斯兰教造成伤害的非法出版物将受禁止外，其他所有出版物均可自由出版、发行，免受政府审查。同样地，任何组织或协会只要不对伊斯兰教和国家造成危害，均可自由组织、发展。

然而，最重要的法律当属那些与王朝权力密切相关的法律，它们将王朝权力分为三个重要组成部分：立法（负责制定和完善法律，其权力主要来自沙阿）、司法（与伊斯兰教法相关的事务悉数交由特别伊斯兰法庭审理，与世俗法相关的司法事务则交由民事法庭审理，彼此分工明确）和行政（隶属于沙阿，由各部长级国家官员具体执行）。这些官员只对国家咨询委员会负责，而沙阿则可免除任何义务和责任。荣誉部长的头衔被彻底废除。

1907 年还建立了四个民事法庭。包括财产和金融索赔法庭、刑事法庭、上诉法庭和最高法庭。由于缺乏任何法律制度，这些民事法庭只能沿用世俗法和伊斯兰教法的审判程序。1908 年，还建立了一个专门负责处理民事法庭和宗教法庭之间纠纷的法庭。在伊朗制定法律的过程异常艰辛，必须与宗教权威们不断斗争[1]。1909 年，试图限制王族和宗教权威津贴的《津贴法》（*Law of Pension*）因遭到宗教权威的极力反对而以失败告终。但宪政派改革伊朗司法的努力并未因此而停止。1910 年，他们继续设立首席检察官一职，同年还通过《盐税法》（*The Salt Law*），但最终由于遭到人民反对而被迫取消。1910 年还制定通过了其他三项与税务相关的法律：《运输方式税收法》（*Law of Tax on Means of Transport*）、《羊肠法》（*Law of Sheep Intestines*）[2]、《公众账户和政府账户法》（*Law of Public Accounts and Office Accounts*）。[3]

1911 年是伊朗司法制度迅速发展的一年，通过了一系列法律。《津贴

---

[1] 见 S. Jazaeri 所著 *Qavanin - e Maliyeh*，第 79—81 页，引于 C. Issawi 所著 *The Economic History*，第 368—370 页。

[2] 同上。

[3] W. M. Shuster, *The Strangling of Persia*, pp. 310 – 312.

法补充条例》(Supplementary Law of Pension)批准生效，与之前被废除的《津贴法》相比，受到更为普遍的认可。与此同时，国家咨询委员会还通过了一项法律，授权财务总长负责管理1911年从帝国银行获得的贷款。另外，第二个与金融系统的组织和管理相关的法律获得通过[1]，《鸦片限制法》(Law on Opium Restriction)也获批生效，对未经授权使用鸦片者进行罚款。整个司法体系也重新洗牌，旧司法部被解散，组建了新的司法部。设立了专门委员会，负责起草新法，并由法国法理学家阿道夫·佩尔尼带领的专家团队负责起草新的民法[2]。1911—1915年，国家咨询委员会被临时关闭。1915年，颁布了一项商业法律，并开始征收不动产税、龙胶税[3]和烟草税[4]。

宪政革命期间及随后几年里，伊朗逐渐形成了自己的现代化司法体系，伊斯兰教法逐渐退出历史舞台。改革者们希望这种迅速的变化能够彻底改变恺加王朝的司法机构。但新法仍然存在诸多问题，新的司法机构并未朝着新兴民族资产阶级期待的方向发展。除遭到宗教权威和统治阶级反对和阻挠外，新组建的法庭还缺乏训练有素的现代化法官。与此同时，在帝国主义列强压迫下所签订的一系列丧权辱国的条约也规定了外国人不受伊朗法律约束，并允许外国领事干预伊朗的法庭审判。这些成为这次轰轰烈烈司法改革运动的最大遗憾。[5]

军事组织

封建主义社会在其早期和中期剥削百姓的最重要国家机器是其宗教、法庭、传统和习俗。随着封建社会不断发展，进入中晚期后，这些力量对人们的控制作用逐渐被警察和军队所代替。在封建主义社会早期和中期阶段，军队主要负责保护国家领土安全和对外作战、掠夺。虽然军队

---

[1] A. Banani, *The Modernization of Iran*, p. 69.
[2] 见S. Jazaeri 所著 *Qavanin-e Maliyeh*，第79—81页，引于 C. Issawi 所著 *The Economic History*，第368—370页。
[3] 译者注：龙胶是专门用于制作珐琅的胶水。
[4] A. Banani, *The Modernization of Iran*, p. 70.
[5] J. Malcolm, *History of Persia*, Vol. 2, p. 355.

在维护国内稳定方面至关重要，但其发挥作用的机会非常少，只有在不得已情况下，统治者才会考虑用军队来维持国内稳定。但随着封建主义社会走向晚期，情况发生了戏剧性变化，军队经常被用来镇压国内此起彼伏的叛乱和起义。

处于从封建主义社会向资本主义社会转型期的国家往往需要频繁使用军队和警察等国家机器武力镇压国内反抗和骚乱，如果封建统治者不能掌握这种军事力量来维持其政权，新兴的资产阶级很快将会取代封建统治者，建立资本主义政权。正是基于这一需求，封建统治者才会专注于花费大量政府财政来改革军队。如此一来，恺加王朝的军队从早期的封建专制统治工具逐渐演变成半封建半资本主义的军队。

据马尔科姆记载，恺加王朝早期的军队包括三个部分：大量非常规骑兵、大量非常规民兵以及一支步兵和炮兵部队①。非常规骑兵主要由各游牧部落提供，他们在战时向沙阿提供作战部队以换取沙阿授予其土地和畜牧自由权②。战争爆发时，中央政府可在全国范围内动员 8 万左右的非常规骑兵部队，在其部落首领率领下，由国家提供战争物资和粮草，并支付数目极小的一笔军饷③。

非常规民兵是一支步兵部队，主要由游牧部落、城镇、乡村的武装成员组成。他们的首要职责是保护自己的家园不受侵犯，在紧急战争时期，他们也会在沙阿的召唤下参与国家的军事行动。当他们参与国家军事行动或远赴异地作战时，政府会向他们拨付军饷。他们自己则提供服装和武器，包括火绳枪、马刀和匕首等。民兵只需遵守其长官的命令，战时可以紧急动员 15 万民兵参战④。

常规步兵和炮兵有 2 万人，其中一部分由政府提供服装、武器，并配发军饷。常规军分为两大部分：萨巴兹（Sarbaz，或称铁杆军）有

---

① J. Malcolm, *History of Persia*, Vol. 2, p. 355.
② 同上书，第 355—360 页。Lambton 认为"部落联盟可汗与军官之间并无清晰界限，文官与军官之间的界限也模糊不清。各省省长往往也是本省军队的最高统帅"。详见 A. Lambton 所著 *Persian Society under the Qajars*，第 131 页。
③ 引自同上书，第 356—357 页。
④ 引自同上书，第 358—359 页。又见 Hon. G. N. Curzon 所著 *Persia* 第 1 卷，第 579 页。

12000多人,由王储阿巴斯·米尔扎(Abbas Mirza)负责。阿巴斯·米尔扎还掌控着一支1200人的常规骑兵旅和一支炮兵部队。这些部队均来自部落军,其军饷远高于其他部队,军官每年可得到40—500土曼,普通士兵可得到10土曼,并在战时配发服装和供给食物。他们还能以比较优惠的条件获得王室封赏的土地;简巴兹(Janbaz,又称生活谴责者)人数约8000—9000,也主要来自不同部落,但他们在服装、军饷待遇方面远不如铁杆军,且军纪涣散,战斗力极差。[1]

沙阿还拥有一支由格鲁吉亚奴隶和波斯贵族子弟组成的3500人规模的禁军,负责皇室保卫工作,政府为他们配备精良的马匹和武器装备,其军饷丰厚且随时可能获得灰色收入[2]。奴隶在伊朗军队中的作用已远不及800—1700年重要[3]。

以上是1809年伊朗军队的状况。恺加王朝的军事改革一开始就是被外国军队的逼迫下展开的,并为其对手提供了良好的展示舞台。早在1800年年初,几名叛变的俄国军官[4]就在阿巴斯·米尔扎的军队中担任教官,负责训练最简单的项目[5]。19世纪初,法塔赫·阿里沙阿在法、俄、英三国间的敌对关系中斡旋,获取利益。拿破仑将伊朗视作其帝国扩张的重要据点,根据1807年《芬肯施泰因条约》(Finkenstein Treaty)的规定,拿破仑开始着手协助伊朗政府改革军队,派遣70名法国军官(加尔达纳教官团,Gardane's Mission)训练伊朗士兵,但没过多久,这些军官就被迫返回法国,并未带来任何实质性结果。随后,伊朗与英国签订协议,英国承诺每年提供20万土曼援助帮助改革伊朗军队。

随后,三批英国军官,即哈福德·琼斯教官团(Jone's Mission)、马尔科姆教官团(Malcolm's Mission)、乌斯利教官团(Ouseley's Mission),

---

[1] 引自 J. Malcolm 所著 *History of Persia* 第2卷,第356页。
[2] C. Meredith, "Early Qajar Administration: An Analysis of Its Development and Function", p. 17.
[3] S. Bakhash, *Iran*, p. 99.
[4] Hon. G. N. Curzon, *Persia*, Vol. 1, p. 576.
[5] 见同上书,第577—578页。又见 E. Ashtiani 所著 *Mirza Taqi Khan - e Amir Kabir*,第215页。

先后于1809年和1811年到达伊朗,着手训练伊朗的步兵军队。1812年,英、俄达成和解,在俄国要求下,伊朗军队中与俄国作战的英国军官返回英国。伊俄战争失败后,伊朗被迫与俄国签订不平等的《古利斯坦条约》(Golestan Treaty),割让大片领土给沙俄。伊俄战争结束后,英国再次提出帮助伊朗改革军队,在伊朗官员斡旋下,英国答应选派教官帮助伊朗训练军队,为伊朗军队提供武器和军需品,并帮助伊朗在大不里士创办一家军需品生产工厂,同时提供技术指导①。但由于双方在援助数额上存在严重分歧,该援助计划最终无果而终。

此后,英伊军事关系陷入较长的冷淡期,王储阿巴斯·米尔扎改革军队的雄心遭遇重大挫败,并未取得任何有意义的进展,仅在1811年选派了五名留学生赴欧洲学习军事和其他科学。1826年第二次伊俄战争失败后,伊朗被迫与俄国签订《土库曼恰伊条约》(Torkmanchai Treaty),丧失大量利益。看到俄国在伊朗的势力和利益不断扩大,英国担心其英印殖民地的利益受到威胁,再次主动提出帮助伊朗改革军队,但并未取得任何实质性进展,直至1832—1834年,英国向伊朗提供大量武器和装备,并从印度抽调大批军官和中士,分散到伊朗各部队中帮助训练士兵。英国人贝休恩(Bethune)担任伊朗军队司令,向伊朗免费提供2000支步枪和50万发子弹②。1836年,英国再次因赫拉特地区的归属问题背弃伊朗,沙阿随即下令遣返伊朗军队中的英国军官。随后,法国政府再次派遣军官帮助训练伊朗军队。由于不熟悉伊朗军队的状况,法国军官的训练并未起到任何作用,随即草草收场。③

1834年是法塔赫·阿里沙阿统治的最后一年,由于担心游牧部落和封建贵族实力不断增长会威胁其统治,沙阿开始着手改革军队的封建基

---

① 见 Hon. G. N. Curzon 所著 Persia 第1卷,第582—583页。E. Ashtiani 所著 Mirza Taqi Khan,第218—219页。
② 同上书,第580页。
③ 译者注:其中一位法国将军费里尔在训练失败后开始在伊朗和阿富汗地区展开探险之旅,随后撰写《大篷车之旅》一书,对英国在亚洲的殖民统治大加赞赏。

础①。随后，游牧部落被剥夺了以提供军队换取牧区使用权的资格②，这项政策对游牧部落产生了重大影响，在很大程度上直接导致 1876—1900 年游牧部落人口数量和比例大幅减少（见表 3—3）③。封建大贵族却未发生任何变化，他们在统治阶层中的地位丝毫未动，依然稳固如初。

阿米尔·卡比尔主张依靠本国力量推动改革，但遗憾的是，他的改革也像之前那些由外来力量主导的改革一样，未能从根本上改变伊朗军队的结构或社会物质基础。这主要是因为这一时期的伊朗保守势力担心阿米尔·卡比尔的中央集权政策会极大地威胁和削弱其特权，加之地方割据势力异常强大，也不愿看到阿米尔·卡比尔加强中央集权的改革取得成功。在保守的封建官僚、宗教权威和地方割据势力联合下，阿米尔·卡比尔于 1851 年被处死，其改革也随之夭折。尽管如此，阿米尔·卡比尔依然为伊朗军队改革设定了一套非常完美的方案，并在一定程度上展开实施，但最终并未在物质供应方面改变伊朗军队的状况，亦未在组织结构方面实现军队的现代化目标。但无论如何，阿米尔·卡比尔的改革为伊朗军队注入了一支强心剂：作为公民纳税义务的一部分，每个城镇或村庄都必须向国家提供一定人数的义务兵役④。根据拉姆顿的记录，这一政策带来的一个结果就是："以前，伊朗军队主要由地方长官和地主率领，并由其负责提供军饷，士兵也只对他们负责和效忠，而现在，士兵则只对国家负责。"⑤ 阿米尔·卡比尔还创建了精英学院（Dar ol-Fonoun），教授军事科学，培养军事人才。1851 年阿米尔·卡比尔被处决后，虽然他的很多改革政策都被纳赛尔·阿尔丁沙阿所废弃，精英学院却得以保留，为伊朗培养了大量军事人才。

1848 年意大利革命失败后，一群意大利军官来到伊朗避难，在伊朗政府邀请下担任军队教官。随后相继有匈牙利人、奥地利人和俄国人来到伊朗军中担任教官，对伊朗的军队现代化改革尝试带来了一定的积极

---

① J. Piggot, *Persia*, p. 238.
② H. Rawlinson, *England and Russia in the East*, pp. 30 – 31.
③ S. Bakhash, *Iran*, p. 99.
④ A. Lambton, "Persia: The Breakdown of Society", p. 453.
⑤ A. R. Sheikholeslami, "The Patrimonial", p. 216.

影响，同时也在一定程度上推动了伊朗政府和官僚机构的改革。1859—1861年，一个法国援助团到达德黑兰，帮助改革伊朗军队，但收效甚微。同时，在阿米尔·卡比尔思想影响下，年轻的纳赛尔·阿尔丁沙阿继续尝试改革军队。1850—1870年，沙阿连续颁布多道法令改革军队，并于1867年创建军事委员会①。其军事改革目标为：

> 防止腐败，确保国家经费如数用于军队建设；阻止军中卖官行为，消除落后的军职继承制度；确保军工厂的良好秩序；杜绝军官豢养大批家眷和差役士兵为其家庭服务。②

然而，沙阿未能真正防止军队腐败，相反，军队是纳赛尔·阿尔丁沙阿执政期间的腐败重灾区。

1871—1873年，哈吉·米尔扎·侯赛因担任首相期间的一系列改革措施也将军队作为改革重点。其目标不但要预防军饷和军队物资被贪污，而且还包括加强中央政府对军队的控制、防止军队中的任人唯亲现象、任用贤能的军官担任要职以提高军队作战能力、雇用外国军官担任教官、从欧洲购买先进武器装备等措施③。尽管哈吉·米尔扎·侯赛因下令对军队库存进行核查，并重新启用长期闲置的一家铸炮厂和其他几座军工厂，但他最重要的改革措施是制定了一套完备的征兵制度，规定了12年义务兵役制度，为国家提供了可靠的兵源。除此之外，伊朗军队再未发生大的改变④。

1874年，皮戈特（Piggot）描述了当时伊朗军队的状况，认为伊朗军队中充满投机钻营分子，本土军官百无一用，且大量侵吞和挪用军饷，

---

① 见 S. Bakhash 所著 *Iran*，第99—100页。有关沙阿对军队的不满，详见 A. R. Sheikholeslami 所著 "The Patrimonial"，第101页。

② S. Bakhash，*Iran*，p. 100.

③ 同上书，第101页。又见 Hon. G. N. Curzon 所著 *Persia*，第1卷，以及 A. Amanat 所著 *Pivot of the Universe*。

④ 见 J. Piggot 所著 *Persia*，第238—240页。对于恺加王朝的军队，一位波斯人于1870—1871年也表达了类似的观点，他认为尽管政府每年花费175万土曼用于军队建设，但这些腐败行为却严重侵蚀了军队的发展。见 F. Adamiyat 和 H. Nateq 所著 *Afkar – e Ejtemai*，第439页。

士兵着装和饮食条件恶劣，营房破败不堪，从而导致军队效率低下，缺乏作战能力。在当时卖官鬻爵之风盛行的情况下，部队军需部门也由出价最高的投机者经营，士兵被迫从事最繁重的苦力工作，在巴扎中担任搬运工，修建水利工程或在建筑工地从事体力劳动①。如果皮戈特有机会看到一位在伊朗军中服役的英国上校下面描述的话，他的悲观可能会稍有缓解：

> 伊朗士兵非常活波，且精力充沛，吃苦耐劳。他们非常聪明，似乎天生就具备军事才能。尽管缺衣少食，而且经常被克扣军饷，他们却能夜以继日地以每天24英里的速度行军，而且还能在需要时将速度增加至每天40英里。②

1878年，纳赛尔·阿尔丁沙阿第二次出游欧洲，在维也纳受到奥地利政府的热情款待。随后，一大批奥地利政府官员和军官前往伊朗，协助推进伊朗的政治和军事改革③。1879年他们到达伊朗，但最终无所建树。在此期间，在俄国军官运作下，伊朗组建了一支哥萨克骑兵旅（Cossack Brigade），在随后的伊朗军事和政治生活中扮演了重要的角色，直至恺加王朝退出历史舞台。同时，俄国政府还向沙阿赠送了1000多支步枪和一些大炮。

在军队科技化进程方面，阿米尔·卡比尔于1851年创办精英学院，开始教授军事科学。1873年从欧洲归来后，沙阿又创办了第二所军事院校——军官学院，由一名丹麦军官负责，但由于严重的腐败问题导致经费被大肆挪用，这所军事院校并未发挥太大作用。同时，伊朗还建立了

---

① 见 J. Piggot 所著 Persia 第237页所引 Colonel Shell 写在其妻子的著作 Glimpses of Life and Manners in Persia 附录中的文章。Curzon 在其所著 Persia 第1卷中也表达了有关伊朗士兵的类似观点："英国军官发现伊朗士兵乖顺而聪明，但伊朗军官却是世界上最大的无赖。"有关 H. Rawlinson、C. MacGregor，以及其他英国军官所表达的类似观点，详见 F. Adamiyat 和 H. Nateq 所著 Afkar - e Ejtemai，第610—611页。

② Hon. G. N. Curzon, Persia, Vol.1, p. 588.

③ Ibid., pp. 605 – 606.

第一所军事医院,拥有20张床位,但也由于严重腐败的影响而最终未有任何贡献。1885年,伊朗建立了一所专门的军事院校,其课程设置仅与军事教学相关。①

截至1891年,伊朗军队的状况并未发生明显改善。除皇家卫队外,伊朗军队仍主要由游牧部落组成的非常规骑兵部队和城市、乡村中的民兵组成的非常规步兵部队组成,同时还包括一支由步兵、骑兵、炮兵组成的半常规军,其中包括哥萨克骑兵旅。这支半常规军后来成为保护伊朗领土的主力军,但无论在数量和质量上都无法与1800年的伊朗军队相提并论②:士兵的军饷少了很多,除高级别军官可以通过贪污获取大量财富外,普通军官的收入也较之前少了很多。③

军队中的腐败问题持续恶化。来自上流社会的高级别军官成了当时军队中最大的无赖④,对他们来说,职位的任免和提升都是可以标价出售的商品,他们将军职出售给下属军官,标价出售免服兵役的资格,将兵役任务摊派给士兵。腐败现象非常严重。1891年,寇松发现一位年仅11岁的陆军元帅。其腐败程度之重由此可见一斑⑤。恺加王朝灭亡前夕,虽然宪政改革派曾努力希望改革军队,但腐败一直是伊朗军队的最大特色,也是最大问题。19世纪90年代,伊朗军队总司令卡姆兰·米尔扎曾尝试在军中推行改革,他首先将军队预算与国家普通预算分开,财政部和地方税收财政办公室均不再插手军队经费。随后,他开始向国家申请经费来维持一支9万—10万人的军队,但实际上他的部队尚不到3万士兵,仅有1.5万人左右⑥。尽管士兵的军饷和物资供给无法保障,有时甚至根

---

① 见 Hon. G. N. Curzon 所著 *Persia* 第1卷,第601—602页。

② 根据1809年 Malcolm 的记录,炮兵部队士兵当年的军饷为10土曼,外加食宿与军服,而炮兵军官的军饷则为每年400—500土曼不等。Curzon 统计的数据为14土曼(士兵)、500土曼(上校)到1200土曼(一级上将)不等,外加食宿。加上克伦贬值和通货膨胀的影响(见第4章),士兵的收入实际上有所下降,而军官的收入则有微幅上升。详见 J. Malcolm 所著 *History of Persia*,第358页,以及 Hon. G. N. Curzon 所著 *Persia* 第1卷,第599—600页。

③ 同上书,第579、605页。

④ 同上书,第602—603页。又见 S. Bakhash 所著 *Iran*,第276—278页。

⑤ S. Bakhash, *Iran*, p. 276.

⑥ Ibid., p. 277.

本不会供应,但那些原本用来支付他们军饷的钱却被军官用于向巴扎里的萨拉夫放高利贷①。同时,卡姆兰·米尔扎还出售军衔和军职,仅军中出纳一职就可要价 1000 土曼②。除此之外,作为总司令,他还参与非法贩卖武器③。卡姆兰·米尔扎的行为并非个例,几乎每位军官都以类似形式聚敛钱财。他们的这些腐败行为给军队和国家财政带来巨大损失。

自 1890 年起,沙阿开始对国家事务漠不关心,实际上放弃了任何改革的想法。但沙阿及其继承人和俄国政府却在哥萨克骑兵旅上倾注了大量心血,确保其不断发展壮大。尽管遭到伊朗国内外势力的一致反对,哥萨克骑兵旅最终还是发展成为一支 8000 多人的部队④。沙阿对哥萨克骑兵旅兴趣日浓,究其原因主要有以下几点:封建社会秩序逐渐瓦解、封建割据势力日益壮大导致沙阿势力衰弱、沙阿对俄国政府的依赖日益加大、国内阶级斗争不断加剧等。封建的军队结构已不再适应时代发展的需求,政府愈加需要借助军事暴力的方式来镇压国内的反对力量。在伊朗全国所有军队中,只有这支哥萨克骑兵旅在组建之初就考虑到了如何应对这些问题。但截至 1911 年,哥萨克骑兵旅依然无力单独镇压革命力量。加之伊朗国民都认为哥萨克骑兵旅是沙俄在伊朗扶植的一支傀儡军队,对其恨之入骨。这些因素都加大了哥萨克骑兵旅控制局面的难度。

伊朗政府同时遇到另一严重问题:美国人舒什塔尔(Shuster)曾担任伊朗财政部长,组建了新的金融机构,其能否成功在很大程度上依赖于政府征收租税的能力。他这样写道:

> 我计划组建财政宪兵部,隶属财政部,计划在一年之内招收数千人,以保障政府按时足额征缴租税。
>
> 伊朗的农民、劳动者阶层及小资产阶级顽劣成性,很难管教,长期拒绝向政府正常纳税。但是伊朗情况特殊,政府必须采取强硬

---

① 见 S. Bakhash 所著 *Iran*,第 277 页。
② 同上。
③ 关于哥萨克骑兵旅,详见 F. Kazemzadeh 所著 "The Origin and Early Development of the Persian Cossack Brigade",第 342—353 页。
④ W. M. Shuster, *The Strangling of Persia*, p. 98.

手段让这些刁民意识到纳税的必要性。要做到这一点，仅凭税务官员苦口婆心的劝说很难奏效。①

舒什塔尔在此所说的伊朗特殊情况指伊朗的农民、劳动者阶层和小资产阶级越来越反对政府的敲诈性高税收，开始拒绝纳税。统治阶级剥削不断加剧，导致他们陷入极度贫困之中，使得社会随时会爆发严重的大规模动荡。按照舒什塔尔的计划，宪兵队由瑞典军官于1911年组建而成，其最初目标是维持国内稳定，顺利完成租税征缴工作②。20世纪20年代，这支部队人数达到约8400人左右。

这支由瑞典人组建的宪兵队引起俄国政府极度不满，英国对这支部队的发展则持观望态度，因为宪兵队可能会成为俄国人控制的哥萨克骑兵旅的强劲对手，却不能马上掌控于英国人手中，为英国在伊朗的殖民利益服务。虽然英国人之前改革伊朗军队的努力均以失败告终，但他们并未就此彻底放弃，仍然计划在伊朗南部组建一支6000人的南波斯洋枪队（South Persia Rifles）③。

总之，截至1926年，伊朗军队主要由四部分组成：哥萨克骑兵旅（约8000人）、宪兵队（约8400人）、南波斯洋枪队（约6000人）和传统的皇家护卫队新军（约2000人）。除此之外，政府还可以在紧急情况下快速动员几个省的地方军队和游牧部落军队。但在通常情况下，各省的地方军队和游牧部落军队会反对伊朗政府不断加强的军队集权化管理④。

1926年，巴列维王朝的开创者礼萨汗将以上所有军队进行合并，组建了伊朗历史上第一支统一正规国防军，人数为4万左右，由政府统一

---

① J. D. Rudolph, "Armed Forces", in *Iran: A Country Study*, p. 390.
② Ibid..
③ Ibid..
④ 见 A. C. Millspaugh 所著 *The Financial and Economic*，第1页。1907年10月版本的《基本法补充条款》最后部分涉及军队事务，确定了征兵方式、军队的职责与权利，以及军人晋升等相关事务。此外，该法还规定军队开支必须经议会批准方可执行。详见 Browne 所著 *Persian Revolution*，第384页。

指挥。1925 年,这支军队已经装备了载重汽车、装甲车辆、坦克、飞机以及一座大功率无线电台,并在各省组建了分支。而且,除这支常规军外,伊朗的大城市里还有联合警察部队、一支护路部队和一支规模很小的波斯湾海军部队[1]。正是由于这支新组建的常规军,礼萨汗才得以迅速掌控伊朗政局,从而顺利登基,建立牢固的统治基础,并使得巴列维王朝的中央权力得到空前集中。恺加王朝末期,伊朗军队更多地用于镇压国内的反抗。鲁道夫对此做了较为详细的记录:

>部队被用来镇压起义,驱逐罢工,从而支撑中央政府的权力。尽管官方声称军队的使命是保卫国家不受外来侵略,但实际上军队主要负责保护沙阿的王位不受国内任何力量的挑战和反对。[2]

没有以上的军队发展历程,伊朗社会不可能在 1926 年后巴列维王朝统治下实现其资本主义发展的第二个阶段——向资本主义大生产的过渡。

---

[1] J. D. Rudolph, "Armed Forces", p. 391.
[2] Ibid., p. 390.

第 六 章

伊朗社会与意识形态的碰撞

本章将重点分析国家意识形态的统治工具、新兴社会元素（包括学校和报纸等）、政府改革和各种新兴思想潮流之间的斗争。社会是介于政府和人民之间的一个公共区域，是共同生活的个体通过各种社会关系联合起来的集合，其中形成社会的最主要社会关系包括家庭关系、共同文化和传统习俗。社会关系包括个体之间的关系、个体与集体的关系、个体与国家的关系，同时还包括群体与群体之间的关系、群体与国家之间的关系。群体范畴可以小到民间组织，大到国家政党。国家实质上是一方领土的社会，即个人与国家之间的关系就是个人与社会之间的关系，而个人与世界的关系就是个人与全社会之间的关系。市民社会是指围绕共同利益、目的和价值而形成的非强制性行为集体。它既不是政府的一部分，也不是盈利的私营经济的一部分。换而言之，它是处于"公"与"私"之间的一个领域，通常包括那些为了社会特定需要，为了公众利益而行动的组织，诸如慈善团体、非政府组织、社区组织、专业协会、工会等。市民社会的形成最初是为了减少政府或有组织的社会群体虐待，市民社会与政治社会的区别在于它既不掌握政权，也不寻求掌握政权。在恺加王朝晚期，市民社会开始表现出越来越明显的政治倾向，与政治社会已无多大区别。借此原因，本章中所说的市民社会和政治社会并无太大区别。

尽管恺加王朝晚期的统治者一直在努力强化其政府合法性和控制的作用，尤其希望通过教育和改革措施来实现这两点，却始终收效甚微。事实上，随着世界各国现代化改革浪潮此起彼伏地发展，恺加王朝的统治者希望通过发展世俗化教育和政府机构改革来延长其统治的想法变得适得其反，其结果是导致政府管理机构不连贯，出现了一些无法掌控的变化，最终将王朝引向覆灭。恺加王朝覆灭的另一原因是其一系列旨在挽救王朝统治的改革措施催生了一个新生的市民社会，随着时间推移，这个市民社会愈发强大，且表现出越来越浓厚的政治特色。但这个新兴的市民社会在腐朽封建王朝统治下根本无法维持其正常发展，并随着其政治化程度不断加强而最终被迫解体。

教育与媒体

恺加王朝建立之初，统治者通过与宗教权威的联盟很好地控制了媒体等宣传手段，为其统治提供了良好的合法性基础。宗教权威控制着全国所有教育机构，包括经堂学校和伊斯兰经学院。通过这些教育机构持续不断的教育和灌输，统治者的意识形态逐渐形成。这一过程并非一帆风顺，经历了剥削阶级与被剥削阶级之间漫长而艰苦的斗争才逐渐形成。在其统治意识形态形成过程中，恺加王朝的统治者过于依赖宗教权威的支持，这成为其统治脆弱性的主要来源，王朝的统治者对此刻骨铭心。为了削弱宗教权威对其统治合法性的制约，加强其统治稳定性，恺加王朝的统治者们在整个19世纪都一直致力于通过推动由政府控制的半世俗化教育来削弱宗教权威对伊朗教育的控制，然而正是这一试图摆脱宗教权威控制的半世俗化教育改革成为加速恺加王朝解体的一股新生力量。

什叶派伊斯兰教是伊朗的国教，也是统治者的意识形态基础，王朝统治者始终在极力维护其至高无上的主导地位。因此，当巴布教徒起义试图动摇什叶派的统治基础时，便遭到了政府军无情的屠杀。什叶派伊斯兰教作为恺加王朝统治的主体意识形态，对几乎每个机构的形成和运作都有着重大影响，在司法体系中占绝对主导地位，同时还垄断着伊朗的教育。什叶派的影响不止延伸至政府机构，还扩散到恺加王朝整个社会之中，因为什叶派伊斯兰教通常被认为是受压迫民众的监护人，这为其自身的存在提供了重要的合法性依据，同时也为恺加王朝对人民的压迫和剥削保驾护航，消除了人民的不满情绪。总之，什叶派伊斯兰教与其他诸多因素交织在一起，共同催生了一个新的恺加王朝封建主义统治体系。①

然而，什叶派伊斯兰教不仅仅是一个统治者可以利用的主流意识形态，它早已渗透伊朗整个经济、社会、政治和文化体系中，一直在为恺加王朝政权的统治保驾护航。因此，当统治阶级越来越表现出世俗化倾向时，什叶派伊斯兰教的影响就不断减弱。世俗化政府与什叶派伊斯兰教的这种矛盾愈演愈烈，异常尖锐，尽管此时什叶派高级乌勒玛与王朝统治者存在一致的经济利益。但教会在此时并非完全附属于政府，随着时间不断发展，最后双方在政府管理和政府机构控制的问题上达成妥协，教会控制了司法和教育体系，在整个19世纪都牢牢地掌控着这两个核心部门，这是导致恺加王朝的改革屡屡失败的重要原因，也是政府与教会妥协的最有力证据。②

当然，恺加王朝的统治者并未完全放弃对司法和教育控制权的争夺，他们只是部分放弃这两个控制权作为交换条件，换取宗教权威对其统治合法性的支持。尽管如此，教会与政府之间的矛盾一直都未停止。一方面，教会想要控制至少一部分政府经济来源，这对谁都是一笔相当可观的收入。另一方面，世俗化的政府越来越陷入财政困境，开始不断蚕食教会所占有的那部分经济份额。教会财产一部分来源于王室馈赠，另一部分则来自各种合法和不受法律支配的途径。王室与教会的斗争愈演愈烈，一直持续到恺加王朝被推翻，以及随后的巴列维王朝时期。

然而，恺加王朝时期，教会与王室之间最主要的斗争远不止经济问题，而是集中在教育和司法体系中，斗争的结果是双方就此达成了一些历史性妥协。具体来讲就是随着生产力不断发展，传统的政府机构及其功能已无法满足社会发展需求，需要重新洗牌，需要产生新的官僚和技术力量以及科学的方法和相关研究来更加理性地治理国家，只有通过对教育体系进行现代化改革才能最终实现这一目标。然而19世纪的伊朗教

---

① 详见 S. A. Arjomand 所著 The Shadow of God and the Hidden Imam，以及 S. A. Arjomand 所编著 Authority and Political Culture in Shiism。

② 同上。

育体系要么完全由教会垄断，要么缺乏这些新兴的功能。

因此，如果不能顺利实现伊朗教育世俗化改革，将教育从教会控制下解放出来，不但生产力的发展无法实现，要在政府机构中推行任何改革亦是困难重重。而要想真正推动教育的世俗化改革则需要持之以恒的毅力和百折不挠的决心。但事情远非想象的那么简单，统治阶级内部最终分裂成两大阵营，一方是包括城市新兴中产阶级在内的进步力量，另一方则是以封建贵族为主的保守力量。教会内部也分裂成两大阵营，他们根据其阶级利益，分别加入了进步力量和保守势力的阵营。

以下历史就是很好的证明。早期伊斯兰教很快从缺少包容性转向大量收集和翻译手稿[1]，从而开启了一段包容和多元的批判性思维时期。塞尔柱王朝为了加强其中央集权统治而开始普及逊尼派伊斯兰教，进而催生了一个全新的由政府主导的高等教育体系，而1066年，一位来自波斯的帝国首相尼扎姆·莫尔克（Nezam ol–Molk）将这种教育体系推广至整个伊斯兰世界，因而开启了一段内旋时期，对异端思想的包容度再次陷入低谷[2]。这一浪潮在萨法维时期达到高潮，而压制言论自由则空前高涨。

至恺加王朝时，全国范围内建立了大量经堂学校和伊斯兰经学院，形成了严格的等级制度。学生首先进入当地经堂学校学习基础宗教内容，待具备了比较扎实的积累后，即可进入位于省城的大经堂学校或小伊斯兰经学院学习。最后，优秀的学员可以进入大城市里著名的伊斯兰经学院学习，接受著名宗教学者耳提面命的指导。而且，在萨法维王朝时期，什叶派伊斯兰教被确立为伊朗国教，教育开始全面垄断于教会手中，政府不再干预教育。因此，伊斯兰经学院完全摆脱了政府约束，成为一个高度独立的王国[3]。随着王室对教会的土地和财物馈赠不断增加，教会对教育的控制进一步稳固。如此一来，经堂学校和伊斯兰经学院逐步摆脱政府控制，完全操控于教会手中，从而导致了恺加王朝政权的二重性。

---

[1] 见M. Fischer 所著 *Iran*，第38页。
[2] 同上书，第41页。
[3] 同上书，第42页。

费希尔（Fischer）指出："对伊斯兰教来说，伊朗的政治问题具有其特异性，因为其统治权威具有二重性，一方面来自王室，另一方面来自教会所掌控的教育体系。"① 而在司法体系中也存在同样的二重性，一方面是伊斯兰教法，另一方面则是世俗法，这两个问题彼此交织在一起。事实上，伊斯兰经学院也是一种立法和司法机构。②

在恺加王朝建立前，政府与教会的斗争虽然有时会非常剧烈，但最终都以双方的妥协而收场，并不会引起重大社会变故。然而，进入19世纪后，情况发生了戏剧性的变化。生产力增长，社会对创造性教育以及世俗化思维体系和学习方式的需求不断提升，使得伊斯兰经学院在很多伊朗人眼中已显得不合时宜③。于是，一场旨在从教会控制下解放教育、解放政府的斗争开始了。同时，伊朗经济和社会发展使得政府机构重新洗牌的需求不断增加④，从而加强了人民解放教育的呼声。伊朗社会呼唤具有专业技能的官僚体系来治理国家，这一需求在军事改革的过程中尤为凸显（详见第五章）。

因此，改革政府机构的思想导致伊朗高等教育在政府主导下首先发展起来，在接下来的50多年里，初级教育仍牢牢掌握在教会手中。由于对这种自上而下（即首先对高等教育进行改革）的改革缺乏兴趣，且这种改革并未对其教育垄断地位产生太大威胁，加之这一改革成效有限，宗教权威们对早期政府所主导的世俗化高等教育改革保持了默许态度。因此，教会与政府间并未因为早期的高等教育世俗化改革而发生任何明显对立或冲突，因为这一改革的影响非常有限，并无太多民众参与其中，其参与者主要来自世俗统治阶层。

两次伊俄战争期间，伊朗统治集团意识到他们在科学和技术上已远远落后于欧洲，因此，具有强烈改革意识的恺加王朝军队总司令阿巴斯·米尔扎王储随即将科学和技术视为其现代化改革的重中之重。1811

---

① 见 M. Fischer 所著 *Iran*，第33页。
② 同上。
③ 同上书，第32—33、108页。又见 A. R. Arasteh 所著 *Education and Social Awakening in Iran, 1850–1968*，第69—70、27页。
④ A. R. Arasteh, *Education*, p. 27.

年，他派遣两名留学生赴英国学习欧洲的先进科技。其中一名学生（后因病死于英国）被安排学习军事绘画艺术，另一名学习西医和化学。1915年，阿巴斯·米尔扎又派遣5名留学生赴英国学习，其中就有后来做出卓著成绩的米尔扎·萨利赫·设拉齐（Mirza Saleh‐e Shirazi），他在英国学习历史、哲学、拉丁语和法语。其他四人分别学习工程设计、军事科学和技术。同一时期，伊朗政府还派遣了几名留学生赴法国和俄国学习现代技术①。

穆罕默德沙阿统治时期，政府于1845—1848年派遣5名留学生赴法国巴黎学习，但后因法国爆发革命而被迫返回伊朗。他们中一名学习步兵和炮兵科学，一名成为工程师，一名学习制糖，一名学习西医，还有一名学习采矿技术。同一时期，政府还选派两名学生分赴沙俄和意大利学习水晶制作和绘画。除政府公派留学生外，还有一些贵族子弟自费赴欧留学，其中包括著名的米尔扎·马尔库姆汗（Mirza Malkom Khan）②。

纳赛尔·阿尔丁沙阿统治时期，阿米尔·卡比尔积极探寻在伊朗发展现代技术和工业的办法。他首先选派5名留学生赴莫斯科学习，随后又选派4人赴圣彼得堡学习现代技术，另外选派2人赴伊斯坦布尔学习丝织技术。

1851年，阿米尔·卡比尔规划创建了伊朗精英学院，从而开启了伊朗世俗化高等教育全面发展的新时代。精英学院的课程设置包括军事科学、医学、物理学、化学、几何学、数学、地理学、矿物学、艺术、外语、音乐和戏剧，但由于乌勒玛坚决反对，音乐和戏剧两门课程最后被迫取消③。该学院所有学费、生活费和教学用品均由政府提供，且每位学员还可获得一定的补助，因此贵族子弟趋之若鹜，而普通百姓却没有机会进入精英学院学习。精英学院的学员主要由贵族、地主和上层官僚的子弟组成④。

---

① H. Mahboubi Ardakani, *Tarikh‐e Mossesat‐e Tammadoni‐ye Jadid Dar Iran* (History of Modern Civil Institutions in Iran), Vol. 1, pp. 141–187.
② Ibid., pp. 189–195.
③ 同上书，第29页。又见 Hon. G. N. Curzon 所著 *Persia* 第1卷，第494页。
④ A. R. Arasteh, *Education*, pp. 28–29.

虽然阿米尔·卡比尔设计规划了精英学院的办学理念和教学思路，但学校开学后不久他就在保守封建贵族和宗教权威们联合施压下被沙阿处死。精英学院的大部分教师均来自欧洲国家，其中有一大批来自奥地利。学院的教学语言为波斯语和法语，第一期毕业的几名学员后来被选派赴国外继续深造。1859年，伊朗政府选派42名留学生赴欧洲学习，其中包括多位精英学院的毕业生[1]。

阿米尔·卡比尔创建精英学院的目的是为伊朗培养现代化的科技和军事人才，以及现代经济发展所需要的技术工人。因此，精英学院最初的教学非常注重科技理论的学习和实践紧密结合。精英学院还创办了附属蜡烛厂、药学实验室、水泥厂、造纸厂和印刷厂。地理专业的学生不但自己绘制地图，还参与一些政府工程的测绘和规划。然而，随着时间推移，精英学院变成了一所完全服务于政府的机构，而阿米尔·卡比尔当初的设计理念也逐渐被抛弃。但无论如何，这所伊朗首个现代化高等学府的贡献非常大，包括出版报纸和书籍、启蒙社会、培养了1100多名技术骨干等。[2]

表6—1列举了恺加王朝时期赴欧留学生的数量。这种选派赴欧留学生的项目主要影响了伊朗上流社会，满足了政府对现代化技术官僚的需求，为恺加王朝培养了一大批"能吏"。无论恺加王朝统治者决定选派赴欧留学生的初衷如何，这一活动对伊朗社会都是一种进步现象，一些留学生学成归国后要么在政府担任要职、要么成为著名的世俗化教育家或社会活动家，为伊朗社会早期的现代化发展奠定了重要基础。米尔扎·萨利赫·设拉齐、贾法尔汗·穆希尔·阿尔道莱（Jafar Khan‑e Moshir od‑Dauleh）、侯赛因汗·塞巴萨拉（Hosein Khan‑e Sepahsalar）、米尔扎·马尔库姆汗等几位伊朗自由主义运动先驱均为早期的赴欧留学生。

---

[1] 见 A. R. Arasteh 所著 *Education*，第311—320页。
[2] 同上书，第29—31页。又见 E. G. Browne 所著 *The Press and Poetry of Modern Persia*，第157—166页。

表 6—1　　　　　　1810—1930 年伊朗出国留学生统计　　　　（单位：人）

年度	留学生数量[d]	留学国家	学习目的或归国从事工作
1810[a]	1	英国	准备从医
1811[b]	2	英国	
1815[b]	5[e]	英国	学习各种科学和机械知识
1818[a]	5	英国	学习现代科学
1844[a,b]	5	法国	
1851[c]	29 +	欧洲	
1861[a,b]	42	法国	归国后政府为其专门设立新岗
1911[a,b]	30	欧洲	学习军事科学、农业和各种社会科学
1918[a,b]	900 +[f]	欧洲	
1930[c]	1500 +	欧洲	

资料来源和注释：[a] 见 Arasteh 所著 *Education* 第 29、39 页。[b] 见 Issawi 所著 *The Economic History* 第 23 页。Fischer 所著 *Iran* 第 58 页。[c] 该数据可能包括阿米尔·卡比尔 1851 年派往俄国学习技术的留学生团和分别于 1848—1851 年派往伊斯坦布尔学习技术的两个留学生团。见 Arasteh 所著 *Education* 第 48—49 页。[d] 1810—1861 年和 1911 年派往国外的留学生中一部分由伊朗政府资助，一部分为学生自费。见 Arasteh 所著 *Education* 和 Issawi 所著 *The Economic History*。[e] 我不确定这 5 名留学生是否是 1818 年派遣的那 5 名留学生。[f] 他们中有 200 人赴法国留学、33 人赴英国留学、9 人赴德国留学，其余前往瑞士和其他欧洲国家。见 Arasteh 所著 *Education* 第 40 页。

以商人、知识分子、行会头领为主的城市中产阶级对政府管理机制改革的需求越来越明显①，从而催生了 1850—1925 年多所世俗化大学和其他类型的世俗化学校，包括一所语言学校（1873 年）、两所军事学校（一所于 1883 年建于伊斯法罕，另一所于 1886 年建于德黑兰）、一所政治学院（1901 年）、一所农业学院（1902 年建于卡拉奇）、一所艺术学院（1911 年）和一所法学院（1926 年）②。巴里耶指出，1924 年时伊朗国内已有 7 所世俗化高等院校③，这一数据实际上并未包括之前我们所罗列的 1900 年之前所建立的几所世俗化高等院校。截至 1924 年，伊朗全国已经

---

① A. R. Arasteh, *Education*, p. 31.
② 见 M. Fischer 所著 *Iran*，第 58 页。又见 A. R. Arasteh 所著 *Education*，第 34—35 页。Fischer 认为农业学院创建于 1900 年，但事实并非如此。
③ J. Bharier, *Economic*, p. 38.

建立了12所现代化高等学府,虽然之前的几所大学由于各种原因被迫停办,当年仍有7所现代化世俗大学在为伊朗社会培养各类现代化专门人才。

尽管教会并未与为数不多的几所现代化大学发生正面冲突,他们却与初级教育领域所发生的任何世俗化改革水火不容。而且,统治阶级也不希望发展基础教育,担心使那些长期受压迫的人民大众觉醒,意识到自己所遭受的非人待遇,因为这样对巩固其统治有百害而无一利。因此,直至19世纪末,恺加王朝政府都不愿真正对伊朗的基础教育进行世俗化改革,而真正推动伊朗基础教育世俗化改革运动的是一批志在救亡图存的爱国仁人志士。毛拉是伊朗社会最为保守的群体,他们完全有理由反对这场旨在推动伊朗基础教育世俗化改革的新兴运动。例如,在大不里士,毛拉们冲入罗什迪耶学校(Roshdiyeh School,由私人于1886年创办的一所世俗化小学),捣毁教学用具,拆毁校舍[1]。然而,此时经堂学校的教育已远远不能满足社会生产力发展的需求,生产力的快速发展需要学校教育为其培养大量训练有素、掌握现代生产技术的劳动力,从而能够充分利用国家资源,促进科学的教育和发展[2]。意识到这一现实后,开明的宗教权威,如塔巴塔巴伊、纳马巴迪(Najmabadi)等,开始暗地支持这场由民间的爱国仁人志士发起的初级教育世俗化运动,从而导致宗教权威之间的分裂不可避免。

自19世纪90年代起,传统的小学体制逐渐被世俗化教育体系所替代[3]。第一所现代世俗化小学由罗什迪耶于1886年在大不里士创建,命名为罗什迪耶学校,其创办者罗什迪耶后来被称为"伊朗现代公共教育之父"[4]。经过多年持续不断的斗争,罗什迪耶学校最终被极端保守的毛拉们捣毁,罗什迪耶本人也被迫逃离伊朗。十年之后,他返回伊朗,又在大不里士创办了一所世俗化学校。1897年,他又在德黑兰创立了几所

---

[1] A. Kasravi, *Tarikh-e Mashrouteh*, Vol. 1, p. 21. E. Rain, *Anjomanha-ye Serri*, p. 25.

[2] M. Fischer, *Iran*, p. 33.

[3] A. R. Arasteh, *Education*, p. 69.

[4] E. Rain, *Anjomanha-ye Serri*, p. 25.

世俗化小学①。1898 年，改革派人士阿明·阿尔道莱、达拉塔巴迪（Daulatabadi）、伊提马德·萨尔塔内（Ehtesham od–Saltaneh）和阿明·阿尔扎布等联合创办了伊朗公共教育发展协会，其主要目标是组织和领导伊朗公共教育领域的世俗化运动②。开明的宗教人士也积极参与其中，影响最大的就是塔巴塔巴伊于 1899 年在德黑兰创办的"伊斯兰学校"。③

公众对这场世俗化教育运动表现出了浓厚的兴趣和热情，他们捐钱、捐物支持学校，凡有子弟在这些新兴学校上学的家庭都会及时缴纳学费，并慷慨解囊，资助学校发展。而这些新兴学校也为学生开设了非常实用、合理的课程。1900 年，哈卜勒·奥尔马丁（Habl od–Matin）描述道："学校课程包括：初级阅读、写作、波斯文本阅读、宗教教育、道德教育、历史、算术、几何，以及手表修理、制鞋、缝纫、农业、商业等实践课程。"④值得一提的是，这些新兴学校将手工实践课融入学校教育中，这在很大程度上是由于社会生产力的发展要求学校培养训练有素工人的缘故。

1906 年宪政革命爆发前夕，德黑兰及其他几座省会城市里有 30 多所世俗化小学诞生（见表6—2），这些学校几乎全部由民间爱国人士所创办和资助，而恺加王朝政府的贡献非常有限。然而，随着 1906 年宪政革命爆发，世俗化教育运动呈现戏剧性变化。1907 年制定的《基本法补充条款》规定：

> 第18条：只要不违反伊斯兰教法，公民有学习任何科学、艺术和技术的自由。
>
> 第19条：由政府出资兴建学校，其义务教学内容必须由教育部统一管理和规范，所有中小学和大学均须严格遵守教育部的管理和监督。⑤

---

① A. Kasravi, *Tarikh–e Mashrouteh*, Vol. 1, p. 21.
② E. Rain, *Anjomanha–ye Serri*, p. 25.
③ Ibid., p. 26.
④ 引于 A. R. Arasteh 所著 *Education*，第 71 页。
⑤ E. G. Browne, *Persian Revolution*, pp. 374–345.

这些法律条文至少在理论上暂时结束了教会对伊朗教育的垄断，取而代之以政府教育部门的管理和引导，并为政府控制和监管教育提供了重要依据和合法性基础。

表6—2　　　　　现代化小学及入学人数（1910—1925年）

年份	小学总数	入学人数	备注
1901[a]	21	—	17所位于德黑兰，均由私人资本创办和支持。见 *Arasteh* 第70页
1898—1906[b]	31+	—	在此期间，有10所由公共教育发展协会创建，同时得到政府的支持
1910[b]	113	10531	1/3为女子学校。几乎均由私人在社会团体经费支持下创建和经营
1918[b]	—	20000	德黑兰新建学校40所。其他城市也有类似增加。见 *Arasteh* 第74页
1922[c]	—	40000	
1924—1925[b]	3285	108959	

资料来源和注释：[a]见Kasravi 所著 *Tarikh - e Mashrouteh* 第38页、Arasteh 所著 *Education* 第70页。[b] Arasteh 所著 *Education* 第70、73、74、79页。Bharier 认为1924年小学的数量为638所，但我认为这一总数被严重低估。见 Bharier 所著 *Economic Development* 第38页。[c] Issawi 所著 *The Economic History* 第24页。

然而，直至1910年，政府才开始重视公共教育的发展。这一年，国民议会通过了《教育、艺术和捐赠部管理法案》（*Administrative Law of the Ministry of Education, Arts and Endowment*），使得公共教育部门成为伊朗教育部重要的构成部分。1911年，国民议会通过《教育部基本法》（*Fundamental Law of the Ministry of Education*），细化了公立学校和私立学校的职能和责任[①]。至此，政府对公共教育发展的参与和支持迅速发展。1918

---

① A. R. Arasteh 所著 *Education* 第222—236页提供了这些法律及其他与教育相关法律的详细文本。

年，由于公众对教育的需求不断增长，教育部将一年的经费由原来的 134 万里亚尔增加至 260 万里亚尔，翻了一番①。然而，这笔经费与伊朗政府投入军队的开支相比依然微不足道，只占到 1922 年军费开支的 2.64%，或 1910 年军费开支的 6.97%（见表 5—4）。尽管教育经费与军费开支相比微不足道，但政府开始支持公共教育传递了一个非常积极的信号，为后来公共教育的发展开拓了一条全新的途径。截至 1932 年，伊朗现代化小学的数量已达 3285 所，招收学员 10.9 万名（包括一部分女生）（见表 6—2）。

恺加王朝政府更多地关注高等教育发展是出于巩固其统治基础的目的，民众则主要关注初级教育（小学教育），而初中教育则被遗忘在偏远的角落。然而，三个原因导致伊朗社会对高中教育的需求迅速增长：小学生毕业后需要继续深造、高中教育可以为小学培养紧缺的师资、高中教育可以为大学输送高质量的生源。伊朗的第一所高中是科学学校（Madraseh – e Elmiyeh），1898 年在德黑兰创办。第二所为军事学校（Madraseh – e Nezam），几年后创建于德黑兰。宪政革命爆发后，高中教育开始迅速发展。尽管得到新的教育立法支持和小学教育发展的推动，但因为第一次世界大战的影响，伊朗的初中教育发展非常迟缓。1918 年，有 8 所高中和 1 所男子师范学校建立，为小学和高中培养教师。截至 1925 年，伊朗全国总共有 56 所私立和公立高中，在校学生达 8346 人。同年，传统的伊斯兰经学院数量为 282 所，在读学生 5984 名②。

与世俗化小学的发展一样，乌勒玛阶层和地主阶级均对世俗化高中的发展毫无兴趣，加之缺乏政府支持，高中教育的发展只能依靠中产阶级，他们在这场运动中表现出极大的热情和慷慨："小店主在支付孩子学费时比富有的地主还积极，虽然这对他们来说是一笔不小的开支，但他

---

① A. R. Arasteh 所著 *Education* 第 222—236 页提供了这些法律及其他与教育相关法律的详细文本，第 74 页。

② 同上书，第 89 页。Bharier 认为当时有 86 所高中，这一估算过于偏高。但他估算的小学数量过于偏低。见 J. Bharier 所著 *Economic*，第 38 页。

们宁愿节衣缩食,也要把孩子送往这些新兴学校接受教育。"[1] 然而,政府对教育的兴趣主导了这一时期的高中教育发展。1925年礼萨汗当政后,所有教育都必须由政府支持和监管[2]。

教育方面诸多发展的结果之一就是出现了大量报纸。恺加王朝的报纸分为两大类:官办报纸和非官办报纸。官办报纸一般不会报道国外或国内政治内容,而是主要报道政府的官员任命、王室活动以及沙阿的光辉形象。虽然没有太多对百姓有用的信息,但这些官办报纸至少以这种全新的信息传播媒介引起了全社会的关注,在一定程度上对社会起到了启蒙作用。但另外,非官办报纸则成为伊朗民众反对恺加王朝腐败无能的统治和反对帝国主义列强干预伊朗内政的发声筒。

米尔扎·萨利赫·设拉齐是1815年第二批5名赴欧留学生之一,他因在王储阿巴斯·米尔扎改革时期创办了第一份波斯语报纸而青史留名。他同时还将自己在英国留学期间所学的现代印刷技术引入伊朗,自己花费巨资资助米尔扎·阿萨德·阿尔拉赫前往俄国圣彼得堡学习现代印刷技术[3]。在阿巴斯·米尔扎支持下,他利用从英国带回来的印刷机,于1837年创办了伊朗历史上的第一份报纸《消息报》(Kaqaz-e Akhbar),报道沙阿的事迹和政府工作,同时还报道一些国外的消息。这份报纸仅维持了几年,在阿巴斯·米尔扎去世后,因得不到新任首相米尔扎·阿迦西的支持,萨利赫被迫停办《消息报》后赋闲在家[4]。

1851年,在首相阿米尔·卡比尔的支持下,伊朗的第二份官办报纸《时事周报》(Rouznameh-e Vaqaie-e Ettefaqiyeh)开始在政府官员中强制发行。虽几易其名,这份报纸一直在纳赛尔·阿尔丁沙阿支持下坚持了很多年,其印刷工作就在精英学院附属印刷厂完成[5]。1866年,《公民

---

[1] A. R. Arasteh, *Education*, p. 87, quoting Mehdi qoli Khan-e Hedayat (Mokhberi os-Saltaneh), *Khaterat Va Khatarat* (Memoirs and Dangers), pp. 149–150.

[2] A. R. Arasteh, *Education*, p. 40.

[3] E. G. Browne, *Press and Poetry of Persia*, p. 8.

[4] G. Kohan, *Tarikh-e Sansour Par Matbouat-e Iran* (History of Censorship in the Iranian press), pp. 18–19.

[5] E. G. Browne, *Press and Poetry of Persia*, pp. 11–12.

报》(*Rouznameh – e Mellati*) 在德黑兰首发，1872 年《法尔斯报》(*Fars*) 在设拉子开始发行，1879 年《文化报》(*Farhang*) 在伊斯法罕开始发行。同年，时任王储穆扎法尔·阿尔丁·米尔扎 (Mozaffar od – Din Mirza) 下令创办并发行《大不里士报》(*Tabriz*)[①]。

伊朗的第一份日报是 1898 年在德黑兰发行的《时事回顾日报》(*Kholasat ol – Havades*)，其内容包括外国电报消息，主要汇总了路透社从欧洲发往印度的电报消息，多以欧洲重大政治事件和科技发展为主要内容[②]。除此之外，还有其他几份官办报纸值得一提，其中有《伊朗报》(*Iran*，1888 年)、《信息报》(*Ettela*，1888 年)、《教育报》(*Tarbiat*)。这些官办或半官办性质的报纸大多都曾几次改名，以表达不同时期伊朗人对同一事物认识的变化过程，这实际是一个进步的过程，也是伊朗人对西方现代化政治、法律、社会、教育等认识不断深化的过程。

总体来讲，非官办报纸大致分为两大类，一类是在伊朗境外发行的私人报纸，另一类是在伊朗境内发行的非官办报纸。无论是境外发行的私人报纸还是境内发行的非官办报纸，都力挺伊朗宪政革命[③]。国外发行的报纸创办在先，由于不受伊朗政府的审查和监控，其言论更为大胆自由，敢于尖锐地批判恺加王朝的腐朽无能，并极力宣扬西方民主政体，号召民众反对和推翻恺加王朝的封建专制统治。在欧洲列强的外交庇护下，这些报纸被商人和游客偷偷运入伊朗境内，在新兴知识阶层中传播。在国外印刷的报纸主要包括《星报》(*Akhtar*，1875 年创办于伊斯坦布尔)、《法报》(*Qanoun*，1900 年创办于伦敦)、《哈卜勒晨报》(*Habl ol – Matin*，1893 年创办于印度加尔各答)、《教育报》(*Parvaresh*，1898—1902 年在埃及发行)、《哲学报》(*Hekmat*，1892—1893 年在开罗发行)、《平等报》(*Mosavat*，1900 年创办于伊斯坦布尔)。其中《星报》在几乎每一时期都充当了伊朗知识阶层的航标，成为流亡海外伊朗人的精神家园，得到爱国知识精英的大力支持[④]，其中包括米尔扎·阿迦汗·科曼尼

[①] E. G. Browne, *Press and Poetry of Persia*, pp. 12 – 13.
[②] Ibid., p. 13.
[③] A. Kasravi, *Tarikh – e Mashrouteh*, Vol. 1, p. 42.
[④] E. G. Browne, *Press and Poetry of Persia*, pp. 17 – 18.

(Mirza Aqa Khan-e Kermani)和谢赫·艾哈迈德·鲁希(Sheikh Ahmad-e Rouhi)两位伊朗社会自由事业的殉道者。《法报》由米尔扎·马尔库姆汗在英国创办,其简洁明了的语言风格让伊朗国内读者耳目一新,掀起了一股书面语的白话浪潮。同时,《法报》还将大量诸如法律、改革、行政管理法则等西方词汇和理念引入伊朗社会,成为现代波斯语词汇中必不可少的组成部分①。这两份报纸由于发行时间长,内容犀利,对启蒙伊朗社会和民众起到了至关重要的作用。

由于恺加王朝的政治压迫,1906年宪政革命前,伊朗国内反对派只能秘密印刷和发行一些小册子或在夜间散布传单,因此缺乏有关其规模的详细记录,很难在此详细列举。但宪政革命后,伊朗境内发行的私人报纸如雨后春笋般蓬勃发展,包括《议会报》(Majles,创办于1906年)、《祖国之音报》(Neda-ye Vatan,创办于1906年)、《文明报》(Tamaddon,创办于1907年)、《弦报》(Habl ol-Matin,哈卜勒·奥尔马丁于1907年创办)、《天使的号角》(Sour-e Esrafil,创办于1907年)、《公正报》(Mosavat)等都非常著名②。截至1909年,在伊朗境内有100份左右的报纸。而1909—1926年,私人报纸的数量可能又增加了一倍,呈现出百花齐放的繁荣景象。

表6—3　　　　20世纪20年代部分地区非文盲率[a]　　　(单位:%)

地区	人口	总[d]比例	官员	地主	神职人员	商人	工匠	工人	农民
达尔加兹·卡拉特	2100	10	7	12	15	51	13	—	2
艾斯特拉巴德	200000	不到5	—	大部分	全部	大部分	2	—	0
吉兰	381000	男人:5	—	60	—	60 小商人	10	2	5
		女人:2							
马库·霍伊[b]	230000		30	30	30	30	30	30	2
乌尔米耶[c]	65000								

---

①　E. G. Browne, *Press and Poetry of Persia*, pp. 17-18.
②　E. G. Browne, *Persian Revolution*, p. 243.

续表

地区	人口	总[d]比例	官员	地主	神职人员	商人	工匠	工人	农民
		男性	100	100	100	90	—	3	1
		女性	70	30	20	20	—	0.5	0

资料来源和注释：[a]该表是依据 Issawi 所著 *The Economic History* 第 24 页内容汇编而成，Issawi 的数据又引用了 20 世纪 20 年代后期苏联学者的估算数据。[b]原始数据如下：城镇为 30%，村庄为 2%。[c]由于当时没有女性传教士，这一数据似乎指各阶层男士的妻子、女儿等。[d]对 1906 年之前的时期，Kasravi 估算全国的受教育人口比例仅为 1%，而 Issawi 认为 1920 年这一数据为 10%。见 Kasravi 所著 *Tarikh-e Mashrouteh* 第 41 页、Issawi 所著 *The Economic History* 第 24 页。Kasravi 的数据似乎存疑。Bharier 认为 1900 年的受教育人口比例为 5%。见 Bharier 所著 *Economic Development* 第 5 页。

除在数量上迅速增加外，伊朗报纸同时还呈现出专业化发展趋势。例如，《知识报》(*Danesh*)是一份专门针对妇女发行的报纸，《乞人的钱袋》(*Chanteh-e Paberahneha*) 主要针对农民和社会底层民众。部分报纸开始呈现出明显的党派属性，或直接由某些党派主办，宣传其政党的政治理念，成为政党的有机构成部分。伊朗民主党创办了《新伊朗报》(*Iran-e Nou*)、《曙光报》(*Shafaq*)、《新春报》(*Naubahar*)，社会温和党创办了《资政报》(*Shaura*)，联合进步党创办了《温和报》(*Motadel*)、《改革家报》(*Eslahtalab*)，希阿巴尼民主进步运动党主办了《现代主义报》(*Tajaddob*)，丛林运动派创办了《丛林》(*Jangal*)，伊朗共产党主办了《共产党人报》(*Kamounist*)。

这一时期的报纸不但数量多，其名称也多种多样。有《星报》《法律报》《教育报》《文明报》《平等报》《知识报》《乞人的钱袋》《新伊朗》《资政报》《温和报》《改革家报》。每个名称都代表了其创办者的某种愿望或努力方向，表达了他们渴望改革、发展、民主的心情，以及呼唤伊朗社会进步、民主、公正、平等、独立，并借此表达其推翻封建专制王权，消除腐败和压迫剥削，结束外国干预伊朗内政行为的愿望。

1863 年第一份由精英学院主办的科技期刊《神圣伊朗国科技报》(*Rouznameh-e Elmuyeh-e Daulat-e Alliyeh-e Iran*) 出版。1876 年，

《科技报》(*Rouznameh – e Elmi*) 开始发行。《艺术宝库》(*Ganjineh – e Fonoun*) 于 1903 年在大不里士创刊，是一份真正意义上的学术杂志。另外，还有几份在各自领域产生了重大影响的报纸，其中包括《穆扎法尔农业杂志》(*Falahat – e Mozaffari*)、《伦理集》(*Majmoueh – e Akhlaq*)、《公正之国》(*Daulat – e Haqq*，宗教杂志)、《春》(*Bahar*，文学杂志)、《阳光》(*Aftab*，科技和文学期刊)[①]。

1900 年在布什尔出版的《日升》(*Mosavat*) 是第一份讽刺报纸，在宪政革命期间发挥了重要作用。另外还有几份重要的讽刺报纸，如《粥碗》(*Kashkoul*)、《惩罚》(*Tanbih*)、《地球昆虫》(*Hasharat ol – Arz*)、《一个讽刺的角色》(*Bohloul*)、《相思之苦》(*Sheida*)、《闲人先生》(*Sheikh Choqondar*)、《无知》(*Charand – Parand*) 等，这些讽刺报纸能够大胆地针砭时弊，对唤起伊朗社会民众的觉醒起到了重要作用，同时也大力推动了这一时期伊朗文学的发展[②]。

宪政革命前夕，这些世俗化的学校、媒体、书籍，各种有关改革和革命的社会团体，人们每日所见所闻，以及对恺加王朝政府各级官员腐败和剥削的耳闻目睹，加之关于欧洲国家在科技等方面的发展等消息已极大提升了伊朗百姓的认知水平和表达能力，唤醒了其政治意识。1900 年，伊朗社会的文盲率高达 99%，而 20 年后的 1920 年，文盲率下降至 90%（见表 6—3）；1900 年，伊朗全国仅有几份报纸，1920 年时，全国已有超过 200 份报纸。教育体系也从之前完全由教会垄断主导发展为世俗化的现代教育，媒体从最初的几份官办报纸发展到后来的大量敢于针砭时弊的民办报纸，政治体制也从君主专制统治转向宪政主义政治，这些变化可谓惊天动地，是开创新纪元的变化。当然，这些变化之所以发生，在很大程度上得益于 19 世纪伊朗经济的发展。然而，由于受到帝国主义列强干预、国内腐败严重等因素影响，这一时期的经济发展不但程度有限，其发展模式也极为扭曲和危险，这也导致其上层建筑领域出现了相互制约、孤立，乃至扭曲的现象。我们将在下一节讨论意识形态斗争与

[①] E. G. Browne, *Press and Poetry of Persia*, p. 14.

[②] Ibid., pp. 15 – 16.

政府体制改革间的关系时对此做详细分析。

意识形态斗争、改革家及其改革

19世纪，尽管遭到来自外部和内部的诸多阻力，伊朗社会经济结构仍然发生了重大变化，这些变化反过来要求政府机构做出相应变革以进一步适应经济发展，与这些变化一道发展的还有西方世俗化教育体制的引入和新兴印刷媒体的出现，其结果是新兴市民社会的出现。总之，即使这些变化的程度尚不足以支撑资本主义大生产的进一步发展，其对社会的改变亦非常重大，而且其影响主要集中于开启一次轰轰烈烈的改革运动，而正是这场改革运动最终演变成了一场全方位的宪政革命。

1890年之前的改革运动主要呈现以下几个特点：第一，改革均由封建统治集团内部开明官员主导，虽然这些改革本身反映的是伊朗经济社会变化的需求，但其改革思想无一例外均来自欧洲国家的政治发展经验。第二，改革范围仅限于其政府官僚阶层，改革者只希望通过改革来救亡图存，并不希望采取更为激进的措施。第三，改革仅限于军事、司法等特定领域和部门，其他领域和部门并无太大变化。第四，改革在很大程度上受制于英、俄等列强，仰其鼻息。

这些改革均以加强封建王朝中央集权为目标，主要改变了统治阶层内部不同群体间的关系，一定程度缓和了对人民大众的剥削和压迫，满足了欧洲殖民主义列强在伊朗确保政治稳定、提高政府效率、保障国家独立的需要。但这些改革均以失败告终，主要是因为沙阿本人在改革过程中摇摆不定，态度前后矛盾，封建统治集团内部保守势力与乌勒玛阶层强烈反对，以及帝国主义势力之间相互争权夺利。

1890年后，随着纳赛尔·阿尔丁沙阿在改革上疲态渐显，民间开始兴起一股改革浪潮，自上而下改革的失败需要伊朗社会来一场自下而上的变革。随着反对封建专制和帝国主义侵略两座大山的浪潮不断高涨，民间对变革的需求逐渐演变成为发起一场轰轰烈烈革命的需求。时至1900年，问题已不止于改组封建统治的政府机构，而是彻底废弃腐朽无能的封建统治机器,推翻恺加王朝。人民的斗争目标已经变成重新构建伊朗民族国家、实现公正、平等、法制,恢复国家独立和秩序,还人民以自由,从而最终实现经济发展。这些目标只有通过一场轰轰烈烈的革命才能真正实现,需要对政府机构进行一次彻底的大洗牌。

早在1806年,法塔赫·阿里沙阿就通过设立"四相共治"[①]来改革伊朗政府机构,一方面提高了行政效率,另一方面实现了各势力集团间的平衡[②]。随后的两次伊俄战争使伊朗统治阶层意识到西方现代化军队的巨大优势,此后的改革大多以军事改革为主,希望通过改革军队来抵御外来侵略,同时巩固其国内统治,但这些军事改革均收效甚微。1829年,马尔科姆曾对伊朗军事做出如下评价:"倘若其政治体制不能得到彻底改变,伊朗国内正在推行的军事改革最终只能将其政治体制拽入不断瘫痪的深渊。"[③]同时,伊朗民众中的开明人士也开始要求实现社会公正,进行政教分离,并建立一个由西方启蒙主义思想引导的国家政府[④]。民众对政府的不满和对变革的需求为巴布教徒起义提供了重要的思想和群众基础。

正是在如此严峻的局面下,阿米尔·卡比尔受命担任首相。阿米尔·卡比尔是一位铁腕的天才首相,他在实现重组军队目标的过程中推动了一系列政府机构改革,加强了沙阿的中央集权,使得一时风雨飘摇的恺加王朝统治得以稳定下来。阿米尔·卡比尔弥补了前任因为腐败而产生的财政亏空,尝试复兴伊朗工业,发展高等教育,消除腐败,扩大世俗法庭的权力,限制乌勒玛的影响,并血腥地镇压巴布教徒起义[⑤]。在他的所有措施中,只有最后一项取得了真正成功,因为这是唯一既符合沙阿意志又符合乌勒玛和保守封建官僚意志的措施。其他各项措施由于触及统治集团内部利益而遭到保守势力的反对,最终均胎死腹中。作为

---

① 译者注:包括首相、财政部长、内务大臣和国防部长。
② H. Busse, *History of Persia*, pp. 117 – 118.
③ J. Malcolm, *History of Persia*, Vol. 2, p. 360.
④ F. Adamiyat and H. Nateq, *Afkar – e Ejtemai*, pp. 32 – 40.
⑤ 关于阿米尔·卡比尔与乌勒玛的关系,详见 H. Algar 所著 *Religion and State in Iran*,第131—136 页。

一名具有改革思想的民主主义者,阿米尔·卡比尔希望通过其改革使国家摆脱教会和帝国主义势力的控制,但由于触动了统治集团内部和帝国主义列强的利益而成为其牺牲品。这场由英国政府、保守乌勒玛阶层和保守贵族联合策划的阴谋最终将阿米尔·卡比尔送上断头台,取而代之的正是那位策划了这场阴谋的保守派代表阿迦汗·努里(Aqa Khan-e Nouri)[1]。至此,阿米尔·卡比尔历时三年,本可改变伊朗社会发展轨迹的伟大改革最终以失败谢幕。

在与俄国(1812年、1828年)和英国(1857年)的战争中,伊朗受尽屈辱,这使得全国上下都开始认识到欧洲国家之所以优越在于其有序、法制、民主的政府这一事实。而这些特点在阿迦汗·努里主导的政府里却一样都没有,更不可能指望他担任首相期间通过任何法律[2],人民的愤怒因此直指努里。沙阿于1858年废除努里的首相一职后,并未立即任命新的首相,而是组建了一个由11人构成的政府咨询委员会,其中6人同时担任部长职务。一年之后,沙阿组建了第二个资政机构——资政院,由26位高级政府官员组成。

根据改革派米尔扎·贾法尔汗·穆希尔·阿尔道莱(Mirza Jafar Khan-e Moshir Od-Dauleh)的设想,同时还应再设立类似欧洲国家议会的机构。这一时期设立的部委机构包括外交部、财政部、内政部、国防部、人事部和科技部。政府咨询委员会和资政院是伊朗最早制定内部法律法规及议事日程的政府机构。然而,这两个机构是纯粹的咨询机构,并无真正的立法权和行政权,所有权力都掌控在沙阿手中。资政院成员可以自由批评各位部长,表达观点,上奏有关经济和社会发展的提议,但被禁止干预王朝的外交政策或对其评头论足。每项提议首先经资政院审核批准,然后转交政府咨询委员会,如果得以通过并由沙阿签署,将成为正式政策或法令颁布。[3]

与此同时,为了加强中央政府的权力,沙阿于1858年颁布法令,规

---

[1] H. Algar, *Religion*, p. 130; A. Eqbal Ashtiani, *Mirza Taqi Khan*, pp. 318-323.
[2] S. Bakhash, *Iran*, p. 84.
[3] 同上书,第4、77、91—92页。又见F. Adamiyat和H. Nateq所著 *Afkar-e Ejtemai*,第189—220页。

定中央政府的权威凌驾于所有地方政府之上。其目标在于加强司法体系的中央集权，扩大世俗法庭的权力，压缩宗教法庭的影响，从而最终限制乌勒玛的权威，防止其对新成立的资政机构的干预。另外，沙阿还选派人员对地方政府官员进行监督。由于遭到地方行政长官和乌勒玛阶层的强烈反对，这项政策最终被迫取消，资政院也于 1860 年被迫解散。没过多久，政府咨询委员会也被迫解散。导致这场政府机构改革失败的主要原因包括沙阿本人的独裁专制倾向、委员会成员过于怯懦、官僚机构之间冲突频发、统治集团内部保守势力反对[1]，保守派乌勒玛的坚决反对和帝国主义势力的干涉也是重要原因。

米尔扎·马尔库姆汗曾在其 1858—1859 年所著《先见手册》(Ketabcheh – e Qeibi) 中指出，这一时期伊朗的政府机构改革虽已考虑到立法、行政和司法的功能差别，但缺乏三权分立的机构建制[2]，加之两个资政机构仅有建议权，缺乏独立执行权力，因此是一次非常不彻底的政治改革尝试。他进一步指出，要想真正解决伊朗社会的问题，必须实现法治，推行政府机构三权分立，推动政府管理机构的根本性改革。同时，阿坤扎德赫 (Akhoundzadeh) 出版著作《卡迈勒·阿尔道莱作品集》，对这一时期伊朗的君主专制制度提出批判，并极力推崇西方国家的政治制度。他还强调宗教势力已成为社会发展和进步的最大障碍，他毫不掩饰自己的雅利安民族主义情怀，极力赞美阿拉伯征服前的伊朗历史。

很多人对恺加王朝政府的税收政策、包税制及沙阿的奢靡生活提出了尖锐批评，有人甚至将包税制称为"政府的毒瘤"[3]。1860 年，马尔库姆汗再次赞颂法治，并重申按照欧洲模式建立法治的民主政府是实现伊朗政治独立、国家富强和人民幸福的唯一途径。他乐此不疲地强调管理

---

[1] S. Bakhash, *Iran*, p. 92, quoting Amin od – Dauleh, *Khaterat – e Siasi*, p. 21, and others.

[2] 关于米尔扎·马尔克姆汗、其著作、创办的组织机构，及其主张，详见 H. Algar 所著 *Mirza Malkum Khan, Religion*，第 185—193 页；*Tahqiqat – e Eqtesadi*，第 114—122 页；F. Nourai 所撰 *An Analysis of Malkam Xan's Economic Ideas* 一文，以及 E. Rain 所著 *Faramoushkhaneh*，第 487—567 页。

[3] F. Adamiyat and H. Nateq, *Afkar – e Ejtemai*, p. 61.

和秩序的重要性,并秘密组建伊朗共济会,其成员大多为激进的反封建君主专制人士,都极力倡导和支持政治改革和社会进步①。

伊朗共济会是按照欧洲共济会(石匠协会)模式创建的一个秘密组织,通过组建伊朗共济会,马尔库姆汗期望在伊朗全国范围内形成一个拥有共同思想基础的团体,从而帮助推进其改革计划②。根据伊朗共济会的理论,一个完美的人应该支持美好事物而避免邪恶的事物,并在此过程中探求和传播知识,与社会成员和谐相处,鼓励团结,反对专制。伊朗共济会成员还相信公正的社会秩序应该建立在公民各种权利和自由都得到充分保障的基础上,还需要合理的官员选拔和晋升制度③。

伊朗共济会呼唤一场完全代表伊朗新兴资产阶级利益的民主革命,然而其成员悉数来自恺加王朝统治阶层,他们从本质上依然维护其阶级利益,绝不可能做出自掘坟墓的蠢事。他们不赞成推翻沙阿,也不认为推翻封建的恺加王朝是解决问题的唯一选项。相反,他们寄希望于依靠沙阿的改革来实现伊朗的民族复兴,并坚信可以通过努力来影响沙阿的改革方向。他们视纳赛尔·阿尔丁沙阿为真正的改革家,认为他只是缺乏更多的开明人士向他提供改革的新理念,并支持其将改革推行到底。他们还天真地相信自己所提出的改革倡议是解决伊朗所有问题的唯一途径,可救百姓于水火,如果沙阿摒弃或反对其改革主张,就是与全国人民作对,必将遭到人民的一致唾弃,甚至王位不保。

他们这种天真的想法不久就被证实是极其幼稚和错误的。1861年,沙阿下令将伊朗共济会列为非法组织,禁止其活动,并谴责他们与欧洲共济会组织的关系,指责他们企图与那些"无赖和恶棍"一起来颠覆沙阿的政权④。雷恩认为伊朗共济会之所以被禁止是因为沙阿越来越对其活动产生怀疑、其成员行事诡秘、保守的乌勒玛阶层诬告其为巴布教徒活动的中心、沙俄不希望这个亲英国的组织实力壮大而施压沙阿,以及

---

① E. Rain, *Faramoushkhaneh*, 1, pp. 529–531.
② S. Bakhash, *Iran*, p. 17.
③ Ibid., p. 19.
④ E. Rain, *Anjomanha–ye Serri*, pp. 172–173.

伊朗共济会本身所提出的自由平等和反对君主专制的口号①。此外，统治集团内部保守派势力在封杀伊朗共济会的过程中所起的作用也不可小觑。

　　共济会遭封杀后，马尔库姆汗成为"不受沙阿欢迎的人"，于1861年被流放欧洲。这时，一封神秘邮件开始在德黑兰秘密传播，揭露伊朗统治集团内保守势力——尤以穆斯塔法·马马利克（Mostaufi ol – Mamalek）和莫埃伊尔·马马利克（Moaiier ol – Mamalek）为代表——的腐败行为，控告其搜刮民脂民膏，呼吁沙阿将这些贪污腐败的大蛀虫绳之以法，从而结束这些不公正的现象："沙阿！愿真主尽快结束你的生命，百姓所承受的压迫早已苦不堪言……但你已时日不多。"② 由于有传言认为这封神秘邮件为马尔库姆汗之父米尔扎·亚库布（Mirza Yaqoub）所写，沙阿随即将其驱逐出境。但这并未从根本上结束伊朗国内愈演愈烈的思想意识形态斗争，例如，巴达涅加（Badaienegar）于1861—1862年发表文章严厉谴责政府无所作为，只知大兴土木，修建宫殿，谴责政府对贫苦百姓课以重税，搜刮民脂民膏③。他还描绘了伊朗经济被这群蛀虫毁坏后的残酷景象，指出商人和手工业者已成为外国企业在伊朗的代言人，帮助其剥削伊朗人民，而那些不甘为奴的有志国人则会在大庭广众之下遭受鞭笞，尊严尽失④。

　　随后几年里，类似的反对恺加王朝腐败统治和呼吁社会经济发展的言论在伊朗民间通过文字形式不断传播。尤其是一些社会批评家呼吁政府修建铁路和公路，兴建银行和合资公司，开发矿产资源。同时，还有人呼吁建立法治政府，改组政府管理机构，结束腐败和对人民的剥削和压迫。1868年，埃什拉奇·安萨里（Eshraqi – ye Ansari）撰文指出，欧洲国家的进步之所以发生是因为其法制政府、内部改革、社会安定和科学技术的发展。他甚至要求在伊朗也尽快实现类似的变革条件，从而为

---

① E. Rain, *Faramoushkhaneh*, 1, pp. 529 – 531.
② 详见 S. Bakhash 所著 *Iran*, 第22页。Mirza Yaqoub 本人否认撰写此信，因而有人认为此信并非他所写，而是由前任首相 Nouri 的支持者所写，而 Nouri 本人则企图重夺首相之位。
③ F. Adamiyat and H. Nateq, *Afkar – e Ejtemai*, p. 97.
④ Ibid., p. 98.

国家的发展和进步提供保障①。

同时，还有人呼吁建立中央集权的法律体系，结束教会法庭的权威。这并非反对伊斯兰教，恰恰相反，一些社会批评家以伊斯兰教做掩护，向民众传播其思想，避免了教会为其扣上"异端"和"巴布教徒余孽"的帽子。优素福·汗·莫斯塔萨尔·道莱（Yousef Khan‑e Mostashar od‑Dauleh）表现尤其突出，他撰文抨击伊斯兰教与现代国家格格不入，然而在实践中，他被证明是错误的②。

大部分人对伊斯兰教并不关心，而是更关心政府机构组织。例如，1870年达比尔·阿尔穆克（Dabir ol‑Molk）指出，任何没有建立在"四大支柱"上的社会秩序都不可能稳固、长久。所谓"四大支柱"即指财政收入和支出均衡；军队自律；农民富裕，手工业、工业和贸易持续增长；以及政府的理性治理。他还指出伊朗人民是世界上最温顺的民族，比任何民族都容易接受社会秩序③。

意识形态的斗争起源于伊朗残酷的经济现状，沙阿本人的改革冲动带动了19世纪60年代一系列大小规模的政府机构改革④。从1871年开始，在遭受大范围饥荒且统治阶级剥削和腐败不断加重的情况下，沙阿再次着手改革政府管理机构和国家统治机器。由于自1858年以来都不曾任命首相，咨询委员会也仅仅是名义上存在，沙阿因此决定重新任命一位全权首相，帮助他推动政府机构改革。他将时任驻伊斯坦布尔大使哈吉·米尔扎·侯赛因召回德黑兰，任命为新的首相。

沙阿给予新首相最大的支持，鼓励他重组政府机构，并在其请求下组建新的资政机构——高级资政院，实际上充当了立法机构的角色。一年后，沙阿又组建了一个9人内阁，其成员多为首相哈吉·米尔扎·侯赛因最信任的朋友，他们与首相一样，具有坚定的改革思想。这9个内

---

① F. Adamiyat and H. Nateq, *Afkar‑e Ejtemai*, pp. 120‑124.

② 哈吉·米尔扎·侯赛因担任首相期间，他被任命为司法部长，但面对保守毛拉们的巨大压力，尽管他竭尽心力，却未能在司法体系实现任何重大变革。详见 S. Bakhash 所著 *Iran*，第87—89页。

③ F. Adamiyat and H. Nateq, *Afkar‑e Ejtemai*, pp. 446, 417, 447.

④ S. Bakhash, *Iran*, pp. 34‑37, 79.

阁部门包括财政部、国防部、外交部、内政部、宫廷、司法部、薪俸部、教育部、商务部和农业部，最后4个是新成立的部门，1858年成立的科技部被并入其他部。该内阁后经重组，成立了大内阁。

随后，哈吉·米尔扎·侯赛因展开了一系列广泛而深入的改革，其重点在于公共财政和司法体系两个领域。在公共财政领域，政府财政供养的人数大幅减少，政府官员的薪俸与其实际表现相挂钩，贿赂得到一定程度的限制，皇室开支也有所减少，同时还加强了对各省政府上缴中央税收的征缴工作[1]。显然，其目的是为了增加中央政府的财政收入，因为中央政府急需大量经费来支持其行政体系的全面改革。在司法领域，设立了一系列机构，其中包括上诉法庭、商事法庭和立法院。立法院不久即被废除，其他几个法庭虽然持续了较长时间，但其所发挥的作用非常有限。在宪政革命爆发前，乌勒玛阶层仍掌握着司法的绝对主导权。

哈吉·米尔扎·侯赛因改革的核心是为了加强中央集权，他相信只有在欧洲国家的帮助下，才能顺利实施改革，而英国尤其可以发挥重要作用。这种想法在很大程度上受到其老朋友米尔扎·马尔库姆汗的影响，从而导致他与英国人签署了臭名昭著的路透专营权协议，将几乎全国自然资源70年的开采和经营权以非常低廉的价格出卖给英国人。具有讽刺意味的是，他本希望依靠英国人巩固其地位，顺利推动改革，但正是这个与英国人签署的专营权协议最终导致他被迫下台。1873年，纳赛尔·阿尔丁沙阿与首相哈吉·米尔扎·侯赛因从欧洲返回伊朗途中，一场由乌勒玛和保守贵族组成的反对联盟已在德黑兰形成，在俄国人密谋策划下，反对联盟成功将首相赶下台，此时他仍在返回首都德黑兰的途中[2]。

尽管哈吉·米尔扎·侯赛因被迫下台，国内的改革斗争却并未结束。社会批评家批判国家和政府，提出具体的政府机构重组方案。1873年，贝赫巴哈尼（Behbahani）撰文讨论法治秩序、欧洲法律和安全，并强调伊朗人的钱并无任何保障，得到的承诺也无任何信用，这些都归咎于这

---

[1] S. Bakhash, *Iran*, pp. 102 – 103.
[2] 见 H. Algar 所著 *Religion*，第174—177页。又见 S. Bakhash 所著 *Iran*，第115—120页。

个无法可遵的腐败政府,是绝对专制主义带来的恶果,是由伊朗长期的积贫积弱所导致。随后,他指出只有制定新法且政府守法才能真正解决伊朗的困境,而守法的政府则要依靠在伊朗建立两个议会,一个用于立法,另一个用于矫正法律。随后,他还谈及三种自由:个人自由、政治自由和专利权。他指出,西方的发展正是得益于宪法认可、保护公共安全和人权[①]。1874年,他再次撰文详细阐述人身安全和财产安全。同年,另一位新兴社会活动家侯赛因·汗·萨蒂普(Hosein Khan – e Sartip)要求政府推行改革,成立议会,并以非常严厉的语言批判在伊朗社会迅速蔓延的不公正现象和不断扩大的贫富差距[②]。

自19世纪70年代中期起,大部分批判均与经济问题有关,包括公共财政、国民收入、私人和公共投资、财政赤字、公司组建,以及工业建设、开设商店、兴修铁路和公路等议题[③]。同时,社会与政治问题也并未被忽略。1880年,一篇以知识渊博的米尔扎与觉醒的普通民众对话的形式所撰写的文章严厉谴责国家和政府对农民和手工业者的残酷剥削,同时还谴责在伊朗猖獗蔓延的贿赂、高利贷、强行聚敛财富、缺乏法律和议会,以及工业化水平过低等问题。他们呼吁制定伊朗的宪法,加强军队法制建设,创建国政咨询性质的委员会[④]。1882年,另有人撰文讨论文明、政治和法律,主张用世俗的现代化法律取代伊斯兰教法。在作者看来,真正的法律应该具有共和的特点,由全国人民集体智慧共同形成。作者赞美西方教育,但对那些在欧洲接受西方教育的伊朗人大加批评,认为他们是一群没有宗教信仰的蠢人,是伊朗社会的公敌,只知道假公济私[⑤]。

同时,马尔库姆汗得到沙阿赦免并被委以重任,在欧洲就职。然而,

---

① F. Adamiyat and H. Nateq, *Afkar – e Ejtemai*, pp. 101 – 114.
② Ibid., pp. 118 – 119.
③ 例如1876年发行的 *Ketabcheh – e Madakhel Va Makharej*(即《收支小手册》)和1882年翻译发行的西斯蒙第的 *Political Economy and the Philosophy of Government*。F. Adamiyat 与 H. Nateq 所著 *Afkar – e Ejtemai*,第223—248页。
④ 同上书,第136—144页。
⑤ 同上书,第144—154页。

他并未因此而停止其支持改革的斗争，他的挚友中还有与他具有同样激进改革思想的政府高官阿明·阿尔道莱，曾被寇松称为"一位真正热爱改革的人"，① 这在一定程度上推动了他劝说沙阿立即推行激进改革，并指出这是实现伊朗国家复兴的必由之径。米尔扎·马尔库姆汗和阿明·阿尔道莱都深信只有借助欧洲国家的力量才能真正实现伊朗的现代化改革，因此其外交政策在很大程度上影响了伊朗国内改革能否取得成功。马尔库姆汗甚至邀请英国政府帮助改革伊朗国内的社会、经济和政府机构。他指出，在俄国威胁不断加强的情况下，这些改革的成功对于伊朗能否保持国家独立至关重要。然而，他们二人都未能成功在伊朗推行任何大的改革，亦未对沙阿和英国的态度起到任何重大影响。沙阿对改革的支持还是一贯摇摆不定，始终受到统治集团内部保守势力和乌勒玛的影响，而英国对伊朗的外交政策并不是为了帮助其发展，而是为了最大化地保障英国在伊朗乃至亚洲的全局利益，并经常与俄国对伊政策展开争夺。这些失败打破了马尔库姆汗对沙阿推行真正改革决心的幻想。

在实践方面，哈吉·米尔扎·侯赛因下台后，沙阿并未彻底放弃改革的希望。1873—1882 年，沙阿未再任命新的首相。1874 年，沙阿组建一个由 6 位大臣组成的新资政委员会，赋予 6 人执行权，但仅在 6 个月后，该机构就被迫解散。1875 年，沙阿下令对哈吉·米尔扎·侯赛因在任期间所创立的两个机构"高级资政院"和"调查委员会"进行改组，并于同年启动了新的坦齐马特完善计划，开始改革省级政府机构，要求每个国家部委直接在各省建立其坦齐马特委员会的直属分支机构。但不久这项计划也被迫流产。1880 年，沙阿命令阿明·阿尔道莱为国家起草一部新法，最后却在保守势力的压力下再次放弃。1882 年，沙阿组建"五人委员会"来评估国家的状况，并提出改革的政策建议。该委员会包括米尔扎·马尔库姆汗和阿明·阿尔道莱。但沙阿对"五人委员会"的支持同样不足，他们提出的改革建议亦未得到很好执行。

19 世纪 80 年代最重要的改革措施就是 1882 年组建的诉讼院和 1883 年组建的商务院。前者负责处理农民、手工业者、城市平民等下层社会

---

① Hon. G. N. Curzon, *Persia*, Vol. 1, p. 428.

的事务及其投诉，后者负责维持商业贸易活动中的秩序。前者持续了6年，受理了2000多件投诉，其中有三分之二来自农民，其余主要来自手工业者。这些投诉主要集中于官员的租税剥削和敲诈。组建商务院是为了更好地筹划伊朗国内经济的发展和拓展外贸，该机构首次将伊朗商人作为一个阶级看待，加强了他们之间的团结与协作。该机构具有法律和政治地位，代表了商人阶层的利益，然而，该组织不久后就围绕沙阿所赋予的政治权力与政府发生明显冲突，同时还与乌勒玛阶层发生冲突。不到两年即被取消[①]。此后，除与军队、司法、教育直接相关的一些改革举措外，纳赛尔·阿尔丁沙阿执政的最后几年未再推进任何大的改革，直到1896年遇刺身亡。1891年，寇松在访问伊朗时曾对沙阿的改革举措做出如下评价：

> 伊朗国家参政院缺乏内阁责任制度，亦无任何集中权威，更无立法权或行政权。它只是一个纯粹的咨询机构，只能在一些重大事件上对沙阿提前做出建议，供其决策参考。更多情况下，只是负责讨论如何更好执行沙阿已经拍板的决定。唯一的执行权就是其成员所担任的其他政府职位所赋予的执行权力。但作为沙阿的奴仆，他们随时都有可能被调换岗位、升迁或撤职。该咨询委员会有一位名义上的主席，只负责召集会议。他既不担任会议讨论时的负责人，也不负责组织大家对所讨论的议题进行投票表决。事实上，不需要任何人发表讲话，也不需要对任何事情进行投票，他们的讨论纯粹是日常对话式的闲谈，每个人都会习惯性地支持沙阿的决定。[②]

即使这样一个名义上的咨询委员会也不为保守势力所容，最后于1892—1893年被阿明·阿尔苏尔坦解散。阿明·阿尔苏尔坦1886年开始担任首相，是恺加王朝最大的保守反动势力之一，1907年遇刺身亡。担

---

① 见 F. Adamiyat 和 H. Nateq 所著 *Afkar - e Ejtemai*，第300—371页。关于1875—1900年间的改革，详见1962年9月 *Indo - lranica* 第40卷第3期 B. N. Tandon 撰写的 "Administrative Reorganization in Iran, 1875 - 1900" 一文。

② Hon. G. N. Curzon, *Persia*, 1, pp. 424 – 425.

任首相期间，他几乎全盘推翻了之前所有的改革举措。

1890年起，沙阿开始对国家事务漠不关心，过起了奢华腐朽的享乐生活，不断加大对百姓的剥削。整个统治阶级都开始走向大规模腐败，残酷地剥削百姓。因此我们不难理解为何1890年后伊朗意识形态的斗争进入了全新阶段，民间不断爆发要求社会、经济、政治和政府机构改革的呼声和运动。1890年后，随着纳赛尔·阿尔丁沙阿在改革上疲态渐显，民间开始兴起一股改革的浪潮。自上而下改革的失败需要伊朗社会来一场自下而上的变革。随着反对封建专制和帝国主义侵略两座大山的浪潮不断高涨，民间对变革的需求逐渐演变成为发起一场轰轰烈烈革命的需求。

1890年，沙阿取消了之前授予米尔扎·马尔库姆汗的彩票专营权，为双方最后的决裂埋下隐患。随后，马尔库姆汗在英国出版《法报》，对伊朗政治现状提出尖锐挑战[1]。这些报纸被商人和欧洲游客偷运至伊朗境内，在伊朗各阶层中大肆传播。尽管其最初设想只是针对以新兴民族资本家为代表的中产阶级，但由于其批判尖锐且写作风格通俗易懂而受到各阶层百姓的青睐。在马尔库姆汗眼中，能够真正实现伊朗民族复兴的既不是农民，也不是城市平民，更不是"无用的"民族资产阶级[2]，而是上层社会的贵族阶级，或上层社会的中产阶级。马尔库姆汗写道：

  政府管理之残忍大家有目共睹，无论德黑兰普通食杂店老板，还是纳哈万德县[3]的农民都已清楚意识到政府对百姓剥削之残忍。我已看到社会各阶层都开始表达意见，并已下定决心拯救祖国于水火之中。这正是人民觉醒的第一阶段。[4]

---

[1] S. Bakhash, *Iran*, p. 310.
[2] Ibid., p. 314.
[3] 译者注：纳哈万德为伊朗哈马丹省南部的一个县，以盛产地毯而闻名，其首府纳哈万德市是伊朗最古老的城市之一，始建于大流士一世时期。
[4] S. Bakhash, *Iran*, p. 315.

马尔库姆汗的《法报》虽然借用伊斯兰教的术语和口吻[1]，但伊斯兰教只是他用来保护自己不受宗教保守势力迫害的一道护身符[2][3]，其主要目标是唤醒人民大众的觉醒，其书籍也最终成功带动了一场轰轰烈烈的人民革命运动热潮，从而施压政府进行激进的政治改革。在其著作中，他频繁使用"民族、国家、全国"等新词，不断加强人民的爱国情怀，为将来伊朗全国人民的统一行动做了重要心理铺垫。他甚至在《法报》中撰文呼吁读者联合起来，共同制定全国性行动方案[4]。

当马尔库姆汗1881年返回伊朗时，他组建了第二个秘密社团，即阿达米亚特团，没过多久，他将社团交由好友及追随者负责，自己离开了伊朗。到1890年时，《法报》已成为该机构的重要组成部分。根据该组织的章程，每个人都应该积极参与到人文世界之中，但只有具备以下特点的人才能被称作阿达米亚特：避免邪恶、笃行善事、反抗压迫、促进统一、寻求知识、宣扬协会之法、维持秩序[5]。协会的这些原则在《法报》上出版，并逐条详细阐释。《法报》第24期发表了一份声明，呼吁同道中人联合起来反抗各种压迫，并强调只有实现立法、行政、司法三权分立，法律才能真正发挥作用。但该声明更强调团结[6]，且得到阿达米亚特团的签署。

1889年，该协会即在德黑兰发表声明，呼吁公民人身和财产安全、政府由有学识的技术官僚来治理、税收需用于保护人民权利、帮助国家发展。该声明还呼吁建立全国咨询委员会，让高级乌勒玛和全国有智慧的人都能参与政府决策，在伊斯兰教法的基础上，让大家共同决定国家的权力和人民的权利[7]。同时，该声明还详细阐述了咨询委员会成员和未来政府其他官员的责任和义务。

---

[1] E. G. Browne, *Persian Revolution*, p. 36.
[2] S. Bakhash, *Iran*, p. 172. E. Rain, *Faramoushkhaneh*, Vol. 2, pp. 168–169.
[3] S. Bakhash, *Iran*, p. 320.
[4] Ibid., p. 321.
[5] 见 E. Rain 所著 *Faramoushkhaneh* 第1卷，第585页。关于阿达米亚特团的创办理念与行为规范，详见第583—600页。
[6] 同上书，第600—602页。
[7] 同上书，第611—613页。

阿富汗尼是另一位对伊朗人民大众的觉醒做出重大贡献的社会批评家。像米尔扎·马尔库姆汗一样，阿富汗尼最初曾是沙阿的朋友，二人关系甚笃。他提出了泛伊斯兰运动，企图将所有伊斯兰国家联合在一位强大的哈里发周围，他甚至承诺将纳赛尔·阿尔丁沙阿推举为伊斯兰世界的新任哈里发，但后来他也向奥斯曼帝国苏丹做了同样的承诺。当沙阿对其行为产生怀疑后，便于1890年将他从伊朗驱逐出境。尽管如此，阿富汗尼还极力劝说沙阿相信虽然他经常犯错，但并非百无一用。随后，他开始撰文抨击伊朗国内的政治压迫和腐败，谴责政府践踏和破坏"圣法"：

> 伊朗政府践踏和破坏伊斯兰圣法，仇视和排斥现代文明治理，鄙夷和藐视理性与常识的法则。只有激情、贪婪、暴力和强权在支配和统治这个国家，利剑、长鞭和烙铁是他们招待人民的最好方式。他们从人民流淌的鲜血中找到满足，将耻辱视为荣耀，在抢劫寡妇和孤儿的过程中找到成就感。在这片土地上毫无安全可言，人们找不到任何可从暴君魔爪下拯救自己的办法，只有逃离这片他们热爱的土地。有五分之一的国人已逃至邻近的土耳其和俄国。而省长及其随从们揪住女人的头发吊打，将男人与野狗一起装进麻袋，将其耳朵钉上木板，或用缰绳穿透其鼻子游街示众。①

1896年，一位阿富汗尼的追随者开枪刺杀了纳赛尔·阿尔丁沙阿，有人认为这是受阿富汗尼指使的蓄意谋杀。

米尔扎·阿迦汗·科曼尼（Aqa khan-e Kermani）是另一位反对恺加王朝的激进意识形态斗士。在伊斯坦布尔与米尔扎·马尔库姆汗和阿富汗尼结识，并长期保持密切的关系和合作。同时，科曼尼开始朝着宗教怀疑论、无神论方向发展，甚至一度成为简单无神论者，大肆抨击伊斯兰教信仰；在哲学上，他倾向于理性主义和唯物主义；在政治上坚定

---

① E. G. Browne, *Persian Revolution*, pp. 27-28.

地追随孟德斯鸠和卢梭①。在其思想发展过程中，科曼尼曾一度是狂热的极端民族主义者。他像阿坤扎德赫一样极力宣扬阿拉伯征服前的伊朗历史。作为一位坚定反对恺加王朝统治的斗士，他最后以生命献身自己的理想。

这一时期有两本书值得一提，它们对唤醒、启蒙伊朗社会和百姓起到了重要作用。它们是塔尔博夫（Talebof）所撰写的《艾哈迈德之书》（Ketab – e Ahmad）和马拉凯（Maraqai）所撰写的《易卜拉欣·贝格旅行记》（Siahatnamah – e Ebrahim Beg）。这两本书最初只是用作教材，其目的是指出伊朗的落后现状，并向人民灌输波斯民族主义的思想。其基本思想是物质发展是伊朗国家复兴的关键，而只要有绝对君主专制主义和帝国主义的存在，伊朗的物质发展就不可能实现，因此只有全国人民团结一心推翻这两座大山，才能实现伊朗民族的复兴②。由穆罕默德·阿里·福鲁吉（Mohammad Ali Foroughi）所撰写的《财富科学的法则》（Osoul – e Elm – e Servat）一书于1905年出版，将西方的自由主义和市场资本主义引入伊朗，认为这是唯一能够帮助伊朗实现民族复兴的政治经济模式。

在伊朗民族主义思潮于1890年达到高潮之际③，反帝情绪也逐渐开始酝酿，并不断高涨。在其著作《穆扎法尔之法》（Oanoun – e Mozaffari）中，塞贝尔（Sepehr）号召政府禁止外国商品在伊朗销售④。汗·哈南（Khan Khanan）也在其著作《时政汇编》（Siasat – e Modavvan）中详细描述了外贸对伊朗商品生产能力带来的毁灭性打击⑤。还有一种趋势是宣扬社会主义，或至少宣扬社会民主。早在1878年，《星报》就发表了一篇关于社会主义的文章，随后该文又于1880年在伊朗重印⑥。塔尔博夫等

---

① S. Bakhash, *Iran*, p. 344.
② Ibid., pp. 347 – 351.
③ 同上书，第314、344—345、349、353页。又见 A. Kasravi 所著 *Tarikh – e Mashrouteh*，第47、74页。
④ F. Adamiyat and H. Nateq, *Afkar – e Ejtemai*, p. 270.
⑤ Ibid., p. 260.
⑥ E. Tabari, *Jameeh – e Iran Dar Daureh – e Reza Shah*, p. 126.

人也在其作品中描绘了乌托邦式的社会主义制度①。女性也积极参与到这场意识形态斗争之中，塔伊赫（Tahereh）是其中一位真正的革命斗士和巴布运动领袖。塔吉·萨尔塔内（Taj os – Saltaneh）是纳赛尔·阿尔丁沙阿众多儿女中最为开明的一位，她要求在伊朗实现男女地位平等，并宣称："在当今伊朗，没有任何思想比社会主义思想更加自由和包罗万象。"②

自1900年起，意识形态斗争开始成为阶级斗争不可或缺的重要方面。这一时期，被称为"马赫菲团"的连锁秘密社团开始大量组建，标志着新时代的来临。这些社团中有些以促进改革和保护伊朗人民不受帝国主义侵略和剥削为目标，另一些则是为了抹黑那些反对改革的宗教领袖或保守贵族，从而减轻或消除改革所遭遇的阻力。当然，他们偶尔也会抹黑某些他们不喜欢的个人。他们利用小手册、地下报纸、谣言、小道消息等媒介或方式散布其主张。作为一个秘密组织，他们可以随意编造任何消息和思想，煽动人民反对任何人，却不用担心为这些言行负责或付出代价。

自1890年纳赛尔·阿尔丁沙阿不理朝政到1906年宪政革命爆发，其间恺加王朝政府未再推进任何重大改革举措。但宪政革命的爆发给伊朗君主专制政权带来了翻天覆地的结构性变化，其中包括设立国家咨询委员会、内阁、三权分立等，同时还包括对沙阿、各部委、部长以及司法、公共财政、军队等政府部门权力做出明确分工和界定。宪政革命后组建了伊朗历史上第一个合法内阁，包括司法部、外交部、内政部、财政部、国防部、科技部、公共工程部和商贸部。同时，国家咨询委员会开始对政府财政预算进行审查，并随后废除了包税制、受贿和叫价（或议价）制度。目的在于减少享受政府薪俸的人数，同时也削减了王室的开支。1911年，在统治集团保守势力和帝国主义联合镇压下，宪政革命宣告失败，除对各部门进行简单重组外，再未推进任何重大改革举措。1920年，宪政革命期间成立的8个部门依然存在，只对其名称和结构做了简单修改③。

为清楚比较，下面我们先分析一下1926年组建的卡瓦姆内阁。卡瓦

---

① E. Tabari, *Barkhi Barrasiha*, pp. 394 – 406.
② F. Adamiyat and H. Nateq, *Afkar – e Ejtemai*, p. 163.
③ 1920年的10个部为：内政部、外交部、公共工程部、商业与农业部、教育部、捐赠与艺术部、司法部、国防部、邮政与电报部、财政部。

姆内阁的政策建议包括：重组议会、扩大和发展军队、加强道路等基础设施建设、发展和改革农业、恢复俄国贴现信贷银行、开发矿产等国家资源财富。另外，卡瓦姆内阁还主张缩减开支、平衡财政收入和支出、消除国家财政赤字、发展教育体系、改革司法和废除所有不平等条约[1]。这个改革计划无疑与其前人对伊朗社会问题的分析和所提出的解决方案有很多共通之处，但也有其独特之处，因为它更强调经济发展。尽管其目标并未完全实现，但仍在很大程度上反映了新兴资产阶级希望救亡图存的强烈愿望。虽然资产阶级在1926年政府权力中所占的比重微乎其微，但他们是全伊朗拯救国家与民族愿望和决心最为坚定的一个群体。

总之，从政治角度来讲，1796—1926年可分为四个阶段：第一阶段（1796—1848年）的特点是中央集权不断加强、多次军队改革尝试（只改革军队，却对社会和政府其他领域和部门不做任何改革）、缺乏对现有社会秩序所展开的有效思想和意识形态斗争、教会和世俗政府间无休止的权力争斗、政府各机构相对稳定。第二阶段（1848—1890年）的特点是中央集权进一步加强、不断出现的制度性问题和大量针对政府机构的改革尝试、新兴社会力量针对统治集团的意识形态斗争不断加强、国家统治愈发不稳定。第三阶段（1890—1906年）的特点是权力不断分散、持续的政府改革和维持现有政治秩序的努力、新兴社会力量不断加强反抗斗争并要求彻底改革国家上层建筑、统治集团内部矛盾不断加深、反对势力逐渐占据上风。第四阶段（1906—1921年）的特点主要是权力进一步分散、反帝反封建阶级斗争愈加尖锐、各种政府机构改革尝试、有关不同改革方向持续不断的路线斗争。到1921年，传统的封建主义统治秩序已完全解体，但最终胜利只能属于那些希望保持国家现状并要求内部变革的社会力量。

---

[1] H. Makki, *Koudeta - ye* 1299, pp. 421 – 422.

第七章

外贸、干涉与内政

本章的主要目标是分析帝国主义对伊朗伪封建主义的渗透和控制，以及伊朗对资本主义世界体系依赖性的形成过程[①]。首先，帝国主义是伊朗社会之外的力量，却长期在伊朗国内事务决策和发展中不可或缺。事实上，正是这种外部力量与伊朗内部力量的互动才导致伊朗出现了一个高度依赖外国势力、独裁统治下的落后伪封建主义社会。

如果没有帝国主义的武装侵略和干预，伊朗不会发展成为一个高度依赖帝国主义列强的伪封建主义落后国家。尽管帝国主义为其侵略和干预行为披上了华丽的"和平"外衣，但依然难逃伊朗人民和社会进步人士的法眼，他们联合起来展开了一系列英勇的反抗斗争，我们将在第八章详细分析这些斗争。本章将重点分析英国的殖民主义和俄国的领土扩张对伊朗社会由封建主义向资本主义转变所起的外部作用。在伊朗社会从封建主义向资本主义转型的关键早期阶段，英、俄两国在伊朗展开激烈的势力范围和利益争夺，虽然在一定程度上避免了伊朗全面殖民化的厄运，却同时使伊朗的社会转型发生了严重扭曲、变形，导致其经济、社会和政治严重跛足，从而彻底改变了社会发展的

---

① 尽管"帝国主义"与"殖民主义"存在结构性差异，但本章及本书其余各章交替使用这两个术语，没有差别。之所以忽略二者的差异，主要是因为本书只关注其对这一时期伊朗诸多重大事件的影响。本书既不关注其渊源和发展过程，亦未深究其（社会经济、政治或意识形态的）结构。值得注意的是，依照惯例，尽管本书将俄国界定为"帝国主义"或"殖民主义者"，但事实上，俄国并未真正成为英国那样的殖民大国或帝国主义列强。因此，"扩张主义者"应该是对这一时期俄国的最准确描述。

正常轨迹。

整个恺加王朝时期，英、俄两国在伊朗的敌对和竞争并非一成不变，其变化频繁程度甚至令人吃惊，但其变化方向却高度一致。从整体来看，在实现帝国主义扩张长远方向和尽可能广泛的目标方面，我们可以这两国间的斗争为基础，对恺加王朝进行新的时期划分，这将与我们之前以经济和上层建筑领域的变革为基础所做的划分有所不同。第一个时期（1796—1870年）是帝国主义渗透时期。这一时期，和平和武力相结合的渗透方式成功地交叉进行，帝国主义已经准备好全面掌控伊朗的国内局面。帝国主义渗透时期与我们之前所说的简单资本主义协作阶段和国家中央集权加强阶段相互重叠。

第二个时期（1870—1926年）是帝国主义支配时期，这一时期又分为两个阶段。第一阶段（1870—1907年）的特点是英、俄激烈竞争和敌对。1907年英、俄签订协议瓜分伊朗，双方的敌对和竞争暂时告一段落。这一阶段与1906年宪政革命后恺加王朝不断衰落和资本主义大生产初期即遭到帝国主义联合扼杀几乎为同一时期。第二个阶段（1908—1926年）的特点是帝国主义对伊朗内政的直接干预和操纵。在这一阶段，伊朗国内阶级斗争不断激化，封建统治体制全面瓦解，第一次世界大战爆发。1917年俄国十月革命爆发，英国在伊朗的竞争对手随即消失。但1919年英国托管伊朗的阴谋并未得逞。1926年礼萨汗得到英国支持而上台，英国坚信其扶植的傀儡会最大限度地代表英国在伊利益，随即将军队撤出伊朗。

帝国主义与渗透：1796—1870年

帝国主义对伊朗的影响有多种方式。虽然英国与美、德、法及其他欧洲国家一样更加倾向于选择通过贸易、条约、专营权、补贴、外交、军事顾问团、领事馆、跨国贸易公司、系列条款、经济作物种植和原材料生产、与当地势力结盟、腐败、东方学①、共济会②、贷款和提前预付款等形式来控制伊朗。但早在1857年英伊战争中，英国已开始通过武力强行渗透和控制伊朗。

俄国亦不甘示弱，早在19世纪初就两次公开武力蚕食和渗透伊朗。事实上，战争和侵略是英、俄两国蚕食和渗透伊朗惯用的方式。然而，俄国并未排除和平渗透的方式，英国亦未排除武力侵略的方式。渗透方式不同可能主要因为其本国社会经济结构不同：19世纪60年代，英国已发展为成熟的资本主义国家，而俄国却依然处于封建主义社会形态。19世纪末，英国已经进入帝国主义阶段，而俄国甚至尚不算发达资本主义国家，仍处于半封建的扩张帝国形态。因此，他们在伊朗实现其利益的方式必然有所不同。尽管在方式上有所不同，但其目标高度一致，即控制伊朗并占有其资源。

传教士是帝国主义扩大在伊影响的重要方式，在这一点上，英、俄两国高度一致。与美、法两国对伊政策不同的是，英、俄并未指望在什叶派伊斯兰教占主导的伊朗建立独立的基督教王国，而是利用伊朗本国的宗教派系斗争和已有的宗教少数群体为其利益服务③。

截至1870年，帝国主义势力已在很大程度上完成其向伊朗渗透的过程，逐渐支配伊朗的国内政治和经济生活。然而，之前的渗透过程并未停止，而支配伊朗政治和经济的方法也并非未在1870年前使用过，这二者自始至终都相互交织，共同发力。正是基于这一事实，我们上面所列举的渗透方式在1870年前发挥了更为重要的作用，而其他方式则在1870年后开始发挥作用。但直到1870年后，它们才成为占主导的渗透方式并起到明显效果，呈现出鲜明的特点。这意味着1870年后伊朗必将出现完全不同的更高水平发展过程，其发展强度和规模都与之前存在明显区别。

---

① 关于东方主义，详见 E. Said 所著 *Orientalism*。
② 关于英、法、美等国利用共济会渗透伊朗统治阶层的内容，详见 E. Rain 所著 *Faramoushkhaneh*。至于共济会这一工具到底发挥了多大作用，我们可以参考这样一个事实，即共济会成员都是国际主义者，必须服从于总会，且严守秘密。此外，共济会成员既然是国际主义者，就不能是爱国主义者或民族主义者。由于他们必须服从组织，因此便放弃了独立思考的权利。
③ B. Jazani, *Capitalism and Revolution in Iran*, p. 2.

伊朗与俄国的外贸关系可追溯至 15 世纪中期，但初期的贸易量非常小，1556 年伏尔加—里海商道开辟后，双边贸易额才有了明显增长。17 世纪下半叶，俄国商人获得在伊朗全境自由经商和免税的优惠条件①，极大地促进了两国间的贸易，伊朗的丝绸等奢侈品深受俄国上层社会精英和在莫斯科经商的欧洲商人青睐②。加之两个特殊的变化同时逐渐成形，极大地影响了伊朗国内的生产，鼓励其更多从事原材料出口。变化之一是俄国纺织业的发展导致其国内对伊朗原丝和棉花的需求不断增加，变化之二是英国希望寻找一条进入中亚的陆上贸易通道③。

1553 年，英国成立大英莫斯科威公司（British Moscovy Company）以拓展横穿俄国的陆上贸易通道④。1555 年，英国派遣由安东尼·詹金森（Anthony Jenkinson）带领的探险队开拓通向中亚的贸易通道⑤。大英莫斯科威公司的目标非常明确：从葡萄牙人手中抢夺伊朗丝绸贸易、通过陆上大篷车商道开发印度的神秘资源⑥，探险队第一次在里海地区插上了英国国旗⑦。1562 年，由安东尼·詹金森带领的第二支探险队再赴伊朗，向萨法维君主呈上了伊丽莎白女王的亲笔信和珠宝、毛料⑧。萨法维君主接见了安东尼·詹金森，却拒绝其通商优惠待遇的要求。1566 年，英王派遣的第三支使团到达伊朗，塔赫玛斯普一世（Shah Tahmasp）随即将最惠通商待遇授予英国公司，免除其所有关税和过路费，并允许其自由中转⑨。接下来，该公司就大量将毛料和其他工业品运往伊朗，换取伊朗的

---

① F. Abdullaev, *Gousheh – i Az Tarikh – e Iran*, p. 28.

② M. Atkin, *Russia and Iran* 1780 – 1828, p. 3.

③ F. Abdullaev, *Gousheh – i Az Tarikh – e Iran*, p. 28, and Hon G. N. Curzon, *Persia*, Vol. 2, p. 532.

④ Hon G. N. Curzon, *Persia*, Vol. 2, p. 532.

⑤ Ibid. .

⑥ Ibid. , pp. 532 – 533.

⑦ Ibid. , p. 532.

⑧ 同上书，第 533 页。C. R. Markham 所著 *History of Persia* 第 529—530 页附有女王亲笔信的内容。

⑨ J. C. Hurewitz 所著 *Diplomacy in the Near and Middle East* 第 1 卷第 6—7 页附有塔赫玛斯普一世诏书的内容。

原丝、大米和其他农产品①。

　　1568年到达的第四支英国探险队得到沙阿许可扩大其之前的既得权益②，同年到达的第五支探险队成功推动了英国商品在伊销售和确保了之前的既得权益③，但随后的第六支探险队却一无所获。六支探险队历经千难万险，且有大量队员因各种原因死亡，莫斯科威公司最终被迫于1581年终止其在伊朗的贸易。虽然莫斯科威公司放弃了继续努力的希望，英国政府却并未放弃伊朗。1600年，安东尼·谢利（Anhony Sherly）带领包括其弟和其他26名队员组成的探险队到达阿巴斯港。鉴于萨法维什叶派伊斯兰教与奥斯曼逊尼派伊斯兰教的矛盾，沙阿将其控制下的阿巴斯港向所有基督徒开放，免除所有基督徒的关税和过路费，并慷慨授予其治外法权④。虽然这一计划最终被迫流产，随后到来的英国东印度公司却再次开始了英国在伊朗的贸易扩张。

　　由于波斯湾仍处于葡萄牙人的控制之下，东印度公司最初只希望开辟一条北方陆上商道。虽然其开辟陆上商道的尝试以失败告终，但1622年萨法维王朝与英国结盟结束了葡萄牙人在波斯湾的独霸地位。随后，伊朗和英国平分霍尔木兹港的关税收入，英国商人还获得了在伊朗永久免除一切关税的权利⑤。东印度公司不但于1615年和1617年获得了两项贸易专营权，还于1622年开始获准在贾斯克⑥开办工厂，开始将其势力延伸至伊朗境内。萨法维沙阿于1629年授予英国公民治外法权使得英国在伊朗的渗透出现第一波小高潮，并随即进入第二个阶段⑦。

---

① Hon G. N. Curzon, *Persia*, Vol. 2, p. 534.
② J. C. Hurewitz, *Diplomacy*, Vol. 1, p. 1.
③ Hon G. N. Curzon, *Persia*, Vol. 2, p. 535.
④ J. C. Hurewitz 所著 *Diplomacy in the Near and Middle East* 第1卷第15—16页附有阿巴斯一世诏书的内容。
⑤ P. Sykes, *A History of Persia*, Vol. 2, p. 192.
⑥ 译者注：贾斯克为伊朗东南部小港市，位于阿曼湾北岸，由一条沙嘴拦围而成，水浅，不利通航，居民以捕鱼为生。
⑦ J. C. Hurewitz 所著 *Diplomacy in the Near and Middle East* 第1卷第18—20页附有阿巴斯一世诏书的内容。英国自1581年成立突厥与黎凡特公司时便开始通过波斯湾渗透伊朗。该公司旨在与葡萄牙人竞争伊朗的原丝贸易，但终极目标是渗透印度。见 Hon G. N. Curzon 所著 *Persia* 第2卷，第545页。

英国人始终未放弃开拓莫斯科—阿斯特拉罕—里海的陆上商道的努力,他们最希望获取伊朗的原丝①,而伊朗原丝生产全部集中在里海沿岸地区。由于英国此时在伊朗的影响非常有限,他们只能眼巴巴看着伊朗于 17 世纪 70 年代关闭伏尔加—里海商道。商道关闭也给伊俄贸易带来严重冲击,引起沙皇彼得一世高度关注。不久,萨法维政府就与俄国签订协议,允许俄国商人在伊朗全境自由中转②,允许俄国政府在伊朗设立领事馆,而此时英国却忙于重组大英莫斯科威公司,希望借此尽可能扩大其在伊贸易③。尽管彼得一世及其继任者对外国公司在俄国的贸易或途经俄国的贸易给予非常优惠的待遇,大英莫斯科威公司却并未成功实现英国扩大在北方地区贸易的愿望。

俄国在伊朗的情况则与英国大不相同,他们一方面加强在伊朗的经贸活动,另一方面利用萨法维王朝频繁出现的内部分裂迹象,不断加大对伊朗里海沿岸产丝区的蚕食。俄国一边阻断奥斯曼帝国向北扩张的步伐,一边趁 1722 年萨法维王朝解体、伊朗陷入混战局面之际入侵伊朗北方地区,先后占领了杰尔宾特④、巴库地区,以及吉兰省部分地区。这是伊、俄两国间战争的开端。战争导致里海沿岸大量肥沃土地遭到破坏、农民流离失所、民众财物惨遭抢掠及苛捐杂税变得异常繁重。1723 年,伊、俄双方签署协议,伊朗被迫同意割让俄国已占领的地区⑤。彼得一世以帮助伊朗阻止奥斯曼帝国的扩张为由,从伊朗攫取大片领土,并于1724 年通过协议承认伊朗西部地区大片领土归奥斯曼帝国所有⑥。在俄国与奥斯曼帝国的联合夹击下,伊朗迅速走向衰退和分裂。虽然伊朗随后通过 1733 年、1735 年两次谈判收复了俄国所占领土,但俄国商人通过这两次谈判获得了在伊朗自由贸易和中转的特权,免除了所有关税。截至

---

① P. Sykes, *A History of Persia*, Vol. 2, p. 189.
② F. Abdullaev, *Gousheh – i Az Tarikh – e Iran*, p. 33.
③ M. Atkin, *Russia and Iran*, p. 4.
④ 译者注:今阿塞拜疆巴库至马哈奇卡拉铁路沿线的重要地区,公元 438 年建为要塞,有著名的毛纺厂、食品加工基地等,天然气开采也是其重要产业。
⑤ F. Abdullaev, *Gousheh – i Az Tarikh – e Iran*, pp. 34 – 35.
⑥ J. C. Hurewitz 所著 *Diplomacy* 第 1 卷第 42—45 页提供了该协议的详细文本。

1796年，对包括格鲁吉亚在内的高加索地区的争夺一直是伊、俄双方利益冲突的焦点。

在俄国人对伊朗的暴力入侵和渗透愈演愈烈之际，英国人却利用东印度公司这种"和平"方式稳步渗透伊朗南部地区。当然，这一过程并非一帆风顺，当伊朗人反对霍尔木兹协议时，英国政府只能接受其"抗议和请愿政策"[①]，此时的伊朗还相对比较独立，沙阿更非英国的傀儡。相反，英国甚至非常担心伊朗人以纳迪尔沙阿曾于1739年征服印度为由而染指印度事务。但随着英国与伊朗不断签署新的贸易协议和特许专营权，英国开始稳步实现其渗透伊朗的计划。1763年，英国东印度公司获准在波斯湾沿岸商业和政治中心布什尔开办工厂[②]，奠定了英国在波斯湾的绝对优势地位，布什尔也成为英国不断扩大在伊朗及波斯湾地区商贸和政治利益的重要据点；18世纪90年代，英国基本控制了波斯湾与印度间的贸易。

1450—1796年，原丝是伊朗最主要的出口商品，棉花出口也不断增长。17世纪中叶，伊朗的原丝出口收入每年高达200万英镑[③]。大约100年后双边贸易大幅下降，伊朗从欧洲进口的商品（以毛料制品为主）为17.5万英镑，对欧洲的原丝出口却只有9.5万英镑，出现8万英镑的贸易逆差[④]。但伊朗与俄国的贸易却要好得多。1758—1760年，俄国对伊朗的总出口额为243454卢布；截至1792年，出口增长了44%，达到352310卢布，占俄国对整个亚洲出口的10%，而同一时期，伊朗对俄国的出口分别是321215卢布和511360卢布，增长了55%，且均享有贸易顺差[⑤]。因此，

---

① Hon G. N. Curzon, *Persia*, Vol. 2, p. 551.

② J. C. Hurewitz 所著 *Diplomacy* 第1卷第52—54页和 C. R. Markham 所著 *History of Persia* 第530—532页提供了该协议的详细文本。

③ C. Issawi, *The Economic History*, p. 12.

④ 见 Hon G. N. Curzon 所著 *Persia* 第2卷，第544页。这些数据来自纳迪尔沙阿统治时期。这一时期，由于纳迪尔沙阿拒绝全面履行（1499—1736年）萨法维王朝统治时期授予欧洲人的特许专营权和其他特权，伊朗与欧洲的贸易额大幅下降。仅英国出口至伊朗的毛料制品就高达55.4687万英镑，是1743—1746年所有欧洲国家出口至伊朗商品总和的3.18倍。见同上书，第552页。

⑤ E. Abdullaev, *Gousheh – i Az Tarikh – e Iran*, p. 39.

早期伊朗与俄国的贸易对伊朗非常有利，而英、伊贸易却更有利于英国。但从总体来看，这一时期的伊朗对外贸易始终保持较高的顺差。

列强对伊朗的渗透并未带来太大的经济影响，虽然也曾一度导致伊朗政治分裂，但不久伊朗就重新恢复统一。虽然什叶派与逊尼派的矛盾曾多次导致沙阿向所有基督徒敞开大门，但英国的渗透行为并未在意识形态领域产生明显影响。然而，伊朗与欧洲国家形成的反奥斯曼联盟却使伊朗国家和人民付出了高昂的代价：欧洲人在伊朗享有治外法权①。同时，卡里姆汗·赞德死后伊朗政治再次陷入动荡，为恺加部落的崛起提供了绝佳机会。然而，此时奥高·穆罕默德·汗·恺加尚未彻底解决呼罗珊和格鲁吉亚的独立问题。此后虽然呼罗珊独立的呼声逐渐消退，格鲁吉亚问题却变得愈加严重。同时，俄国沙皇叶卡捷琳娜为满足其扩张需求，不断给予格鲁吉亚人民"道义"上的支持，教唆他们接受俄国的委任治理。以基督徒为主的格鲁吉亚人民早已厌倦了伊朗统治者和什叶派宗教权威的残酷剥削和压迫，展开了持续的独立斗争，1783年格、俄双方签订协议，格鲁吉亚正式脱离伊朗。

沙俄的扩张野心并未止于格鲁吉亚，沙皇叶卡捷琳娜计划吞并整个高加索地区，并将触角进一步伸向伊朗东部的阿富汗和印度。为实现吞并阿富汗和印度的愿望，沙皇叶卡捷琳娜于1781年向奥高·穆罕默德提出在亚斯特亚贝巴湾南岸修建商业中心的特权要求。奥高·穆罕默德识破了其政治和军事阴谋，破坏了俄国所兴建的工事。盛怒之下，沙皇以此为借口公开插手格鲁吉亚事务，而与此同时，伊朗国内的封建地主和贵族也团结一致，决心镇压格鲁吉亚的独立运动。虽然格鲁吉亚苏丹曾

---

① 阿巴斯一世于1600年首次授予欧洲人治外法权，随后于1623年授予荷兰人额外的特权。6年后，其继任者萨非一世授予英国人领事裁判权。萨法维王朝最后一次授予欧洲人治外法权是由侯赛因沙阿于1708年授予法国人的。反过来，可能只有荷兰政府授予了伊朗人治外法权。纳迪尔沙阿（1736—1747年）拒绝全面执行这些丧权辱国的条约，其结果是伊朗与欧洲国家的贸易大幅萎缩（详见第170页脚注④），但俄国与伊朗的贸易却呈现上升。J. C. Hurewitz 所著 *Diplomacy* 第1卷第15—21、32—38页提供了相关诏令的详细内容。又见 "A Note on the Abolition of Extraterritoriality in Persia"，第557—565页；W. Eoster 所著 *England Quest of Eastern Trade*，第30—31章；A. T. Wilson 所著 *The Persian Gulf*，第9—11章；以及 J. Chardin 所著 *Travels in Persia*，第59—62、277—287页。

于1773年签订格俄协议，同意俄国委任治理格鲁吉亚，但格鲁吉亚人民并不买账。他们虽然厌烦伊朗封建统治者的压迫和什叶派乌勒玛的打压，但更不愿意寄于俄国人篱下，仰其鼻息。但此时，他们选择首先打败来自伊朗的镇压军队。

1795年，奥高·穆罕默德率军入侵格鲁吉亚，遭到格鲁吉亚人民的英勇抵抗[①]。最终奥高·穆罕默德攻占格鲁吉亚首府第比利斯，残忍屠杀该城居民。但不久奥高·穆罕默德就被迫放弃格鲁吉亚，退回内地。一方面因为他担心俄国直接军事介入格鲁吉亚，从而激起整个高加索地区人民的独立运动，另一方面则因为国内不断出现骚乱，他必须尽快稳定国内局面[②]，返回途中，奥高·穆罕默德将2万多名格鲁吉亚人作为奴隶带回[③]。然而，他的撤退并未阻止俄国入侵高加索地区的步伐。1796年，俄国军队再次占领杰尔宾特等地。在沉寂一年后，奥高·穆罕默德决定对俄国的侵略给予坚定回击，他再次率军进入格鲁吉亚。但遗憾的是，他脚跟还未站稳便被人杀害，伊朗军队随即撤出格鲁吉亚，在一番复杂的权力争斗之后，奥高·穆罕默德的侄子法塔赫·阿里继承王位，成为恺加王朝第二任沙阿。

法塔赫·阿里沙阿执政前7年国内政局动荡不稳，他无法抽出精力解决格鲁吉亚问题，加之1798年叶卡捷琳娜女皇死后其继任者保罗一世利用伊朗国内的动荡局面，于1800年强行吞并格鲁吉亚，随后其继任者亚历山大一世进一步巩固了对格鲁吉亚的控制[④]。为了巩固在格鲁吉亚的地位，法塔赫·阿里沙阿于1803年下令入侵亚美尼亚、阿塞拜疆、吉兰等地。在接下来9年里，伊、俄军队间爆发了一系列大大小小的战争，其结果是伊朗接连战败。1813年双方签订《古利斯坦条约》，伊朗割让格

---

① P. Sykes, *A History of Persia*, Vol. 2, p. 293.

② E. Abdullaev, *Gousheh – i Az Tarikh – e Iran*, p. 49.

③ P. Sykes, *A History of Persia*, Vol. 2, p. 293.

④ 关于这次冲突及随后一系列导致伊俄双方于1803—1812年爆发大规模战争的事件、《古利斯坦条约》及此后签订的《土库曼恰伊条约》，以及英、法两国在其中所扮演的角色，详见Ishtiaq Ahmad 所著 *Anglo – Iranian Relations*, 1905 – 1919, 第4—13页，以及 M. Atkin 所著 *Russia and Iran 1780 – 1828*。

鲁吉亚、卡拉巴克、达吉斯坦三省和高加索地区的大片领土给俄国，其中包括什尔凡、杰尔宾特、萨奇、库比克、巴库、索吉尔、阿库克、雷利亚、阿蒂查尔、巴什、库里亚以及塔利什部分地区。该条约还剥夺了伊朗在里海建立海军的权利，以此换取俄国政府支持阿巴斯·米尔扎王储未来顺利继承王位，俄国则从伊朗获得大片领土和大量利益。在商业交往方面，双方都重申维持原有两国商人在对方国内自由经商和中转的权利①。《古利斯坦条约》是一个纯粹的政治和战略条约，通过该条约，俄国侵占了伊朗大片富饶领土，使伊朗变得更加软弱，同时俄国与英、奥的实力对比却大大增强，该条约在很大程度上实现了沙皇彼得一世1722年确定的扩张野心。

17世纪，欧洲国家视奥斯曼帝国为最大敌人，因此，英国一直寻求与俄国和伊朗联盟，共同对付奥斯曼帝国。沙皇彼得一世即位后，其雄心勃勃的扩张计划开始一步步实现，将英国从梦中惊醒，使其认识到俄国或将成为其未来最大威胁的事实，英国随即改变了对俄国的态度。18世纪，英国寻求与伊朗和奥斯曼帝国联合对付俄国，并于1736年签订英、伊、奥三国和平协议。18世纪末，英国采取策略诱骗伊朗卷入阿富汗②，以消除阿富汗萨曼沙阿对英国在印度殖民地利益的威胁，从而确保其在印度的永久利益③。与此同时，拿破仑统治下的法国也不断对英国在印度的利益造成威胁。

为了实现以上政治目标，扩大英、伊贸易，英国派遣马尔科姆于1800年携带大量礼物拜见法塔赫·阿里沙阿。1801年，英、伊双方签订两个条约，《政治条约》（Political Treaty）意在挑起伊朗与阿富汗、法国间的矛盾，从而使英国坐收渔翁之利，保障其在印度的利益，而《通商条约》（Commercial Treaty）则意在巩固和加强东印度公司在伊朗的地位，不但免除了英国商人和商品在伊朗的所有关税，还提供了所有保障英国

---

① J. C. Hurewitz 所著 Diplomacy 第1卷附有《古利斯坦条约》的详细文本。
② P. Sykes, A History of Persia, Vol. 2, p. 299.
③ 然而，需要强调的是，英国并不希望伊朗控制阿富汗，这一点我们可从随后事态的发展看出。19世纪英国在中东地区外交的基本原则是维持现状。见 L. E. Erechtling 的文章 "The Reuter Concession in Persia"，第518—533页。

在伊朗顺利开展贸易的必备条件：所有货物在伊朗自由中转、居住自由、保障英国商人及其财物不遭受盗窃威胁、保障按时偿还债务、英国商人可自由修建住宅及店铺①。

1804年，在遭受俄国侵略之后，法塔赫·阿里沙阿转向英国求助，但英国暗地与俄国达成谅解，出卖了伊朗。英、俄开始联手对付法国，此时法国军队在拿破仑率领下已于1798年占领埃及，并计划进一步在印度与英、俄开战。于是，法塔赫·阿里沙阿与拿破仑结成联盟，1807年双方签署《芬肯施泰因条约》，规定法国承认格鲁吉亚归伊朗所有，并随时准备帮助伊朗从俄国手中收复格鲁吉亚，伊朗则需切断与英国间的一切外交和经济联系，并驱逐所有英国商人和外交官，伊朗还有义务帮助法国攻击英国在印度的财产②。

尽管英国最不希望看到以上这些条款，但既未因此而暴怒，亦未放弃希望。相反，他们以外交手段化解《芬肯施泰因条约》带来的威胁。2个月后，拿破仑又与俄国在提尔西特结盟，伊朗再次被出卖，这为英国恢复在伊朗的利益带来希望和机遇。随后英国政府起草与伊朗的友好协议，决定由哈福德·琼斯（Harford Jones）于1809年送往伊朗。

为确保友好协议顺利签署，琼斯立即动身，一方面大肆贿赂伊朗朝臣和沙阿本人，并最大化地利用印度斯坦捐赠基金会，向沙阿呈上一颗价值2.5万土曼的珠宝，获得沙阿授予他的个人荣誉③；另一方面，他尽可能地在伊朗统治阶层中发展共济会组织，使得恺加王朝几乎每位朝廷高官都对英国产生了好感，为约翰·马尔科姆伯爵的到来做了良好的前期铺垫④。最后，他还充分利用设在伊朗的印度斯坦捐赠委员会筹集大量

---

① J. C. Hurewitz 所著 Diplomacy 第1卷第68—71页和 C. R. Markham 所著 History of Persia 第532—533页附有该条约的详细文本。

② 该条约的详细文本见同上书，第77—78页。

③ 见 H. Busse 所著 History of Persia，第126页。Wright 也认为："琼斯所带礼物无论在种类还是价值上均与马尔科姆1800年到达伊朗时所带礼物不相上下。" 见 D. Wright 所著 The English，第6页。

④ 见 E. Rain 所著 Faramoushkhaneh 第1卷，第16页。由于无法获得相关英文原版资料，这里采用的是波斯语版的译文内容。因此，这里所列内容如与原版存在出入，当属正常。关于共济会，详见第166页脚注②。

经费，以撬动恺加王朝政府的决策①。这些钱被捐给伊朗什叶派伊斯兰宗教学校的学生及乌勒玛，获得了他们的支持。最终，英、伊双方签订《英伊友好与同盟初步条约》，废除了之前伊朗与欧洲其他国家签署的所有协议与条约，强迫伊朗在阿富汗或其他任何国家袭击印度时向英国提供军事援助，而英国则承诺向伊朗提供武器，保障不干预伊朗与阿富汗间的任何纠纷与冲突②。该条约由莫里尔（Morier）立即带回英国向女王复命，陪伴莫里尔前往英国的还有第一位伊朗驻伦敦外交官米尔扎·阿布·哈桑汗·盖洛希（Mirza Ab ol – Hasan Khan – e Garrousi）。

在琼斯结束谈判后，马尔科姆于 1810 年携带大量礼物拜见沙阿。1811 年，库塞利（Ouseley）再次携礼物来到伊朗，开始在伊朗统治集团内部培植亲英势力。在此之前，他已扶植了伊朗驻伦敦外交官米尔扎·阿布·哈桑汗·盖洛希为英国利益代言人和共济会成员。库塞利本人即伦敦共济会的长老，他此行的目的是继续扩大琼斯之前所展开的共济会的影响力。此时，伊朗外交部的一些官员已加入共济会，为英国政府和东印度公司提供服务且每月接受英国政府发放的固定工资。这些人中包括米尔扎·阿布·哈桑汗（Mirza Ab ol – Hasan Khan），他担任外交部高官已有 35 年之久，曾两度担任外交部长，他终生可从东印度公司领取每月 1000 卢比的薪水③。穆罕默德·纳比汗（Mohammad Nabi Khan）是英国扶植的又一位共济会成员，时任伊朗驻印度加尔各答大使，他也可以终生获取每月 1000 卢比的薪水。库塞利还向很多伊朗高官赠送礼品，大肆贿赂沙阿身边的宠臣和后宫。他曾以女王的名义送给沙阿宠妃一瓶镶满珠宝的香水，价值 2 万土曼④。

英国送给沙阿最重要的礼物是将之前双方在友好协议中承诺的每年

---

① 见 E. Rain 所著 *Faramoushkhaneh* 第 1 卷，第 16 页。此处引用了相关资料的波斯语版本。因此，如果原版与此处内容存在出入，当属正常。印度斯坦捐赠委员会明显是由位于巴格达的英国领事馆所组织筹建，其目的是为了援助什叶派教法学校的学生。乌勒玛和其他宗教权威也曾获得该援助。然而，并非所有宗教权威都接受了英国人这种间接的贿赂。

② D. Wright, *The English Among the Persians*, p. 7.

③ E. Rain, *Faramoushkhaneh*, Vol. 1, pp. 326 – 327, 329; H. Busse, *History of Persia*, p. 137; D. Wright, *The English*, p. 7 (footnote).

④ H. Busse, *History of Persia*, p. 139. E. Rain, *Faramoushkhaneh*, Vol. 1, pp. 323 – 325.

12万土曼的援助增加到20万土曼，而且库塞利此行即带来60万土曼，作为1810—1812年的援助费用，这对沙阿来说是莫大的礼物。1813年，英国再次向伊朗提供20万土曼援助。但1813年伊、俄双方签订《古利斯坦条约》后，英国终止了对伊朗的援助。事实上，英国的援助一直被用来维持伊朗与俄国的战争开支。1828年伊俄第二次战争期间，英国再次向伊朗提供援助经费[1]。英国向伊朗提供了大笔援助经费，伊朗则为此付出了更为惨重的代价，在库塞利的暗中运作下，共济会成员米尔扎·阿布·哈桑汗作为内应促成了伊、俄双方签订《古利斯坦条约》和《土库曼恰伊条约》，使伊朗丧失大片领土。库塞利的主要目的是削弱伊朗的实力，尤其在涉及印度的事务上使伊朗丧失任何讨价还价的资本[2]。1814年，英、伊双方签订《最终协议》（*Definitive Treaty*）时，伊朗已失去讨价还价的余地，最大化地扩大了《英伊友好与同盟初步条约》（*Preliminary Treaty*）中规定的英国利益，再次加强了英国的防御和战略利益[3]。

这些条约的重要结果之一是经由布什尔的外贸极大增加，从1817年的大约500万新卢比（1卢比相当于1/33英镑）猛增至1823年的1250万新卢比，年增幅达25%，总增幅达150%[4]。伊朗通过布什尔进口的货物从1817年的300万新卢比增加到1823年的900万新卢比，六年总增幅达200%，年增幅达34%。然而，伊朗的出口却并未以相同的幅度增加，1817年和1823年的总出口额度分别为1991854新卢比和3545556新卢比，六年共增长78%，年增幅仅为13%左右。这种不均衡的贸易只能给伊朗带来赤字，1817—1823年伊朗通过布什尔出口的额度总计2005万新卢比，而其总进口额度则为3800万新卢比[5]。因此，经由布什尔的外贸赤字达到其总出口额的85.5%。对外贸易再次出现对伊朗极为不利的局面，

---

① 见 H. Busse 所著 *History of Persia*，第139页。这些补贴的具体开支受到英国人的严格监管。
② E. Rain, *Faramoushkhaneh*, Vol. 1, pp. 23 – 28.
③ J. C. Hurewitz 所著 *Diplomacy* 第1卷第86—88页附有该协议的详细文本。又见 P. Sykes 所著 *A History of Persia* 第2卷，第309—310页。
④ 根据 C. Issawi 所著 *The Economic History* 第91页所给的英镑与新伊朗卢比的数据计算得出。
⑤ 数据来自 C. Issawi 所著 *The Economic History*，第90—91页。

而通过布什尔的外贸主要是与东印度公司间的贸易。

我们并未掌握这一时期详细的伊、俄贸易数据,但可以根据1830年伊、俄贸易的数据来推测1817—1823年伊、俄贸易的情况,因为在1828年签订《土库曼恰伊条约》后,俄国在伊、俄贸易中占有非常有利的地位,因此我们可以肯定伊、俄贸易必然非常有利于俄国。1830年伊朗对俄国的总出口额为560万金卢布,其进口总额为440万金卢布,享有120万金卢布的顺差①。这些顺差足以弥补对英国贸易的逆差,且有一定盈余。从这些数据中可以看出,在与伊朗贸易的早期阶段,英、俄在伊朗的目的各不相同。英国主要希望获得双边贸易的利润,更多地将伊朗视作其工业产品倾销地和廉价原料来源地。但俄国更多地关注伊朗的政治和战略价值,并希望从伊朗攫取大片领土。当然,英国并非对政治和战略利益不感兴趣,俄国亦从未放弃从伊朗攫取外贸利益。

1825年,俄国再次入侵伊朗,其诱因包括英国在伊朗政府中使用阴谋排斥俄国在伊利益、1814年《英伊协定》签署,1823年伊、奥签订《厄尔祖鲁姆条约》(Treaty of Erzurum)②,以及双方在《古利斯坦条约》中有关伊、俄边界存在遗留问题。随后双方爆发了一系列的战争,并于1828年伊朗战败后签订《土库曼恰伊条约》。与第一次伊俄战争相似的是,伊朗乌勒玛阶层再次号召穆斯林发动针对俄国的圣战,不但没有帮助伊朗赢得战争③,反而成为掣肘伊朗军事统帅阿巴斯·米尔扎王储在关键时候与俄国人达成必要妥协的主要原因。根据《土库曼恰伊条约》,伊朗割让阿拉斯河以北所有领土给俄国,包括耶烈万、纳哈万两省,连科兰、塔利什等其他地区,以及这些地区的所有居民。此外,伊朗还向俄国支付高达50万土曼或2000万卢布的赔偿金,并确保《古利斯坦条约》

---

① M. Entner, *Russo-Persian Commercial Relations*, p. 8.
② J. C. Hurewitz 所著 *Diplomacy* 第1卷第90—92页附有该协议的详细文本。
③ 见 H. Busse 所著 *History of Persia*,第127—128、174—176页。Farsnameh 认为:"除军队普通开支外,沙阿还专门拨付30万土曼用于伊俄战争第二阶段的圣战。"见同上书,第174页。H. Nateq 认为伊俄战争第一阶段号召圣战的教令是由英国人 Joseph Khan 和阿塞拜疆省的行政官所撰写。详见 H. Nateq 所著 "Rauhaniyat Va Azadiha-ye Demokratik"(即《教士与民主自由》),第8页。

中赋予俄国的里海航行权，允许俄国政府根据需要向伊朗任何地方派遣外交官或商务代表。与此同时，伊、俄双方还签署了《贸易协议》，规定伊朗政府对俄国进口商品只征收 5% 的从价关税，并赋予俄国公民治外法权①。

《土库曼恰伊条约》不仅表明了俄国的政治战略利益，也表明俄国对伊朗经济渗透已十分严重。但总体来讲，俄国在伊朗的政治利益远大于其经济利益。对于伊朗封建地主来说，失去耕地、农民及其他可供其剥削、压迫的资源，其后果更具灾难性。但他们没有任何办法挽回局面。《土库曼恰伊条约》对伊朗的唯一承诺是俄国确认阿巴斯·米尔扎的王储地位，伊朗却为此付出了巨大代价。

虽然 1828 年《土库曼恰伊条约》签订时法塔赫·阿里沙阿的私人金库里塞满了现金和金银等贵金属，但伊朗国库早已空虚，战争已耗尽伊朗的财力、物力和人力，而各地长官并未将其所征缴的税收全部上缴中央政府，更加重了国家的财政负担。例如，法尔斯省省长三年未向中央政府上缴税收，欠税总额为 60 万土曼②。不仅如此，伊朗还须向俄国支付 50 万土曼的战争赔偿款，这也是伊朗政府的第一笔国际债务。

英国虽不愿看到俄国在伊朗势力不断壮大，但它同时更愿看到伊朗实力不断衰弱，一个懦弱的伊朗更符合英国的利益。因此，英国在《土库曼恰伊条约》达成过程中起到了不可小觑的推波助澜作用，由此足见其外交政策之阴险狡诈，因为 1814 年签订的《英伊协定》中第三、四条已成为英国的巨大负担。根据这两条规定，两国承诺将在敌人攻击时互相帮助对方攻击敌人。英国答应派遣军队帮助伊朗抗击任何胆敢入侵伊朗领土的欧洲军队，并每年向伊朗政府提供 20 万土曼的援助。1826 年时，伊朗指责英国未派部队帮助伊朗抗击俄国军队而违背协议，英国则以"本次战争由伊朗首先挑起"为借口搪塞③。但事实是欧洲列强间已

---

① J. C. Hurewitz 所著 *Diplomacy* 第 1 卷第 96—102 页附有该协议的详细文本。

② 该省省长法尔曼法尔马是沙阿之子。穆罕默德沙阿死后，法尔曼法尔马曾花费 80 万土曼试图继承王位，但最终仍以失败告终。详见 E. Ashtiani 所著 *Mirza Taqi Khan*，第 177—178、186 页。

③ P. Sykes, *A History of Persia*, Vol. 2, p. 321.

达成和平协议，因此根本不会为保全伊朗领土完整而破坏自己得之不易的和平。因此，英国开始考虑如何宣布废除《英伊协定》中第三、四条款，这将意味着同时废除第六、七条款。而伊朗答应支付俄国的50万土曼战争赔款成为英国的最佳借口。英国派遣麦克唐纳德前往伊朗洽谈以20万土曼赎回《英伊协定》的第六、七条款。由于此时伊朗政府深陷财政危机，无力向俄国偿付50万土曼的战争赔款，因此被迫屈从于英国的敲诈，答应废除第三、四条，以顺利获得英国20万土曼的援助。

> 我王储阿巴斯·米尔扎承诺：如英国政府同意向伊朗提供20万土曼援助，帮助我们支付向俄国的战争赔款，我们将同意废除《英伊协定》中的第三、四条款。[①]

遗憾的是，虽然俄国于1812年和1828年两次承认阿巴斯·米尔扎的王储地位，但他不幸于1833年先其父法塔赫·阿里沙阿而去世，王位最终由其子穆罕默德·米尔扎于1834年继承。穆罕默德沙阿的王位继承遭遇了激烈的挑战，所幸最终并未旁落。这在很大程度上多亏英国在关键时候慷慨解囊，赠上7万土曼供新王储支配，同时英国人林赛还亲自带领王储的军队镇压密谋篡夺王位的皇叔法尔曼法尔马王子[②]。穆罕默德沙阿王位巩固之后，英国人自然希望沙阿更多地满足英国在伊朗及周边地区的利益，但随后的事态发展再次证明英国人大错特错。

表7—1　　　　　　　　　　伊朗出口额　　　　　　（单位：千英镑）

年份	非石油产品出口	石油出口	出口总额
1800[a]	—	—	2500
1820—1821[b]	—	—	—

[①] 引于 Ishtiaq Ahmad 所著 *Anglo-Iranian Relations* 第13页中所引用的 C. U. Aitchison 所汇编的 *A Collection of Treaties* 第132—133页，档案号 XXVIII。

[②] H. Busse, *History of Persia*, pp. 232, 235.

续表

年份	非石油产品出口	石油出口	出口总额
1830[c]	—	—	2000
1857[d]	—	—	6000
1868[e]	2500	1500	4000
1878[f]	5250	4000	9250
1889[g]	3778	2053	5831
1900[h]	5000	3000	8000
1901—1902[i]	5469	3780	9249
1903[j]	7264	4811	12075
1905	7283	5528	12811
1907	7556	5870	13426
1909	8185	6870	15055
1911	10459	7725	18184
1913	11764	8291	20055
1915	8590	6981	15571
1917	8670	6277	14947
1919	12600	7360	19960
1921	12200	10040	22240

资料来源与注释：根据以下资料中的数据为基础汇总得出上表：[a] 见 Malcolm 所著 *The Melville Papers*。该数据为进口、出口及再出口额的归总，最后一项数据占总额的一半以上。见 Issawi 所著 *Economic History* 第 130 页。[b] 见 Fraser 所著 *Historical and Descriptive Accounts of Persia* 第 290 页。Issawi 在 *Economic History* 第 130 页指出 Fraser 的数据存在疑问，因为这一数据表明自 1800 年以来没有任何增长。[c] 见 Issawi 所著 *Economic History* 第 130 页所引用 Brant 的数据，Issawi 认为这一数据很可能存在低估。[d] 见 Blau 所著 *Commerzielle* 第 164—168 页。Issawi 认为该数据不大可能，他给出自己的估算数据为 5000 英镑。见 Issawi 所著 *Economic History* 第 131 页。[e] 见 Thomson 所著 *Report on Persia: Accounts and Paper*, 1867 – 1868 第 69 页。与之前时期相比，贸易额减少主要因为家蚕微孢子虫病的暴发和蔓延导致蚕丝大幅减产。[f] 见 Rabino 所著 *Banking in Persia*。该数据似乎有所高估。[g] 见 Curzon 所著 *Persia 2* 第 559、561 页。Curzon 的数据按土曼（10 里亚尔）计算，然后按照 1∶3.625 的汇率转换为英镑，详见表 4—12。[h] 见 Katouzian 所著 *The Political Economy* 第 38—39 页。又见 Bharier 所著 *Economic Development* 第 105 页。[i] 见 Issawi 所著 *The Economic History* 第 131 页。[j] 有关 1903—1921 年的数据见 Bharier 所著 *Economic Development* 第 105、111、114 页。Bharier 的里亚尔数据被换算成英镑。Issawi 对 1912—1913 年度和 1913—1914 年度分别给出了以下数据：进口为 10320，出口为 7933；进口为 11767，出口为 8288（按英镑计算）。见 Issawi 所著 *Economic History* 第 131 页。另外，根据 Issawi 的观点，以 1800 年平减指数为 150 计算，伊朗 1800—1850 年贸易实际增长了 3 倍，截至 1914 年又增长了 4 倍，1800—1914 年的贸易总增长幅度高达 12 倍。见 *Economic History* 第 131—132 页。

伊朗的封建地主和贵族早已因为《土库曼恰伊条约》丧失大量土地和农民而陷入深度财政危机。为解决这一问题，他们企图侵占阿富汗的赫拉特或至少迫使阿富汗政府承认伊朗对赫拉特的宗主权，并定期从此地获得岁贡[①]。英国无法容忍伊朗的这一无理要求和企图。但由于包括首相米尔扎·阿迦西（Mirza Aqasi）在内的朝廷大员皆为亲俄派，加之新任沙阿地位尚不稳固，无力改变整个统治阶层的决定，只能无视英国的要求。1836年，沙阿派兵袭击赫拉特，并持续围困该城长达两年之久，但最终在英国威胁下退兵。整个过程中，英国都在秘密筹划反对沙阿的阴谋，为三位恺加王子提供庇护，诱哄其加入共济会，并向每人支付2000英镑的年薪[②]。作为回报，三位王子则尽其最大努力对沙阿王位造成威胁。英国人还挑拨巴赫蒂亚里人叛乱，1836年瘟疫暴发，沙阿士兵大量死亡。同时，英国假装担任中间人，暗中向赫拉特的统治者提供1万土曼的援助，鼓励其坚持抵抗。最终，英国还出兵强行驱赶伊朗军队[③]。英国极力避免伊朗占领赫拉特，主要为了确保其在印度的殖民利益不受任何潜在威胁。

战后不久，英国开始积极修复与伊朗的关系，1841年双方签订《贸易协定》[④]。对于该协定的重要性，埃利斯早在1836年写给帕默斯顿的信中就已清楚阐明[⑤]。根据埃利斯的描述，沙阿认为"由于英、伊双边贸易导致伊朗出现巨大贸易赤字，任何旨在扩大伊朗与工业帝国间贸易的措施都必将导致伊朗遭受巨大损失"。埃利斯将沙阿的这种心理称为"商业教条"，并敦促英国尽快强行签订协议，从而改变沙阿的"商业教条思想"。埃利斯认为签署该协议可使英国商人获得等同"最惠待遇"的有利贸易环境。英国与伊朗签订协议的基础是伊、俄间签署的《土库曼恰伊

[①] Ishtiaq Ahmad, *Anglo-Iranian Relations*, p. 14.

[②] E. Rain, *Faramoushkhaneh*, Vol. 1, pp. 355–356.

[③] H. Busse, *History of Persia*, pp. 253–261, and Ishtiaq Ahmad, *Anglo-Iranian Relations*, pp. 14–17.

[④] J. C. Hurewitz 所著 *Diplomacy* 第1卷第123—124页附有该协议的详细文本。

[⑤] Ellis to V. Palmerston, 16 January 1836, and 1 September 1836, in UK Public Record Office, FO, 539/3.

条约》。但埃利斯的信中并未详细列举英国该在伊朗哪些地方获得何种贸易特权,这些具体内容将由五年之后英、伊两国间的《贸易协定》具体规定。

1848 年,穆罕默德沙阿去世,纳赛尔·阿尔丁继位。第一任首相阿米尔·卡比尔(1848—1851 年)采取独立自主的外交政策。在其任期大部分时间内,他兼任外交部长一职,致力于加强相关外交部门的建设,未签订任何丧权辱国的条约。阿米尔·卡比尔的民族主义政策之一包括拒绝批准其前任与法国签署的一项不平等条约,该条约赋予了法国商人与英国、俄国商人同等的优惠待遇。他以穆罕默德沙阿并未签署该条约为由拒绝批准该条约①。

表 7—2　　　　　　　　1836—1921 年关税收入

年份	土曼(或 10 里亚尔)	英镑	克伦每英镑
1836—1837[a]	268714	134357	20.00
1867—1868	536660	217271	24.70
1878—1880[b]	606400	236400	27.63
1880—1881	708629	257700	27.50
1881—1882	785290	281600	27.86
1884—1885	806000	264262	30.50
1886—1887	850000	253730	33.50
1888—1889	800000	235294	34.00
1901[c]	2300000	438095	52.50
1903	3400000	641509	53.00
1905	3000000	566038	53.00
1907	4600000	851852	54.00
1909	3700000	685185	54.00
1911	4300000	788991	54.50
1913	4700000	854545	55.00
1915	2900000	537037	54.00

---

① E. Ashtiani, *Mirza Taqi Khan*, pp. 300 – 303.

续表

年份	土曼（或10里亚尔）	英镑	克伦每英镑
1917	2400000	444444	50.00
1919	3600000	720000	50.00
1921	5100000	1020000	50.00

资料来源与注解：[a]有关1836—1868年的数据，详见表4—10关于财政收入构成的内容。[b]有关1879—1889年的数据，详见 Curzon 所著 *Persia 2* 第476页。[c]有关1901—1921年的数据，详见 Bharier 所著 *Economic Development* 第71页。

英国提出给予法国商人最惠待遇的请求，阿米尔·卡比尔对此置之不理[1]。因而，我们不难理解为何英国驻德黑兰外交特使后来选择与努里领导的伊朗保守势力结成联盟，共同反对阿米尔·卡比尔，从而最终导致阿米尔·卡比尔1851年的悲惨下场[2]。而作为共济会成员，努里在接替阿米尔·卡比尔首相之职后，成为英国利益的最佳代言人，于1857年批准《巴黎协议》（Paris Treaty），授予法国商人与英、俄两国等同的特惠权利。据称，在批准协议后，努里本人不无感慨地说："感谢真主，英国人从此不会再坚持要求我下台了。"[3]

1839—1841年，英、俄两国关系缓和，随后几年里，伊朗与阿富汗之间围绕赫拉特的冲突也逐渐缓和。1851年，赫拉特统治者因遭受喀布尔和坎大哈两大汗国的攻击而向伊朗寻求庇护，但英国政府鉴于其印度殖民地利益而不允许伊朗干预或影响阿富汗政治。1853年，英国施压伊朗政府承诺不派遣任何部队踏入阿富汗领土[4]，但随后不久，伊朗政府却于1856年派兵占领赫拉特。英国政府随即对伊宣战，迅速占领包括木哈马拉（今霍拉姆沙赫尔）在内的几个波斯湾港口。随后，伊朗与英国在巴黎签订和平条约，英国军队撤出占领的几座波斯湾港口城市，伊朗军队撤出阿富汗，并承诺放弃对阿富汗的任何主权要求，承认其主权独立

---

[1] E. Ashtiani, *Mirza Taqi Khan*, pp. 303 – 305.
[2] Ibid., pp. 106, 318 – 323.
[3] E. Rain, *Faramoushkhaneh*, Vol. 1, p. 425.
[4] J. C. Hurewitz 所著 *Diplomacy* 第1卷第141—143页附有该承诺的详细内容。

地位①。与俄国签署的《古利斯坦条约》和《土库曼恰伊条约》使伊朗丧失了高加索地区的大片领土，而与英国签署的《巴黎协议》则使伊朗彻底失去了阿富汗。作为对伊、俄间条约的进一步补充，《巴黎协议》彻底实现了英国弱化伊朗的目标。

在经济方面，1830—1868年，伊朗对外贸易总额翻了一番（见表7—1），其关税收入也增长了一倍（见表7—2）。

由于伊朗海关长期征收5%的从价关税，其关税收入增加必然意味着贸易总额同等比例的增加。然而，这些数据并不能全面反映当时伊朗贸易的真实情况，随着对外贸易持续增长，伊朗的国家贸易赤字也迅速攀升。

表7—3　　　　经由特拉布宗商道的伊朗对外贸易

（单位：泰勒；按现行价格计算）[a]

年份	欧洲 伊朗进口	欧洲 伊朗出口	俄国[b] 伊朗进口	俄国[b] 伊朗出口	奥斯曼帝国 伊朗进口	奥斯曼帝国 伊朗出口
1847	8681000	2894000	—	—	—	—
1850	11825000	4148000	—	—	—	—
1852	9642000	3487000	1795200	5565694	—	—
1853			1590092	6067390	—	—
1854	8743000	—			—	—
1855	—	—	1732590	7285446		
1856	12393000	4202200	—	8404400		
1857	—	—	1500620			
平均[c]	1025000	3709000	1700000	7000000	1000000	2500000

资料来源和注释：[a] 见Blau所著 Commerzielle 第164—168页。这一时期的汇率约为每英镑兑换7泰勒。[b] 考虑到走私的因素，我们根据Blau的要求对其所提供官方数据翻倍计算，他本人在计算平均数据时也使用了这一方法。[c] 平均出口总额为13200000泰勒，平均进口总额为12950000泰勒，顺差为250000泰勒。

---

① J. C. Hurewitz 所著 Diplomacy 第1卷第161—163页附有《巴黎协议》的详细内容。

1868年时，伊朗贸易赤字已高达100万英镑（见表7—1），其中还有两个有趣的情况。首先，直到1857年前，伊朗对外贸易一直保持大约25万泰勒银元①的顺差（见表7—3）。其次，1830—1869年，伊朗从俄国的进口减少了31%，但对俄国的出口却增加了52.6%（见表7—4）。从这些数据来看，我们可以得出《土库曼恰伊条约》对伊朗外贸非常有利的结论，而俄国获得的更多是政治和战略利益。因此，伊、俄双边贸易并非造成伊朗对外贸易赤字的原因。这一结论亦可从表7—3中得到证明：从1847—1857年10年间的数据可以看出，伊朗与欧洲贸易的赤字为655万银元或935714英镑，但1857年英、伊《巴黎协议》签订后，伊朗对外贸易急剧恶化。尽管《巴黎协议》并非贸易协定，却是导致伊朗与欧洲贸易格局发生巨大变化的最主要原因。当然，1841年签订的《商贸协定》也产生了重大影响。事实上，伊朗与欧洲国家间的贸易是导致其对外贸易赤字的唯一原因。最后，这一时期欧洲国家对伊朗的兴趣主要在于其经济利益，与俄国和奥斯曼帝国更加看重领土扩张存在明显区别。

表7—4　　　　　　　　1830—1914年伊朗与俄国的贸易

（单位：百万卢布；年度平均数据）

年度	伊朗出口	伊朗进口	总额	比上年增长比例（%）年均值	贸易顺差
1830—1834	3.80	2.60	6.40	—	1.20
1835—1839	3.60	1.30	4.90	−23.44	2.30
1840—1844	4.70	1.20	5.90	20.41	3.50
1845—1849	5.30	0.90	6.20	5.08	4.40
1850—1854	5.00	1.20	6.30	1.61	3.80
1855—1859	5.70	1.40	7.20	14.29	4.30
1860—1864	6.00	1.60	7.60	5.56	4.40
1865—1869	5.80	1.80	7.60	—	4.00
1870—1874	5.60	2.10	7.80	2.63	3.50

---

① 译者注：泰勒银元，15—19世纪德国的货币单位，约等于1/7英镑。

续表

年度	伊朗出口	伊朗进口	总额	比上年增长比例（%）年均值	贸易顺差
1875—1879	6.30	2.70	9.00	15.38	3.60
1880—1884	7.50	3.80	11.30	25.56	3.70
1885—1889	9.40	6.50	15.90	40.71	2.90
1890—1894①	11.50	10.90	22.40	40.88	0.60
1895—1899	19.70	16.00	35.70	59.38	3.70
1900—1904	24.00	24.60	48.50	35.85	-0.60
1905—1909	26.40	29.00	55.40	14.23	-2.60
1910—1914	38.50	49.20	87.70	58.30	-10.70

资料来源：伊朗进出口额按照 Entner 所著 *Russo – Persian Commercial Relations* 第 8—9 页内容汇编而成。原始资料所列 1830—1914 年度数据以金卢布计算，1830—1896 年数据按账户卢布计算。

从表 7—5 可以看出，截至 19 世纪 50 年代，伊朗的主要出口商品仅占其出口总额的 19% 上下，其他还包括工业制成品。而伊朗的现代工业产品进口却占其进口总额的 66%，这表明截至 19 世纪 50 年代，伊朗尚未完全沦为资本主义帝国的原料来源地和工业品倾销市场，但正朝着这一方向迅速发展（见表 7—5）。这一时期伊朗的主要出口商品包括棉花、原丝、烟草、鸦片、大米和水果等。

伊朗的棉花产量在 19 世纪 40 年代前持续增加②，但随后外国企业间的竞争不断加剧，导致自 19 世纪中期开始，小规模棉花加工作坊被挤垮（见表 4—2），最终导致棉花产量下降。然而，美国内战导致欧洲出现严

---

① 译者注：原文此处为 1990—1994，经译者与作者核实，应为 1890—1894。经作者同意，此处直接译为 1890—1894。

② Abbott 于 1849—1850 年前后写道："棉制品远销欧洲，为（伊斯法罕及）周边村庄的居民提供了很多就业机会。"见 K. E. Abbott, Notes on the Trade Manufactures and Production of Various Cities and Countries of Persia, UK Public Record Office, FO 60/165. 又见 Abbas Amanat 编著 *Cities & Trade: Consul Abbott on the Economy and Society of Iran*，第 74—209 页。

重的棉花"饥荒",英国随即鼓励伊朗增加棉花生产。但随着美国内战结束,伊朗棉花产量再次出现巨幅下滑①。直至 19 世纪 60 年代,生丝一直是伊朗最重要的出口商品。1864 年,仅吉兰一省生丝产量即高达 200 万磅,价值 100 万英镑②,但 1873 年,却迅速下滑至 21 万英镑。导致吉兰省生丝生产下降的主要原因是家蚕微孢子虫病的暴发和蔓延。但 19 世纪 60 年代,伊朗的大米和鸦片产量有所增加。1867 年,伊朗出口鸦片 13 万磅,1869 年增至 25 万磅③。同样,1865 年大米产量仅为 7.4 万吨,1872 年却达到 21 万吨④。吉兰省暴发大规模家蚕微孢子虫病后,大米种植逐渐替代部分蚕丝生产。

表 7—5　　　　　　对外贸易结构：各类产品所占比例　　　　（单位：%）

		19 世纪 50 年代	19 世纪 80 年代	1911—1913 年
进口	棉花	43	48	30
	丝绸及毛料	23	15	5
	总棉布进口	66	63	35
	茶叶	9	2	6
	蔗糖	2	8	24
	金属商品	2	2	2
	煤油	—	1	2
	谷物	—	—	4
	其他	21	24	27
	进口总额	100	100	100

---

① C. Issawi, *The Economic History*, pp. 245 – 246.
② 见 Hon G. N. Curzon 所著 *Persia* 第 1 卷,第 367 页。关于其他年份的数据,详见 C. R. Markham 所著 *History of Persia*,第 366 页；F. Adamiyat 和 H. Nateq 所著 *Afkar - e Ejtemai*,第 280 页；以及 J. Bharier 所著 *Economic*,第 11 页。关于丝绸价格,见 C. Issawi 所著 *The Economic History*,第 237—238 页。关于出口数据,详见 Hon G. N. Curzon 所著 *Persia* 第 2 卷,第 544 页。
③ C. Issawi, *The Economic History*, pp. 238 – 240.
④ Ibid., pp. 241 – 244.

续表

		19 世纪 50 年代	19 世纪 80 年代	1911—1913 年
出口	生丝及相关产品	38	18	5
	棉花和毛料	23	1	1
	布料出口总额[a]	61	19	6
	谷物	10	16[b]	12[b]
	水果	4	6	13
	烟草	4	5	1
	棉花	1	7	19
	鸦片	—	26	7
	初级产品出口总额	19		52
	地毯	60	4	12
	其他	20	17	30
	出口总额	100	100	100

资料来源与注释：根据 Katouzian 所著 *Political Economy* 第 41 页和 Issawi 所著 *Economic History* 第 135—136 页内容汇总而成。[a]包括生丝。[b]以大米为主。

受对外贸易影响，自 19 世纪 30 年代中期起，伊朗经济开始出现问题。例如，1836 年前，大不里士贸易非常繁荣，但随后，由于以信用方式进口外国产品的原因，伊朗爆发了贸易危机，信用持续下降。信用危机爆发主要是因为即使当时最富有的伊朗商人都无法筹集 15 万金卢布的现金，必须依靠赊账先购买后还债。于是，大不里士的很多商人破产。1837 年，伊朗商人的主导地位开始动摇，俄国等外国商人开始占据优势。在此情况下，对外国资本最为有利的是大不里士拉利商行（交易所）及其拉什特分行的建立。随后不久，英国工业品迅速充斥伊朗各大城市，以非常慷慨的条件赊账销售[1]。

英国驻大不里士外交官艾博特曾于 1840 年记录了当时的情况。

> 伊朗的国家财富已被我们的工业商品消耗殆尽，但伊朗人的消

---

[1] I. Berezin, *Puteshestvie*, in C. Issawi, *The Economic History*, pp. 105 – 108.

费热情仍丝毫未减。我们的工业产品开始大量进入伊朗，导致其很多行业被彻底挤垮，现在他们的很多此类产品都要依赖从英国进口。"①

四年后，艾博特还记录了一场由伊朗大商人和工厂主发起的请愿活动，他们请求沙阿保护伊朗工商业不被欧洲商品冲垮②。同年，居住在大不里士的另一位英国人也记录了同一事件，他写道："随着外国进口商品不断增加，伊朗工商业遭到巨大冲击，大商人请求当地政府禁止欧洲商品的进口。"③ 四年后，艾博特再次向其伦敦总部汇报："英国工业品已很大程度取代伊朗国内对棉花和丝绸制品的需求，因为我们的工业品非常便宜。"④ 仅一年后，艾博特再次提及同一话题："从欧洲进口的商品已逐渐渗透到伊朗社会方方面面，对伊朗诸多工业领域都造成致命冲击，导致很多行业被毁，也导致过去几年里伊朗制造业整体大幅萎缩。"⑤ 另外，还有很多类似记录都验证了与欧洲的贸易导致伊朗本国工业衰落的事实，其中对伊朗冲击最大的当属与英国的贸易⑥。

伊朗相对欧洲经济地位逐渐恶化的原因有很多，包括腐败无能的统治阶层授予欧洲商人太多特权（如治外法权、5%从价关税等）⑦。欧洲在工业革命后工业生产效率远高于伊朗，加之其重商主义政府大力扶持，不惜一切代价地扩张贸易版图，而伊朗工商业者不但缺乏类似优势和支

---

① Abbott to Aberdeen, 30 September 1840, UK Public Record Office, FO 60/107, in C. Issawi, *The Economic History*, pp. 111 – 112.

② C. Issawi, *The Economic History*, pp. 258 – 259.

③ 同上书，第259页："Dispatch by Bonham, 28 June 1844", FO 60/107。

④ C. Issawi, *The Economic History*, pp. 258 – 259.

⑤ Ibid..

⑥ 1864年，一位伊朗批评家指出，大部分伊朗企业被迫停业，而仅存的五六家别无选择，只能充当外国企业的代理，伊朗国内所有必需品均依赖进口。详见 F. Adamiyat 和 H. Nateq 所著 *Afkar – e Ejtemai*，第276—277页。

⑦ 为举例说明关税如何歧视伊朗商人，此处引用一位久居大不里士的英国人 Stevens 于1851年所写的一段话："欧洲商人出口一批价值10土曼的蔗糖（至大不里士）仅需一次性支付5%（的从价关税），然后再将其运往德黑兰（或其他任何地区）销售。而同样的商品，伊朗商人则需要缴纳14%的从价关税，随后还会在运往德黑兰（或其他任何地区）销售时被征收额外税收。"详见 "Stevens to Sheil, 25 February 1851", Tabriz, UK Public Record Office, FO 60/166。

持，他们甚至还遭到本国政府不断加重的剥削和压迫。伊朗几次战败于英、俄两国后，经济状况不断恶化，被迫成为资本主义世界体系的边缘部分，充当了廉价原材料来源地和工业品倾销地的角色，其主要后果是伊朗成为帝国主义列强的附庸。

帝国主义列强支配伊朗与伊朗的依附地位：1870—1926 年

　　1828 年《土库曼恰伊条约》签订后，俄国进一步巩固在伊朗的政治、战略利益与地位，开始将触角伸向伊朗经济领域。英国也在 1857 年《巴黎协议》签订后对伊朗经济领域加大渗透。1861 年改革后，俄国资本主义生产关系迅速发展，英国也逐渐进入帝国主义阶段。俄国资本主义不断扩张，英帝国主义直接投资的需求也不断增长，迫使两国对伊政策做出重大调整。他们既没有通过武装侵略直接分裂伊朗，亦未通过贸易等手段进一步渗透伊朗，相反，两个列强开始竞相直接控制伊朗的自然资源和已开发资源。与此同时，伊朗经济持续恶化，加之货币经济不断发展，统治阶级对货币的需求不断增长。尽管穷尽一切可能却无法在其既有领域增加货币收入，伊朗政府开始将目光转向国外。国内政治改革所产生的巨额花费加重了恺加王朝政府的现金危机。

　　以上因素与诸多其他类似因素共同导致伊朗统治阶级与帝国主义列强间达成了一系列"特许专营权"的合作。1870—1900 年是伊朗政府向外国资本转让特许经营权最多的时期，对伊朗经济造成致命破坏。正是这些特许经营权的授予而导致英、俄在伊朗的争夺不断加剧。19 世纪末至 20 世纪初，特许经营权的授予导致伊朗大量向列强贷款或以低价提前预售其国内产品和资源。但同时，特许权受让人却依靠其在伊朗获取的巨大利润组建银行，其银行又反过来向伊朗政府提供贷款，或提前预购伊朗工农业产品或资源。英、俄等帝国主义列强在此领域展开了又一轮竞争和掠夺。这些争夺进一步加剧了伊朗人民本已沉重不堪的经济负担，使伊朗经济状况不断恶化。

　　第一批授予英、俄两国商人的特许经营权主要集中在交通运输和通信领域，电报线路和铁路领域的专营权最早被授予英、俄两国商人。英国希望穿越伊朗境内建立一个连接印度殖民地的世界电报网络，俄国则希望将其国内铁路网络延伸至伊朗境内，加强对伊朗的控制，从而使伊朗融入世界资本主义体系之中，使伊朗成为其重要的工业产品倾销市场。然而，随着时间推移，英、俄两国野心开始膨胀，不断提出更高要求。1863年，英国印欧电报部获得伊朗政府授予其修建哈纳琴—德黑兰—布什尔电报线路的特权。尽管伊朗同意拨付一定经费从英国购买材料和支付工程费用，但这条线路最终由英国控制，并由英国工程师担任总负责人。随后，伊朗政府又授权英国修建另一条布什尔至哈纳琴的电报线路，专门用于国际通信。英国工程师和官员再次把控了该线路的管理和运营[1]。

1868年，伊朗再次授予英国印欧电报公司和印欧电报部修建电报线路的特许专营权，分别修建焦勒法—大不里士—德黑兰电报线和瓜达尔—贾斯克—阿巴斯港两条电报线。1872年，伊朗政府又委托印欧电报部修建三条电报线路，一条用于伊朗本国通信，另两条则用于国际通信。三条电报线路均由英国政府管理和维护，而伊朗政府则需要连续10年支付1万土曼年度补贴作为修建费用。英国还设定了该电报线路的最高费率，以及伊朗政府可延迟付款的次数。在购买材料和修建过程中，伊朗政府出现巨额财政赤字，至1869年，已达47217英镑[2]。

1872年路透特许专营权签署，标志着英国开始直接插手伊朗本国事务，也标志着伊朗开始成为资本主义世界市场的一部分。德黑兰已与伦敦、孟买以及诸多欧洲资本主义中心大城市和世界工商业中心紧密连接起来。伊朗各地纷纷建立电报局，并由英国人掌控，形成一个个上空飘扬着米字旗的小规模法外之地[3]。这些电报线路和电报局还增加了英国政府以保护电报线路为名直接出兵干预伊朗内政的概率。英国在伊朗的势力空前扩大，对伊朗的深度渗透不断加强。这让我们清楚地看到伊朗如

---

[1] C. R. Markham 所著 *History of Persia* 第542—543 页简要介绍了这些专营权。
[2] 同上。
[3] T. Ricks, "Background to the Iranian Revolution", p. 19.

何被欧洲列强一步步敲开国门①。瑞克斯指出，这些新的信息媒介提升了伊朗政府加强中央集权的可能性②，这也是英、俄两国所希望看到的结果。但有趣的是，宪政革命期间，正是这些旨在加强恺加王朝中央集权控制的电报系统为反对中央集权统治的革命者提供了避难之所。

寇松称路透特许专营权为伊朗历史上统治者将全国工业资源献给帝国主义势力最全面、最特别的一次，可能也是有史以来最为慷慨的一次，即使作为特许专营权受让人的路透本人可能也未曾梦想过自己能够如此轻易地获得这笔资源③。包括对伊朗铁路、城市有轨电车、政府森林资源以及所有未开垦土地的绝对垄断经营权，还有对伊朗除贵金属外所有矿产资源的垄断开发和经营权、兴建各种水利工程的专有权，以及对未来涉及道路、电报、天然气、加工作坊、工厂、工作室、锻造车间、柏油道路等所有领域的独有控制权。另外还包括与城市、邮局、海关相关的所有公共工程项目。同时，路透公司还被允许筹集600万英镑，以其中意的任何方式进行投资，伊朗政府则承诺路透公司的任何投资仅需向政府缴纳5%的回报即可，无须再缴纳任何关税或国内税收。此外，伊朗政府还将获得路透公司在伊朗所修建铁路运营净利润的20%，以及森林、矿藏和灌溉系统净收入的15%作为路透公司的承包费用④。

路透特许专营权是由纳赛尔·阿尔丁沙阿所任命的新首相哈吉·米尔扎·侯赛因与英国人谈判签署而成⑤。在路透特许专营权协议签署后，沙阿即与其首相启程访问欧洲。与此同时，一个由保守地主和贵族、大商人、中产阶级新兴知识阶层、乌勒玛所组成的联盟开始在德黑兰掀起一场反对路透特许专营权协议的斗争，要求沙阿废除协议，罢免首相哈吉·米尔扎·侯赛因。民众的抗议愈演愈烈，迫使英国政府产生了放弃

---

① 见 P. Avery 所著 *Modern Iran*，第84页。又引于 T. Ricks 所著 "Background"，第19—20页。

② T. Ricks, "Background", p. 19.

③ Hon G. N. Curzon, *Persia*, 1, p. 480.

④ 同上书，第480—481页。C. R. Markham 所著 *History of Persia* 第544—549页简要介绍了这些专营权。

⑤ 见 E. Rain 所著 *Faramoushkhaneh* 第1卷，第427页。Bakhash 认为路透花钱买通了伊朗官员。见 S. Bakhash 所著 *Iran*，第113页。

这项特许专营权的念头，加之俄国不断施压，英国最终放弃了路透特许专营权。沙阿也担心路透特许专营权所产生的附带影响，在返回德黑兰途中即罢免了首相，并随后取消了协议①。

尽管路透未能成功实现其宏伟的帝国计划，却为英国在伊朗开设波斯帝国银行和英伊石油公司开创了制度上的先例。事实上，英国政府以同意取消路透特许专营权为条件，向伊朗政府索取了更多其他专营权，尤其19世纪80年代后。英国人以伊朗与俄国签订《土库曼恰伊条约》为由，从伊朗骗取了大量贸易特权。同样地，俄国人也以伊朗政府与英国签署路透特许专营权为借口进一步扩大俄国的在伊利益。1874年俄国人所获得的法尔肯哈根特许专营权是其中典型例子之一，该专营权规定由俄国专门负责修建和经营焦勒法至大不里士的铁路，允许专营权受让人开发铁路沿线50英里内的所有矿产，且免除所有税收，并确保至少3%的收益回报率。该专营权期限为40年，但最终因为俄国政府未能向该公司提供足够资金，该专营权被迫流产②。

1872—1890年，伊朗政府授予英、俄两国政府或公民的专营权还包括1881年授予俄国政府使用奇基什拉尔和艾斯特拉巴德间电报线路的特权、授予俄国政府掌管和经营焦勒法与奇基什拉尔间电报局的专营权、1886年授予俄国政府利用焦勒法—奇基什拉尔电报线路的专营权、1888年准许俄国人在里海渔猎的利亚佐诺夫专营权、1888年授予英国人在卡伦河航行的专营权、1889年授予英国人的彩票特许专营权（后因遭到反对而被迫中止）、1889年出售的各种道路和收费站的专营权、1890年授予希腊公司开采伊朗森林的专营权、允许英国于1889年在伊朗设立波斯帝国银行的第二次路透专营权。最后一项专营权是自路透专营权被取消以来最重要的一项专营权。

波斯帝国银行由路透于1889年投资100万英镑创办，其主要股东由

---

① 见 H. Algar 所著 *Religion*，第174—175页；Bakhash 所著 *Iran*，第116—117页；以及 L. E. Frechtling 所著 *The Reuter Concession in Persia*，第518—533页。关于该专营权，详见 Sir H. Rawlinson 所著 *England and Russia in the East*，第122—128页。

② 关于路透专营权、法尔肯哈根专营权，以及英、俄在伊朗的势力范围争夺，详见 F. Kazemzadeh 所著 *Russia and Britain in Persia*，第2章。

在伊朗的英国公司组成，银行享有 60 年独立发行纸币的权利。此外，伊朗政府还授予该银行开采包括石油在内的所有伊朗资源的专营权[①]。这家银行在伊朗享有很大权力[②]，成为英国推行对伊朗外交政策的最主要工具[③]。该银行通过购买伊朗新东方银行的分行，以及在伊朗全国建立波斯帝国银行分行的手段迅速扩大了在伊朗全国的业务（见表 7—6）。波斯帝国银行广泛地参与伊朗工业、商业、金融业活动，并继续获得修建道路和管理收费站的权利，以及其他各种特许专营权[④]。

表 7—6　　波斯帝国银行：分支、资产、存款、流通纸币价值

年度	分支数量 伊朗	分支数量 国外	总额 资产[a]（百万英镑）	总额 储蓄[b]（千英镑）	流通纸币价值（千英镑）
1890	8	2	1.80	113	—
1891	8	2	2.10	225	28
1892	12	3	2.10	357	55
1893	12	2	2.20	286	59
1894	12	2	1.90	269	96
1895	8	1	1.40	238	73
1896	8	1	1.90	226	82
1897	8	1	1.60	217	38
1898	8	1	2.00	220	73
1899	8	1	1.20	179	117
1900	8	0	1.40	280	206
1901	8	0	1.40	279	264
1902	9	0	1.50	282	330

① Hon G. N. Curzon, *Persia*, Vol. 1, pp. 475–477.
② J. Rabino to Colonel Picot, Confidential, Tehran, 14 May 1898, quoted in F. Kazemzadeh, *Russia and Britain*, p. 317.
③ Z. Z. Abdullaev, quoted in C. Issawi, *The Economic History*, p. 46.
④ C. Issawi, *The Economic History*, pp. 358–359.

续表

年度	分支数量 伊朗	分支数量 国外	总额 资产[a]（百万英镑）	总额 储蓄[b]（千英镑）	流通纸币价值（千英镑）
1903	10	0	1.50	226	347
1904	11	0	1.90	410	481
1905	11	0	2.00	427	526
1906	11	0	2.00	528	461
1907	11	0	2.20	549	395
1908	11	0	2.20	608	430
1909	11	0	2.40	687	635
1910	15	0	2.80	746	684
1911	15	0	3.10	776	805
1912	15	0	3.00	725	859
1913	17	0	3.30	906	962
1914	18	0	3.10	695	832
1915	18	0	2.50	703	208
1916	18	0	2.70	728	180
1917	17	1	4.40	1,188	562
1918	17	2	7.70	1,789	667
1919	17	3	10.40	2,830	1,109
1920	17	3	8.30	3,228	670
1921	17	3	7.20	2,805	733

资料来源与注释：见 Bharier 所著 *Economic Development* 第 238、240 页，引用波斯帝国银行《资产负债表》（伦敦：1890—1951 年）。[a] 包括部分伊朗境外的存款。每年按照年度平均汇率由克伦换算成英镑。[b] 固定资产的价值通常由里亚尔（或克伦）以当前汇率换算成英镑。对于早年的数据（1917 年之前），资产统计数据由波斯帝国银行各分支机构上报数据汇总而来。

俄国人始终对波斯帝国银行保持高度警惕，并很快要求伊朗政府允许其建立一家俄国银行。1891 年，伊朗政府授权有"俄国路透"之称的波利亚科夫（Poliakov）创建普莱茨银行（Banque des Prets），注册资本为 18.75 万金卢布①。波利亚科夫的实力无法与波斯帝国银行相比,因此决定采取合伙的形式。俄国政府立即插手接管该银行②,但名义上仍让波利亚科夫负责银行事务,该银行后更名为贴现信贷银行。此后,贴现信贷银行成为俄国深入渗透伊朗、扩大其利益、践行其对伊政策的主要工具之一③。随后,该银行的资本增至3000万金卢布,并在伊朗各大城市建立分支机构④,经营范围包括金融、贸易、工业等⑤,此外还向伊朗政府提供贷款,向铸币厂供应白银。

该银行还以低于市场的折扣价格销售汇兑票据,扮演商业中介机构、商人或经济人的角色。有时还会向进出口贸易提供资金,甚至卷入捕猎、道路修建、路桥收费等特许专营权的争夺。⑥

英、俄两国在伊朗开办银行的特许专营权无疑为两国带来巨大利益,却对伊朗经济造成重大创伤。然而,1890 年 3 月 20 日授予英国人杰拉尔德·塔尔博特少校(Major Gerald Talbot)垄断伊朗烟草经营的专营权最终激怒了伊朗民众,拉开了伊朗人民反帝反封建运动的序幕,最终发展为1906 年的宪政革命。在烟草专营协议签署前,几乎所有专营权都主要针对尚未开发的资源,对百姓日常生活并未造成太大的直接影响。但烟草专营权不同,它垄断了伊朗大多数人每日依赖的烟草,无论从事烟草种植的农民或地主,售卖烟草的小商贩、大商人,还是烟草的最终吸食者都受到了影响。因此,将这项垄断专营权授予外国公民是伊朗社会所无法容忍的⑦。

烟草专营权将伊朗全国所有烟草(包括水烟中吸食的烟草)50 年期限的生产、销售、购买和贸易权悉数授予英国商人杰拉尔德·塔尔博特

---

① C. Issawi, *The Economic History*, p. 346.
② F. Kazemzadeh, *Russia and Britain*, p. 317, quoting Rabino.
③ M. Entner, *Russo-Persian Commercial Relations*, p. 41, and Sykes, *History of Persia*, Vol. 2, p. 375.
④ C. Issawi, *The Economic History*, p. 346.
⑤ M. Entner, *Russo-Persian*, pp. 42-44.
⑥ 关于该银行的经营活动,详见 C. Issawi 所著 *The Economic History*,第 360 页。
⑦ N. Keddie, *Religion and Rebellion in Iran*.

少校，而他仅需每年支付沙阿或恺加王朝政府 1.5 万英镑的承包费用和其纯利润的四分之一①。塔尔博特随即成立波斯帝国烟草公司全面负责烟草生产，但其在多地的分支机构均遭到伊朗民众的攻击和破坏。19 世纪 80 年代伊朗全国每年烟草产量为 940 万公斤，其中 540 万公斤用于国内市场，其余 400 万公斤用于出口②，这在伊朗是非常巨大的市场规模。伊朗民众展开大规模抗议，最终迫使沙阿于 1892 年取消该项专营权。与路透专营权一样，烟草专营权是英国在伊朗外交政策的又一败笔。但与路透专营权不同的是，伊朗政府需要偿付 50 万土曼的违约金以挽回英国公司的损失。这是伊朗政府所欠的第二笔外债。为了支付违约金，伊朗政府开始向波斯帝国银行借款，从而陷入循环往复的贷款之中。尽管烟草专卖协议已被取消，但这次事件使伊朗陷入了严重的债务深渊③。

除 1901 年授予英国商人的达西专营权涉及伊朗石油资源开发外，1891—1910 年伊朗政府授予外国商人最重要的专营权均集中于道路修建和收费等领域。这些专营权大多授予英国波斯帝国银行和俄国贴现信贷银行。里海渔猎特许专营权的范围被不断扩展，俄国政府最终获得开发利用伊朗北方电报线路、开采附近矿产的权利④。

达西专营权（D'Arcy Concession）是 1872 年路透专营权所带来的后果之一，除北方地区由俄国人专营外，伊朗其他所有地区石油资源的勘探、开采和出口均由英国公司负责，授权期限为 60 年。这家英国公司还获得独家铺设石油管道的权利，而伊朗政府则每年获得该公司 16% 的净利润，外加股值 1 英镑的股票 2 万股，以及每年 2 万英镑的现金。1908 年伊朗发现石油，1909 年英伊石油公司成立，其启动资本为 200 万英镑⑤；1912 年起，伊朗开始出口石油；1914 年，英国政府插手英伊石油

---

① J. C. Hurewitz 所著 *Diplomacy* 第 1 卷第 205—206 页附有该专营权的详细文本。
② E. G. Browne, *Persian Revolution*, p. 47.
③ C. Issawi, *The Economic History*, p. 339.
④ 关于这些专营权的列表，详见 C. Issawi 所著 *The Economic History*，第 258—260 页。
⑤ S. K. Ghosh 所著 *The Anglo-Iranian Oil Dispute* 第 279—283 页附有该专营权的详细文本。关于达西为获得专营权而贿赂伊朗官员的细节，详见 E. Rain 所著 *Faramoushkhaneh*，第 450 页。关于 1914 年 5 月 2 日英国财政部和海军部与英波石油公司所签订的协议，详见 J. C. Hurewitz 所著 *Diplomacy* 第 1 卷，第 278—281 页。

公司事务，成为该公司最大股东和最大单一承包商。由于英国皇家海军希望使用石油作为其战舰燃料，该公司最终被迫与地方部落首领达成协议，出让部分利益，从而保障石油生产的安全。

表 7—7　　　　　　　　伊朗国内石油产品消费　　　　（单位：千长吨）[a]

年份[b]	产量[c]	增长率(%)[c]	苯产品 英伊石油公司销售额	苯产品 进口	苯产品 总计	煤油 英伊石油公司销售额	煤油 进口	煤油 总计	开采权使用费(千英镑) 英伊石油公司净利润[e]	开采权使用费(千英镑) 支付伊朗政府[f]	开采权使用费(千英镑) 英伊石油公司固定资产[g]
1912	43	—	—	—	—	—	38088	38088	—	—	—
1913	80	85	—	—	—	—	34223	34223	—	3	—
1913—1914	—	—	—	—	—	—	—	—	27	—	—
1914	273	240	25	—	25	5822	43243	49065	—	16	—
1915	275	37	96	—	96	3409	35501	38910	—	33	1600
1916	449	20	176	—	176	2825	35934	38759	—	35	1700
1917	644	43	10	—	10	2874	44782	47656	—	106	1700
1917—1918	—	—	—	—	—	—	—	—	780	—	—
1918	897	39	30	—	30	2168	17954	20122	—	224	1700
1919	1106	23	70	—	70	2417	35489	37906	—	420	2800
1920	1385	23	351	160	511	3375	3914	7289	—	469[d]	无
1921	1743	26	361	342	703	3858	19251	23109	—	585	5400
1921—1922	—	—	—	—	—	—	—	—	3779	—	—

资料来源与注释：[a]以上数据不包括英伊石油公司本身在伊朗的消费，也不包括该公司在伊拉克和波斯湾地区国家的销售。见 Bharier 在 *Economic Development* 第 160 页所引用英国石油有限公司所提供的非官方数据。[b]年度数据为当年 1 月至 12 月的全年数据。[c]见 Bharier 所著 *Economic Development* 第 157—158 页，引用 Longrigg 所著 *Oil in the Middle East* 第 22 页；引用伊朗矿业部 *Industry and Mines Statistical Yearbook* 第 50 页。[d]不包括 100 万英镑的补贴费用。[e]见 Fesharaki 所著 *Development of Iranian Oil Industry* 第 17 页。[f]见 Millispaugh 所著 *The Financial and Economic Situation of Persia* 第 31 页，截至当年 3 月 31 日。[g]见 Bharier 所著 *Economic Development* 第 163 页，引用 Annual Accounts of Anglo‐Iranian Oil Company，年终数据按成本减去折旧。

英国在伊朗开采石油是为了保障其石油供应不受美国制约而另辟蹊径，而俄国在伊朗的石油利益则主要源于其对失去伊朗石油市场和海湾地区石油市场的担忧①。俄国完全有理由担心达西专营权的规模和增长幅度有取代俄国控制的巴库地区油田市场份额的危险。同时，俄国在中东地区石油市场份额减少将在很大程度上意味着其在中东地区的政治影响力下降。俄国随即与恺加王朝统治者谈判，希望于1901年修建一条横穿伊朗境内的煤油管道，连接其已在伊朗修建的几座炼油厂。但由于受到英国政府的压力，俄国最终被迫放弃修建石油管道的念头，转而向伊朗政府提供贷款，希望获取伊朗的煤油专营权。但俄国人最终还是失去了伊朗市场。1916年，俄国再次希望通过科什塔利亚专营权获得在伊朗生产和冶炼石油的垄断权，但未能落实。伊朗石油市场最终由英国人独占，其在伊朗石油市场的投资已由最初的220万英镑一跃增至2100万英镑②。表7—7向我们详细列出了1912—1926年伊朗石油工业的产量、出口、资源税、利润、资产等信息③。

所有这些特许专营权的授予并未帮助恺加王朝统治者筹集到足够的资金，亦未解决其现金危机。事实上，由于向列强借款及出让专营权，伊朗财政开支进一步陷入沉重的债务深渊。1889年，伊朗政府将关税部门交由比利时人管理，并委托他们改革关税机构，希望借此增加政府财政收入。伊朗政府做出这一决定主要是由于受到了列强施加的压力，因为通过增加政府关税收入可顺利偿还所欠债务。尽管伊朗政府想尽各种办法，但其现金危机和公共财政赤字危机却始终无法解决，最终导致通货膨胀长期持续，中下阶层人民大众陷于水深火热之中。但事实上，最终将伊朗政府拖入国际债务泥潭的并非国家的经济困境，而是穆扎法尔·阿尔丁沙阿正在筹划的1900年赴欧之旅，为此，他需要筹集大量

---

① B. V Ananich, "Rossiya".
② Kent, *Oil and Empire*, p. 209.
③ 关于伊朗的石油，详见以下文献：S. K. Ghosh 所著 *Anglo‑Iranian Oil Dispute*、M. Kent 所著 *Oil and Empire*、N. Fatemi 所著 *Oil Diplomacy*、F. Fesharaki 所著 *Development of the Iranian Oil Industry*、L. P. Elwell‑Sutton 所著 *Persian Oil*、B. Shwadran 所著 *Oil and the Great Powers*，以及 M. K. Fateh 所著 *Paniah Sal Naft‑e Iran*。

现金。

　　1897年起，伊朗政府就已开始四处寻找贷款。这一年，一个由亲英宫廷成员和高官组成的联盟成功推翻亲俄的首相阿明·阿尔苏尔坦。继任者阿明·阿尔道莱担任新首相不久便开始四处筹集40万英镑的贷款，以支撑新内阁的运转。起初，他们希望从法国、荷兰和比利时获得这些贷款，但因遭到俄、英两国阻挠而以失败告终[1]。英、伊两国政府早已签订协议，确保伊朗南方所有关税收入永远在英国政府控制之下[2]，而俄国则实际控制了伊朗北方的所有关税收入。由于关税是伊朗政府唯一可靠的财政收入来源，为确保其能偿还可能发生的贷款，英、俄两国通过控制伊朗关税及其在欧洲的影响力阻碍伊朗政府从别国获得贷款的可能。因此，伊朗政府最终被迫向英、俄两国借款，而这两国则牢牢掌控着伊朗的海关收入。

　　俄国首先主动借款给伊朗政府，但亲英的伊朗内阁希望从英国伦敦市场获得贷款或直接向英国政府借款。然而，英国政府由于担心此举会激怒俄国而迫使其采取极端措施，因而不愿改变现状，拒绝了伊朗的请求，但同时建议伊朗政府从沙阿的私人金库中筹集这笔费用。如此一来，英国既未让俄国向伊朗贷款的企图得逞，也避免了自己贷款给伊朗而激怒俄国。

　　伊朗政府转而向波斯帝国银行求助，希望筹足这笔40万英镑的巨额费用。波斯帝国银行希望得到英国政府的保障却遭到拒绝，最终在获得首相阿明·阿尔道莱授予的特别专营权后，向伊朗政府提供了25万英镑的贷款。而作为担保，伊朗政府答应将木哈马拉和科尔曼沙阿两省的税收交由英国人负责。据一位驻德黑兰英国外交官回忆，"虽然借款数额不大，但得到的担保却非常令人满意[3]"。卡兹扎德赫（Kazemzadeh）指出，

---

[1]　见 F. Kazemzadeh 所著 *Russia and Britain*，第308、314 页。Kazemzadeh 提供了这笔贷款背后权力政治的最全面描述。

[2]　C. Hardinge to Salisbury, No. 140, Tehran, 23 October 1897, FO 60/61 and FO 65/1549.

[3]　Hardinge to Salisbury, Telegram, No. 35, Tehran, 2 March 1898, in F. Kazemzadeh, *Russia and Britain*, p. 315.

这是有史以来伊朗统治者第一次将某个政府部门完全交由外国人负责①。最终，首相阿明·阿尔道莱的英国好友哈丁从银行筹集到 5 万英镑，交换条件是将科尔曼沙阿和布什尔两地的税收和监管权交给该银行。这是首相阿明·阿尔道莱不得不付出的巨大代价，而其得到的回报仅为 5 万英镑的贷款。②

阿明·阿尔道莱成功获得经费，得以支撑其新政府的运转，避免了因此而下台的厄运。但他无法承受来自沙阿、俄国、乌勒玛阶层及其本人支持者的巨大压力，最终被迫下台③。亲英派莫赫森汗·穆希尔·阿尔道莱暂时代行首相职务一段时间后，首相一职重回亲俄的阿明·阿尔苏尔坦手中。最终，俄国向伊朗政府提供了 1500 万卢布的贷款，而伊朗则以其全国税收作为抵押，以确保按时偿还债务。对此，英国政府立即提高警惕，并提出相应要求。但阿明·阿尔苏尔坦已下定决心破坏英国人的贷款提议④，英国政府转而要求沙阿向其保证伊朗南部的税收仍归英国控制。慑于英国的威慑，沙阿随即对英国做出相应承诺⑤。俄国人对此并未提出抗议，他们认为仅伊朗北方的税收已足以偿还俄国的贷款⑥。但随后，俄国政府为偿还贷款提出了最苛刻的条件。

1900 年，20 世纪伊始，伊朗政府收到了俄国贴现信贷银行提供的第一笔高达 2250 万卢布的贷款，比俄国最初承诺的贷款额度还多。伊朗将分 75 年以 5% 的利率来偿还这笔贷款。附加条件包括：伊朗承诺在未全部偿还俄国贷款前不从其他任何国家借款；伊朗保证偿还其之前所欠的所有外国贷款，包括从波斯帝国银行所借的 50 万英镑贷款；伊朗偿还俄国贷款的期限最快不能少于 10 年；伊朗承诺降低关税；伊朗政府以全国税收担保偿还俄国贷款，而法尔斯省和波斯湾港口城市的税收除外，因

---

① Hardinge to Salisbury, Telegram, No. 35, Tehran, 2 March 1898, in F. Kazemzadeh, *Russia and Britain*, p. 315.

② Ibid.

③ Ibid., p. 309.

④ Ibid., p. 318.

⑤ Ibid., p. 223.

⑥ 第一笔贷款为 2250 万卢布（约合 225 万英镑），年利率为 5%，每年还本付息 11.25 万英镑。1901 年伊朗关税收入 43.8059 万英镑。见表 7—2。

为这两地是英国的势力范围。

而且,一旦伊朗偿付俄国贴现信贷银行的单年额度少于1156288卢布,银行将有权自行实际接管和控制伊朗各地的税收。如伊朗政府继续拖延还款,银行将有权接管伊朗所有海关管理部门,但法尔斯省和波斯湾的港口城市除外[1]。

一旦俄国银行接管伊朗税收部门,银行承诺维持原有伊朗本国公职人员,但同时还会雇用25名外国人,并征收合法的关税。银行还承诺接受伊朗政府监管和控制银行接管后的海关部门,并将刨除银行所有开支和债务后的其余税收全额上缴伊朗政府[2]。伊朗政府也同意对借款条约的内容进行更改,并承诺在未来10年内不会向俄国以外的任何国家或公民授予在伊朗修建铁路的专营权[3]。

英国政府虽然得以利用这次贷款事件进一步巩固其在伊朗南部的税收控制权,并趁机重启当年的彩票特许专营权。然而,这次贷款事件对英国在伊朗的地位造成巨大冲击[4]。直至1901年,英国通过达西石油专营权才再次大幅提高在伊朗的影响力。但该石油专营权对俄国在伊朗的地位造成巨大冲击,而我们必须清晰意识到此时(1897—1900年)英国正忙于南非的第二次布尔战争,无暇顾及其在伊利益,因此导致其影响力远不及俄国。

沙阿从俄国获得贷款后立即启程前往欧洲,此行耗资巨大,极大增加了国家的债务负担,并诱发通货膨胀,给百姓带来巨大灾难。加之帝国主义势力对伊朗的渗透和控制更加深入,伊朗已进一步滑向资本主义世界体系的边缘和附属地位,对帝国主义产生了高度依赖。伊朗从俄国所借的2250万卢布贷款已是其全国全年财政收入的2.5倍,给国家经济带来灾难性后果[5]。

---

① 见 F. Kazemzadeh 所著 *Russia and Britain*,第325页。关于第一笔贷款,又见 P. Sykes 所著 *A History of Persia* 第2卷,第375页,以及 E. Rain 所著 *Anjomanha-ye Serri*,第27—28页。

② F. Kazemzadeh, *Russia and Britain*, p. 325.

③ Durand to Salisbury, No. 58, Gulahek, 21 August 1899. Quoted in F. Kazemzadeh, p. 324.

④ F. Kazemzadeh, *Russia and Britain*, p. 331.

⑤ P. Sykes, *A History of Persia*, Vol. 2, p. 376.

偿付完之前所有债务后，伊朗政府财政仅剩 100 万英镑左右[①]，而沙阿的第一次欧洲之旅、正常的政府开支和国内债务都需用这笔钱来支付。在不到一年时间里，政府再次陷入现金短缺的窘况。1901 年，政府需要筹集 120 万英镑以满足其开支，因而亟须向俄国筹借第二笔贷款以解燃眉之急：当年财政预算赤字 30 万英镑、欠波斯帝国银行贷款 21.6 万英镑、欠俄国银行贷款 15 万英镑、沙阿欧洲之旅花费 30 万英镑、修建加兹温—大不里士—焦勒法公路花费 25 万英镑。

1901 年，亲俄的首相阿明·阿尔苏尔坦开始倒向英国，希望从英国获得贷款，从而维持英、俄两国在伊朗的势力均衡。但随后不久，他又开始与俄国谈判，俄国爽快答应向其提供 1000 万卢布贷款，并附加了四个条件：一条煤油管道的专营权、一条道路专营权、一项新的商贸协议，以及消除英国在德黑兰铸币厂的影响[②]。

与此同时，英国也希望利用伊朗的困境来谋取利益，当得知伊朗只能从俄国获得贷款的约束后，英国政府提出与俄国合作一起向伊朗提供贷款，但遭到俄国拒绝。英国的担心开始不断加剧：首先，伊朗新的国家关税收入已开始被当作抵押以保障从俄国获得第二笔贷款；其次，沙阿向俄国保证伊朗永远不会将锡斯坦的财政收入让渡给任何外国势力；最后，俄国在伊朗的势力和影响不断上升，给英国带来巨大威胁。英、俄最终于 1907 年达成《英俄协定》，才彻底消除了英国对俄国势力不断增长的担忧[③]。

俄国在伊朗的影响不断增强是不容置疑的事实。俄国很快就实现了两大目标：签订新的商业协议《新关税协定》；消除英国人对德黑兰铸币厂的影响和控制权。《新关税协定》将极大增加俄国在伊朗的商贸收益，增加伊朗政府的财政收入，从而保障伊朗政府能够按时偿还俄国贷款，而英国在伊朗的商贸利益将大幅萎缩。鉴于蔗糖和石油是俄国向伊朗出口的最主要商品，《新关税协定》大幅降低其关税比例，从原本已经很低

[①] P. Sykes, *A History of Persia*. 2, p. 376.

[②] Ibid., pp. 362–367.

[③] F. Kazemzadehu, *Russia and Britain*, pp. 331–335.

的 5% 降至 2.25% 和 1.5%，而将伊朗从英国进口茶叶的关税从 5% 增至 100%，而茶叶是伊朗从英国进口的最大单一商品①。经过长期谈判，第二笔贷款的另外两个条件也最终尘埃落定：一条道路专营权和一条管道专营权。按照达西专营权第 6 条的规定，伊朗政府无法同意俄国在伊朗修建一条石油管道。俄国政府对此非常清楚，也意识到英国政府正主动向伊朗提供贷款，因而最后决定放弃修建石油管道的专营权，转而寻求获得修建加兹温—大不里士—焦勒法道路的专营权，最终获得伊朗政府批准②。据赛克斯记录，俄国同时还获得一些石油和煤炭的开采专营权③。如此一来，伊朗从俄国获得了第二笔 1000 万卢布的贷款，贷款条件遵照第一笔贷款的条件，并附加了第二笔贷款的两个条件。随后，沙阿开始了第二趟欧洲之旅。

英国政府在第二笔贷款的竞争中败于俄国，但俄国却在石油管道修建的问题上让英国占尽便宜。俄国的贷款阻碍了英国人向伊朗提供第二笔贷款的可能性，但达西专营权剥夺了俄国人在伊朗修建石油管道的机会。随后不久，英国与伊朗签署了一项商贸协定，《新关税协定》的影响逐渐被消除，英国在这场较量中很快又占据上风：1904—1917 年，伊朗从英、俄两国获得 10 笔贷款，其中 8 笔来自英国（见表 5—5）。这些贷款背后的政治斗争与我们之前所提及的两笔贷款一样激烈：全部涉及帝国主义列强间的明争暗抢和伊朗统治集团内部亲英势力与亲俄势力间的权力斗争，每一笔贷款均以伊朗关税收入作为抵押，用来偿还贷款，而随着伊朗石油生产和开采迅速发展，英国开始将伊朗政府的石油资源税收作为偿还贷款的抵押。而这些以巨大代价换来的贷款却被用于政府部门的非必要开支，成为英、俄等国敲诈勒索伊朗、进一步获得更多专营权的筹码。这些贷款进一步加剧了伊朗的现金危机，增加了其国债负担，造成持续的严重通货膨胀和货币贬值，对伊朗外贸、国际收支均造成严重影响，同时也诱发了严重的腐败和贪污行为④，将伊朗进一步推向资本

---

① P. Sykes, *A History of Persia*, Vol. 2, pp. 377-378.
② F. Kazemzadeh, *Russia and Britain*, pp. 376, 383-384.
③ P. Sykes, *A History of Persia*, Vol. 2, p. 376.
④ 见 F. Kazemzadeh 所著 *Russia and Britain*, 第 306、309、319、374、383 页。

主义世界经济体系边缘的深渊，使其沦为发达资本主义国家的工业品倾销市场和廉价原料来源地。

截至1914年，俄国在伊朗的投资已高达7125万卢布（相当于712万英镑），外加贷款和抵押等（见表4—6），而同一时期英国在伊朗的投资则高达797.2万英镑，外加贷款（见表4—7），英国的投资总额略高于俄国。1914年后，英国不断加大在伊朗的投资和势力扩张，尤其石油方面的投资成为英国在伊投资的最主要部分，为英国赚取了大量利润（见表7—7）。截至1920年，伊朗所欠俄国债务为75万英镑，所欠英国债务则高达400万英镑，是俄国的近6倍左右。如果统一按照6%的年利率计算，仅1920年一年，伊朗就需向英国支付274828英镑的利息。1917年俄国十月革命爆发后，所有在伊朗的俄国投资均被转为伊朗政府的投资，而所有从沙俄政府获得的贷款也一笔勾销。因此，1925年时，伊朗欠苏联的债务为零，而欠英国的债务则高达200万英镑（见表5—5），而在此之前，伊朗已经用大量石油收入偿还了英国的部分贷款。这些事实再次向我们表明，尽管俄国早期在伊朗获得了巨大利益，但英国在经济利益方面迅速超越俄国。即使在俄国十月革命爆发前，英国已成为影响伊朗的最主要帝国主义力量，或至少在经济上已处于绝对主导地位。

从政治上看，俄国在伊朗的主导地位一直延续至1904年。从1800年到1890年，英国在伊朗采取维持现状的政治策略[1]。1844年时，乌斯利（Ouseley）认为由于英国的主要目标是确保印度殖民地的安全，因而只要能维持伊朗贫穷落后的现状即可保障英国的利益[2]。1860年后，英、俄之间在伊朗的竞争日趋加剧[3]。直至1890年，英国才最终意识到他们不可能在伊朗周围筑起一道高墙，将所有其他资本主义扩张需求拒之门外，有很多事情并不会以英国的国家意志为转移[4]，意识到这一点后，英国改

---

[1] L. E. Frechtling, "The Reuter Concession in Persia", pp. 518 – 533.
[2] 引于 E. Rain 所著 *Faramoushkhaneh* 第1卷，第23页。
[3] P. Sykes, *Persia*, Vol. 2, p. 379. W. R. Ward, "British Policy in Persia".
[4] L. E. Frechtling, "The Reuter Concession", pp. 518 – 533.

变了其在伊朗的态度,开始积极影响伊朗的发展进程①,从而导致与俄国的矛盾日益激烈。19世纪末,英国卷入南非的第二次布尔战争,无法全力投身伊朗事务,一时间俄国开始占据上风。1890—1905年,俄国人几乎主宰了伊朗政坛。19世纪90年代末,英国外交界提出两个理论:一个是由寇松等积极帝国主义者提出的强硬政策;另一个是由那些主张英国最多只能保持现有既得利益、不能再过度扩张利益的人提出的通融政策②。这一时期,第二种观点在英国外交领域占据上风。

英、俄双方各有损益。俄国赢得了向伊朗提供第一笔和第二笔贷款的机会,英国的烟草专卖协议和路透协议也被取消,伊、俄间签订的《新关税协定》对英国在伊朗的贸易非常不利,导致英国的利益遭受重大创伤。但英国在伊朗的收获也不小,包括达西特许专营权、组建波斯帝国银行、修建几条电报线路和在多个城市设立英国领事馆。与此同时,俄国也遭受了类似损失,例如,虽然俄国获得了向伊朗提供两笔贷款的机会,但丧失了在伊朗修建石油管道的权利,虽然俄国得以组建俄国贴现信贷银行,却丧失了法尔肯哈根特许专营权。

表7—8　　伊俄贸易额及所占比(1901—1902年度至1912—1913年度)

(单位:百万卢布)

年度	1901—1902	1902—1903	1903—1904	1904—1905	1905—1906	1906—1907	1907—1908	1908—1909	1909—1910	1910—1911	1911—1912	1912—1913
伊朗总进口	53.70	49.20	69.30	63.00	69.60	77.60	73.50	67.00	79.60	87.20	102.60	102.10
俄国商品	20.40	21.50	33.30	30.60	35.00	40.00	34.40	32.20	40.60	39.50	48.20	59.20
所占比例(%)	38.00	43.70	48.00	48.60	50.30	51.60	45.60	48.10	51.00	45.30	47.00	58.00
伊朗总出口	27.10	34.00	45.90	44.60	52.80	63.60	57.10	58.70	66.90	67.60	75.70	78.50

---

① 见 L. E. Frechtling 所著 "The Reuter Concession",第518—533页。关于英、俄两国的势力范围争夺,详见 H. J. Whigham 所著 *The Persian*,第332—424页。
② 见 F. Kazemzadeh 所著 *Russia and Britain*,第345页。关于"积极帝国主义"的观点,详见 J. C. Hurewitz 所著 *Diplomacy*,第219—249页;Hon. G. N. Curzon 的文章 "Analysis of British Policy and Interests in Persia and the Persian Gulf"。

续表

年度	1901—1902	1902—1903	1903—1904	1904—1905	1905—1906	1906—1907	1907—1908	1908—1909	1909—1910	1910—1911	1911—1912	1912—1913
销往俄国	15.10	22.20	28.00	85.60	35.50	40.60	36.50	41.40	47.30	47.20	57.20	54.20
所占比例（%）	58.70	65.30	61.00	57.00	67.30	63.80	63.90	70.50	70.70	69.80	67.60	69.00
外贸总额	80.80	83.20	115.20	107.60	122.30	141.20	130.60	125.80	146.50	154.80	178.40	180.70
对俄贸易	36.40	43.70	61.20	57.20	70.50	80.60	70.90	73.60	88.00	86.70	99.40	113.40
所占比例（%）	45.00	52.60	53.10	53.10	57.70	57.10	54.30	58.50	61.30	56.00	55.70	62.80

资料来源：Entner 所著 *Russia – Persian Commercial Relations*, 1828—1914, 第63页。

1904年，英、俄的形势发生了明显变化。英国结束了在南非的冲突，而俄国却在日俄战争中战败，并于随后爆发了1905年俄国革命，国内出现了一系列动荡，与英国相比，俄国在伊朗的地位被大幅削弱。赛克斯曾写道："日俄战争后，俄国调整了外交政策，与英国达成谅解。"[1] 在经历一系列起起伏伏、冲突和相互适应后，双方最终在伊朗问题上达成谅解和共识，并于1907年签署《英俄协定》，从此双方间的激烈竞争开始变为合作。根据《英俄协定》的规定，双方同意将伊朗划分为南方、中心和北方三个部分，南方是英国的势力范围，北方为俄国的势力范围，而中心地区则由双方共同控制。协定还规定俄国不得在南方寻求任何政治或经济性质的势力扩张，更不能获得铁路、银行、电报、道路和交通的特许专营权，而英国则不得在北方获得类似权利，但双方均可自由地在中心地区寻求任何形式的特许专营权。按照这一势力范围划分标准，他们还瓜分了伊朗的所有税收财政。

英、俄双方签订《英俄协议》前并未知会伊朗，协议公布后，伊朗政府立即宣布该协议非法，但英、俄双方并未理会伊朗的反应。对英国来说，伊朗的命运相对于欧洲大国间的势力均衡实在微不足道[2]。《英俄协议》消

---

[1] P. Sykes, *A History of Persia*, p. 380.

[2] E. G. Browne, *Persian Revolution*, pp. 246–247.

除了英、俄两国间的敌对状态①,进一步加大了其对伊朗的剥削,极大地震慑了伊朗国内的革命派和宪政派力量,从而巩固了伊朗保守势力的地位②。

1907年《英俄协议》签订后,英、俄间的关系基本以合作为主,间或发生一些小的争端。在1907年伊朗国内反帝斗争愈演愈烈之际,英、俄双方尤其感到彼此间合作的重要性。1907—1917年,英、俄两国的主要活动就是打击伊朗国内的革命派和民族主义人士,甚至武装干涉伊朗内政,我们将在下一章详细分析这部分内容。

1917年俄国十月革命爆发后,英、伊两国于1919年签订《英伊条约》,伊朗与苏联于1926年签订《友好条约》。前沙俄政府派遣的军队撤出伊朗,俄国在伊朗的影响瞬间消失,伊朗北方地区形成了帝国主义势力的"权力真空",英国借机迅速扩张在伊朗全境的影响。作为当时英国外交界"积极帝国主义者"之一,时任代理英国外交大臣寇松认为这是英国彻底分割伊朗的大好机会,一旦实现这一"梦想",英国将建成一个从地中海到帕米尔高原的封建割据国家带,而伊朗将成为这一链条上最虚弱却最关键的环节③。此后,英国的外交政策正是沿着这一目标不断推进。总之,伊朗将成为英国在中东地区的一个保护国。

根据《政治和军事协议》,由伊朗政府承担所有费用,英国将派遣专家顾问前往伊朗,主要负责与伊朗签订一系列合同,并享有伊朗政府赋予的足够权力。英国还将向伊朗派遣军官、现代化武器装备,帮助伊朗打造一支统一的军队以建立和维持良好的秩序。为保障这一改革顺利进行,伊朗再次从英国获得大量贷款,并以国家税收财政和其他收入来源作为担保。为进一步加强"交流",英国在伊朗成立"英伊公司",专门负责修建用以拓展贸易的铁路。最后,英国还将改革伊朗现有海关制度。

---

① 译者注:长期以来,恺加王朝政府利用英、俄两国间的矛盾和冲突,在夹缝中寻得一线生机,从而维持了伊朗领土的完整。随着英、俄两国在伊朗问题上达成谅解和共识,他们开始联手扩大在伊朗的共同利益。这就意味着伊朗将丧失更多利益,同时其国家独立和完整也将充满不确定性。

② 关于该协议,详见Ishtiaq Ahmad所著Anglo - Iranian Relations,第6章。

③ 见H. Nicolson所著Curzon, the Last Phase,第121—122页。又见B. Shwadran所著The Middle East第27—33页对这些条约的分析,以及H. Filmer所著The Pageant of Persia,第338—343页。

《贷款协议》以7%的利率向伊朗提供200万英镑贷款,并以伊朗某些特定部门的税收作为担保,委派英国金融顾问担任德黑兰税务官员,所有内容均按之前协议规定执行①。

与英、伊间签订的旨在瓜分伊朗的不平等条约不同,伊朗和苏联政府于1926年签订《友好条约》,宣布之前沙俄在伊朗的所有行为均为"残暴的罪行",苏联将不再参与任何可能削弱伊朗国家主权的行动②。苏联政府宣布沙俄政府与伊朗签订的所有不平等条约均无效,并放弃追索沙俄政府为"政治征服"目的而向伊朗提供的所有贷款。苏联政府全盘否定了沙俄在伊朗的帝国主义殖民政策,并向伊朗政府移交了贴现信贷银行的所有权,将该银行在伊朗领土上的所有资金、不动产及债务关系等一并移交伊朗政府。此前,沙俄政府为扩大其军事影响力,增强军事干预伊朗内政的能力,在伊朗修建并控制了大量道路和电报线路等,苏联政府则彻底抛弃沙俄政府的殖民主义政策,将其所有权和控制权悉数无偿归还伊朗政府和人民。过去几十年里,伊朗向沙俄政府和公民授予了大量特许专营权,伊朗政府也借机收回了这些专营权。

表7—9　　　　　1900—1924年伊朗与各国贸易所占比例[a]　　　（单位:%）

时期	英国和印度 伊朗出口	英国和印度 伊朗进口	俄国/苏联 伊朗出口	俄国/苏联 伊朗进口	美国 伊朗出口	美国 伊朗进口	德国 伊朗出口	德国 伊朗进口	其他[b] 伊朗出口	其他[b] 伊朗进口
1900—1904年	11	37	73	45	—	—	—	1	16	17
1905—1909年	10	36	67	50	—	—	—	2	23	12
1910—1914年	15	32	72	53	2	—	1	4	10	11
1915—1919年	18 *	61	67	28	3	—	—	—	12	11
1920—1924年	37 *	67	33	12	15	—	—	2	15	18

资料来源及注解:[a]进口数据仅包括非免税有形进口商品,出口数据仅包括非石油有形出口商品。由Bharier所著 *Economic Development* 第108、113页内容汇编而成。其他国家主要包括奥斯曼帝国(土耳其)、法国、奥匈帝国、比利时、阿富汗和意大利。1900—1924年,伊朗与日本没有贸易往来。见Entner所著 *Russia-Persian Commercial Relations* 第64页。* 可能包括少量石油出口。

---

① J. C. Hurewitz所著 *Diplomacy* 第2卷第64—66页附有该协议的文本。
② J. C. Hurewitz所著 *Diplomacy* 第2卷第90—94页附有该协议的文本。

1870—1926 年是帝国主义主导伊朗国内政治和经济的时期，这一时期伊朗的对外贸易表现如何呢？我们接下来将回答这一问题。从表 7—1 可以看出，伊朗的对外贸易总额从 1868 年的 400 万英镑增至 1926 年的 2224 万英镑，增幅达 456%。然而，这一时期伊朗对外贸易增长波动却非常大。1913 年，伊朗对外贸易总额为 2005.5 万英镑，而 1917 年，受第一次世界大战影响，伊朗外贸总额下滑至 1494.7 万英镑，四年降幅达 34%。第一次世界大战结束后，伊朗对外贸易开始反弹，迅速超越之前峰值，到 1926 年，已高达 2224 万英镑。

表 7—10　　　　1904 年外国部分商品在伊贸易分配表

		俄国	英国	其他
出口	1. 原材料和农产品	0.83	主要	其余
	2. 工业品	0.17	其余[a]	—
	年度总额	1500000	500000	1000000
进口	1. 蔗糖、茶叶等	0.50	其余	—
	2. 棉织物和纱线	0.25	34397	—
	3. 其他工业品	0.25	34342	其余
	年度总额	2000000	2000000	1000000
顺差（逆差）		−500000	−1500000	0

资料来源：根据 Maclean 所著 *Report on Conditions and Prospects of British Trade in Persia* 第 2—9 页内容汇编而成。[a]地毯及一些丝绸布料出口至印度。

尽管伊朗对外贸易在数据上不断增长，但其状况却不断恶化。1868 年，伊朗进口额为 250 万英镑，1926 年却高达 1220 万英镑，平均年增幅为 73%，第一次世界大战期间伊朗进口增幅有所放缓。1868 年，伊朗的出口总额为 150 万英镑，而 1926 年则增至 1004 万英镑，第一次世界大战期间，出口则有所下降。1913 年之前，伊朗石油尚未投产，其非石油产品的出口稳步增长，而在伊朗石油投产当年，非石油产品的出口即迅速下滑。石油出口迅速增长，很大程度上弥补了非石油产品出口的下降。这对伊朗经济来说是一个重要现象，具有深远影响：伊朗经济逐渐变成以石油为主宰的石油经济。

1868—1926年，伊朗对外贸易一直处于逆差状态，出现严重赤字，后期尤为严重。1868年，伊朗贸易赤字为100万英镑，而1926年，扣除石油产品出口后，伊朗贸易逆差高达862万英镑，增长到1868年的8倍。虽然石油出口抵消了部分贸易逆差，但整体来看，这一年伊朗的贸易仍存在比较严重的逆差。

因此，伊朗对外贸易严重恶化。到底是英国还是俄国导致伊朗出现贸易赤字呢？从表7—4和表7—8中可清楚看出伊朗在对俄贸易早期一直处于顺差状态，只有1900年伊朗从俄国取得第一笔贷款时出现了微幅的逆差，随后也曾多次出现对俄贸易逆差，但一直维持在较小的幅度。进入20世纪后，伊朗的整体贸易状况急转直下，接下来14年里出现了严重的逆差。1900年之前的贸易逆差基本与俄国无关，主要来源于英、伊贸易。1900年后，英国成为仅次于俄国的伊朗第二大贸易伙伴（见表7—9），英、伊贸易总量大幅增加。1900—1904年，英国仅占伊朗进口总量的37%，1919年英国已占伊朗进口总量的61%，而伊朗对英国的出口却并未享受同样的增长，与俄国相比几乎可以忽略（见表7—9）。自英、伊贸易开始以来，伊朗就一直承受着逆差，进入20世纪后，这一局面不断加剧。由于缺乏这一时期全面的详细数据，我们仅以1904年为例，这一年伊朗对英国的贸易赤字为150万英镑（见表7—10）。

表7—11　　　　　　进口消费年度分配（1904年）　　　　（10夏希/人）

按进口来源国家分配	按商品分配
俄国：4夏希	蔗糖：2夏希6第纳尔
英国：4夏希	衣物：4夏希6第纳尔
其他：2夏希	茶叶：6第纳尔
	其他：2夏希6第纳尔
总计：10夏希/人	总计：10夏希/人

资料来源：根据Maclean所著 *Report on Conditions and Prospects of British Trade in Persia* 第2—9页内容汇编而成。

在贸易构成方面，伊朗的状况也严重恶化，从表7—5中可以清楚看到这一点。除地毯外，伊朗的工业制成品所占出口比例大幅下滑，从19世纪50年代的61%下降至1911—1913年的6%，这一点亦可从表7—10和表7—11中清楚看出。然而，最主要的问题并非谁该为伊朗贸易赤字负责。虽然英、俄两国对此都有不可推卸的责任，但贸易掠夺只是他们在伊朗攫取利益的一个方面，他们更多地通过战争等其他殖民和帝国主义侵略行为强行实现在伊朗的政治和战略利益。1861年之前，俄国在伊朗采取的政策和所作所为是对我们这一论点的最好阐释。资本主义国家在人类历史上首次以"文明"形式对落后国家进行掠夺，他们通过签订一系列不平等条约、强行获得特许专营权等与伊朗统治集团内部成员"合作"的方式，从伊朗攫取了大量利益和财富，同时也攫取了大片领土。

总之，帝国主义侵略者无疑在恺加王朝扮演了非常重要的角色，即使他们主要希望通过外贸手段从背后控制伊朗，英、俄等帝国主义列强控制伊朗的欲望从未减少，这在很大程度上阻碍了伊朗交通运输、矿藏开采、农业、制造业、银行业及贸易的发展。帝国主义侵略和剥削也是导致恺加王朝频繁出现瘟疫、饥荒、通货膨胀、压迫、腐败的最主要原因之一。帝国主义列强对伊朗的控制和剥削与伊朗历次军队、政府部门和金融体系的改革屡改屡败密切相关，苛刻的贷款条件和不平等条约是导致伊朗国家财政赤字不断攀升的主要原因。

帝国主义列强在伊朗扮演的角色具有极强的侵略性和破坏性，是对伊朗国家和人民的残酷压迫，同时也导致伊朗国内腐败滋生。这一时期，伊朗的资本主义社会形态发展尚处于极不成熟的初级阶段，加之封建保守势力和宗教权威严重腐败以及对人民的剥削、压迫，给伊朗的政治、经济和社会带来了毁灭性打击，导致伊朗社会政治、经济、技术发展水平长期落后，且高度依赖帝国主义列强，成为帝国主义的附庸。帝国主义势力与伊朗国内保守落后势力里应外合，携手剥削人民，成为压在伊朗人民头上的两座大山，使得人民难以喘息。

然而，正如我们在第四至第六章所讲的那样，伊朗国内的力量仍然是最主要的因素。在从封建主义社会向资本主义社会转型的早期，伊朗国内的统治阶级起到了最关键的因素：他们剥削人民，导致官场腐败，极力阻挠改革，压制新思想，向帝国主义侵略者出卖国家资源，妨碍本国资本主义制造业的发展，并导演了一场又一场伊朗国家和人民的灾难。他们狡诈阴险、手段残忍，无论在剥削百姓还是镇压革命或反对改革的过程中都表现出极端险恶的用心。同时，他们又贪得无厌、寡廉鲜耻，在本国人民面前是耀武扬威的统治者，而在帝国主义列强面前却是谄媚邀宠的小丑，为了获得或保全一己私利而不惜以国家利益作为交换筹码，成为帝国主义列强势力剥削和压迫伊朗人民的帮凶。总之，恺加王朝腐败无能的统治阶层是伊朗贫穷落后的最主要原因，英、俄等帝国主义列强充分利用恺加王朝统治阶级的这一特点，一方面实现了其在伊朗的政治、经济利益诉求；另一方面则使伊朗成为资本主义世界体系的附庸，不但对帝国主义列强产生高度依赖，也始终维持极端落后的经济、政治和科技水平。

第八章

阶级联盟与政治斗争

在从封建主义社会向资本主义社会转型的过程中，恺加王朝的阶级斗争主要发生在两个阵营之间。一方是封建统治势力、帝国主义列强势力及其保守的宗教同盟；另一方则是受压迫的城市中产阶级及其同盟军。然而，这种归纳并不完全精确，要清楚分析转型时期的阶级斗争，我们需仔细考虑每一时期的具体情况，详细分析参与阶级斗争的双方。之前几章中，我们讨论了1796—1926年伊朗社会经济、政治、意识形态等因素对阶级形成的影响，并在第三、四章指出尽管这一时期存在封建统治集团和帝国主义势力等诸多阻碍因素，伊朗社会的生产力仍取得了一定发展。同时，伊朗人口和城市化快速发展，交通运输和通信领域的发展也不可小觑，还有工业和农业生产中引入了新技术和新工具。这些都是恺加王朝时期伊朗社会发展所取得的成就。

资本主义原始积累导致财富高度集中于少数富人手中，以及伴之而来的普通百姓赤贫化过程。这一过程改变了伊朗社会的生产关系，催生了大量失地农民，他们要么向邻国移民，要么涌向城市，成为城市中的无产者，只有少数农民会继续留在农村。虽然伊朗早期的工业化基础条件相对比较有利（工业产品价格高，工人工资低，且商品市场已初步形成），但新兴的民族资产阶级未能成功实现社会工业化进程，主要因为伊朗国内腐败落后的封建国家制度和帝国主义列强对伊朗的政治干预和经济侵蚀。伊朗国内最富有、最有可能投资本国实业的资产阶级却与封建统治阶层和帝国主义列强互相勾结，将投资重点转向对外贸易、经济作物生产、不动产投资这些高利润行业，从而导致伊朗的工业基础始终未能发展起来。这些官僚资产阶级虽然赚取了巨额利润,积累了大量财富,但由于其所从事的行业主要集中于投机领域,因而对伊朗工业化基础的形成并无太大贡献。某种程度来看,正是由于他们的积极配合,伊朗才沦为帝国主义列强的工业品倾销市场和廉价原料来源地。只有那些立志于本国实业建设的民族资产阶级在持续地为国家的工业化目标而努力斗争。他们与城市中产阶级结成联盟,有时甚至借用农村人口的力量,与国内反动统治势力展开一场又一场殊死的阶级斗争。

我们已在第五、六章中讨论了恺加王朝的政府机构及其官员如何腐败成风,鱼肉百姓。为了维持其封建王朝统治,恺加王朝的统治者们在意识到官僚机构存在的严重问题后采取了一系列改革措施,虽然这些措施在国内保守势力和帝国主义列强的反对和干预下未能最终全面落实或持续,但其对军队、政府机构、司法、媒体和教育系统产生了一定的积极影响,使这些领域发生了比较明显的变化。这些都对伊朗社会生产力产生了较大的积极影响,唤醒了社会大众,同时也催生了一个新兴的知识阶层。这些新的社会阶层积极投入到意识形态的斗争中,呼吁法律、秩序、安全、自由、平等、公正、集权和国家独立自主。封建统治阶级不但不会满足这些要求,还进一步加大了对他们的镇压和剥削,导致他们对旧封建主义社会体制的憎恨日益增加,最终成为一支最坚定的反帝反封建力量。

第七章中,我们已详细讨论了帝国主义列强如何一步步将伊朗变为半殖民地,一方面在伊朗倾销其工业制成品,打垮伊朗民族工业,另一方面又从伊朗大量攫取廉价原材料,从而使伊朗彻底沦为其附庸。正是基于这一原因,伊朗的民族资产阶级革命一方面与国内反动势力展开斗争,反对其残酷的剥削和压迫;另一方面又要与帝国主义列强展开斗争,争取民族工业发展的机会。帝国主义列强在向伊朗渗透的过程中,一手拿着外贸的"和平"胡萝卜,另一手则随时准备好侵略战争的大棒,随时会在时机成熟时直接武力入侵,大肆掠夺伊朗的领土和财富。帝国主义列强与伊朗国内的大地主大贵族结成联盟,给伊朗人民强加了一个又一个不平等的政治和商业条约,通过这一过程,他们已实际控制了这个国家。政治上,这些条约使伊朗变得更加贫弱;经济上,这些条约使伊朗脆弱的国内市场失去了保护，成为任人宰割的羔羊。这些条约规定伊朗对其商品永久性征收低至5%的从价关税，并为列强在伊公民提供治外法权等特权，这些措施使得原本就具有更强竞争力的帝国主义工商业在伊朗市场上占据更强的优势，从而彻底摧毁了伊朗国内的新兴现代工业。同时，帝国主义又与伊朗国内的封建保守势力达成联盟，以极低的成本获取大量特许专营权，大肆掠夺伊朗国内的自然资源和其他经济资源，并在此过程中强迫伊朗政府向其借款，满足统治官僚阶层不断膨胀的贪婪欲望，助长了统治阶层的奢靡之风，从而进一步控制了伊朗政府。所有这些后果都最终需要伊朗人民来承担，他们在封建统治者名目繁多的苛捐杂税重压下早已民不聊生，加之帝国主义列强的掠夺，他们早已挣扎在死亡的边缘。帝国主义在对伊朗国家和人民大肆掠夺的同时，也一定程度上推动了伊朗社会生产力的发展，同时也促进了伊朗社会的觉醒。但这根本无法掩盖其斑斑劣迹和在伊朗所犯下的累累罪行。

总之，1796—1926年恺加王朝统治期间，伊朗的社会生产力确实得到了提高，但其发展方向始终处于帝国主义列强和封建统治者的掌控之中，无法真正形成封建主义生产方式向资本主义大生产转型所必备的基本条件。为了进一步实现资本主义大生产所需要的基本条件，新兴的民族资产阶级必须坚决地推翻国内保守反动的封建统治阶级和帝国主义列强对伊朗政治和经济的操纵和干预。因此，1796—1926年，伊朗社会阶级斗争的主要特点是反对封建君主专制统治和反对帝国主义侵略。但由于腐败的封建主义统治集团与帝国主义势力经常相互勾结，形成强大的联盟，民族资产阶级所领导的反帝反封建斗争经常遭遇失败，从而最终导致伊朗贫穷落后的状态和对帝国主义的高度依赖，而封建专制统治者则借此不断巩固其实力，并以更为专制独裁的全新方式延续其统治。

为了具体分析恺加王朝时期伊朗阶级斗争的特点，我们将以阶级斗争的形式和内容为依据，重新对这一时期进行阶段划分。总体来讲，我们可以将恺加王朝的阶级斗争划分为三个阶段。第一阶段（1796—1890年）的特点是主要以各种战争等形式（如与俄国和英国的战争、巴布教徒起义等）展开的暴力斗争、统治集团内部之间的斗争、一系列由城市贫民迫于生计而发动的粮食暴动、反封建起义和"内战"，以及有限的反帝斗争。在这一阶段,作为伊朗国教的什叶派伊斯兰教持续受到攻击和威胁,其绝对统治地位逐渐动摇,王朝统治者被迫开始极力维护其主导地位。反对封建王朝统治的斗争还促进了人民对法律、秩序、自由、安全、公正等现代文明要素的呼吁和支持,从而迫使政府推行了一系列改革。然而,真正导致统治阶级主动采取改革措施的是伊朗人民不断开展的轰轰烈烈的暴力反抗运动,而非人民对改革的需求。

第二阶段(1891—1911年)是革命阶段,其特点是以城市为基础的烟草抗议运动、宪政革命等一系列资产阶级民主革命,其本质是反对封建君主专制和帝国主义侵略。烟草抗议运动之后,爆发了一些较小规模的城市粮食暴动和激进的民族主义意识形态斗争,并形成了一些秘密的革命团体和其他革命组织。1906年宪政革命爆发后,伊朗民众展开了大规模的阶级斗争,但最终在英、俄两国军队的镇压下以失败告终。这一时期发生了几次由城市中产阶级领导的武装斗争,而什叶派宗教领袖的地位则在这次运动中达到巅峰①。随着宪政革命的资产阶级激进革命性质逐渐显露,一部分早期支持宪政革命的温和宪政派和宗教权威开始调转矛头,反对宪政革命,并与反动封建势力和帝国主义列强一道扼杀了这场轰轰烈烈的资产阶级民主革命②。

第三阶段(1912—1926年)的特点是帝国主义列强直接武力干预和镇压伊朗的阶级斗争、第一次世界大战爆发和一系列小规模区域性资产阶级民主革命的开展(1918—1926年)。1911年宪政革命失败后,恺加王朝政府频繁更迭,随后的第一次世界大战又对伊朗带来毁灭性灾难,导致阶级斗争出现新的高潮。1917年俄国十月革命爆发后,新建的苏维埃政权终止了沙俄政府对伊朗的侵略和剥削,伊朗人民重新获得发展的动力,伊朗人民的反帝反封建革命热情也再次被点燃。随后,伊朗左派

---

① 译者注:恺加王朝初期,为巩固新政权,消除乌勒玛的影响,统治者采取打击宗教权威的策略。但随后,在与帝国主义的战争失败后,为稳定人心,巩固统治,统治者开始拉拢和收买乌勒玛,使其影响逐渐扩大。至19世纪90年代,什叶派乌勒玛的影响达到很高程度,成为烟草抗议运动和宪政革命的重要领导力量,在一定程度上扮演了反帝反封建的重要角色。

② M. Bayat, *Mysticism and Dissent: Socioreligious Thought in Qajar Iran*; and M. Bayat, *Iran's First Revolution*.

激进资产阶级民主运动出现新的高潮,却遭到国内封建反动派和英帝国主义联合势力的无情扼杀。1926 年,在英国支持下,亲英的封建集团发动政变,彻底推翻了风雨飘摇的恺加王朝,建立了巴列维王朝。虽然腐朽的恺加王朝被推翻,但替代它的是又一个封建君主专制王朝,伊朗民族资产阶级并未真正实现其革命目标。同时,随着新建的巴列维王朝统治基础不断巩固,伊朗民族资产阶级领导的轰轰烈烈的民主革命也彻底宣告结束。

阶级联盟与斗争,1796—1890 年

1779 年卡里姆汗死后,伊朗再次陷入封建军阀割据之中。经过 17 年坚持不懈的努力,分别于 1795 年、1796 年征服格鲁吉亚省和呼罗珊省后,奥高·穆罕默德·汗最终建立了统一的恺加王朝。在征服格鲁吉亚和呼罗珊的过程中,奥高·穆罕默德表现出极度凶残和暴戾的一面,对平民展开无情屠杀。他曾在征服格鲁吉亚首府第比利斯后下令屠城,并使 2 万多人沦为奴隶,为了从呼罗珊统治者奥朗则布口中获取秘密财富的藏匿地而对其进行非人的折磨。为了造出一枚举世无双的红宝石,奥高·穆罕默德命人在奥朗则布的头上涂上一层糨糊,然后将烧化的铅水从这层糨糊上浇灌而下[①]。一年之后,奥高·穆罕默德再次率军占领格鲁吉亚,赶走了入侵的俄国军队。但不久,他就死于一场国内封建反动贵族所策划的阴谋。

法塔赫·阿里沙阿甫一即位便遭到国内反动封建贵族的反对,他的叔叔阿里·库里汗(Ali Qoli Khan)屯兵德黑兰郊外威胁王朝政权,此外还有雷斯坦省的可汗们以及阿塞拜疆省的萨迪克汗·沙卡奇(Sadaq Khan - e Shaqaqi)等也是他即位之初遭遇的巨大威胁和挑战。尽管法塔赫·阿里沙阿在 1797 年成功镇压了这些反对势力,并于 1798 年成功举行了加冕大典,他在伊朗统治的根基却远未达到稳固的程度。法尔斯省省长侯赛因·库里汗(Hosein Qoli Khan)所领导的叛乱和呼罗珊省省长纳迪尔·米尔扎

---

① P. Sykes, *A History of Persia*, Vol. 2, pp. 293 – 294.

(Nader Mirza)所领导的叛乱让这位新任沙阿颇费周折。直至1803年,法塔赫·阿里沙阿才巩固了在伊朗的统治。1796年,法塔赫·阿里沙阿即位之初就将儿子阿巴斯·米尔扎立为王储,引起统治集团内部其他成员的强烈反对。但事实证明,阿巴斯·米尔扎在恺加王朝早期的历史中扮演了非常重要的角色,是19世纪伊朗最有影响的改革派之一,还领导了伊朗军队抗击沙俄侵略的两次卫国战争。但不幸的是,他于1833年英年早逝,未能如愿继承王位。

统治集团内部的斗争和阴谋一直在持续,例如,当法塔赫·阿里沙阿确立阿巴斯·米尔扎之子穆罕默德·米尔扎(Mohammad Mirza)为新任王储时,沙阿之子侯赛因·阿里·米尔扎·法尔曼法尔马(Hosein Ali Mirza Farmanfarma)坚决反对,一时间宫廷内剑拔弩张,甚至导致实权派首相哈吉·易卜拉欣·埃特马德·阿尔道莱(Haji Ebrahim Khan–etemad od–Dauleh)最后遭到解职并被沙阿无情地处决。尽管他否认了对自己的谋反指控,但最终还是被残忍杀害。临刑前,他被挖掉双眼、割掉舌头。其兄弟、儿子们也全部被挖掉双眼,并没收了所有财产[①]。

1801年,法尔斯省省长侯赛因·库里汗再次造反。一年后,呼罗珊省省长纳迪尔·米尔扎也率兵造反。政府虽然很快镇压了这两次叛乱,但其他地方又爆发了新的起义。1817年,呼罗珊省再次发生暴乱;1818年,一位下属因薪俸原因杀死了该省的政务大臣[②];1831年,侯赛因·阿里·米尔扎·法尔曼法尔马的两个儿子为争夺权力,在法尔斯省展开厮杀。而同时,统治集团内部的卡瓦姆·阿尔穆克家族(Qavam ol–Molk)和穆希尔·阿尔穆克家族(Moshir ol–Molk)在省会设拉子展开激烈的权力争夺战。同年,一位"图谋不轨"的可汗率兵占领了贝赫巴桑,随后经过一场激烈的战争,该诚又重回政府军手中。呼罗珊省也出现了类似情况,最后于1832年遭到阿巴斯·米尔扎的无情镇压。这一时期,统治集团内部的斗争此起彼伏,为社会带来巨大不稳定因素。

在法塔赫·阿里沙阿统治期间,伊朗与俄国分别于1803年、1812年

---

① H. Busse, *History of Persia*, p. 99.

② Ibid., p. 158.

和 1826 年展开了三次大规模战争，最终伊朗均以失败而告终，并签署了丧权辱国的《古利斯坦条约》（1813 年）和《土库曼恰伊条约》（1826 年），伊朗被迫放弃高加索地区的领土，并为俄国商人提供优惠的商业待遇，包括 5% 的从价关税和治外法权。这一时期，伊朗国内也爆发了一系列反封建的反抗斗争。据统计，在法塔赫·阿里沙阿统治时期，爆发了 44 次大规模的反封建的反抗斗争，深受压迫剥削的农民和城市下层阶级都积极参与其中①。1806 年，法尔斯省前任省长阿嘉·詹·奇里（Aqa Jan Qiri）率领一支由部落头领、商人、农民及土木工人组成的 200 多人抗议大军，聚集在设拉子的米丹雅克，大声抗议政务大臣查洛克·阿里汗·纳瓦伊（Charoq Ali Khan－e Navai）的腐败和剥削行为，并向沙阿递交请愿书，详细揭露政务大臣的暴行和不公②。为平息事态，沙阿随即罢免了这位政务大臣。

另一场重要的反抗斗争与法拉汗（距阿拉克 31 英里远）的小镇佐尔法巴德（Zolfabad）的居民相关，此地既有地上居民，亦有地下居民。1925 年，佐尔法巴德的居民将他们的所有物品都搬至地下小镇，掀起了一场反封建的斗争，抗议省长的腐败和贪得无厌的剥削行为。《法尔斯省志》（Farsnama）指出，愤怒的佐尔法巴德群众开始抢劫商人和穆斯林的财物③，这些行为严重亵渎了伊斯兰教。但事实并非如此，尤其当这些民众反对的目标是那位严重腐败且残酷压迫百姓的地方长官时，他们不可能将亵渎伊斯兰教作为目标。而且，由于《法尔斯省志》的作者来自统治阶级，他更倾向于将这群可怜的、受压迫的抗议民众描绘成一群无恶不作的暴徒、乱民或罪犯。但无论如何，政府紧急调拨军队进行镇压，佐尔法巴德的居民奋起反抗，却终因寡不敌众而失败。此后他们躲入地

---

① F. Abdullaev, Gousheh－i Az Tarikh－e Iran, p. 186, quoting K. A. Smiranov, "Iran", p. 24.
② 见 H. Busse 所著 History of Persia, 第 114 页。关于该事件的描述详见 Farsnama 第 1 卷，但 Farsnama 第 2 卷中又对同一事件做了完全不同的描述。第二个版本认为该问题仅与上层社会拒绝遵守首相所规定的统一着装规范相关，其斗争形式也令人生疑："大约 250 名法尔斯人脱掉衣服，只留头饰、鞋子以及斗篷。他们游行至宫殿，喧哗着冲入政府大楼。然后将斗篷脱下扔到一边。"见同上书，第 116 页。
③ 同上书，第 149 页。

下小镇避难，但强大的政府军队占领和包围了附近地区，切断了抗议民众的物资供给。几个月后，由于物资匮乏，抗议民众最终选择向政府军投降，并祈求沙阿宽恕。随后，沙阿下令将当地居民一律发配至偏远地区，并彻底毁灭佐尔法巴德城①。

《法尔斯省志》中还记录了1820年爆发于吉兰省的另一场具有苏菲派性质的反抗运动，牵扯其中的还有吉兰省省长穆罕默德·礼萨·米尔扎（Mohammad Reza Mirza）王子、政务大臣阿里汗·伊斯法罕尼（Ali Khan Esfahani）及其他几名官员。在收到吉兰省一群宗教人士对地方长官的投诉后，沙阿亲自来到事发之地，免除了阿里汗·伊斯法罕尼和几位官员的职位，并给他们戴上脚镣，发配外地。同时，作为惩罚，沙阿罚没了当地什叶派精神领袖哈吉·穆哈默德·哈法尔（Haji Mohammad Jafar）1000土曼②。这是一次反对什叶派伊斯兰教腐败剥削的抗议斗争，意义非常重大，其矛头直接指向腐朽的恺加王朝封建统治制度及其腐败的官僚阶层。这一事件同时也反映了恺加王朝早期什叶派伊斯兰宗教领袖的地位相对较低，而沙阿也缺乏维护什叶派伊斯兰教国教地位和主导意识形态的决心。

1832年，伊朗南部爆发了一系列重要的反抗斗争，起因是统治集团内部成员的权力斗争，最后演变为一场重大的反抗斗争。卡瓦姆·阿尔穆克与法尔斯省政务大臣穆希尔·阿尔穆克素有嫌隙，遂与卡什凯游牧部落结成联盟，策划卡什凯部落从法尔斯省转往科尔曼省，以示对穆希尔·阿尔穆克的抗议。王储阿巴斯·米尔扎的支持者、时任科尔曼省省长赛夫·莫洛克（Seif ol-Molouk）热情欢迎了卡什凯部落的抗议队伍，并为10万户家庭提供冬夏两季的牧场③，希望赢得他们对王储阿巴斯·米尔扎的支持。意识到事态严重后，阿巴斯·米尔扎的死对头、法尔斯省省长法尔曼法尔马命令部落首领带领民众返回法尔斯省，却收到如下答复："只要穆希尔·阿尔穆克继续担任法尔斯省政务大臣，我们绝不会

---

① H. Busse, *History of Persia*, p. 149.
② Ibid., pp. 161–163.
③ Ibid., p. 209.

再踏入法尔斯省半步。①"为了平息事态,法尔曼法尔马解除了穆希尔·阿尔穆克的职务,让他返回卡兹伦。卡什凯部落首领的要求得到了满足,准备启程返回法尔斯,赛夫·莫洛克却一再"挽留"②。当法尔曼法尔马得知此消息后,随即派遣一支5000人的火枪队赶到科尔曼省,并致信赛夫·莫洛克,一边劝说他停止其愚蠢行为,一边以沙阿会因此大发雷霆而进行威胁③。同时,法尔曼法尔马本人也立即率领另一支队伍开赴科尔曼省。

此时赛夫·莫洛克正外出打猎,当他回到科尔曼城外时,愤怒的市民关闭了城门,躲在防御工事后面抗议。一部分市民走到法尔曼法尔马跟前,向他抱怨赛夫·莫洛克的暴行④。最后赛夫·莫洛克被迫服软,主动与法尔曼法尔马举行和谈,但最终因科尔曼省人民对他意见太大而被罢免。在帮助法尔曼法尔马击败贪婪腐败的赛夫·莫洛克后,科尔曼省的百姓向法尔曼法尔马提出了新的要求:

> 由于我们的抗议,你才得以成功废除赛夫·莫洛克的省长一职,并将他送回设拉子的老家,现在科尔曼城的要塞仍在阿巴斯·米尔扎的女儿、赛夫·莫洛克的妻子的控制之下,而协助她的副手正是阿里·纳齐汗,他们还掌控着一支来自哈马丹的1000人部队。请你要么将科尔曼的贵族一起迁往设拉子城,要么消除阿里·纳齐汗对我们的折磨。⑤

法尔曼法尔马随后致信阿里·纳齐汗(Ali Naqi Khan),要求他将赛夫·莫洛克的妻子送往亚兹德⑥,但遭到拒绝。第二天,该城的全部居民

---

① H. Busse, *History of Persia*, p. 213.
② Ibid..
③ Ibid., p. 214.
④ Ibid..
⑤ Ibid., p. 214.
⑥ Ibid., p. 215.

聚在一起，高声呼喊要包围科尔曼城①。然而，在他们尚未采取任何行动之前，城内的卡什凯部落便控制了该城，阿里·纳齐汗和公主被抓获，并被分别遣送至设拉子和亚兹德。看到这一机会，亚兹德的百姓也向法尔曼法尔马控诉赛夫·莫洛克的弟弟赛夫·阿尔道莱（Seif od-Daulah）的劣迹，请求废除他亚兹德长官的职位②，但未成功。返回设拉子后，法尔曼法尔马委任阿迦·米尔扎·穆哈默德·法赛（Aqa Mirza Mohammad-e Fasai）担任设拉子及周边地区、萨尔韦斯坦（Sarvestan）、埃斯塔赫巴纳特（Estahbanat）和法萨（Fasa）的行政长官，之前他曾因当地民众反对其长官米尔扎·阿布·哈桑汗（Mirza Ab ol-Hasan Khan）的统治而将其免职③。

王储阿巴斯·米尔扎1833年去世后，其子穆罕默德·米尔扎被立为新王储，并于1834年法塔赫·阿里沙阿去世后即位。然而包括法尔曼法尔马在内的很多人觊觎王位已久，开始公开挑战穆罕默德沙阿的王位。英国人林赛率领的皇家军队打败了法尔曼法尔马的叛军，将其全部遣散回家④，而居住在法尔斯的王公贵族也被悉数迁往巴士拉。迁移过程中，仅他们搜刮的钱财和金银珠宝就拉了许多车⑤。法尔曼法尔马拒绝离开设拉子，他的妻子随即将家里所有金银珠宝藏于设拉子城的贵族和宗教权威家中。他们搬运财物的消息开始在城中传开后，人们借机来窃取这位前省长的财物⑥。根据当时的一份报道：

当这些乱民听说这一消息后，开始将大部分财物偷偷搬走，所有穷人一夜之间就变得富有。但这些乱民还不满意，随即转向法尔曼法尔马子女们位于瓦基勒宫外的家，将他们的财物也一并搬走，

---

① H. Busse, *History of Persia*, p. 215.
② Ibid..
③ Ibid., p. 216.
④ Ibid., p. 236.
⑤ Ibid..
⑥ Ibid..

当作战利品而据为己有。①

在听说这些暴民的恶劣行为后,法尔曼法尔马打算离开设拉子,但却在城门口被火枪队挡住。随后他又躲在省长的宫殿中,第二天,情况发生了戏剧性变化,有消息传到设拉子说:

> 沙阿的军队由一名欧洲人指挥,他们所到之处烧杀抢掠,无恶不作。设拉子的暴民们和手工业者开始对此高度警惕,随即导致一阵骚乱,他们开始高喊:"我们不需要任何别的沙阿,我们只需要我们自己的沙阿侯赛因·阿里沙阿(即法尔曼法尔马)!"他们成群结队地聚集在美丹阿克来支持法尔曼法尔马。②

法尔曼法尔马随即要求卡什凯部落的首领帮他一起对付昏庸的穆罕默德沙阿,却遭到拒绝。民众以此为由再次开始抢掠部落首领的财产:"暴民们袭击了首领的家,搬走任何可能找到的东西,包括门扇、窗子和大门的竹子。"③ 不久,沙阿的军队占领了设拉子,法尔曼法尔马遭到罢免后被带回德黑兰,不久即死去。

统治阶级内部的矛盾一直在持续,例如,1834 年,呼罗珊省、洛里斯坦省和胡泽斯坦省都发生了骚乱。1835 年,首相米尔扎·阿布·卡塞姆·盖姆马格姆(Mirza Ab ol - Qasaem - e Qaem Maqam)因"凡事均不合沙阿心意"而被绞死④,米尔扎·阿迦西(Mirza Aqasi)随即填补了他的职位,成为新首相。随后,沙阿开始牢牢掌控国内的局面,不同利益集团之间逐渐达成谅解和默契。这时,沙阿开始将矛头对准那些不守规矩的部落首领,尤以马马萨尼·洛尔斯(Mamassani Lors)和呼罗珊省的托克曼为主要对象,1835—1836 年通过几次大规模战争,彻底平息了这些异己势力。据称,尤穆特·提克曼(Yomut Torkman)逃走后,他们的

---

① H. Busse, *History of Persia*, pp. 236 - 237.
② Ibid., p. 237.
③ Ibid., p. 238.
④ Ibid., p. 241.

财产和牛群悉数被没收，成为王室财产①。随后沙阿于 1837—1838 年再次出兵阿富汗，但由于英国人的干预而最终一无所获，空手而归。这次阿富汗战争带来的后果之一就是伊朗国内的阶级斗争变得愈趋激烈，以致 1839 年时，设拉子爆发了一场"内战"。

这场内战的起因是法尔斯省省长法尔曼法尔马二世未答应人民提出的"罢免其副手、结束阿塞拜疆洋枪手和士兵的暴行"的要求，因为：

> 这些洋枪手中有人在大庭广众之下调戏良家妇女，导致其大声尖叫。瓦基勒巴扎的人们前来帮助那名妇女，而一帮洋枪手也赶来为其同伙帮忙，双方随即大打出手。在此过程中，有几个民众受重伤，见此场景，当地居民开始齐声大喊："如果法尔曼法尔马二世还打算让其副手米尔扎·艾哈迈德汗留任，那他就是想把我们所有人都逼走。"第二天，他们来到清真寺和宗教权威的家中，再次表达将米尔扎·艾哈迈德汗赶下台的要求。这一次他们大部分人都携带了武器。②

就这样，1839 年 9 月设拉子市民与省长法尔曼法尔马二世的部队爆发内战。值得一提的是，在这次冲突中，设拉子的宗教权威们第一次积极卷入世俗政府的冲突之中，他们试图通过施压双方来和平解决问题，而这种情况之前非常少见，因为恺加王朝早期的教会相对王室和政府非常弱势，在伊朗政治中扮演了边缘化的角色，而教会也尽量避免卷入世俗的政治纷争。这一次他们却主动出击，积极参与世俗政治争端。但法尔曼法尔马二世并未被民众的威胁吓倒，他已做好为保卫设拉子而战斗到底的准备。

他命人在政府建筑的屋顶上修建临时防护墙，并将士兵和仆人驻扎在他的身后，在宫殿主入口对面的纳卡雷希哈纳广场上架起两门大炮。见此情景，市民们携手进入诺乌贾梅清真寺，所有的宗教权威、贵族、

---

① H. Busse, *History of Persia*, p. 253.
② Ibid., pp. 263–264.

商人聚在一起商议对策。尽管大家观点各不相同，但最终还是一致决定对抗法尔曼法尔马二世①。

百姓做好了迎接战斗的准备。涅曼提克汉奈赫区（Heidarikhaneh）的百姓委任智勇双全的奥高·穆罕默德·哈桑（Aqa Mohammad Hasan）担任统帅，海德里克汉奈赫区的百姓则委任作战经验丰富的设拉子军队前上校艾哈迈德·苏尔坦（Ahmad Soltan）担任统帅。一场殊死战斗随即展开：

> 他们在政府建筑对面的瓦基尔清真寺和可汗经学院的屋顶建起临时防护墙，与政府建筑相邻。一部分设拉子洋枪队成员驻扎在屋顶，挡住了瓦基尔清真寺入口，其余洋枪队成员则分别由铸剑师哈吉·阿萨德和染坊工穆哈默德·拉希姆率领，驻扎在可汗经学院入口的屋顶。所有人都躲在防护墙的后面。②

战斗持续了一段时间，沙阿闻知反叛消息后随即派遣使臣米尔扎·纳比汗·加兹温尼（Mirza Nabi Khan‑e Qazvini）前往调查。1840年9月，在双方对峙发生近一年后，使臣到达设拉子，发现双方难以达成妥协，不得已将法尔曼法尔马二世送往德黑兰，自己担任法尔斯省省长，暴乱随即平息③。设拉子的"内战"最终以人民的胜利而告终。手工业者和商人反对封建专制统治和压迫的抗议运动越来越频繁，也值得我们在此大书一笔。

伊朗商人自1844年起展开了针对外国贸易的一场小规模斗争。据英国驻大不里士领事艾博特记录，1844年商人和手工业者向沙阿请愿，请求禁止欧洲商品在伊朗销售，从而保护本国脆弱的手工业④。同年，居住在大不里士的另一位英国人也记录了类似情况：外国商品大量涌入伊朗，对其手工制造业造成毁灭性打击，商人因此而集体请愿，请求沙阿禁止

---

① H. Busse, *History of Persia*, p. 264.
② Ibid., pp. 265-266.
③ Ibid., pp. 266-267.
④ C. Issawi, *The Economic History*, pp. 258-259.

欧洲工业品进入伊朗①。商人还成为随后一系列反对封建君主专制斗争的重要参与者，我们将这些运动统称为巴布教徒起义。

1848年，穆罕默德沙阿去世，王储纳赛尔·阿尔丁沙阿即位。王位交接颇为顺利，但在纳赛尔·阿尔丁沙阿尚未掌控全国局势之前，他就被迫处理一场场席卷全国的内部骚乱。在他还未到达德黑兰之前，骚乱已经因为首相米尔扎·阿迦西的一些行为在德黑兰爆发，首相的支持者被反抗的民众击败，被迫离开德黑兰，前往阿塞拜疆。纳赛尔·阿尔丁沙阿到达德黑兰后，任命阿米尔·卡比尔为新首相，负责镇压马赞德兰、伊斯法罕、法尔斯、呼罗珊几省的骚乱，其中尤以呼罗珊省为重。我们有必要先解释一下设拉子的"内战"，然后再详述呼罗珊省的骚乱。

得知新任首相阿米尔·卡比尔曾是法尔斯省省长侯赛因汗·尼扎姆·阿尔道莱（Hosein Khan‑e Nezam od‑Dauleh）的政治宿敌后，设拉子市民借机掀起一场反对省长的运动。他们商讨后决定驱逐省长："最好让他滚回德黑兰，离我们越远越好。否则我们就会把他当作靶子，一箭射死。"② 在早期的一场战斗中，有3名士兵和4名市民遇难。省长的支持者们（主要包括士兵和城市官员）因此加强了军事戒备，而反抗的市民也在游牧部落的支持下做好了战斗到底的准备。在接下来的战斗中，40多名市民被大炮击中而亡，另有十多人被洋枪队员击中身亡③。沙阿派遣的使臣到达设拉子，在其威逼利诱下才最终结束这场战斗，市民也随即平息了怒火④。

在呼罗珊省，穆罕默·哈桑汗·萨拉尔（Mohammad Hasan Khan‑e Salar）领导了一场大规模的倒皇运动，要求将恺加部落库云鲁支派（Qoanlou）掌控的王权交由德韦鲁支派（Davallou）掌控。这场倒皇运动在穆罕默德沙阿任期最后一年就已开始，领导这场斗争的是呼罗珊省北

---

① C. Issawi, *The Economic History*, p. 259: "Dispatch by Bonham, 28 June 1844", FO 60/107.
② H. Busse, *History of Persia*, pp. 283–284.
③ Ibid., pp. 286–287.
④ Ibid., p. 287.

部的库恰尼库尔德部落和土库曼部落，大量马什哈德民众也参与其中[1]。然而，尽管开始时获得了一定胜利，萨拉尔的叛军最终被政府军击败，马什哈德在被困 13 个月后落入希瑟姆·萨尔塔内（Hesam os–Saltaneh）手中，萨拉尔及其两个儿子和兄弟均被绞死[2]。

然而，对 19 世纪伊朗社会带来最大影响的是巴布教徒起义[3]。巴布教由年仅 24 岁的布什尔商人米尔扎·阿里·穆罕默德（Mirza Ali Mohammad）创立于 1844 年。他的父亲早年在设拉子从事蔬果生意，在他年幼时便已去世，随后他被一位商人抚养成人[4]。此后，米尔扎·阿里·穆罕默德离开布什尔前往卡巴拉，成为哈吉·赛义德·卡杰姆·拉什提（Haji Saiied Kazem–e Rashti）的学生，而赛义德·卡杰姆本人则是谢赫学派创始人谢赫·艾哈迈德·艾赫萨伊（Sheikh Ahmad Ahsai）的学生和衣钵继承人[5]。赛义德·卡杰姆去世后，米尔扎·阿里·穆罕默德宣称自己为新的衣钵继承人。他于 1844 年返回布什尔，宣布自己即为巴布（即"门"之意），只有通过他才能获得关于十二伊玛目的知识。此后，他马上开始传播自己的新思想，将宗教、灵魂转世学说、关于财产等社会关系的共产主义观点及一些反映商人和手工业者需求的改革思想融合在一起，创建了新学说。正是由于这些内容及其反封建的特点，他的学说在受压迫的下层民众中迅速传播，农民和城市中产阶级成为其学说最坚定的支持者，声势不断壮大，严重威胁到什叶派伊斯兰教的官方宗教地位和沙阿的封建专制统治。正是由于这一原因，宗教权威和政府官员联合起来以最残忍的手段扼杀了这场轰轰烈烈的反封建运动。

---

[1] E. Ashtiani, *Mirza Taqi Khan*, pp. 125, 128–129.

[2] 关于萨拉尔起义，详见 E. Ashtiani 所著 *Mirza Taqi Khan*，第 115—140 页。

[3] 见 E. G. Browne 所著 *The Babis of Persia* 第 1 卷，第 485 页。又见 A. Amanat 所著 *Resurrection and Renewal: The Making of the Babi Movement in Iran, 1844–1850*；D. MacEoin 所著 *The Sources for Early Babi Doctrine and History: A Survey*；以及 P. Smith 所著 *The Babi and Bahdi Religions: From Messianic Shtism to a World Religion*。

[4] 见 E. G. Browne 编著及翻译的 *A Traveller's Narrative*，第 2 页；Hon. G. N. Curzon 所著 *Persia* 第 1 卷，第 487 页；以及 J. M. Upton 所著 *The History of Modern Iran*，第 10 页。

[5] 关于谢赫学派，详见 E. G. Browne 所著 *The Babis of Persia* 第 2 卷，第 888—892 页，以及 E. Tabari 所著 *Foroupashi*，第 62—67 页。

1845 年，法尔斯省省长侯赛因·汗禁止巴布教徒在设拉子传教，并命人挑断他们的脚筋①。同年，巴布本人被捕，并在设拉子囚禁了 6 个月。随后他设法逃往伊斯法罕，受到省长莫塔梅德·阿尔道莱（Motamed od – Dauleh）的热情款待②。莫塔梅德·阿尔道莱死后，巴布再次被捕，被先后送往大不里士和马库，再次沦为囚徒。1850 年 7 月 9 日，阿米尔·卡比尔下令在大不里士处决巴布。在马库的监狱中，巴布写下了其著名的《默示录》（Baian），一些信徒随即开始大肆传播他的学说，一时间吸引了大量新信徒参加。1848 年，所有巴布教徒在巴达什特聚集，拒绝遵守伊斯兰教法和伊朗世俗法规，拒绝缴纳各种苛捐杂税。大家还开始讨论如何实现土地公有制以及消除贫富差距和不公。这些新的思想比巴布创教时所提出的思想更为激进③。政府武力驱散了这场巴布教徒集会。随后巴布教徒开始从非暴力集会转向暴力运动，与政府军展开武装斗争，而此时发生在呼罗珊省的萨拉尔叛乱为巴布教徒提供了一个绝佳的机会。

1848 年穆罕默德沙阿死后，第一次大规模巴布教徒暴动随即在马赞德兰省爆发，史称马赞德兰大暴动。巴布教徒涌向塔巴西要塞，得到大量农民和手工业者的支持，队伍不断壮大④。为了平息这场暴动，政府派遣一支 1 万人的军队前往镇压。战争之初，政府军遭到英勇抵抗，即使在巴布教运动领袖波什拉瓦耶被杀后，政府军仍未占领要塞。狡猾的政府军统帅最后提出要与巴布教徒签订和平协议，并承诺沙阿会赦免他们

---

① 见 E. G. Browne 所著 *Babis of Persia* 第 1 卷，第 521 页。又见 A. Amanat 所著 *Resurrection and Renewal*: *The Making of the Babi Movement in Iran*, *1844 – 1850*; D. MacEoin 所著 *The Sources for Early Babi Doctrine and History*: *A Survey*; 以及 P. Smith 所著 *The Babi and Bahdi Religions*: *From Messianic Shtism to a World Religion*。

② 见 E. G. Browne 编著及翻译的 *A Traveller's Narrative*，第 11 页。该书认为巴布是被释放的，但 Browne 认为他是逃走的。见 E. G. Browne 所著 *Babis of Persia* 第 1 卷，第 521 页。又见 A. Amanat 所著 *Resurrection and Renewal*: *The Making of the Babi Movement in Iran*, *1844 – 1850*; D. MacEoin 所著 *The Sources for Early Babi Doctrine and History*: *A Survey*; 以及 P. Smith 所著 *The Babi and Bahdi Religions*: *From Messianic Shtism to a World Religion*。

③ E. Tabari, *Barkhi Barrasiha*, p. 391.

④ 见 E. Tabari 所著 *Barkhi Barrasiha*，第 390 页。Traveller 认为要塞前聚集的人数不超过 313 人，且只有 110 人已准备好战斗。

所有人。但当巴布教徒放下手中武器后，却遭到了政府军的残忍屠杀①。

1850年，另一场大规模巴布教徒起义在赞詹省爆发，由米尔扎·阿里·赞詹尼（Mirza Ali-e Zanjani）领导，声势浩大，沙阿动用3万名政府军，花费几个月时间才最终镇压了这场起义，参加起义的巴布教徒及其家人惨遭屠杀②。同年，由赛义德·叶海亚（Saiied Yahya）领导的另一场巴布教徒起义在亚兹德和尼里兹爆发，但最终遭到1万多名政府军的残酷镇压，起义军及其家人被残忍烧死，其他人则被炮决而死，另有大量百姓被折磨而死或沦为奴隶③。尼里兹起义是最后一场大规模巴布教徒武装起义，在遭到政府军血腥镇压后，巴布教徒继续以传教的形式展开反对封建君主专制和教会压迫的斗争。

同时，可汗、王子、道莱④、萨尔塔内⑤、马穆雷克⑥和乌勒玛们对巴布教徒的屠杀和迫害则一直继续。1850年，7位巴布教徒领袖在德黑兰遇害。1851年年底，沙阿下令处死巴布教徒的死对头、首相阿米尔·卡比尔后，巴布教徒开始将暗杀的目标瞄准沙阿本人。1852年一场针对沙阿的暗杀行动失败后，巴布教徒再次遭到野蛮的大规模灭绝性屠杀，苏雷曼·汗（Soleiman Khan）和库拉特·阿尔艾因（Qorrat ol-Ain）等运动领袖也被残忍杀害⑦，巴哈欧拉也被怀疑蓄谋颠覆沙阿，受到严厉审判，但沙阿随后宣布将其无罪释放。1850年，巴哈欧拉来到巴格达，投靠其弟弟米尔扎·叶海亚·苏布赫·阿扎利（Mirza Yaha Sobh-e Azal），

---

① E. G. Browne, *Traveller*, p. 39.

② E. Tabari, *Barkhi Barrasiha*, p. 390.

③ 同上。*Farsnama* 的作者称尼里兹暴动为"巴布骚乱"，称赛义德·叶海亚的追随者为"恶人"。见 H. Busse 所著 *History of Persia*，第290—294页。

④ 译者注：dauleh，意为"财主"或"贵族"。

⑤ 译者注：saltaneh，意为"王侯"。

⑥ 译者注：mamalek，意为"富户"。

⑦ Browne 认为苏雷曼·汗的"伤口被插上燃烧的蜡烛，然后被带到刑场。面对即将降临的殉道，他始终面带微笑，吟诵诗歌"。见 *The Babis of Persia* 第1卷，第525页。关于库拉特·阿艾尔这位巴布运动女领袖，*Traveller* 的作者描述道："她脑海里全是激进而焦躁的起义想法和思想。总之，在口才方面，她是那个时代的灾难；在逻辑推理方面，她是世界的麻烦。"见 H. Busse 所著 *History of Persia*，第31页。她的英勇事迹还受到 Curzon、Tabari、Browne 等人的认可和赞赏。她还被称为 Tahereh 和 Zarrintaj。

继续在异国他乡传播巴布教的思想。

巴布起义被彻底镇压多年以后，巴布教徒仍受到残忍的迫害。1862年，一大批巴布教徒在阿拉克遭到迫害，同年巴哈欧拉撰写了《巴哈欧拉启示录》。1867年，他宣称自己为安拉的化身，成立了巴哈伊派。随后，巴哈伊派与阿扎利派之间出现严重裂隙，阿扎利派仍坚持巴布最初的传教思想，尽管他们的领袖苏布赫·阿扎利此时已是英国政府的囚徒①。而巴哈伊教则去除了巴布所提出的革命内涵，成为一个和平的新宗教②。然而，无论阿扎利派教徒还是巴哈伊教徒，都遭到政府和什叶派教会的长期迫害。

巴布教徒起义无疑是伊朗近代历史中的重大事件，它与1848年的欧洲资产阶级大革命同时爆发，这并非偶然。与欧洲相似的是，尽管伊朗封建君主专制的余孽仍很猖獗，其封建主义制度已逐渐开始瓦解。而且，随着19世纪中期后伊朗与欧洲社会的接触不断加强，欧洲的人文主义启蒙思想和现代政治制度逐渐在伊朗深入人心。欧洲19世纪30年代和40年代的城市暴动对伊朗人民产生了巨大影响，成为巴布教徒起义爆发的思想基础。同时，巴布教徒起义也深刻影响了19世纪中叶以后在伊朗不断展开的一系列改革、起义、暴动及革命等运动③。巴布教徒起义运动最重要的影响之一就是为伊朗留下了英雄主义的传统。正如布朗所说："如果巴布教徒起义未对伊朗社会带来任何其他贡献的话，它至少向世界证明伊朗人在激情的引导下如何以大无畏的精神和坚韧面对死亡和非人的折磨。"④

在巴布教徒起义如火如荼展开之际，拉什特的民众也揭竿而起，于

---

① E. G. Browne (ed. and trans.), *The New History*, pp. xix – xx.

② E. G. Browne, *Traveller*, p. xxi.

③ B. Momeni, *Iran Par Astaneh – e Enqelah – e Mashroutiyat*, and E. Tabari, *Barkhi Barrassiha*.

④ 见 E. G. Browne 所著 *Persian Revolution*，第 xvi 页。关于巴布运动，除以上所列文献外，另见以下资料：H. Algar 所著 *Religion and State*，第 137—151 页；S. K. Nweeya 所著 *Persia, The Land of the Magi*，第 226—259 页；Lady Sheil 所著 *Glimpses of Life*，第 11、28 章；J. A. de Gobineau 所著 *Religions et Philosophies*，第 7—10 章；R. G. Watson 所著 *History of Persia*，第 11、13 章；Mirza Kazim Beg 所著 *Journal Asiatique*，1866。又见 Hon. G. N. Curzon 所著 *Persia* 第 1 卷，第 497 页；以及 E. G. Browne 所著 *The Babis of Persia*，1 and 2，第 506、865—887 页。

1851年掀起了一场反对沙阿的叔叔、吉兰省省长艾萨·汗（Isa Khan）的斗争，占领了他的住所，并在其脖子系上铃铛进行游街①，艾萨·汗的弟弟最终接替了省长职位。在这些运动和巴布教徒起义被镇压后，吉兰省的政局才渐趋平稳。1856—1857年，围绕赫拉特而爆发的英伊战争再次改变了伊朗的政治环境。战争期间，伊朗国内政局总体还算稳定，仅在1857年爆发了一次土库曼部落的骚乱。

然而，自1858年起，伊朗发生了一系列城市暴动。1858年，大不里士和马拉凯的手工业者起义②，1859年法尔斯省巴哈卢和伊纳卢两地的部落军队被起义军打败，1860年雷斯坦的统治者也被起义军打败③。同年，加兹温发生骚乱，导致店铺关门，人们开始在宗教场所寻求避难④。1861年，反叛的土库曼士兵控制了呼罗珊省萨拉赫斯城⑤。同年，呼罗珊省的卡恩发生骚乱，省长母亲杀死了沙阿的私人医生，沙阿因此向省长索要100万土曼的赔偿，省长于是向百姓横征暴敛，筹集这笔费用。当省长的税收官到达卡恩市后，愤怒的民众杀死他们后开始造反⑥。

1865年，哈姆塞的民众驱逐了担任省长的王子及其政务大臣⑦。同年设拉子爆发更大规模的起义，手工业者和商人对官员的恶劣行迹感到不满，他们占领了行政大臣的住所。事态不断发展，最后竟导致双方爆发火枪冲突，直到最后在一些年长智者的调解下，造反民众的情绪才稳定下来。最后，省长罢免了政务大臣，这场内战才得以结束⑧。一年后，设拉子也爆发了一场大规模骚乱，起因是省长和部落首领联合制造的一场通货膨胀。根据一份资料记录：

> 时值1866年大饥荒时期的冬天，而统治官僚们却借机大发其财，

---

① 见 H. L. Rabino 所著 *Gilan*，第552页。引文内容从波斯语版本翻译而来。
② F. Adamiyat and H. Nateq, *Afkar – e Ejtemai*, p. 184.
③ H. Busse, *History of Persia*, pp. 340, 343.
④ F. Adamiyat and H. Nateq, *Afkar – e Ejtemai*, p. 186.
⑤ E. Rain, *Faramoushkhaneh*, p. 526.
⑥ Ibid., pp. 526 – 527.
⑦ F. Adamiyat and H. Nateq, *Afkar – e Ejtemai*. p. 186.
⑧ H. Busse, *A History of Persia*, pp. 250 – 251.

导致设拉子及法尔斯其他地区的粮食价格迅速上涨。设拉子的商人和一群寡妇、孤儿等聚集在广场和政府大楼的入口处抗议，要求省长奥萨姆·萨尔塔那降低面包价格，并增加粮食供给①。

随后，事态不断恶化，最终导致了一场大规模的骚乱和哄抢②。不久，人们开始在政府大楼门口聚集，并高声大喊："奥萨姆·萨尔塔那（Hosam os – Saltana）是面包价格疯涨的罪魁祸首，我们对他极度不满，让他滚出城去。"③ 省长立即采取措施平息事态，并免费向面包店供应粮食。但抗议民众又提出了新的要求："我们不需要粮食和面包，我们要省长奥萨姆·萨尔塔那滚出设拉子。"④ 未等局势进一步恶化，法尔斯省的军队司令在省长命令下插手以平息事态，他自掏腰包向民众发钱，并在城市的各个角落设立很多面包店，向人们提供廉价的面包。省长这时也开仓放粮，并从附近紧急调拨粮食，以极低的价格向民众出售。这是恺加王朝历史上的一个奇迹：在大饥荒期间，粮食价格却出奇便宜。⑤

塔利什和科尔曼沙阿两省也爆发了类似的抗议运动。1869年夏，由于塔利什省长向百姓征收繁重的苛捐杂税，引起了一次大规模民众反抗事件。仅一年时间，地方政府就更换了四拨⑥。与塔利什不同的是，科尔曼沙阿省的起义具有明显政治色彩⑦，居住在城市和农村地区的居民聚集在一起，店铺关闭、工人罢工。抗议民众要求省长伊玛德·阿尔道莱（Emad od – Dauleh）和副省长萨雷姆·阿尔道莱（Sarem od – Dauleh）下台。萨雷姆·阿尔道莱亲手杀死了三名抗议的民众，并掠夺和关押了一些民众。随后抗议规模进一步扩大，人们变得更加激动，聚在清真寺前，要求罢免伊玛德·阿尔道莱和萨雷姆·阿尔道莱。

---

① H. Busse, *A History of Persia*, p. 356.
② Ibid..
③ Ibid., p. 357.
④ Ibid..
⑤ Ibid., pp. 357 – 358.
⑥ H. L. Rabino, *Gilan*, p. 553.
⑦ 见 F. Adamiyat 和 H. Nateq 所著 *Afkar – e Ejtemdi*，第184页。以下引文来自第184—185页。

沙阿派遣使者前往科尔曼沙阿省处理此事，并向民众宣读了沙阿的旨意："沙阿陛下不会因为你们这些无赖和恶棍的无理要求而罢免伊玛德·阿尔道莱阁下的省长一职。"抗议民众遭此大辱，异常愤怒，他们开始手拿《古兰经》大声哭喊"除非沙阿将我们所有人都杀光，我们不会接受伊玛德·阿尔道莱继续担任省长"。返回德黑兰向沙阿述职时，特使建议沙阿不要对这些"暴民"心慈手软，并诬陷赞加内·洛尔斯（Zanganeh Lors）在背后支持科尔曼沙阿省的抗议民众，试图与他们一起推翻省长。

与19世纪40年代和50年代一样，60年代的城市暴乱也异常频繁。然而，时至70年代，所有抗议和暴乱却一夜之间全部消失，80年代仅爆发了几次小规模的骚乱。40年代的频繁暴乱使统治者开始反思其执政策略，并于50年代开展了一系列改革来消除骚乱爆发的根源。60年代的社会动荡也导致统治者于70年代再次开启一系列大规模改革。但70年代所出现的相对稳定的政治局面并非全因统治者推行了一定的改革措施来缓解矛盾，另外还有持续爆发的瘟疫、饥荒，以及其他社会动荡导致伊朗人口规模大幅下降，百姓已无力展开反抗。然而，70年代是社会改革家和意识形态斗争的大舞台。70年代与之前不同之处还在于这一时期的反帝斗争已开始成为伊朗人民关注的焦点。最后，虽然很多宗教权威仍须依靠维持与王室的良好关系或攀附帝国主义列强来树立其威信，但这一时期教会的总体地位和影响力都在迅速上升，在社会中开始扮演越来越重要的角色①。由于乌勒玛从根本上反对现代化改革②，他们经常需要利用人民群众的力量来抗衡政府所主导的世俗化改革进程。

尽管有诸多不同之处，19世纪70年代与之前时代仍有两点共同之处：阶级斗争的内容都是反对封建君主专制，且鲜有大规模的农民起义运动③。70年代阶级斗争的一个重大事件就是宫廷、保守派官僚、俄国侵

---

① 见 H. Algar 所著 *Religion and State*，第129—130、172页；见 N. Keddie 所著 *Religion*，第79、84、90、98、115、116—117页；见 F. Kazemzadeh 所著 *Russia and Britain*，第309—311页。

② 反对改革是乌勒玛的特性，这是 Algar 所著 *Religion and State* 的核心主题之一。见第122、181页。

③ F. Kazemi and E. Abrahamian, "The Nonrevolutionary Peasantry of Modem Iran".

略者和乌勒玛共同联合反对首相哈吉·米尔扎·侯赛因的改革，最终迫使其下台，改革也因此而功亏一篑①。这一时期阶级斗争的又一里程碑是伊朗全社会一致反对路透特许专营权的斗争，是一次全国人民一致对抗帝国主义列强瓜分的斗争，最终迫使政府取消了路透专营权②。70年代，统治阶级之间的斗争一直在持续，1877—1878年，沙阿被迫将权力和政府机构主管权在穆希尔·阿尔道莱、穆斯塔法·马马利克和卡姆兰·米尔扎三个强权人物间均等分配③。

19世纪80年代与70年代非常类似，很少爆发骚乱或社会动荡。然而，这一时期，一方面意识形态的斗争愈演愈烈，另一方面统治集团内部成员间的矛盾不断激化，尤其以年轻的首相阿明·阿尔苏尔坦与卡姆兰·米尔扎之间的斗争最为激烈。尽管80年代的反帝斗争仍处于无组织的自发状态，且缺乏明确的目标，但这一时期反对封建君主专制统治的斗争却已呈现出明显的反帝特征，矛头已开始指向帝国主义侵略者。

这一时期最重要的起义是谢赫·奥贝德·阿尔拉赫（Sheikh Obeid ol-Lah）起义，但最终被无情地镇压。同年，哈马兰·沙拉比（Hamarand-e Chalabi）、卡尔霍尔（Kalhor）和卡兰迪（Karandi）部落的起义也遭到镇压。1886—1887年，政府再次镇压了雅翰夏汗·阿夫沙尔（Jahanshah Khan-e Afshar）所领导的另一场部落起义④。阿尔加（Algar）指出⑤，1888—1889年，首都德黑兰爆发了几次规模较大的宗教性质抗议活动，包括一次乌勒玛反对在德黑兰的兵工厂里竖立沙阿雕塑的抗议，由于遭到乌勒玛反对，沙阿被迫将自己的雕塑竖立在加兹温达尔瓦泽附近一所幽静的皇家花园里。另一次是抗议德黑兰与阿布多·阿齐姆沙阿圣墓之间修建的铁路。起因是一名乘客从列车上摔下，并被铁轨碾压而亡。愤

---

① S. Bakhash, *Iran*, pp. 115–116, 119–120, and H. Algar, *Religion and State*, p. 177.
② Sir Henry Rawlinson, *England and Russia*, pp. 133–144, and N. Keddie, *Religion*, pp. 6–7.
③ S. Bakhash, *Iran*, pp. 141–142, 145–146, 151.
④ 见 A. R. Sheikholeslami 所著 *The Patrimonial*, 第211页脚注42, 以及第245页。他引用了 Etemad os-Saltaneh 所著 *Tarikh-e Montazem-e Naseri* 第3卷（增补卷）第5—52页、Zell os-Soltan 所著 *Sargozasht-e Masoudi* 第296—297页的内容。
⑤ H. Algar, *Religion and State*, pp. 181–182.

怒的群众开始破坏火车车厢,并与负责这条铁路线的比利时官员发生冲突,导致一名抗议者死亡①。随即,抗议民众展开了更大规模的破坏活动,最后导致比利时大使馆要求伊朗政府赔偿30万土曼给经营这条铁路的比利时公司。但后来由于埃马乔梅介入此事,比利时政府取消了索赔的要求②。

这几次抗议不但具备宗教性质,更主要的是具备反封建专制统治和反帝国主义的性质,有时看似狂热的抗议或骚乱背后有明显可见的经济因素。例如,1889年伊斯法罕爆发的一场反犹运动最初是针对来自英国曼彻斯特的棉织品,因为此时英国棉织品已对伊朗国内纺织业造成致命破坏,而恰遇一群犹太人挨家挨户兜售来自曼彻斯特的棉织品,此举激怒了伊朗的商人和手工业者,掀起了一场反犹运动③。这种有限的反帝运动一直持续。1889年的一次类似运动开始将矛头指向波斯帝国银行:

> 银行开业伊始,本地商人和钱庄组织了大规模的抵制运动,拒绝向其销售账单,导致银行被迫使用白银,很大程度上为银行的竞争对手提供了最大便利。而此前,他们也曾以同样方式抵制新东方银行在伊朗开办的分行④。

阶级联盟与斗争,1891—1911 年

爆发于1891年的"烟草抗议"运动是恺加王朝时期反帝反封建阶级斗争的重要转折点。烟草抗议运动是几十年里伊朗阶级斗争的最高峰,是宪政革命的前奏,是"巴布教徒起义"后伊朗人民所掀起的一

---

① H. Algar, *Religion and State*, p. 182. Algar 引用了 E. G. Browne 所著 *A Year Amongst the Persians* 第 98 页的内容。

② 同上书,第182页。Algar 引用了 D. A. Khan Moaiier ol – Mamalek 所著 *Yaddashtha – yi az Zendegani – ye Khosousi – ye Naser od – Din Shah* 第 180—181 页的内容。

③ S. Bakhash, *Iran*, pp. 291 – 292.

④ J. Rabino, "Banking in Persia", in C. Issawi, *The Economic History*, p. 356.

场全国范围的大规模反帝反封建斗争,是一场由城市中产阶级和民族资产阶级领导,包括乌勒玛、商人等都积极参与的反帝反封建斗争。这次运动主要以城市为基础,农民和游牧部落成员并未扮演重要角色,而包括手工业工人、小商人、低阶毛拉和城市贫民为主的城市底层社会人群在这次抗议运动中扮演了非常重要的角色。伊朗的主要大中城市都爆发了抗议,包括德黑兰、大不里士、设拉子、伊斯法罕、马什哈德等伊朗最大的几座城市,而这些城市往往也是主要烟草生产省份的省会城市。

这场抗议运动的直接和表面原因是沙阿于1990年授予英国商人杰拉尔德·塔尔博特少校的烟草专营权。然而其深刻的内部原因则有很多因素,包括外国势力长期干预伊朗国内政治、恺加王朝政府腐朽的封建君主专制统治、政府机构及其统治官僚长期严重腐败且残酷剥削百姓、货币贬值、通货膨胀、失业问题严重、极度贫困以及俄国政府的阴谋策划[①]。这些大部分是伊朗百姓关心的重要问题,而这场抗议运动的领导者民族资产阶级却更关心帝国主义的侵略和蚕食以及落后的封建君主专制制度等因素。乌勒玛参与这场抗议斗争主要是因为他们对19世纪中叶以来伊朗社会不断出现的世俗化潮流极度反感,而这些世俗化趋势往往随着恺加王朝统治者每一次改革而迅速发展。乌勒玛还意识到帝国主义列强在伊朗的商业行为也在不断加剧这种世俗化趋势和潮流。同时,反对世俗化的强烈态度和立场也导致乌勒玛支持伊朗国家的独立自主,坚决反对外来西方势力干预和影响伊朗内政。

如此一来,乌勒玛的反帝反封建斗争立场只是其反对伊朗社会世俗化的衍生品而已。他们反对封建君主专制制度不仅因为其封建君主专制特点,更重要的是因为恺加王朝的封建政权已开始沿着世俗化和改革的方向愈走愈远。他们反对帝国主义不仅因为帝国主义掠夺伊朗经济和威胁国家独立,更重要的是因为欧洲列强的世俗化特点对伊斯兰教文化带

---

① 关于这几点及其他原因,详见 S. Bakhash 所著 *Iran*,第241页;N. Keddie 所著 *Religion*,第1章;F. Kazemzadeh 所著 *Russia and Britain*,第4章;以及 E. G. Browne 所著 *Persian Revolution*,第2章和第650页。见 M. Bayat 所著 *Iran's First Revolution*。

来了巨大威胁。乌勒玛只希望维持伊斯兰教对伊朗社会教育和司法的绝对影响力，他们的最大目标是维持既有权威和利益。正是因为这一原因，乌勒玛在镇压巴布教徒起义时与恺加王朝统治者保持了高度一致。在烟草抗议运动中、烟草专卖权取消后，乌勒玛也迅速与具有革命性质的中产阶级和民族资产阶级分道扬镳，站在政府一边。整个宪政革命时期，乌勒玛始终坚持反对革命派提出的重新构建社会的激进要求。此时，乌勒玛们要么选择与摇摇欲坠的封建专制统治者结成联盟，要么选择与温和的改良派结成联盟，希望借此维持其现状，保障其权威和利益不受影响。一旦时机成熟，乌勒玛最大的目标是伊朗社会和政治去世俗化，他们始终希望从历史中寻找解决伊朗未来问题的答案，维持什叶派伊斯兰教的绝对权威是其最大希望，为了实现这一目标，他们宁愿伊朗维持贫穷落后的现状，也不愿看到政府主导的一场场世俗化改革。当然，在整个乌勒玛阶层中，也有个别较开明的宗教权威人士，他们能够接受伊朗社会正在发生的变化，也能够更加客观地看待伊朗社会的世俗化趋势。其中最著名的代表是塔巴塔巴伊[①]。

尽管乌勒玛都具有很强的保守特征，他们却在这场反封建专制统治和反帝国主义殖民扩张的阶级斗争中扮演了非常积极的角色，成为运动的领导者之一。其原因主要有以下六点：第一，自19世纪60年代后，政府推行的一系列特许专营权制度和司法改革导致伊斯兰教法与世俗法之间冲突和矛盾频繁爆发，使乌勒玛中最保守的那部分人开始与统治者决裂。第二，由于恺加王朝时期政府权力和统治地位不断弱化，作为国教的什叶派伊斯兰教是伊朗社会唯一享有全国范围凝聚力的力量，这一现象一直持续至宪政革命爆发前夕。教会控制着全国的教育、司法系统，还控制着清真寺等宗教场所，具有严谨、高效的组织结构体系。第三，教会具有强大的经济实力：他们控制着大量教产瓦克夫，为其领导抗议运动提供了重要的经济保障。第四，教会有明确的意识形态，且长期得到全社会普遍认可。第五，由于教会完全掌控着全国的教育系统和部分

[①] 关于乌勒玛所扮演的角色，见 Shireen Hunter 所著 *Islam*、M. Bayat 所著 *Iran's First Revolution*，以及 S. Bakhsh 所著 *Iran*。

司法系统，他们能够在这次抗议运动中很好地践行其意识形态支配地位。第六，除商人和乌勒玛外，伊朗缺乏能够领导这场抗议运动的成熟力量。此时，伊朗民族资产阶级尚不成熟，城市中产阶级则缺乏树立自己领导地位的资源和手段。而传统中，伊朗商人与乌勒玛的良好关系对其在烟草抗议运动中形成联盟提供了良好基础。恺加王朝时期的商人和乌勒玛具有很强的独立性，他们对政府的依附程度不高，加之拥有强大的经济基础，使得他们成为一支坚定的反帝反封建力量。由于伊朗的国内市场基本控制在商人手中，加之教会可以向遭受政府镇压和迫害的抗议者提供宗教避难场所，使其成为烟草抗议运动最佳的领导力量。另外，随着伊朗政府和沙阿的影响力不断被削弱，商人和乌勒玛的实力和影响也相应大幅提高。

虽然从理论上讲，任何反对封建君主专制和反对帝国主义的斗争都可被视作这场烟草运动的根源。然而，我们需要分析那些直接导致烟草抗议运动爆发的相关原因。下面我们将对此进行详细分析，因为只有清楚地认识乌勒玛在烟草抗议运动中扮演的角色，我们才能更好地认识乌勒玛在近代伊朗社会以及现、当代伊朗社会所扮演的重要角色。事实上，烟草抗议运动中的诸多政治趋势和力量在今天伊朗社会中仍扮演着重要角色。从这个角度看，烟草抗议运动对伊朗社会的影响甚至比宪政革命更为重大。

1890年3月8日，伊朗政府与英国商人杰拉尔德·塔尔博特少校签订烟草专卖协议。为了能够成功签订协议，塔尔博特花费了200万法郎贿赂恺加王朝官僚阶层中最有影响力的一批官员[1]。1890年9月初，俄国驻伊朗大使布佐夫抗议该烟草专卖权协议。面对布佐夫对伊朗政府提出的严重警告，首相阿明·阿尔苏尔坦立即向英国驻伊朗大使沃尔夫报告，并请求英国政府不要暴露自己通报消息的事情[2]。不久，布佐夫正式提出

---

[1] 见 M. Bahar 所著 *Miraskhar - e Estemar* 第516页引用 Feuvrier 的日记，以及 F. Kazemzadeh 所著 *Russia and Britain*，第248页。"为了全面履行该专营权"，沙阿、大首相、阿明·阿尔苏尔坦，以及一大批"王子和高官"都收到了更多的贿赂。见 Shireen Hunter 所著 *Islam*，第251页。

[2] FO 65/1394, Wolff to Salisbury, No. 271, Very Secret and Confidential, 3 September 1890.

书面抗议，指出烟草专卖权完全违背了伊朗与其他国家间签订的协议条款①。

1890年7月，《法报》发表了一篇批判烟草专卖权协议的文章。11月，《星报》也发文谴责烟草专卖权协议②。因此，尽管俄国政府此前一直反对和打击伊朗自由派，但此时自由派却在烟草专卖权问题上坚定支持其死敌俄国政府③。1891年1月，伊朗国内首次出现有组织的反政府抗议运动的征兆，并不断暗示伊朗民众这将是一场全国范围的反帝正义斗争，有明确的目标和行动方案④。早在1月初，一封密信便在德黑兰悄悄流传，谴责纳赛尔·阿尔丁沙阿为最大的卖国贼，将国家的资源全部卖给英国。沙阿坚信这封信为阿富汗尼所写，随即下令将其驱逐出境。随后不久，又有一本匿名手册开始于晚间在德黑兰流传，谴责政府不尊重伊斯兰宗教原则⑤。

1891年2月，塔尔博特到达德黑兰，宣布烟草专卖协议生效，伊朗百姓首次公开得知烟草专卖协议之事。随后，60多位波斯烟草商人在烟草商会会长马利克·阿尔图嘉（Malek ot-Tojjar）家中召开紧急会议，并向沙阿递交请愿书，主动提出向沙阿支付一笔更高的烟草税，将使沙阿的收入远超从烟草专卖协议中获得的收入，以此换取沙阿取消烟草专卖协议的决定⑥。请愿书由首相阿明·阿尔苏尔坦的政敌阿明·阿尔道莱转

---

① 见F. Kazemzadeh所著 Russia and Britain 第251页引用Butzov to the Minister of Foreign Affairs [Qavam od-Dauleh], No. 40, 29 Moharram 1308（14 September 1890）, Enclosure No. 3 in Wolff to Salisbury, No. 286, Very Secret, Gulahek, 23 September 1890 的内容。从其1890年9月17日的书信来看，法国驻德黑兰大使明显赞同Butzov的主张，认为烟草专营权协议违背了伊朗的条约中所规定的贸易自由原则。又见N. Keddie所著 Religion 第44页引用A. E. Perse, 1890, No. 28, 17 September 的内容。

② 关于Akhtar文章（11 November 1890, No. 13 of the 17th year）的翻译，详见E. G. Browne所著 Persian Revolution, 第46—49页。

③ 关于这一时期自由派与俄国的关系，见Akhtar, 12 January 1891。N. Keddie所著Religion 第45页和第49页翻译了烟草专营协议的部分内容。Akhtar坚信烟草专营协议对伊朗烟草种植者、商人和出口商极为不利。与奥斯曼帝国的烟草专营协议相比，伊朗烟草专营协议无法令人接受，因为前者并不垄断烟草出口。

④ N. Keddie, Religion, p. 45.

⑤ 见N. Keddie所著Religion, 第46页。关于该手册的内容，详见第45—46页。

⑥ 同上书，第49、52页。

交沙阿①。阿明·阿尔苏尔坦一方面劝说沙阿不要轻信商人的虚假承诺，另一方面向英国政府承诺妥善解决这一突发事件，确保英国利益不受任何影响。1891年3月后，烟草抗议运动开始呈现新的特点。

3月6日，所有伊朗烟草商人和零售商聚集在沙阿清真寺，并开始向阿布多·阿齐姆沙阿圣墓进发，他们躲在那里的宗教避难所内，向沙阿递交请愿书，希望他不要屈服于英国公司②。沙阿极度紧张，打算废除烟草专卖协议，却因遭到首相阿明·阿尔苏尔坦的百般阻挠而未能落实③。此时，阿明·阿尔苏尔坦已因为促成这项烟草专卖协议而获得了500多股英国烟草公司的股票④。

同时，《法报》不断加强其反政府宣传攻势，沙阿对此极为不快。1891年3月，沙阿宣布《法报》的主编米尔扎·马尔库姆汗"背叛祖国和人民"，下令撤销其所有头衔，并同时宣布"任何与其保持联系的政府官员都将被视作叛徒"⑤。这些措施不但未能阻止《法报》在伊朗民众中的传播，而且使其更加受到伊朗社会各阶层民众的欢迎，包括持有自由主义观点的政府官员，他们不顾沙阿的禁令，仍与马尔库姆汗保持密切联系。

时至3月，沙阿的麻烦越来越多。阿富汗尼的追随者开始在政府高官中传播一封带有强烈敌意的信，批判政府的特许专营权制度和烟草专卖权的恶劣影响。同时，又有匿名的宣传海报开始在德黑兰和大不里士流传，批判烟草专卖权⑥。另外，由阿富汗尼所成立的秘密组织也开始在百姓中传播反对烟草专卖的传单⑦。沙阿随即下令逮捕了一些"可疑分子"，包括一名参与阿富汗尼秘密组织的奥地利外交官、后来于1896年

---

① F. Kazemzadeh, *Russia and Britain*, p. 254.

② "Abstract of Confidential News", FO 248/530. FO 539/60, Kennedy to Salisbury, No. 9 (25), 23 February 1891, Telegraph.

③ Keddie 认为，1891年3月大规模请愿运动爆发不久，俄国便施压伊朗政府，此时沙阿就已考虑废除烟草专营协议。详见 *Religion* 第52页。

④ F. Kazemzadeh, *Russia and Britain*, pp. 254–255.

⑤ FO 60/522, Kennedy to Salisbury, No. 95 (62), 10 March 1891.

⑥ N. Keddie, *Religion*, p. 55.

⑦ Ibid. .

刺杀纳赛尔·阿尔丁沙阿的小贩米尔扎·礼萨·科曼尼、三封（分别写给沙阿、乌勒玛、伊朗国家）公开信的作者哈吉·萨伊赫（Hajj Saiiah）、与米尔扎·马尔库姆汗及巴布教徒关系密切的著名伊朗学者米尔扎·优素福·汗·穆斯塔什尔·阿尔道莱（Mirza Yousef Khan‐e Mostashar）等。沙阿还罢免了一些"可疑"的政府官员，并将另一些列为重点怀疑对象，其中包括阿明·阿尔道莱①。截至4月下旬，沙阿已逮捕30多名"可疑分子"②。

1891年4月，塔尔博特的英国公司开始派遣工作人员到达伊朗多座城市，张贴一份期限为6个月的"最后通牒"，下令当地所有烟草必须在最后期限结束前卖给这家英国公司，且只有经过该公司授权的烟草商今后才有权从事烟草经营活动。此举立刻激怒了伊朗民众，多地开始爆发大规模的抗议活动③。与此同时，法尔斯省的烟草商哈吉·阿巴斯·乌尔杜巴迪（Hajji Abbas Urdubadi）在抗议英国公司垄断烟草经营的过程中导致设拉子的巴扎彻底关闭④。同时，设拉子一位德高望重的乌勒玛哈吉·赛义德·阿里·阿克巴（Hajj Saiied Ali Akbar）开始传播反对烟草专卖权的言论，并呼吁大家发动一场针对烟草专卖权的圣战。之后，他被驱逐到当时最高什叶派宗教权威米尔扎·阿什拉兹（Mirza‐ye Shirazi）的家乡萨迈拉（Samarra），而米尔扎·阿什拉兹则在这次烟草抗议运动中起到了最关键的领导作用。沙阿驱逐阿里·阿克巴的行为导致设拉子城商人的集体抗议，他们聚在沙阿·奇拉格圣陵（Shah Chiragh）旁表达抗议，沙阿的军队向抗议人群开枪⑤，杀死了3名商人⑥。随后，设拉子的乌勒玛们开始向政府发送电报，要求废除对阿里·阿克巴的驱逐令，准许他返回设拉子。这时，俄国人开始与设拉子城的大商人和市长卡瓦姆·阿

---

① N. Keddie, *Religion*, pp. 55‐60, 以及 S. Bakhash 所著 *Iran*, 第316—317页。
② 同上书，第56页。
③ 同上书，第65页。
④ 见 H. Algar 所著 *Religion and State*, 第207页。关于设拉子及阿里·阿克巴被驱逐后所爆发的抗议，见 E. Teimouri 所著 *Tahrim‐e Tanbakoi*, 第68—73页；A. M. Molkara 所著 *Sharh‐e Hal‐e Abbas Mirza Molkara*, 第115—116页。
⑤ H. Algar, *Religion and State*, p. 207.
⑥ N. Keddie, *Religion*, p. 67.

尔穆克（Qavam ol‑Molk）密谋策划一起大规模群众抗议运动。作为设拉子市市长，卡瓦姆·阿尔穆克不但是一位强权人物，还是一位激进的自由主义民族资产阶级，因此非常支持这场反对封建君主专制的抗议运动①。

5月，大不里士全城爆发大规模骚乱。7月，一封威胁乌勒玛和欧洲人的小海报开始在伊朗流传，上面写道：

> 让那些不与国家合作的乌勒玛都倒霉遭殃吧！任何不支持人民的乌勒玛都将死无葬身之地。凡向欧洲人售卖烟草者都将倒霉遭殃，哪怕他只卖出了一两（等于6克）。如果有哪个欧洲人胆敢帮助这些异教徒的恶劣行为，他也必将倒霉遭殃。②

8月，大不里士的抗议民众开始向沙阿发送电报和群众请愿书，请求沙阿收回成命，废除烟草专卖协议，他们甚至威胁一旦沙阿不能废除协议，他们将展开武装抵抗③。沙阿随后派遣使者携带礼物拜访大不里士的宗教权威米尔扎·贾瓦德（Mirza Javad），企图收买他放弃支持大不里士的抗议运动。大不里士的抗议群众将一只狗的脖子缠上白纸，带着游街④。同时，沙阿的使者发现大不里士街上和米尔扎·贾瓦德的住所周围到处是手拿武器的抗议群众，于是做出了机智的决定，将礼物呈给米尔扎·贾瓦德后立即离开了大不里士城⑤。

大不里士的省长阿米尔·尼扎姆（Amir Nezam）向来被俄国人视为其利益的忠实代言人，这次他与大不里士市长保持了高度沉默⑥。到了9月，大不里士的抗议群众已失去耐心，开始采取一些更加暴力的行动，局面已超出乌勒玛和政府官员的控制。9月1日，英国代表肯尼迪（Ken-

---

① N. Keddie, *Religion*, p. 68.
② 同上书，第75页，以及 F. Kazemzadeh 所著 *Russia and Britain*，第259—260页。
③ 见 H. Algar 所著 *Religion and State* 第209页所引用 J. B. Feuvrier 所著 *Trois Ans a la Cour de Perse* 的内容。又见 M. Bahar 所著 *Miraskhar*，第517页。
④ 见 A. Amin od‑Dauleh 所著 *Khaterat‑e Siasi*，第152页。又见 Keddie 所著 *Religion* 第80页所引英国外交官 Kennedy 发回英国的一份电报。
⑤ A. M. Molkara, *Sharh‑e Hal*, p. 115.
⑥ N. Keddie, *Religion*, p. 81, and F. Kazemzadeh, *Russia and Britain*, p. 258.

nedy）警告"大不里士就像一片浇了汽油的森林，一个小小的火星随时都会将其点燃"①。而沙阿则被公开宣布为"异教徒商人"，"他随时可能会因此而断送其继承人的性命"。②最后，肯尼迪的结论是"伊朗人并非在反对烟草专卖协议，而是在反对沙阿本人。伊朗全国此刻都在观望，等待来自阿塞拜疆的口令，而沙阿一旦屈服，将导致全国范围内掀起一场轰轰烈烈的反对沙阿的革命运动"。③

1891年9月4日，局势再次证明肯尼迪的担心并非杞人忧天。

> 这一天，大不里士街上到处是手握武器的抗议群众，随时准备武装起义。他们分成三队，一队前往王储的官殿，一队前往省长阿米尔·尼扎姆的住所，另一队则朝着欧洲人的租借地进发。在这千钧一发之际，沙阿发来电报，同意废除烟草专营协议，才最终平息了愤怒的抗议群众。④

1891年9月5日，手拿武器的抗议民众再次走上街头，而当地政府并未采取任何有效措施制止他们。亲俄的省长阿米尔·尼扎姆明显得到了俄国政府的授意才敢如此消极地处理群众的抗议活动，并不断在背后煽风点火。他同时还是亲英的首相阿明·阿尔苏尔坦的死对头。起初，宗教权威莫贾赫德·贾米尔扎·贾瓦德（Mojahed Mirza Javad）倾向于支持阿明·阿尔苏尔坦，但阿米尔·尼扎姆告诉他烟草专卖协议将是沙阿在伊朗推行欧洲式世俗化改革和法律的第一步，这无疑会对什叶派伊斯兰教在伊朗的权威造成巨大的冲击⑤。贾瓦德因此而出现动摇，答应与省长携手废除烟草专卖协议⑥。

---

① 引于 N. Keddie 所著 *Religion*，第80页。
② 同上。又见 F. Kazemzadeh 所著 *Russia and Britain*，第259页。
③ 引于 F. Kazemzadeh 所著 *Russia and Britain*，第259页。
④ 见 N. Keddie 所著 *Religion* 第83页所引 L. V. Stroeva 所著 *Boƃba* 第168页中的档案，以及 A. M. Molkara 所著 *Sharh – e Hal*，第115页。
⑤ FO 60/553 Paton to Kennedy, 5 September 1891, enclosed in Kennedy to Salisbury, No. 207, Sept. 12, 1891.
⑥ N. Keddie, *Religion*, p. 84.

与阿明·阿尔苏尔坦相反的是：沙阿已意识到无法在这场斗争中获胜，加之俄国人也与反对烟草协议的伊朗民众站在一起，他已下定决心平息这场骚乱。为了讨得俄国政府满意，沙阿早在 9 月初就授权俄国驻德黑兰大使传话俄国驻大不里士领事，只要俄国政府不再因此而追究沙阿的责任，他便同意废除烟草专卖协议①。然而，大不里士的民众认为沙阿缺乏诚意，而此举也只是缓兵之计，因此要求沙阿立即宣布废除烟草专卖协议。最后，沙阿被迫屈服，于 1891 年 9 月 30 日公开宣布终止执行阿塞拜疆省的烟草专卖协议。

在此之前，乌勒玛对烟草抗议运动的支持非常有限。在阿里·阿克巴的坚持和要求下，泛伊斯兰主义思想家阿富汗尼写了一封长信给宗教领袖米尔扎·阿什拉兹，痛陈沙阿的腐败行为及烟草专卖协议可能带来的严重后果，请求其支持民众的抗议运动：

> 如果阁下不愿以圣法的名义帮助广大爱国民众，以共同的目标团结他们，鼓励他们反对暴君的斗争，在不久的将来，我们的伊斯兰王国将会处于外国异教徒的掌控之下，他们将在真主的国度里横行无忌、恣意妄为，任意践踏真主的子民。②

1891 年 7 月，阿什拉兹致电沙阿，抗议其驱逐阿里·阿克巴的决定和烟草专卖权协议。沙阿对此并未理会，但随后又于 9 月再次收到阿什拉兹的来信，详述了他对烟草专卖权的抗议态度和具体理由。由于未得到沙阿答复，阿什拉兹写信给德黑兰最高乌勒玛米尔扎·哈桑·阿什提亚尼（Mirza Hasan‒e Ashtiani），授权他代表自己领导这场抗议运动③。

---

① J. B. Feuvrier, *Trois*, pp. 272‒274.
② 见 E. G. Browne 所著 *Persian History*，第 19 页。关于该书信的完整英语翻译，见第 15—21 页。关于该信的（阿拉伯语）原稿，见 Nazem ol‒Eslam Kermani 所著 *Tarikh‒e Bidari* 第 1 卷，第 88—96 页。
③ 见 E. Teimouri 所著 *Tahrim‒e Tanbakou*，第 92、97 页，以及 J. B. Feuvrier 所著 *Trois*，第 324 页。关于"第一封"电报的英文翻译，见 N. Keddie 所著 *Religion* 第 89 页中引用 A. E. Perse，1891, enclosed in No. 64, 23 December 1891 的内容。

1891年9月，伊斯法罕爆发反对烟草专卖的抗议活动。在阿嘉·纳贾菲（Aqa Najafi）的领导下，毛拉们开始在各清真寺内宣传反对烟草专卖的口号，商人们受到阿塞拜疆省抗议运动的鼓舞，向伊斯法罕省长齐勒·阿尔苏尔坦递交了一份反对烟草专卖的请愿书。齐勒·阿尔苏尔坦是一位亲英的王子，因此在回复请愿书时威胁商人们"胆敢如此放肆，就将逐个砍下其头颅"①。尽管受到巨大威胁，烟草抗议运动仍然于1891年11月在伊斯法罕再次爆发。

1891年10月，马什哈德也爆发了烟草抗议运动。

月初，马什哈德很多商人和德高望重的人物集体前往拜访该城的大穆智台希德，声称烟草专卖权将会使自己毁于一旦，并请求穆智台希德对其抗议活动给予支持。穆智台希德们拒绝了他们的请求。这时，俄国总领事开始指责穆智台希德中有人是亲英的投降派，而且收了英国政府的贿赂②。

当天晚上，民众聚集在该市最大的清真寺外，大声抗议烟草专卖协议和英国银行。他们甚至威胁将停止当地所有生意，拒绝缴纳税负。第二天，巴扎关闭，街上挤满了抗议的群众。

清真寺外的抗议群众开始攻击沙阿派来的一位使臣和一位企图平息事态的穆智台希德。他们威胁要推翻政府的统治，沙阿立即发来电报，承诺将推迟半年执行烟草专卖协议，但这并未平息民众的愤怒。③

抗议活动持续了5天，沙阿下令省长召集呼罗珊省的军队逮捕抗议

---

① 见 N. Keddie 所著 *Religion*，第90—91页。Keddie 斥责 Aqa Najafi 为"无耻之徒"。关于他的恶行，参见 E. Rain 所著 *Anjomanha - ye Serri*，第37页，以及 H. Algar 所著 *Religion and State*，第220页。又见第252页脚注4。

② N. Keddie, *Religion*, p. 91.

③ 见 N. Keddie 所著 *Religion* 第91—92页引用 L. V. Stroeva 所著 *Borba* 第172—174页，及 A. E. Perse, 1891, No. 57, November 27 的内容。

者，并威胁处死所有抗议者，得知消息的民众开始四散而逃①。然而，呼罗珊的商人也像阿塞拜疆的商人一样，继续其烟草经营，并未在意是否得到英国公司的授权许可，因为他们背后有俄国人的支持②。

10月底，赛义德·阿拉穆吉尔（Saiied Alamgir）开始在马赞德兰省的卡维尔沙漠（Kalardasht）地区鼓动大家掀起一场反对宗教权威的抗议③。他认为伊朗教会已变得腐败不堪，国民已受到这种腐败教育的误导，正走入歧途。他还提出伊斯兰教需要改革④。阿拉穆吉尔的支持者主要为部落民众，截至1891年11月，他的支持者已达到1700多人，且大多都持有武器。当地政府企图派兵镇压他们，但以失败告终。沙阿随即从德黑兰调来部队，最终于11月16日镇压了阿拉穆吉尔的抗议，导致200多位支持者死亡⑤。有报道称参与阿拉穆吉尔抗议的民众中还有一些妇女和儿童⑥。尽管阿拉穆吉尔的抗议发生在烟草抗议运动的中期，具有很强的反对烟草专卖协议的性质，但其目标却更加深远。这是唯一一场发生在城市之外的重大烟草抗议斗争。

11月，在英国公司宣布的最后期限即将到来之际，伊斯法罕的烟草抗议活动继续发展。阿嘉·纳贾菲组织了两次大规模游行示威活动，宣布烟草为不洁之物⑦。从而在伊斯法罕开启了一次抵制烟草的运动，水烟也因此被大量破坏，这为全国范围内的烟草抗议运动提供了基础。此轮抗议运动中的主要活动均发生在伊斯法罕，有一位伊斯法罕的大商人宁愿当众烧毁自己所有的烟草存货也不愿意将其卖给英国公司⑧。11月，德黑兰和大不里士的烟草抗议运动也在继续。

---

① FO 60/553, Telegram from the Shah to the Saheb Divan, Confidential, 6 October 1891, enclosed in Kennedy to Salisbury, No. 227, 10 October 1891.

② FO 60/553, Kennedy to Salisbury, No. 228, 19 October 1891, Confidential, quoting private letter from Gen. MacLean, 10 October 1891.

③ N. Keddie, *Religion*, p. 136.

④ Ibid., p. 138.

⑤ E. G. Browne, *Persian Revolution*, p. 52, and M. Bahar, *Miraskhar*, p. 518, quoting Feuvrier.

⑥ N. Keddie, *Religion*, p. 137, quoting FO 60/525, Lascelles to Salisbury, No. 239, 22 November 1891.

⑦ Ibid., p. 94.

⑧ 同上书，第95页，以及 M. Bahar 所著 *Miraskhar* 第818页引用 Feuvrier 的内容。

1891年12月是这场烟草抗议运动的重要转折点，因为从12月开始，宗教力量开始加入这场抗议的斗争中。月初，阿亚图拉·阿什拉兹在德黑兰颁布法特瓦（教令）禁止伊斯兰教众吸食任何形式的烟草制品："以仁慈我主的名义颁发此教令，禁止以任何形式吸食烟草或水烟制品，凡违抗此令者皆被视为对伊玛目的公然挑战。愿我主加快伊玛目的降临！"[①] 人们对这份文件的权威性提出质疑，大部分人认为这份文件出自马利克·阿尔图嘉之手[②]。然而，这份文件得到了阿什拉兹的确认。随后，伊朗全国范围内掀起了一场抵制烟草的运动，甚至连沙阿的随从和非穆斯林都开始抵制吸食烟草。

教令颁布后，乌勒玛与政府官员进行了几次重要磋商。首相阿明·阿尔苏尔坦试图通过磋商说服宗教权威们停止抗议，并答应取消国内的烟草专营权，此举得到贝赫巴哈尼等几位德黑兰宗教权威的支持。贝赫巴哈尼非常支持首相阿明·阿尔苏尔坦和英国人，他曾为此得到一笔很大的好处[③]。阿明·阿尔苏尔坦于1891年12月18日宣布取消烟草专卖协议在伊朗国内的专营权，贝赫巴哈尼随即致电大阿亚图拉阿什拉兹，告知烟草专卖被取消之事，却只字未提对国外的烟草专营权依然有效一事，企图蒙混过关，希望阿什拉兹误解为全部烟草专卖权已经被取

---

① 见 E. G. Browne 所著 *Persian Revolution*，第22页。N. - E. Kermani 所著 *Tarikh - e Bidari* 第1卷第19页和30页附有该教令的波斯语版本。

② 见 H. Nateq 所著 "Rauhaniyat va Azadiha - ye Demokratik"，第8页；以及 N. Keddie 所著 *Religion*，第96—97页。

③ 见 N. Keddie 所著 *Religion* 第79、90、88页中引用 J. B. Feuvrier 所著 *Trois* 第271页的内容，M. Malekzadeh 所著 *Tarikh - e Enqelah - e Mashroutiyat - e Iran* 第1卷第129页，以及 A. M. Molkara 所著 *Sharh - e Hal* 第116、119页。又见 N. - E. Kermani 所著 *Tarikh - e Bidari* 第1卷，第22页；H. Nateq, "Rauhaniyat", Iranshahr, Vol. 4, No. 3, April 2, 1982, p. 8；H. Algar 所著 *Religion and State*，第213页；以及 Kazemzadeh 所著 *Russia and Britain*，第309页。1897年，英国驻伊朗使馆武官 Picot 写道："大穆智台希德赛义德·阿卜杜拉（贝赫巴哈尼）与我们保有良好关系，并在烟草抗议运动爆发时依然支持我们。他替代了阿什提亚尼的位置，并立即送信给我，征求我方意见和意愿。此外，我还得知，如果女王陛下的外交官们希望混乱持续，舒什塔尔的毛拉们将严格执行我们的指示。" Memorandum by Lieutenant Colonel H. Picot, Military Attache, 12 May 1897, FO 65/1547, quoted in F. Kazemzadeh, pp. 309 - 310。又见 N. Keddie 所著 *Religion*，第118页。

消①。贝赫巴哈尼还请求阿什拉兹为此致电沙阿以示感谢，并解除烟草禁令。但阿什拉兹早已收到抗议者发来的电报，不但告知了他事情的真相，还请求他继续支持抗议运动。随后，阿什拉兹致电贝赫巴哈尼，感谢了沙阿，却丝毫未提取消宗教禁令之事，令贝赫巴哈尼大失所望。

为了使这场抗议运动不受任何误导，德黑兰的民众极力阻挠乌勒玛与政府达成任何有效协议。1891年12月25日，德黑兰的巴扎张贴了一份海报，威胁如果政府不能在两天内终止烟草专卖协议，穆斯林们就将掀起一场反对烟草专卖协议的圣战②。圣战假借阿什拉兹的名义号召，但民众却信以为真。他们做好了战斗准备，储备了大量武器和战争物资，并向家人辞行③。面对如此巨大的威胁，政府最终被迫同意彻底取消烟草专卖协议。首相阿明·阿尔苏尔坦以彻底取消烟草专卖协议为条件，要求教会取消圣战，并结束这场抵制烟草的运动。随后，乌勒玛们开始劝告人们停止圣战，但并未宣布吸食烟草合法，他们需要等待阿什拉兹颁布新的宗教法令。沙阿官方宣布取消烟草专卖协议，缓和了德黑兰的抗议运动，但新的骚乱很快又在科尔曼沙阿省、亚兹德、加兹温等地的城市爆发，人们对沙阿在烟草专卖协议上的暧昧态度重新产生怀疑。

1892年1月初，沙阿下令德黑兰宗教权威阿什提亚尼在公众场合带头吸食烟草，否则就将他驱逐出德黑兰。阿什提亚尼毅然选择离开德黑兰，却被民众拦住。随后，德黑兰于1月4日爆发了最为严重的一场抗议斗争。所有店铺一律关门，人们涌上街头，4000多人开始攻击城堡，向省长所居住宫殿的窗户扔石头，并试图强行进入，甚至计划借此进入沙阿的皇宫。此时，沙阿已下令部队开枪，打死了7名抗议民众。抗议的队伍不断壮大，情绪也愈加愤怒。沙阿担心事态失控，马上撤销了命令，要求阿什提亚尼继续留在德黑兰。阿什提亚尼随后出面平息了愤怒的抗

---

① FO 60/553, Lascelles to Salisbury, No. 261, 22 December 1891.
② N. Keddie, *Religion*, p. 101. See also N. – E. Kermani. *Tarikh – e Bidari*, Vol. 1, p. 49.
③ N. Keddie, *Religion*, p. 102.

议民众，但仍然有小部分愤怒的群众继续占领多条大街[1]。

巴卢瓦指出，1月4日的事件已不是简单的抗议，而是革命的前奏[2]。1892年1月5日，阿什提亚尼与政府间的谈判重新开启，他坚持三点要求：对被军队开枪打死的民众家庭进行赔偿，豁免烟草抗议运动领导者，允许伊朗商人以原价回购其卖给英国公司的烟草[3]。政府完全接受了这三个条件，最后双方达成和平协议，阿什提亚尼的影响力达到巅峰[4]，并在得到阿什拉兹授权后宣布取消烟草禁令。

乌勒玛阶层也完成了他们在烟草抗议运动中的使命。1892年4月3日，伊朗政府与英国达成协议，向英国公司支付50万英镑的现金赔偿。随后，伊朗政府以6%的利息从英国波斯帝国银行获得这笔贷款[5]。烟草专卖协议的事情最终告一段落，但对民众来说，一切才刚刚开始。就在沙阿下令取消烟草专卖协议、阿什提亚尼与首相阿明·阿尔苏尔坦谈判之际，德黑兰到处张贴了威胁要杀死沙阿、阿明·阿尔苏尔坦和英方代表奥恩斯坦的小海报，并要求驱逐英国波斯帝国银行和俄国在伊朗开办的银行[6]。

烟草抗议运动是对英国在伊利益的一次重大打击，却是俄国的一次重大胜利。对沙阿来说，这是一次巨大的灾难，受此打击，他开始深居简出，不理朝政，整天沉溺于后宫之中。对阿明·阿尔苏尔坦来说，这次抗议运动意味着他今后要重新侍奉新的主子俄国政府[7]。对乌勒玛来说，烟草抗议运动扩大了他们在伊朗社会和政治生活中的权力和影响，

---

[1] 见E. Teimouri所著 *Tahrim – e Tanhakou*，第150—167页。又见N. – E. Kermani所著 *Tarikh – e Bidari*，第19—22页；M. Bahar所著 *Miraskhar* 第520—521页所引J. B. Feuvrier著作的内容，以及H. Algar所著 *Religion and State*，第214页。

[2] A. E. Perse, 1892, No. 4, 8 January, postscript of 5 January.

[3] N. Keddie, *Religion*, p. 106.

[4] J. B. Feuvrier, *Trois*, quoted in M. Bahar, *Miraskhar*, p. 522.

[5] 见F. Kazemzadeh所著 *Russia and Britain*，第267页。伊朗从波斯帝国银行获得贷款用于偿还烟草协议的债务，关于贷款背后的政治博弈，详见第7章。

[6] A. E. Perse, 1892, No. 6, 31 January 1892.

[7] N. Keddie, *Religion*, p. 120.

但同时也加快了乌勒玛内部因争权夺利而引发的分裂①，乌勒玛也开始像世俗政府官员一样分裂为亲英和亲俄两大阵营。然而，随后几年里，亲俄的乌勒玛与亲英的政府官员结成联盟，成为政府压迫和剥削伊朗百姓的帮凶②。但这种乌勒玛与政府的联盟只是为了共同的利益而结成的临时联盟，是相对意义的联盟。

对于人民而言，烟草抗议运动是促进伊朗社会深入变革的一次总演习。通过这场运动，他们学会了如何有组织地展开一场反抗沙阿封建专制统治和帝国主义侵略的斗争，他们懂得了阶级斗争中共同协作的重要意义和作用。这次斗争表明封建君主专制制度的脆弱性和被压迫人民不断增强的反抗动力。总之，这次运动教会了人民群众如何通过斗争来争取更好、更加公正、更加人性化的生活。为了实现这一目标，他们展开了持续不断的斗争。烟草抗议运动激发了伊朗民众的斗争需求，这种斗争哲学随后再次被应用于1906年的宪政革命，为争取伊朗社会朝着更好的方向发展奠定了重要基础。

1892—1895年，伊朗多地爆发数起或大或小的抗议运动，这些运动或多或少都与我们之前提到的原因存在密切关系。导致这些抗议运动的主要原因都是统治阶级残酷的压迫和剥削、粮食短缺、通货膨胀、货币

---

① 之前我们已经提到，阿什提亚尼在未获得米尔扎·阿什拉兹授权的情况下即宣布取消烟草禁令，阿什拉兹坚持他并未授权任何人取消禁令，因而该禁令仍然有效。然而，阿什提亚尼无视阿什拉兹的电报和书信，进一步加强与政府的关系。阿什提亚尼在写给阿什拉兹和沙阿的信中大肆赞扬沙阿及其首相。在一封写给阿什拉兹的信中，他还提到波斯帝国银行和其他欧洲在伊企业，认为阿什拉兹的书信中不应再提及废除这些外国企业的言辞。详见 FO 60/554, Lascelles to Salisbury, No. 28, 11 February 1892, Secret and Confidential。关于阿什提亚尼、阿明·阿尔苏尔坦、阿什拉兹以及沙阿四人的书信内容，详见 N. Keddie 所著 *Religion*，第145—147页。关于乌勒玛阵营的分化，见同上书，第114—118页，以及 H. Algar 所著 *Religion and State*，第219页。

② 见 H. Algar 所著 *Religion and State*，第219—220页。Algar 指出，"Aqa Najafi 与 Zill us‑Sultan 所达成的谅解与 Amin us‑Sultan 和乌勒玛之间所达成的谅解非常类似"。他还引用英国驻伊斯法罕领事 Reece（1893年10月13日报告中）的话："据我所知，Aqa Najafi 与 Zill us‑Sultan 已握手言和，并共同施压一位囤积小麦的商人。抗议者在巴扎的墙上、商队客栈的门上张贴海报以表达不满，乃至辱骂 Aqa Nedjefy，称他为大麦商。他如今已完全沦为王子的仆人。"见 Report to Lascelles, contained in FO 60/543。又见 M. Malekzadeh 所著 *Tarikh‑e Mashroutiyat‑e Iran*（Tehran, 1327/1948‑1949）第1卷，第166页。Reece 写完这封信后两天，伊斯法罕爆发了面包暴动。见 H. Algar 所著 *Religion and State*，第220页。

贬值等因素。1892年，艾斯特拉巴德和哈马丹两地爆发了反对政府的骚乱，省长被迫逃离①。沙阿最后从省外调遣军队才得以最终平息哈马丹的骚乱。同年，由于面包价格迅速上涨、货币贬值、民众经常受到阿拉伯部落和市长卡瓦姆·阿尔穆克（Qavam ol-Molk）的无情劫掠，设拉子爆发抗议运动，抗议民众躲入当地邮局抗议政府②。卡瓦姆·阿尔穆克下令军队向民众开枪却遭到拒绝，士兵们甚至与抗议民众联合将卡瓦姆·阿尔穆克赶下台③。最后，沙阿从德黑兰调遣部队镇压了这场抗议。

1893年，伊斯法罕爆发了一场反政府、反乌勒玛的抗议运动。伊斯法罕利欲熏心的穆智台希德阿嘉·纳贾菲（Aqa Nedjefy）与省长齐勒·阿尔苏尔坦结成联盟，大肆囤积粮食，导致粮食价格上涨了三倍，人为制造了严重的灾荒④。愤怒的民众涌上街头抗议，在巴扎和大旅社的墙上到处张贴海报，谴责阿嘉·纳贾菲的恶行，将他称为"大麦商"，同时还严厉批判省长齐勒·阿尔苏尔坦和政府。随后，齐勒·阿尔苏尔坦的三个村庄遭到洗劫，财物被哄抢而空，粮仓也被民众放火烧毁⑤。为了平息事态，政府一方面打开了他们囤积的粮食，另一方面派遣部队镇压了这场起义。

1895年的大不里士起义在其广泛程度和持续时长上均创下新高，导致当地政府的根基发生动摇。这场起义运动也是因为政府官员囤积粮食的行为而导致民间粮食短缺和通货膨胀。该城的穆智台希德阿嘉·米尔扎·贾瓦德和王储穆扎法尔·阿尔丁手下的官员成为民众抗议的对象，因为他们的恶劣行为导致城市的贫民挣扎在生死线上，但他们的粮仓却囤积了成千上万吨的粮食，从而导致粮价成倍增长⑥。抗议群众很

---

① Decypher, Sir F. Lascelles, Tehran, No. 164, 9 November 1892, FO 60/533, and Lascelles to Rosebery, Tehran, No. 196, 21 December 1893, and enclosure, FO 60/532.

② Lascelles to Rosebery, No. 166 (92), Tehran, 9 November 1892, FO 539/59; and Decypher, Sir F. Lascelles, Tehran, Nos 33 and 35, 17 and 20 May 1893, FO 60/544.

③ Ibid..

④ Lascelles to Rosebery, Nos 167 and 168, both dated Tehran, November 7, 1893, F.O. 60/543. See also E. Rain, *Anjomanha-ye Serri*, p. 37.

⑤ 见 S. Bakhash 所著 *Iran*，第287页。

⑥ 同上书，第287—288页，以及 H. Nateq, "Rauhaniyat", *Iranshahr*, Vol. 4, No. 3, p. 8.

快达到3万多人，其中有近一半为妇女，他们打砸面包店，抢掠政府官员的家，并迫使王储宫廷的大部分官员离开大不里士①。但在此过程中，也有大量抗议群众被杀，包括15位妇女②。由于政府官员长期克扣军饷，军队作战能力极差，王储甚至不敢让他们冲出堡垒，生怕这样会失去控制。最后，政府不得不借助社会流氓③的力量帮助镇压这场抗议运动。

1896年，一位阿富汗尼的追随者刺杀了纳赛尔·阿尔丁沙阿。事实上，1891年之前在伊朗就已形成一个秘密社团④，沙阿在烟草抗议运动中的所作所为及其后对朝政放任不理的态度，以及他对百姓专制残暴的剥削和压迫最终导致该秘密社团策划了一起针对他的暗杀行动⑤。英国驻德黑兰代表格林尼对这段时间伊朗国内的状况做了详细而准确的描述：

> 这个国家正迅速被撕裂成碎片，军队百无一用，军官毫无忠诚可言，且经常克扣军饷，导致军队财政严重混乱。军队缺乏对财务人员的任何监督，也缺乏用于公共用途的预算。没有法律、没有公正、腐败横行、人人不满。没有人知道这个国家的前途和命运将走向何处，也没有人在乎它会走向何处。⑥

与格林尼描绘的情况相反的是，伊朗的民族主义者和革命家们高度关注祖国的未来发展和去向。这些爱国人士包括米尔扎·礼萨·科曼尼。他出身农民，由于土地被地方官员强行没收而被迫来到德黑兰，成

---

① Durand to Salisbury, No. 70 (50), August 28, 1895, and enclosures, FO 539/70. See also H. Nateq, "Rauhaniyat", *Iranshahr*, Vol. 4, No. 3, p. 5.

② H. Nateq, "Rauhaniyat", and S. Bakhash, *Iran*, p. 288.

③ 关于恺加王朝时期的社会流氓，详见 Lambton 所著 *Islamic Society in Persia* (Oxford, 1954)，第18—19页。

④ N. Keddie, *Religion*, p. 55.

⑤ M. S. Ivanov, *Enqelab - e Mashroutiyat*, p. 4.

⑥ Greene to Kimberley, No. 207 (99), Very Confidential, Tehran, October 11, 1894, FO 539/68.

为一名小贩，专门贩卖二手物品①。随后，他加入阿富汗尼的秘密社团，开始了革命之路。烟草抗议运动初期，他被反动的卡姆兰·米尔扎王子下令逮捕入狱，遭到残忍折磨。在卡姆兰的威逼利诱下，米尔扎·礼萨签署了几份谴责所有授予外国人特许专营权的文件，希望能够像卡姆兰所承诺的那样迫使沙阿进行必要的改革。

然而，卡姆兰·米尔扎拿到这些文件后并未停止对他的折磨，而是要求他供出秘密社团的其他成员。由于担心自己会因难以承受折磨而供出其他成员，米尔扎·礼萨甚至试图以自杀结束一切，却被制止。在狱中的4年里，尽管遭受了残忍的折磨，他从未泄露任何一位组织成员的姓名。1895年，他最终获释。随后，他来到伊斯坦布尔，继续追寻阿富汗尼的足迹。在这里逐渐接受了沙阿是伊朗社会所有罪恶最大来源的思想，并决定刺杀沙阿。1896年，他返回德黑兰，刺杀了纳赛尔·阿尔丁沙阿②。

当被问到为何刺杀沙阿时，米尔扎·礼萨答道：

> 我是为了从根源砍断伊朗封建专制统治的这棵大树。只要你们走出伊朗国门看上一眼，就会发现在伊拉克地区、高加索地区、阿什哈巴德地区、临近的俄国地区有成千上万的伊朗人在那里。他们在那里从事着最为卑贱的工作，过着蝼蚁般的生活。这些地方的脚夫、清洁工、杂役、苦力均由我们伊朗人担任。这些人为何要远离家园，去异国他乡遭受此般屈辱？皆因他们无法忍受沙阿及其统治集团残忍无情的剥削和压迫。在那里，他们至少可以找到一线生存的希望，而在自己的祖国，他们连生存的希望都已丧失。③

---

① 此处与 Mirza Reza Kermani 相关的内容来自：（1）Browne 所著 *Persian Revolution* 第63—85页中所附 Sour - e Esrafil 5, 9, 10, July and August 1907 中对 Mirza Reza 的盘问记录；（2）Browne 所著 *Persian Revolution* 第85—93页中所附 Mirza Reza 的声明。波斯语原文详见 Kermani 所著 *Tarikh - e Bidari* 第1卷，第100—124页。

② E. Rain 认为，Asadabadi、Amin ol - Zarb、Malkom、Browne、Blunt（英国官员），以及奥斯曼苏丹 Abd ol - Hamid 都曾参与谋划刺杀纳赛尔·阿尔丁沙阿的行动。见 *Faramoushkhaneh* 第411页和 *Anjomanha - ye Serri* 第22—23页。

③ E. G. Browne, *Persian Revolution*, p. 71.

米尔扎·礼萨坚信那些达官贵族都是粗俗卑贱之徒,应该被人民群众暴力推翻。他说道:"大家可以看看欧洲的历史,但凡未发生流血的反抗都不会实现其既定目标。"① 为了转移民众的注意力,防止民间的频繁暴力行动和反抗运动,统治集团在纳赛尔·阿尔丁沙阿被刺杀后仅仅将米尔扎·礼萨界定为"对伊斯兰教沙阿怀有极度仇恨的狂热巴布教徒"。1896年8月,米尔扎·礼萨·科曼尼被公开执行绞刑。与他一道惨遭杀害的还有谢赫·艾哈迈德·鲁希(Sheikh Ahmad – e Rouhi)、米尔扎·哈桑汗·哈比尔·阿尔穆克(Mirza Hasan Khan – e Khabir)、米尔扎·阿迦汗·科曼尼(Mirza Aqa Khan – e Kermani)等长期在伊斯坦布尔从事反对伊朗封建君主专制政权的革命人士。

纳赛尔·阿尔丁沙阿死后,软弱无能的穆扎法尔·阿尔丁即位,成为新的沙阿。这一时期的伊朗社会更加开放,为民族资产阶级、改革派和革命派的发展提供了良好机遇,他们相继展开了持续的、反对封建君主专制的斗争。同时,随着烟草抗议运动后乌勒玛阶层权力和影响力不断上升,他们中一部分人已成为封建专制统治和剥削的坚强同盟军②,不断腐化,开始以更加积极的姿态参与伊朗的政治生活。他们分裂成各种亲英、亲俄、自由、保守的阵营,并与不同社会群体结成政治联盟。事实上,乌勒玛内部的分裂和敌对与世俗统治集团内部的分裂与敌对不相上下,斗争和冲突的焦点则是权力和财富。1897年,以首相阿明·阿尔道莱为代表的阵营与以阿明·阿尔苏尔坦为代表的阵营形成最大的两个世俗对抗集团,而保守派乌勒玛与首相阿明·阿尔道莱结盟共同对抗主张改革变法的阿明·阿尔苏尔坦,两大阵营间的斗争及贝赫巴哈尼与谢赫·法兹勒·阿尔拉赫·努里(Sheikh Fazl ol – Lah – e Nouri)间的斗争都是这一时期统治集团内部利益冲突不断加剧的典型例证。

除统治集团内部的斗争外,1897年还爆发了一系列或大或小的民间武装抗议③。一年后,大不里士爆发了一场大规模的面包暴动。乌勒玛和

---

① E. G. Browne, *Persian Revolution*, p. 80.
② H. Algar, *Religion and State*, p. 219.
③ 见 F. Kazemzadeh 所著 *Russia and Britain*,第306页。关于统治阶层内部成员间的矛盾,详见302—311页。

政府官员大量囤积粮食，导致粮价迅速上涨，人为引发饥荒。暴动中，纳泽姆·奥尔玛（Nazem ol – olama）、艾拉·阿尔穆克（Ala ol – Molk）等多名官员的房屋遭到民众破坏，家庭财产也被哄抢一空①。随后几年，又爆发了多起反抗乌勒玛和政府官员囤积粮食而引发饥荒和骚乱的"饥民造反事件"②。

1900 年，由于粮食短缺和通货膨胀，德黑兰等几座城市爆发骚乱。1901 年，德黑兰再次爆发大规模骚乱，暴乱民众大肆哄抢面包店和粮仓。随着这些事件的发展，自 1900 年起，伊朗民间成立了很多秘密社团。与此同时，统治集团内部的分裂和矛盾也进一步加剧，几乎到了不可调和的程度。马利克·默塔卡莱明（Malek ol – Matakallemin）及其同事于 1901 年组建了一个秘密社团，其成员包括政府官员、贵族、泛伊斯兰主义穆智台希德、共济会成员和新兴知识阶层。他们的主要目标是推翻亲俄的阿明·阿尔苏尔坦，阻止他与俄国人之间的贷款谈判。这是一个亲英的社团。不久，该社团行动暴露，多名成员被囚禁③。

1903 年、1904 年，伊朗社会的矛盾再次达到爆发临界点，各大城市成为一个个危险的火药桶。德黑兰、伊斯法罕、马什哈德等地爆发了严重的面包骚乱，民众抢劫面包店、粮仓和政府官员的家。危险随时会爆发并造成严重后果，主要原因是伊朗社会出现的令人无法忍受的经济状况④。同年，伊朗的大街上开始出现海报和声明，公开指责阿明·阿尔苏尔坦为外国傀儡，要求沙阿将其革职查办。

同时，反对《新关税条约》的抗议也在亚兹德、大不里士、伊斯法罕及其他城市展开。虽然这次抗议运动是针对帝国主义列强粗暴干涉伊朗内政和《新关税条约》，但亚兹德和伊斯法罕的毛拉们借机杀害了几名巴布教徒。由于一名毛拉在大不里士的一场抗议活动中死亡，大不里士的商人借机关闭了整个巴扎。毛拉们涌上街头大喊："比利时海关官员必

---

① A. Kasravi, *Tarikh – e Mashrouteh*, Vol. 1, p. 140.
② 见 M. S. Ivanov 所著 *Enqelab – e Mashroutiyat*，第 5 页。关于 1900—1904 年爆发的城市暴动，详见同上。
③ E. Rain, *Anjomanha – ye Serri*, pp. 46 – 55.
④ *Times*, August 21, 1903.

须马上离开伊朗,客栈、旅馆和学校必须马上关闭。"王储穆罕穆德·阿里·米尔扎被迫答应毛拉们的要求①。这些斗争在塔巴塔巴伊和艾因·阿尔道莱(Ain al – Dauleh)的支持和赞助下,矛头直指阿明·阿尔苏尔坦,最终导致他于 1903 年年底被罢免。艾因·阿尔道莱随后成为新的首相。

1904 年,巴库的伊朗工人和知识分子们在赫姆马特党的组织下,成立了伊朗第一个社会民主组织——流行社会党(jtemaniyoun – e Ammiyoun),并推选纳里曼·纳里马诺夫(Nariman Narimanof)为领袖。同年,包括哈吉·阿里·达瓦夫鲁什(Hajj Ali – ye Davafroush)、阿里·莫西奥(Ali Mosio)、哈吉·拉苏尔·萨达奇尼(Hajj Rasoul – e Sadaqiani)等人在内的流行社会党人来到大不里士,建立了革命斗士组织。他们以一本波斯语译本的《布尔什维克党党章》为蓝本,成立秘密中心,以便能够更好地全面领导大不里士的革命运动。随后,高加索地区的伊朗人返回伊朗,其中有著名的海达尔·阿穆·奥克利(Heidar Amou Oqli),他组建了德黑兰社会民主党,后来又成为伊朗共产党 1920 年成立时的重要领导人之一。截至 1907 年,大不里士的革命斗士组织已有 12000 多名成员,出版了党刊《革命斗士》(*Mojahid*)②。

1904 年,马利克·默塔卡莱明(Malek ol – Motakallemin)和萨义德·贾迈勒·瓦伊斯(Saiied Jamal – e Vaez)在德黑兰组建了一个无名的秘密组织,起草了一本"16 点章程",承诺始终坚守"法律和公正",并在多个场合强调自由旗帜的重要性。他们所提出的章程要点包括:(1)实现社会真正自由;(2)利用阿明·阿尔苏尔坦和艾因·阿尔道莱之间的矛盾;(3)煽动有野心的人一起推翻政府;(4)与纳杰夫的乌勒玛加强沟通;(5)与对沙阿不满的王子和公主进行合作;(6)多与具有思想和影响力的乌勒玛交换观点;(7)从那些正在为国家服务的知识分子的学识中不断受益;(8)在人民群众中加强自由主义的宣传;(9)扩

---

① A. Kasravi, *Tarikh – e Mashrouteh*.
② 见 Kambakhsh 所著 *Nazari Be Jonbesh – e Kargari*,第 13—26 页;*Asnad – e Jonbesh – e Kargari* 第一卷,第 16—17 页。关于流行社会党人组织及其刊物《革命斗士》的章程和附则,详见第 37—54 页。

大伊朗自由派在国际上的曝光度和影响;(10)趁夜晚在群众中大肆散播宣传邮件;(11)将世界革命史翻译成波斯语;(12)将已出版的资料与伊斯兰教法进行对比以防止与反动的乌勒玛之间发生冲突;(13)加强国内外自由主义者之间的交流与合作以共同实现社会目标等。[1]

　　伊朗的商人、行会成员、政府官僚及至少两名军官、部落首领和乌勒玛都是以上所说秘密组织的重要成员。1904 年,除这个具有革命性质的秘密社团外,在伊朗还成立了一个伪共济会社团阿达米亚特协会。事实上,这已是第三个类似组织了,第一个是伊朗共济会,由米尔扎·马尔库姆汗于 1860 年成立,第二个是阿达米亚特团(Jameeh – e Adamiyat),成立于 1881 年。其成员来自社会各阶层,但以上层社会为主,包括王子、医生、艺术家、军官、商人、乌勒玛、贵族和中产阶级[2]。由于其成员来自三教九流,阿达米亚特协会在反对封建君主专制斗争中的表现非常有限,甚至连封建君主制度的最高代表人物穆罕穆德·阿里沙阿本人也最终被吸纳为该组织的成员。后来,这个组织分裂为两个分支,其中一个被称为霍库克团(Anjoman – e Hoqouq)。阿达米亚特团与阿达米亚特协会的宗旨非常相似,都接受米尔扎·马尔库姆汗的观点[3]。另一个成立于 1904 年的伪共济会组织是奥霍瓦特团(Anjoman – e Okhowat),其成员包括宪政派的贵族。

　　除这些有组织的活动外,1904 年还爆发了一些抗议活动。这一年,时任伊朗海关总长、比利时人诺斯身着乌勒玛服装的照片开始在伊朗各地流传,激起乌勒玛阶层的强烈不满和愤怒。他们开始散播反对诺斯的言论,要求沙阿将其解职并驱逐出境。同时,抗议《新关税协定》的运动和一场因粮食短缺而引发的面包暴动也一并爆发。贝赫巴哈尼与艾因·阿尔道莱之间的仇恨不断加剧,艾因·阿尔道莱与阿明·阿尔苏尔坦之间的矛盾也不断加剧,最终导致塔巴塔巴伊和贝赫巴哈尼结成联盟,对随后的反帝反封建斗争产生了重大影响。德黑兰另外一位有影响的乌

---

[1] E. Rain, *Faramoushkhaneh*, 2, pp. 175 – 177.
[2] E. Rain, *Faramoushkhaneh*, 1, pp. 677 – 678.
[3] E. Rain, *Faramoushkhaneh*, 2, pp. 646 – 647.

勒玛谢赫·法兹勒·阿尔拉赫（Sheikh Fazl ol‑Lah）因与贝赫巴哈尼心有嫌隙而暗中支持艾因·阿尔道莱。

1905年，塔巴塔巴伊成立秘密社团，其成员以乌勒玛、商人、城市中产阶级为主，目标是与社会的无秩序、无安全、教育落后、腐败以及外国人作斗争，其主张包括：（1）制定宪法且成立司法部；（2）实行土地改革以限制土地兼并；（3）改革和规范税收；（4）明确地方长官的职责和权力；（5）鼓励国内贸易；（6）驱逐在伊朗海关任职的诺斯及其他比利时人；（7）开办公立的职业和技术学校；（8）由伊朗政府主导国内自然资源的开发和利用；（9）明确外交部的职责；（10）以伊斯兰教法原则为基础，明确界定其他各部门及官员的职责和权力①。除此之外，该社团还呼吁组建和发展民族资本主义企业和商贸协会。由此不难看出，该秘密社团的纲领和主张主要代表了伊朗新兴资产阶级的利益。

1905年，伊朗的反帝反封建革命运动达到又一个新的高潮——宪政革命爆发。这场最初旨在抗议伊朗海关任职的比利时官员和恺加王朝政府对德黑兰、科尔曼、加兹温、法尔斯、大不里士等地百姓持续剥削和压迫的反抗斗争最终引发了抗议者与政府武装的正面冲突。在德黑兰，反动的艾因·阿尔道莱下令对一群商人施以笞刑，这群商人随后躲入沙阿清真寺避难，并得到塔巴塔巴伊和贝赫巴哈尼、行会成员、民族资产阶级、低阶毛拉及城市贫民的声援和支持。随后，他们遭到德黑兰埃马乔梅组织的一群社会无赖的袭击，被迫逃往阿布多·阿齐姆沙阿圣墓避难，直至沙阿接受了他们提出的成立司法部、解除诺斯和艾因·阿尔道莱的职务等要求，他们才离开避难的圣墓②。

这场斗争得到阿明·阿尔苏尔坦及其追随者的支持，但沙阿很快就忘记了他的承诺，并未解除诺斯和艾因·阿尔道莱的职务。塔巴塔巴伊随后致信沙阿和艾因·阿尔道莱，重申了他们的要求，希望结束政府对百姓的压迫和剥削，并再三强调百姓所处的穷困状况。他同时还收到一

---

① E. Rain, *Faramoushkhaneh*, 2, p. 248. 见 E. Rain 所著 *Anjomanha‑ye Serri*，第177—178页，以及 Kermani 所著 *Tarikh‑e Bidari* 第1卷第243—308页中关于第一秘密社团12次会议的详细描述。

② A. Kasravi, *Tarikh‑e Mashrouteh*, Vol. 1, pp. 67–76.

名技术官僚纳赛尔·阿尔穆克的来信，向他指出伊朗社会尚未做好迎接宪政政府的准备①，而塔巴塔巴伊只是在浪费时间而已。

1906 年，马什哈德爆发面包骚乱，德黑兰同时也爆发政府军与抗议者的正面冲突，一名赛义德被政府军开枪打死。抗议民众在塔巴塔巴伊和贝赫巴哈尼的带领下再次来到宗教权威面前寻求政治避难。在他们避难的乔梅清真寺，军队向抗议人群开枪，导致 15 人死亡，多人受重伤。艾因·阿尔道莱实际上发动了一场政变。中产阶级和城市平民中的革命派决定采取一切措施进行还击，但被塔巴塔巴伊和贝赫巴哈尼阻止。随后，当政府军企图驱散抗议民众时，两位宗教领袖再次出来支持抗议的民众。他们手拿《古兰经》请求抗议民众回家②。愤怒的民众高喊着"艾因·阿尔道莱必死""封建君主专制必死"，最终极不情愿地离开。

在抗议过程中，乌勒玛们离开德黑兰前往圣城库姆，而德黑兰的抗议民众则在商人、银行家的领导下开始打砸巴扎里的商铺，并躲入英国使馆避难。这一次，英国人表面上支持民众的抗议运动，但实际上在想方设法借此机会扩大英国在伊朗的利益和影响，因为俄国政府此时支持宫廷及其反动的统治官僚集团③。不久，前往英国使馆寻求避难的抗议群众多达 14000 人，人们在英国使馆附近支起 500 多顶帐篷，由手工业者和商人提供食物和费用。不久，在英国大使馆避难的抗议民众与逃亡库姆的抗议者联合提出一系列要求，包括：（1）请回流亡库姆的抗议宗教领袖；（2）罢免艾因·阿尔道莱；（3）颁布涉及人身和财产安全的新法律；（4）颁布新宪法，成立全国议会制度等。英国驻德黑兰外交官扮演了抗议民众与政府的中间人，与贝赫巴哈尼和奥斯曼外交官等也保持着良好关系。同时，各省的民众开始支持在英国大使馆寻求庇护的抗议民众，大不里士的民众尤为积极。就连王储也发电报给沙阿，支持抗议民众的

---

① A. Kasravi, *Tarikh – e Mashrouteh*, Vol. 1, pp. 84 – 95. 附有这些书信的内容。

② 同上书，第 101—103 页。Browne 认为在乔梅清真寺避难的人包括"毛拉、宗教演说家、学生、商人、小店主、手工业者，以及其他社会底层人士"。见 Browne 所著 *Persian Revolution*，第 118、120 页。

③ 见 A. Kasravi 所著 *Tarikh – e Mashrouteh* 第 1 卷，第 110 页。又见 Browne 所著 *Persian Revolution*，第 119 页。

要求。

沙阿迫于压力答应了民众的请求。1906年8月5日，沙阿颁布法令授权制定新的宪法，批准成立议会并罢免艾因·阿尔道莱。法令还承认改革符合"公众的利益"，但沙阿再三强调"公众"的含义为：

> 我们承认一个由王子、穆智台希德、恺加族人、达官贵族、地主、商人所组成的议会，而行会则应由以上阶层的成员选举而来。①

如此一来，宪法以最少流血冲突的方式授予上层阶级和中产阶级组建议会的权利，而社会中的下层阶级却被剥夺了选举和被选举的权利。对此，所有抗议群众均难以置信②。由于该宪法是沙阿在宪政派未经斗争和参与的情况下就已颁布，因此难以确保和维护他们提出的大部分要求。然而，由于沙阿的法令并未提及农民和城市平民，仅以德黑兰的情况以偏概全地套用至全国范围，未考虑各地的特殊情况，抗议者因此继续反对沙阿，并迫使沙阿修改法律条文③。然而，随后于1906年颁布的《选举法》再次将大部分德黑兰人排除在选举权外，根据第二条有关选举人的规定：

> 地主或农民必须拥有至少价值1000土曼（合计200英镑）的土地才能拥有选举权；商人必须有固定的职位和生意才能拥有选举权；行会成员必须隶属某个被政府认可的行会，并从事确定的手工制造业或贸易，拥有自己的商铺，且租金与当地平均租金水平相当，才能拥有选举权。④

宪法亦未赋予女性选举权和被选举权。同时，那些希望获得职位的

---

① Browne 所著 *Persian Revolution* 第353页及 Sykes 所著 *A History of Persia* 第2卷第403页提供了该诏令的详细文本。
② P. Sykes, *A History of Persia*, 2, p.394.
③ Kasravi 所著 *Tarikh – e Mashrouteh* 第1卷第120页提供了详细文本。
④ E. G. Browne, *Persian Revolution*, pp.355–356.

女性必须具备读写能力，仅此一条就将 95% 的伊朗女性排除在外，因为这一时期伊朗女性接受教育的程度非常低。随后的斗争导致该法律再次修订。1909 年的《新选举法》要求选举人：

> 必须至少拥有价值 250 土曼（合 50 英镑）的财产，或支付 10 土曼（2 英镑）的税金，或拥有一份可以赚得 50 土曼年收入的工作。①

妇女的地位依然未发生变化，但《新选举法》发生了有利于上层阶级的变化。例如，议会的代表人数从最初的 200 人减少到了 120 人，成立监督委员会监督大选，而监督委员会的成员则由省长、代省长、一名当地德高望重的乌勒玛权威、一名王子、两名显贵以及两名商人代表组成②。

《选举法》生效后，人们开始为选举第一届议会代表做准备。按照《选举法》第 9 条规定，由各地的六个社会阶层中选出颇有影响力的代表来组成多个协会监督选举进程。随后便开始从恺加王子、乌勒玛、封建贵族、商人、民族资产阶级、地主和手工业者中推选代表。由于手中业者在伊朗占有很大人口比例，远超其他社会群体，议会的议长和副议长必须分别从封建贵族和商人阶层的代表中选举而来。当然，这也再次向我们表明这两个阶层在当时伊朗社会中拥有极高的地位和权力③。在所有代表中，反宪政联盟的成员假扮成宪政主义者。在德黑兰选出的 16 名议会代表中，有 13 位是共济会成员④。

就其阶级构成和职能而言，第一议会在几届议会中最具进步性，制定了《基本法》⑤《基本法补充条款》⑥ 两项法律，废除了包税制、贿赂

---

① E. G. Browne, *Persian Revolution*, p. 386.
② Ibid., p. 389.
③ 关于第一议会代表的姓名、数量以及阶级构成，详见 Kasravi 所著 *Tarikh – e Mashrouteh* 第 1 卷，第 168 页。
④ E. Rain, *Faramoushkhaneh*, 2, pp. 208 – 209.
⑤ 译者注：1906 年由穆扎法尔·阿尔丁沙阿签署生效。
⑥ 译者注：1907 年由穆罕默德·阿里沙阿签署生效。

和叫价（或议价），罢免了诺斯和一些腐败反动的政府官员。第一议会降低了生活必备品和日常用品等的价格，为中产阶级带来福音。第一议会还成立了法庭、商会及其省级分支机构，但组建伊朗国家银行的愿望未最终落实。第一议会能够成功实现这些重大变革，主要因为他们与以沙阿和反动保守派穆智台希德领袖法兹勒·阿尔拉赫为代表的保守势力进行了艰苦卓绝的斗争，并最终取得胜利。进步代表们的成功主要因为他们得到了人民大众的鼎力支持。

穆扎法尔·阿尔丁沙阿于1906年年底去世，穆罕默德·阿里于1907年1月即位。担任王储期间，穆罕默德·阿里非常支持宪政派的斗争，因为他希望借助宪政派的力量来扳倒老对手、时任首相艾因·阿尔道莱，以惩罚其暗中支持沙阿另立王储的不轨行为。但即位后，穆罕默德·阿里沙阿一改往日态度，坚决反对宪政革命。早在1907年即位之初，穆罕默德·阿里沙阿及其封建贵族和朝臣就已经开始消极抵抗宪政派的工作。沙阿与第一议会间的纷争主要围绕《基本法补充条例》：沙阿拒绝签字，拒绝罢免诺斯，希望维持其绝对权威，并希望从俄国和英国获得40万英镑的贷款。这表明沙阿不敢得罪列强，希望继续维护其在伊利益，因为废除贷款协议会直接伤害英、俄两国的在伊利益，而驱逐诺斯则必然激怒其后台俄国政府。

与此同时，乌勒玛集团内部也发生分裂，一部分人开始反对新宪法，呼吁制定一部伊斯兰性质的宪法，而非世俗性质的宪法，并成立伊斯兰咨询委员会，而非全国咨询委员会①。这部分乌勒玛最初由德黑兰高级宗教权威阿克巴·沙赫领导，在他们和保守封建贵族、外国势力的帮助下，沙阿看到宪政运动缺乏强有力的核心领导，于是试图将自己的意志强加给议会。在与沙阿领导的保守势力进行第一轮较量时，宪政派得到德黑兰、大不里士等地城市民众的大力支持，取得了重大胜利，沙阿被迫遵守议会的决定，承认了宪法所确定的社会秩序，取消了从英、俄两国获得贷款的要求，罢免了诺斯。然而，双方仍在《基本法补充条款》的内

---

① 见 A. Kasravi 所著 *Tarikh - e Mashrouteh* 第 1 卷，第 224—226 页。"伊斯兰宪法"（Mashroueh）可能是由沙阿或其大臣创造的新词。详见第 211 页。

容上存在严重分歧和矛盾,加之伊斯兰教法的支持者也坚决反对《基本法补充条款》,沙阿及其同盟军就此与宪政派展开了持久的斗争。

沙阿、封建贵族、一部分反动的乌勒玛权威已暗中结成联盟,他们都希望恢复旧有秩序,以确保其绝对统治地位和权威。但宪政革命的领袖们对此一无所知,他们只要求大家保持耐心和克制,并未采取任何防范措施。例如,1907年玛卡兹·奇比(Markaz–e Qeibi)开始向大不里士的民众配发武器,远在德黑兰的宪政派代表得知后立即表达了反对意见,塔巴塔巴伊和贝赫巴哈尼甚至称玛卡兹·奇比此举是"无事生非"。然而,德黑兰、大不里士、马什哈德、安札里等地的民众仍继续形成自己的组织和社团,并不断武装自己。这些社团中组织最有效的是革命斗士团,他们不但装备精良,还得到全国民众的广泛支持。1904年他们就已在大不里士成立,1907年开始在马什哈德和德黑兰成立秘密的地下分支,称为革命先驱。革命斗士团的成员来自社会各阶层,有小资产阶级、小商人、低阶毛拉、小地主、手工业者、农民、工人及城市贫民。他们提出要实现伊朗社会的革命性转型,却并未认识到这种转型最可靠的途径是社会革命[1]。1907年,海达尔·阿穆·奥克利(Heidar Amou Oqli)也在德黑兰组织了一个社会民主团体,称为私人领域,并成功将其影响扩大到公共领域,但该组织最终并未真正落实任何政治和社会理念,亦未取得任何重大成就[2]。

这一时期的其他群众组织还有"社团"及其在各地的分支机构,尤以大不里士的"社团"分支影响最大。"社团"成立于1906年,不久就成为人民大众广泛参与的组织,大不里士地方官曾多次试图取消该组织却未能得逞。"社团"组织不断发展壮大,其活动范围也越来越广,不久就已开始成功干预地方政府事务,并将其政策主张及措施强加给地方政府,极大地保障了人民的权益。受大不里士成功经验的鼓舞,"社团"组织开始向伊朗北方城市拓展,随后又向中部和南部城市拓展。1908年,

---

[1] *Asnad–e Jonhesh–e Kargari* 第45—46页提供了该计划的详细文本。关于这一计划与革命斗士计划、流行社会党人计划的对比,详见第39页。第40—41页提供了后者的详细文本。

[2] 同上书,第16—17页。

仅德黑兰就有 140 多个"社团"分支机构。

不久,一批反动的社团也相继成立,公开对抗这些革命性质的民主社团。其中包括由恺加王子、大商人、共济会成员、部分什叶派乌勒玛所组成的社团。其中最著名的有大不里士的埃斯拉米耶团、德黑兰的福托瓦特团、设拉子的埃斯拉米团等。但与此同时,革命的社团数量也不断增长,并变得越来越激进,不久便与既有秩序发生了冲突和矛盾。沙阿试图通过组织一个由恺加王子们所领导的中央社团的方式来制约革命性质民主社团的发展,却以失败告终,他与革命社团之间的斗争随即不断持续。

从 1907—1910 年爆发的罢工次数来看,1910 年之前伊朗仅有为数不多的小规模工人社团和工会组织。1906 年,德黑兰的印刷工人组织了伊朗历史上的第一个工会。1907 年,电报局的工人组织了一次罢工,要求提高工资及其他待遇。1908 年,安札里渔场的工人举行罢工,政府被迫调集哥萨克骑兵旅前往镇压。1908—1910 年,安札里港口、印刷厂等的工人、有轨电车和政府部门的低级雇员举行了几次罢工,他们的要求也各不相同,既有增加工资的要求,也有改善工作环境的要求[1]。

同时,农民也在积极开展反对压迫和剥削的斗争,并在宪法颁布后发动了几场反政府的抗议运动。最初,这些抗议运动只在北方几省展开,随后向南方蔓延。抗议的农民拒绝纳税、拒绝听从封建地主或政府的命令。不久,很多地方的农民开始抢掠可汗和封建地主的住所,开仓放粮[2]。然而,与城市起义相比,大部分农民暴动的规模都非常小,仅在 1907 年爆发了一场较大规模的詹加勒运动(详见下文)。

由于城市中产阶级和农村贫苦农民频繁掀起具有革命性质的抗议运动,加之工人罢工和农民起义频繁爆发,宪政革命逐渐呈现出激进化的趋势,早期的宗教特点逐渐减少,不断呈现出强烈的民族主义、民主主义和反帝主义特点。其影响从随后不断爆发的武力暴乱便可见一斑。此时,什叶派宗教权威内部也发生了严重分裂。谢赫·法兹勒·阿尔拉赫

---

[1] M. S. Ivanov, *Enqelab - e Mashroutiyat*, pp. 7 - 8.
[2] Ibid., p. 7.

开始宣扬、支持以伊斯兰教法为基础制定新的宪法,坚决反对世俗的宪法,并称世俗宪法为"巴布教徒的异教之法"。他将具有革命性质的地下社团称为民族和国家的破坏者和罪人①。在大不里士,革命斗士团成员哈吉·米尔扎·哈桑也开始传播反对宪政主义的思想,但他与该城的伊玛目乔梅哈吉·米尔扎·卡里姆(Jom'eh Hajj Mirza Karim)② 一道遭到大不里士市民驱逐。其他地方的革命斗士团也开始出现反对新宪法及各种革命组织和社团的声音,而在纳杰夫,他们则得到保守乌勒玛的支持。

沙阿任命阿明·阿尔苏尔坦为新首相,议会代表们之间也出现了严重分裂。阿明·阿尔苏尔坦伪装支持宪政派,利用与宪政派成员间的私交挑拨代表间的矛盾,导致他们出现了严重分化。赛义德·阿尔道莱曾被称为"民众之父",早期积极宣传宪政思想、组织活动。但在阿明·阿尔苏尔坦离间之计影响下,他开始走向革命反面,逐渐脱离宪政革命的思想,他的众多追随者也与他一道加入了阿明·阿尔苏尔坦领导的反宪政革命阵营。此时,沙阿已赢得封建贵族、朝臣及部分宗教权威的支持,以封建贵族、大商人和大地主为主的越来越多的议会代表也开始支持沙阿,加之英、俄等帝国列强也坚决支持沙阿。在全面分析自己所处有利局势后,沙阿公开向议会提出两点要求:其一,议会只能是立法机构,不具备任何行政执行权力;其二,立即解散所有社团。沙阿企图通过这两点要求彻底推翻新宪法。但塔巴塔巴伊和贝赫巴哈尼等宪政派领袖对沙阿背后的所作所为一无所知,也丝毫未意识到局面已发生不利于宪政派的变化,仍盲目乐观,积极宣传缓和矛盾、避免暴力冲突的思想,呼吁大家积极与沙阿谈判,丝毫未做武力保护革命成果的准备。

当宪政革命领袖们花费大量时间进行无意义的谈判时,颇具远见的大不里士宪政派已开始积极筹备武装保护革命成果。他们发电报谴责沙阿和反对新宪法的宗教反动势力,并指出宗教反动势力想通过"宪法修正条款"使新宪法沦为伊斯兰教法附庸的险恶用心③。由于未收到满意的

---

① A. Kasravi, *Tarikh – e Mashrouteh*, 1. pp. 285 – 295, 415 – 423.
② Ibid., pp. 171 – 174, 238 – 241, 245 – 248.
③ A. Kasravi, *Tarikh – e Mashrouteh*, 1. pp. 319, 321.

答复，他们开始关闭巴扎，并积极筹划一场大规模的罢工。随后，四月暴动爆发，有人将这次暴动比喻为巴黎公社运动。这次暴动由革命社团和革命斗士团①共同领导。不久，他们保护宪法的诉求开始演变为推翻沙阿和腐朽封建君主专制制度的诉求。与此同时，大不里士爆发饥荒，愤怒的造反群众绞死了一名囤积粮食的奸商②，沙阿随即派遣比奥克可汗（Biouk Khan）和阿克拉姆·阿尔苏尔坦（Akram os-Soltan）率领的雇佣兵对大不里士大肆抢劫、掳掠。在与这些强盗的战斗过程中，两位出身贫贱的忠实民族主义者萨塔尔汗和巴克尔汗一跃而起，成为革命斗士团成员中的英雄。

正当沙阿在德黑兰准备以政变的方式推翻第一议会之际，其得力助手、首相阿明·阿尔苏尔坦已于1907年8月被革命先驱成员阿巴斯·阿迦（Abbas Aqa）枪杀③，但这并未阻止沙阿颠覆宪政革命胜利果实的野心和企图。此刻，在他的周围仍聚集了大批反动势力，随时准备绞杀宪政革命。他们中有拉希姆·汗（Rahim Khan）和阿米尔·巴哈多尔（Amir Bahador），哥萨克骑兵旅也随时做好了协助沙阿暴力扑灭革命的准备，沙阿还得到了英、俄两国政府的首肯④。12月，沙阿已调集大量军队到议会大厦周围，并秘密下令士兵随时准备占领议会，破坏秘密社团。然而不久，进步的议会代表、武装革命先驱和革命斗士以及德黑兰的秘密社团成员占领了议会及周围的建筑。同时，其他城市的革命先驱和革命斗士团成员也迅速赶往德黑兰。这一切让沙阿大吃所惊，不得不选择退让。随后，在宪政派力量的压力下，沙阿被迫签署了《基本法补充条款》，并囚禁了几位参与围剿宪政革命的保守派反动领袖。出于对革命先驱暗杀行为的担心，很多之前反对宪政革命的朝臣也开始在公开场合褒赞新宪法。见此情景，议会再次选择与沙阿达成妥协。

---

① 译者注："圣战者"之意。伊朗宪政革命期间，一群激进的革命组织成员所使用的称号和头衔。

② 同上书，第355页。又见第330页。

③ 关于阿明·阿尔苏尔坦之死，详见 N. Keddie 所著 *The Assassination of Amin os-Sultan*。Browne 认为这场暗杀是运动的转折点。详见 *Persian Revolution*，第151页。

④ M. S. Ivanov, *Enqelab-e Mashroutiyat*, p. 11.

然而，秘密社团、革命先驱、革命斗士团及人民大众并未放弃与以沙阿为首的保守势力斗争到底的准备。1908年2月，沙阿出行时遭遇左翼领导人海达尔·阿穆·奥克利（Heidar Amou Oghli）策划的炸弹袭击，所幸躲过一劫。沙阿以此为借口对秘密社团和其他革命组织展开深度监控，并计划将其彻底取缔。同时，恺加王朝的政治危机已达到新的顶点：沙阿不断更换内阁，情况持续恶化。时至1908年6月，秘密社团公开要求沙阿免除一大批反动官员的职位。沙阿不但拒绝了这一要求，还开始准备再次以秘密政变的形式推翻宪政派。随后又接连发生了几个重大事件：反对宪政革命的乌勒玛和毛拉从避难的阿布多·阿齐姆沙阿圣墓返回德黑兰、一群沙阿的支持者聚集在德黑兰托普哈内广场要求取缔宪政派的组织、英国与俄国通过签订《1907年友好协定》将伊朗划分为不同的势力范围、阿塞拜疆爆发了一系列反革命势力与革命斗士团等革命力量间的战争。

然而，第一议会仍在继续呼吁民众与沙阿等保守势力通过谈判来实现"双赢"。当德黑兰的社团提出派武装力量守卫议会时，议会代表们一致否决。但此时，沙阿已下定决心剿灭议会和社团组织，英、俄政府也不断敦促他采取行动①，加之其他保守势力的响应和支持，1908年6月22日，沙阿下令以武装政变推翻议会，军队由哥萨克骑兵旅总司令、俄国人利亚霍夫率领。沙阿的军队仅在巴哈雷斯坦广场遭遇了零星抵抗，接着迅速占领了议会，抓捕、折磨大量议员和社团代表，绞死了马利克·默塔卡莱明（Malek ol–Motakallemin）和米尔扎·贾汉吉尔汗（Mirza Jehangir Khan–e Shirazi）两位革命领袖。随后，包括塔基扎德在内的一大批议会代表躲入英国使馆寻求庇护。沙阿宣布解散议会和所有社团，各省的反宪政势力也开始攻击当地的社团组织并试图将其彻底关闭②。

大不里士的社团组织、革命斗士团和革命先驱组织已与反动势力展开斗争。由于得到拉希姆汗率领的雇佣兵的支持，反动势力随即开始大

---

① R. A. McDaniel, *The Shuster Mission*, pp. 80–81; Kazemzadeh, *Russia and Britain*, pp. 521–522.

② 关于导致政变及随后采取反革命举措的一系列事件，详见 Kermani 所著 *Tarikh–e Bidari* 第2卷，第126—164页；以及 Kasravi 所著 *Tarikh–e Mashrouteh* 第2卷，第511—591页。

规模反扑革命人士。尽管反动势力在人数和武器装备上占有绝对优势，但萨塔尔汗和巴克尔汗率领的革命力量经过 13 个月坚持不懈的斗争，最终取得了胜利，捍卫了大不里士及其他多地的革命成果[①]。阿塞拜疆的城市中产阶级、城市贫民、农民和外高加索地区的革命力量与阿塞拜疆的革命者们并肩战斗，美国基督教会传教士霍华德·巴斯克维尔（Howard C. Baskerville）也加入了宪政派的革命队伍，最终在遭到沙阿军队偷袭时身亡。大不里士的革命派则要求恢复宪法，重开议会，并要求支持沙阿的外国势力立即停止干涉伊朗内政。

大不里士的革命斗争很快辐射到周边省份和地区，全国各地的民众和革命支持者开始联合起来，反抗沙阿对革命的血腥镇压，共同捍卫新宪法。1909 年，巴赫蒂亚里部落占领了伊斯法罕。同年，拉什特的革命党人在俄国社会民主党的帮助和影响下，由萨塔尔汗带领，掀起了一场反对省政府的斗争，杀死了省长，占领了省会城市，并提出废黜沙阿、恢复宪法的要求[②]。马什哈德及南部城市的民众也揭竿而起，反对沙阿。同时，大不里士的革命党人正与反革命势力展开激烈的斗争。一时之间，几乎全国民众都与沙阿的反动势力展开了斗争。但与此同时，英国军队已踏入伊朗南部领土，很快占领了布什尔、伦格港和贾斯克港等地。俄国军队则侵入大不里士、阿尔达比勒，并完全占领了阿尔达比勒[③]。

最后，拉什特的革命党人和巴赫蒂亚里部落民众开始占领德黑兰，于 1909 年 7 月推翻了沙阿的统治。年仅 12 岁的王储艾哈迈德·米尔扎在摄政王的辅佐下成为新的沙阿，第二议会建立，还组建了新的内阁。巴赫蒂亚里部落领袖和革命党人在第二议会中占有绝对领导地位[④]。但

[①] 关于这些战争，详见 Kasravi 所著 *Tarikh – e Mashrouteh* 第 2 卷，第 577—906 页。

[②] 关于拉什特革命者的起义，详见 Kasravi 所著 *Tarikh – e Mashrouteh* 第 1 卷，第 7—15 页。关于伊斯法罕爆发的巴赫蒂亚里起义，详见第 1—7 页。

[③] M. S. Ivanov, *Enqelab – e Mashroutiyat*, p. 13.

[④] Kasravi 所著 *Tarikh – e Hiidah Saleh* 第 51—60 页和 Kermani 所著 *Tarikh – e Bidari* 第 2 卷第 444—508 页详细介绍了导致巴赫蒂亚里部落军队和拉什特革命者最终占领德黑兰的一系列事件。

巴赫蒂亚里部落受到来自俄国和英国政府的压力，从而导致该内阁非常保守。新政府成员间的矛盾和政府与革命团体间的矛盾愈演愈烈。在短暂的一段斗争后，温和派胜出，随后革命党人的武装被解除。

与此同时，革命党开始与温和派、俄国、英国之间出现矛盾，鼓动民众与温和派及英、俄帝国主义势力作斗争，还组织了一系列反对帝国主义的游行，抵制外国产品。然而，温和派希望通过加强与帝国主义列强的合作，为其在国内推动一系列改革提供必要的基础和外部环境。但由于与英、俄之间存在严重的敌对关系，他们开始选择与德、美等中立国家合作，试图从德国获得贷款，从美国聘请金融顾问团队。由于英、俄两国的反对和警告，从德国获得贷款之事被迫搁置。英、俄两国随即提出联合向伊朗提供贷款，但遭到议会拒绝。1911年，美国政治咨询团抵达德黑兰，团长舒什塔尔负责伊朗的金融管理，在一定程度上抵消了英、俄对伊朗的绝对控制。

1909年夏，新政府成立不久，新的社会力量开始在伊朗形成。一些议员组建成立了革命党（又称民主党），还有人组建了温和党，代表新兴伊朗民族资产阶级的利益。一些支持旧有社会和政治秩序的保守派组建了保皇党。这些党派之间的矛盾和斗争逐渐演变成严重的暴力冲突，乃至接连不断的暗杀行为，被暗杀者包括温和党的支持者贝赫巴哈尼。同时，被废黜的前任沙阿也开始集结力量，企图反扑革命，重夺王权。

1910年，萨塔尔汗（Sattar Khan）和巴克尔汗（Baqer Khan）在英、俄施压下从大不里士来到德黑兰，成为革命斗士团和革命先驱组织的首领。但不久，武装革命组织被温和的新政府解除了武装，极大地助长了前任沙阿及其支持者的嚣张气焰。所幸的是，在双方随后的一场斗争中，保皇派势力大败，损失惨重，前任沙阿被迫逃亡俄国[①]。议会随即通过了一项法律，没收前任沙阿及其主要追随者的所有财产，整个清缴事宜由美国人舒什塔尔全权负责。但在此过程中，负责大不里士金融工作的美

[①] 关于这一时期反对前任沙阿及其他反革命的战争，详见 W. M. Shuster 所著 The Strangling of Persia，第4、5章。

国人在清算过程中与俄国银行发生矛盾，起因是这家俄国银行宣称拥有保皇派重臣肖阿·萨尔塔内（Shoa os – Saltaneh）所有财产的产权，妨碍了新政府清算、没收其财产的进程[1]。

随后，俄国和英国的在伊利益受到新政府更大的影响，他们决定联合起来以直接武力干涉的方式推翻宪政革命和第二议会。1911年11月，在征得英国政府同意后，俄国军队连续发布两道最后通牒，要求伊朗政府罢免并驱逐美国人舒什塔尔[2]、对俄国军队自1909年以来在伊朗的行动进行补偿、接受来自英国和俄国的联合贷款。他们还要求伊朗政府未来不得接受来自任何第三国的顾问团队。最后通牒遭到第二议会坚决反对，伊朗民众也展开了一系列反帝游行和抗议，抗议民众大喊"不独立毋宁死"的口号。温和派人士企图劝说议会接受俄国政府的最后通牒，但未能成功。最后，俄国军队从伊朗北部、西部和东部入侵，英国军队则从南部入侵。

与此同时，革命党人与温和党人间也发生矛盾，一些保守的旧秩序支持者企图借机恢复旧有秩序。肖阿·萨尔塔内、萨拉·阿尔道莱（Salar od – Dauleh）和前任沙阿也开始结成新的联盟，并与边境地区的部落首领一道结成强大的反革命联盟。在英、俄两国支持下，他们于1911年秋开始分别从伊朗南方和北方向德黑兰挺进。

温和党人意识到宪政政府已岌岌可危，随即与革命党人达成一致。随后，革命先驱组织和革命斗士团开始重新武装，但革命力量与控制政府的封建部落首领之间发生矛盾。尽管他们都仇恨沙阿，但封建部落首领们并不希望伊朗发生重大的社会和政治变革，只希望驱逐和流放前任沙阿。从根本上讲，他们本身也是封建地主阶层，只是在统治模式上更加自由而已。同时，封建大地主塞帕哈达尔·埃阿扎姆（Sepahdar – e Aazam）篡夺了拉什特地区革命力量的领导权，而革命先驱组织的领导权

---

[1] 关于这一时期反对前任沙阿及其他反革命的战争，详见 W. M. Shuster 所著 *The Strangling of Persia*，第5章。

[2] 同上书，第6、7章附有最后通牒的详细文本，并对背后的政治博弈做了详细分析。又见 R. A. McDaniel 所著 *The Shuster Mission*，第9章，以及 Kasravi 所著 *Tarikh – e Hijdah Saleh* 第1卷，第234—240页。

也落入亚美尼亚萨什纳格党的耶普雷姆·汗（Yeprem Khan）手中①。

现任内阁包括了旧统治阶级的成员，其中不少人是前任沙阿的好友。如此一来，内阁依旧代表着封建地主的利益，很少代表其他社会阶层的利益。具有讽刺意味的是，第一议会和第二议会均存在相同的问题，即议会成员均以大地主阶级为主，第二议会中大地主阶级的代表人数甚至比第一议会有所增加，而代表新兴民族资产阶级革命进步力量的议会代表人数却大幅减少②。

革命党人与英、俄侵略者展开了英勇的斗争，但最终由于实力悬殊而以失败告终。随后，英、俄入侵者在伊朗大肆烧杀掳掠，并杀害、折磨革命党人，实行白色恐怖，大不里士、拉什特、马什哈德等地的革命党人遭到的迫害尤为严重③。在德黑兰，一场针对第二议会的政变正在酝酿，温和党人与保皇派联合，第二议会被推翻。德黑兰的革命党人遭到残酷的屠杀和镇压，第二议会被迫解散。随后，伊朗政府接受俄国的最后通牒，驱逐了舒什塔尔，并获得了一笔英、俄联合提供的贷款。宪政革命随即宣告失败，伊朗陷入英、俄两国的完全控制和操纵之中。

1905—1911年的这场由民族资产阶级领导的反帝反封建性质的宪政革命最终在英、俄两国武装干预下宣告失败，但导致这场轰轰烈烈的革命最终失败的还有其他原因。由于伊朗工人阶级规模尚小，加之除吉兰和阿塞拜疆两省外，其他各地农民参与革命的程度远远不够，从而导致革命的群众基础不够坚实。同时，虽然德黑兰、大不里士等大城市的民众参与革命的积极性很高，但小城镇的市民很少参与革命，这也导致革命的普及性不够高。革命主要以中产阶级和大城市的贫民为主，但他们彼此之间缺乏良好的沟通和协调。除大不里士、拉什特等少数地区外，革命群众中缺乏领导革命的合适人选，被迫从地主阶层和封建官僚中选择革命领袖，将革命领导权拱手让与保守势力，即使革命意识最强的新兴知识阶层也未能在革命中扮演领导角色。因此，温和的自由派利用这

---

① 关于耶普雷姆·汗，详见 E. Rain 所著 *Yeprem Khan – e Sardar*。
② M. S. Ivanov, *Enqelab – e Mashroutivat*, p. 14.
③ 见 Shuster 所著 *The Strangling of Persia*，第8章，以及 Kasravi 所著 *Tarikh – e Hijdah Saleh* 第1章，第337—380页。

一机会，大肆攫取革命领导权。由于其天生软弱性和妥协性，以及对社会重大变革的担忧，温和的自由派最终向保守势力和帝国主义势力屈服，葬送了宪政革命的成果。

革命初期，宪政力量包括了乌勒玛、毛拉、大商人、民族资产阶级、自由主义大地主阶层、城市小资产阶级、城市中产阶级、城市贫民和广大工人阶级和农民，他们达成了有效的团结和联合。但不久，随着革命越来越走向暴力，乌勒玛中保守的力量开始走向革命反面，议会中的大商人和地主阶级也紧随其后，开始反对革命，使得反革命力量不断壮大。到1909年，民族资产阶级内部仍比较团结，但随后，民族资产阶级内部也发生严重分裂，导致革命力量分裂成两大阵营。

民主力量在高加索地区伊朗民主派人士（包括工人阶层、农民、城市小资产阶级、城市中产阶级、城市贫民、低阶毛拉、小商人和民族资产阶级）的支持和帮助下开始要求推进激进的社会经济改革，试图使国家摆脱英、俄等帝国主义列强的控制。在民族资产阶级和城市中产阶级领导下，民主力量未能取得绝对的主导地位，主要是因为帝国主义列强和封建君主专制集团的联合反对和打击。由大商人、自由地主阶级和乌勒玛组成的自由主义力量担心革命进一步激进化的趋势会导致其社会地位和影响力下降，从而宣扬温和的改革和革命措施，并表现出与帝国主义和封建君主专制统治者妥协的意愿。在温和派大商人和乌勒玛的帮助下，保守的反革命势力（包括反对宪政革命的宗教力量、流氓无产阶级、部落首领、自由派）最终得以推翻宪政革命的成果，消灭了以革命先驱、革命斗士和社团成员所组成的革命力量，革命力量的失败宣告了宪政革命的彻底失败。

阶级联盟与斗争，1912—1926年

1912年后，伊朗进一步沦为英、俄两国的附庸，在政治和经济上高度依赖英、俄两国。1913年，伊朗政府被迫接受《1907年英俄协议》，并于1911—1914年再次从英、俄两国获得贷款（见表5—5）。截至1914年第一次世界大战爆发时，伊朗已彻底沦为英、俄两国的附庸。1915年，

列宁曾指出伊朗已差不多完全沦为殖民地。①第一次世界大战爆发时,大量俄国和英国军队已长期占领伊朗。1914年11月,伊朗正式宣布其中立国地位,但很快成为帝国主义争夺殖民地的战场,交战一方为德国与奥斯曼帝国组成的联盟,另一方则为俄、英联盟。

1914年,伊朗第三议会成立。与此同时,德国在伊朗的影响不断加强,议会中很多以伊朗民族资产阶级为主的议员持同情德国的立场,他们是坚定反对英、俄殖民侵略的爱国主义者。伊朗民主党是新兴民族资产阶级的代表,也持相同的态度。此外,首相穆斯塔法·马马利克内阁的部分成员也持有反对英、俄殖民伊朗、同情德国的态度。事实上,首相本人也持相同态度。他曾坚定地拒绝了英、俄两国让伊朗向德宣战的请求②。

1915年年初,奥斯曼帝国与俄国在大不里士爆发战争,俄国军队迅速占领该城。《1907年英俄协议》虽分别将伊朗北方和南方划归俄、英两国的势力范围,但至少还承认了伊朗中部地区的中立地位,但1915年年初,俄国开始占领伊朗中部地区。这使伊朗民族主义者对俄国的反抗情绪不断高涨,而与此同时,德国军队则在伊朗南部击败英国军队,占领了科尔曼、设拉子等多个重镇。在此过程中,德国军队得到了伊朗宪兵队和民族主义者的支持。

1915年11月,在英、俄两国压力下,沙阿解散了内阁和第三议会③。民族主义议会成员和内阁成员联手组建了"全国防御委员会",从德黑兰去往库姆,并在库姆组建新的"临时全国政府"④。同时,俄国军队前往库姆剿灭"临时全国政府",经过几场英勇的抵抗斗争,爱国力量最终失败⑤。1916年,俄国军队在伊朗西部和西南部击败奥斯曼帝国军队。1917

---

① 译者注:列宁写道:"我们把波斯、中国和土耳其其列入半殖民地,其中第一个国家差不多已经完全变成了殖民地,第二个和第三个国家正在变成殖民地。"见《列宁全集》第27卷,人民出版社2017年版,第393页。

② M. S. Ivanov, *Tarikh – e Mashroutiyat*, p. 15.

③ Ibid., p. 15.

④ A. Kasravi, *Tarikh – e Hijdah Saleh*, 2, pp. 634 – 645.

⑤ 关于这些斗争的描述,详见同上书,第647—670页。

年，俄国已实际控制整个伊朗北方地区，其势力范围已向南延伸至伊斯法罕地区。

同时，英国在伊朗南部与德军作战。德国使臣瓦斯穆斯成功说服伊朗南部的部落首领联合抗击英国军队，英国军队一时之间处于极度危险的困境之中，必须同时应对查库塔希部落与坦泰斯塔尼的爱国斗士的联合夹击。然而，英国军队最终取得了胜利，征服了伊斯法罕以南的所有地区。1917年，伊朗已实际分成南、北两个部分，分别由英、俄控制①。同年，俄国爆发十月革命，沙皇的统治被推翻，俄国军队奉命撤出伊朗。在撤出伊朗的途中，俄国军队又一次烧杀掳掠，大肆抢劫沿途的村庄和城镇②。俄国军队撤出伊朗后，德国和奥斯曼帝国也最终宣布战败，第一次世界大战宣告结束，英国在伊朗的全部竞争对手瞬间消失，其影响迅速扩大。

第一次世界大战对伊朗造成了毁灭性破坏和打击③，导致成千上万伊朗人失去生命，大量百姓背井离乡，逃亡外地。瘟疫和饥荒也夺走了大量生命，尤其1917年和1918年，瘟疫和饥荒导致伊朗人口大幅下降。仅德黑兰就有近20%的人因交通运输迟滞而饿死④。除大量人口死亡外，大量牛、羊等牲畜也因为战争的影响而死亡⑤。农业和工业遭到严重破坏，百姓经常受到交战双方的大肆掳掠。据保守估计，第一次世界大战给伊朗造成高达4亿土曼的经济损失⑥，是其间年均财政收入的30多倍。

随着第一次世界大战结束，伊朗国内开启了第二波资产阶级民主革命。国外势力对伊朗的统治和干预、第一次世界大战的影响、伊朗民众生活状况不断恶化、无产阶级队伍不断壮大、俄国十月革命的影响等因素导致伊朗国内掀起了第二波革命高潮。1917—1926年短短几年内，伊

---

① M. S. Ivanov, *Tarikh – e Mashroutiyat*, p. 18.
② P. Sykes, *A History of Persia*, 2, p. 486.
③ 关于第一次世界大战中伊朗的状况，详见以下文献：D. Wright 所著 *The English Amongst the Persians*，第2章；Ishtiaq Ahmad 所著 *Anglo – Iranian Relations*，第8章；H. Filmer 所著 *The Pageant of Persia*，第11章；以及 Ivanov 所著 *Tarikh – e Novin – e Iran*，第25—29页。
④ Hosein Makki, *Tarikh – e Bist Saleh*, Vol. 1, p. 290.
⑤ P. Sykes, *A History of Persia*, 2, pp. 481, 519.
⑥ Hosein Makki, *Tarikh – e Bist Saleh*, Vol. 1, p. 290.

朗全国范围内掀起了一波又一波革命高潮，革命主要任务是反对以英国为主的帝国主义列强对伊朗的殖民统治。民族资产阶级成为革命高潮当之无愧的领袖，新兴的工人阶级[①]、城市小资产阶级、农民、城市平民和自由派封建势力都广泛参与到革命之中，并扮演了重要的角色，使得这次革命具备了强烈的民主化趋势。伊朗政府军队与英国军队结盟，包括一部分高度依赖英帝国主义的大官僚资产阶级和封建贵族，伊朗军队的领导权逐渐落入总司令礼萨汗手中，这一波革命具有明显的地方性特色。

第二波革命中最重要的一场是詹加勒运动[②]。詹加勒的运动领袖米尔扎·库切克（Mirza Kouchek）是新兴知识阶层的一员，是大商人之子，参加了1909年征服德黑兰的战争和1911年与前任沙阿的斗争。第一次世界大战期间，他返回吉兰组织知识阶层、农民、城市贫民和小资产阶级与俄国军队展开殊死斗争。詹加勒运动的领袖大多为大商人和大地主，他们都是坚定的民族主义者，米尔扎·库切克则是伊朗民族资产阶级中支持民主政治力量的代表。

1917年年末，詹加勒地区建立了资产阶级民族主义性质的"伊斯兰联合委员会"，该委员会具有很强的民主倾向。尽管米尔扎·库切克本人是这场运动的领袖，但其委员会成员以大商人和大地主为主。他们制定了一部宪法，呼吁在伊朗实现自由、平等、民主政治。该宪法还承认私人对土地的所有权（尽管受到一定的制约）[③]，主张减少实物地租，但却

[①] 通过引用相关俄语文献，Arasteh 认为截至1917年，德黑兰、拉什特、大不里士以及其他城市都出现了熟练工人的工会。在1918年一场持续14天的大罢工后，德黑兰熟练工人的待遇得到改善，这一成功极大地鼓舞了其他城市的工人。1920年，一些产业工人举行大罢工，要求获得某些工会权利，其中包括8小时工作制。同年，15个工会参加了德黑兰的劳动节大游行。此后，该游行成为伊朗一年一度的重要活动。1926年，各工会联合组成中央委员会，据估计，该委员会在1925年时有大约3万成员。见 R. Arasteh 所著 *Man and Society in Iran* 中所引 U. S. S. R. Academy of Sciences, Contemporary Iran [in Russian], Moscow, 1957. 又见 Ivanov 所著 *Tarikh - e Novin - e Iran*, 第31、33—56页。

[②] 关于詹加勒运动，详见以下文献：E. Fakhrai 所著 *Sardar - e Jangal* 及其中所引的文献；Ivanov 所著 *Tarikh - e Novin - e Iran*, 第39—42页；Y. Armajani 所著 *Iran*, 第131—134页；S. Zabih 所著 *The Communist Movement in Iran*, 第13—45页；H. Makki 所著 *Tarikh - e Bist Saleh*, 第1章；H. Filmer 所著 *The Pageant of Persia*, 第9章；以及 G. Lenezowsk 所著 *Russia and the West in Iran*, 第3章。

[③] E. Fakhrai 所著 *Sardar - e Jangal* 第56—59页附有该宪法的详细文本。

未能对伊朗社会中占主导的地主与农民的关系进行任何调整，维持了封建主义的特点。

詹加勒运动最初以反帝国主义和反封建君主专制为旗帜[1]，早期曾与俄、英帝国主义势力作斗争，并在此过程中时常没收封建大地主的土地和财产，开仓放粮，救济穷苦百姓。詹加勒与奥斯曼帝国和德国保持着良好的关系，并得到德国提供的武器援助，却并未受制于德国和奥斯曼帝国，具有很强的独立性，可独立践行自己的意志[2]。

1920年，詹加勒运动出现了重要转折，苏联红军为消灭反对革命的沙俄残余势力，开赴伊朗安札里港。苏联布尔什维克政府与米尔扎·库切克在安札里签订协议，双方同意在吉兰省建立资产阶级的民主政府，共同反对英国在伊朗的殖民统治。但由于米尔扎·库切克本人是坚定的伊斯兰教徒，认为在伊朗宣传共产主义有违伊朗的伊斯兰宗教信仰，因而要求伊朗共产主义者收敛其在伊朗的宣传活动。不久，在伊朗共产党人参与下，拉什特建立了"临时革命共和国"，伊朗共产党也于同年成立。然而，米尔扎·库切克很快开始与中央政府展开秘密谈判，企图消灭吉兰的共产党力量[3]，所幸共产党人提前得到消息，发动政变，组建新的"革命政府"。随后不久，共产党人与米尔扎·库切克握手言和，再次联合。

1926年1月，伊朗与苏联政府达成一致，苏联政府宣布撤出所有伊朗境内的苏联红军，包括支持吉兰共和国的革命力量。同年2月，德黑兰爆发政变，亲英的赛义德·齐亚（Saiid Zia）掌握了政权[4]。4月，英国政府宣布撤出伊朗境内的所有英国军队。同月，吉兰共和国军司令阿赫桑·乌拉汗（Ahsan ol-Lah Khan）率军攻占德黑兰，但以兵败告终。

---

[1] 参见 E. Fakhrai 所著 *Sardar-e Jangal*，第51页。詹加勒主义者的一条标语写道："驱逐外国势力——建立安全国家，消除社会不公——与独裁和专制斗争到底。"

[2] M. S. Ivanov, *Tarikh-e Mashroutiyat*, p. 19.

[3] 见 H. Makki 所著 *Tarikh-e Bist Saleh* 第1卷，第81、500页；以及 E. Fakhrai 所著 *Sardar-e Jangal*，第308页。

[4] 关于这场政变及英国如何参与，详见 H. Makki 所著 *Tarikh-e Bist Saleh* 第1卷，第1、2章。

同时，英国与苏联展开谈判，就伊朗问题达成共识。苏联驻德黑兰大使罗斯坦通知米尔扎·库切克"鉴于国际政局变化，吉兰共和国政府必须做出妥协"①。不久，革命政府内部发生矛盾，共产党领袖海达尔·阿穆·奥克利（Heidar Amou Oqli）被杀，革命委员会随即解散。伊朗军队总司令礼萨汗打败詹加勒起义军，米尔扎·库切克与其德国同伴在躲避礼萨汗军队追击过程中冻死于北部山区。

詹加勒运动爆发的过程中，谢赫·穆罕默德·希阿巴尼（Sheikh Mohammad-e Khiabani）于1919年在大不里士掀起了一场革命②。商人出身的新兴知识阶层成员希阿巴尼是第二议会的代表，于1909年加入新组建的民主团体，曾发表反对俄国政府最后通牒的演讲，在伊朗民众中引起了广泛关注。1917年俄国十月革命后，伊朗民主团体再次开始活跃，希阿巴尼在大不里士的革命活动中充当领导，使民主团体重现活力。然而不久，民主团体分裂成"合法民主阵营"和支持希阿巴尼的其他阵营。随后，又发生第二次分裂，并在大不里士成立社会民主党。德黑兰的民主团体成员也分裂成支持和反对民主团体的两个派别，反对民主团体的一派最终成为社会民主党的一部分。

在德黑兰，一群社会民主党人组建"惩罚委员会"，开始暗杀统治阶层的部分成员。同时，饥荒还持续困扰着伊朗，大不里士也遭受了严重影响。民主党人利用这次机会组织了"粮食委员会"帮助穷人。同年，大不里士民主党召开会议，提出民主的概念。同时，第一次世界大战结束。伤寒、饥荒及其他问题随即而生，1918年爆发的霍乱更是导致伊朗人口持续下降。民主党人继续努力帮助民众减缓其痛苦的现状，并成立了多个组织和委员会。同年，土耳其人再次入侵伊朗西部边境，伊斯兰联合委员会领导其众多支持者开展了频繁的活动，包括詹加勒运动。与此同时，第四议会在德黑兰成立。

到了1918年，希阿巴尼和阿塞拜疆的民主党人羽翼已满，吉兰地区

---

① E. Fakhrai 所著 *Sardar-eJangal* 第353—361页附有罗斯坦与米尔扎·库切克通信的详细内容。

② 关于希阿巴尼运动，详见 Ivanov 所著 *Tarikh-e Novin-e Iran*，第36—39页；H. Makki 所著 *Tarikh-e Bist Saleh*；以及 Kasravi 所著 *Tarikh-e Hijdah Saleh*，第342—896页。

的詹加勒运动也如火如荼地开展。伊朗到处弥漫着战争和动乱的气氛，没有任何秩序和安全可言。英国是导致伊朗社会混乱的重要因素之一，他们甚至企图人为制造饥荒，以削弱中央政府的影响和权威，使其更加依赖英国军队方能巩固统治。在此情况下，亲英的沃苏克·道莱（Vosouq od-Dauleh）组建内阁。随后与英国展开谈判，签订了《英伊条约》（见第七章）。随后，伊朗爆发反对《英伊条约》的斗争，以民主党人新运动为旗号，在希阿巴尼的带领下开始宣传组织、纪律和政党斗争的重要性。他们的观点受到俄国社会民主党的影响。伊朗社会民主党随即在大不里士成立，开始宣传社会主义。王朝中央政府和英国人对此保持高度警惕，但尚未采取任何反制措施，沃苏克·道莱内阁政府就已倒台，具有自由民主思想的穆希尔·阿尔道莱于1920年组建新的内阁。

同年4月，希阿巴尼率领民众起义。在一系列的会议、演讲和示威之后，希阿巴尼开始掌握大不里士的政权，尽管他在语言上支持激进主义，谴责机会主义，但他本人未采取任何措施和行动来保护运动的胜利成果，不但未将民众组织和武装起来，还继续坚持以演讲的形式推动革命。同时，他对社会民主党颇为反感，囚禁了大不里士社会民主党的领导人阿维蒂斯·索尔坦扎德（Avatis Soltanzadeh）。希阿巴尼还反对德国社会民主党派来的顾问科特·伍斯特罗（Curt Wustrovo），并派人将其杀害。一方面，希阿巴尼大肆肃清革命同盟，另一方面，他对包括大不里士哥萨克骑兵旅在内的敌人却未采取任何行动，任由其发展壮大。他甚至信任穆希尔·阿尔道莱，认为他是一位忠实可靠的朋友，但实际上这位首相正是他最大的敌人之一。1920年9月，穆希尔·阿尔道莱派人进入大不里士，假装与革命者进行谈判，却暗中将哥萨克骑兵旅引入大不里士城，开始剿灭手无寸铁、毫无组织的希阿巴尼及其追随者和支持者。正如当初希阿巴尼轻松占领大不里士城一样，哥萨克骑兵旅也轻松夺回了大不里士城。希阿巴尼被杀，他领导的革命运动也至此宣告结束。

希阿巴尼所领导的运动结束后，詹加勒运动还在如火如荼地展开。1926年还爆发了两场民族主义民主运动。马赞德兰的阿米尔·莫伊迪

(Amir Maaiied)起义尚未对政府形成威胁即被镇压,莫伊迪也殉道而死①。呼罗珊省的帕锡安上校起义虽然规模和影响更大②,但最终也被政府军镇压,帕锡安在与反动势力斗争中殉道而死。当帕锡安起义发生之际,谢万赫库赞的贫民在卡迪夫领导下于1920年发动起义,但也遭到了政府军镇压,以失败告终③。

时至1926年,第二波资产阶级民主革命全部宣告失败。然而,在中央政府尚未控制全国之前,部分反动的封建贵族也掀起了一系列暴动和起义,政府必须首先镇压这些暴动才能最终实现全国统一。这些暴动包括库尔德斯坦省的希姆特库起义和胡泽斯坦省的哈扎勒起义。第一场起义于1926年被镇压,第二场则于1924年被镇压。到1926年,所有大大小小、针对中央政府的起义全部被礼萨汗领导的政府军所镇压,礼萨汗随后宣布即位沙阿,建立了巴列维王朝。此后,高度依赖封建君主专制制度的官僚资产阶级和封建贵族与英国政府联手,加快了控制伊朗全国的步伐。伊朗进入新的殖民地时代,成为高度依赖帝国主义的欠发达国家,新的独裁沙阿取代了之前的封建专制君主。

---

① 关于阿米尔·莫伊迪的起义,详见 H. Makki 所著 *Tarikh – e Bist Saleh*,第1页。
② 关于帕锡安起义,详见同上书;Ali Azari 所著 *Qiam – e Kolonel Mohammad Taqi Khan – e Pesian Dar Khorasan*;以及 Ivanov 所著 *Tarikh – e Novin – e Iran*,第49—52页。
③ M. S. Ivanov, *Tarikh – e Novin – e Iran*, p. 49.

第 九 章

经验主义与理论结论

作为全书的结论部分，本章将对伊朗社会从伪封建主义向原生资本主义过渡过程作以经验主义总结。由于这一时期伊朗社会既不属于欧洲式的封建主义，也不属于资本主义社会形态，我将其分别称为"伪封建主义"和"原生资本主义"。本章将归纳出一个比较完整的理论框架，作为本研究的概念框架。虽然经验主义结论仅具体适用于恺加王朝时期的伊朗历史，本理论却适用于诸多与伊朗具有相似经历的发展中国家。如果我们希望从伊朗本国的实践中得出任何结论或将概念的框架应用于研究，一定要认真分析和处理我们所掌握的资料。

资本主义的发展经历了简单协作阶段、制造业阶段和现代工业阶段，而制造业阶段是重要的过渡环节①。然而，本研究将过渡阶段界定为包括从封建主义社会瓦解到资本主义制造业全面实现的时间跨度。这样划分的关键标准是劳动过程中所使用的工具和生产过程②。虽然我们主要以这种阶段划分方法为标准，但也会偶尔用到其他的阶段划分标准③。伊朗资本主义的过渡阶段实际上从 1800 年就已开始，正常情况下应该于 20 世纪

---

① 译者注：见《马克思恩格斯文集》第 5 卷（《资本论》第 1 卷），人民出版社 2009 年版，第 4 篇。又见《列宁全集》第 3 卷，人民出版社 2013 年版，第 297—506 页，《俄国资本主义的发展》第 5、6、7 章。

② 译者注：马克思写道："各种经济时代的区分，不在于生产什么，而在于怎么生产，用什么劳动资料生产。"见《马克思恩格斯文集》第 5 卷，人民出版社 2009 年版，第 210 页。

③ 译者注：尼克斯·波朗查斯提出了社会混乱局面的四个层次：结构失调、功能紊乱、社会动荡、爆发革命。见尼克斯·波朗查斯《政治权力与社会阶级》，中国社会科学出版社 1982 年版，第 155—156 页。

20年代就已完成。然而，事实上，这一过渡阶段一直延伸至20世纪60年代才真正完成。该过渡阶段总是被不断拖长，伊朗新旧社会力量的斗争则一直持续至20世纪末21世纪初。

从伪封建主义到原生资本主义：总结

1796—1926年伊朗恺加王朝的封建社会经历了一系列变革，最终导致伊朗社会出现高度依赖资本主义世界体系的欠发达原生资本主义生产方式。这种延滞的过渡经历了几个阶段。19世纪上半叶，一系列资本主义简单协作的小规模消费商品工业开始在伊朗形成。同时，伊朗生产企业却遭到封建统治阶级无数的常规和非常规税收及其他各种剥削和压迫。随着伊朗国门被战争、条约、贸易专营权等不断打开，其社会逐渐呈现出开放的趋势。随后，在英、俄等帝国主义的胁迫下，伊朗执行了低达5%的进口从价关税，并授予外国公民治外法权，极大地提高了外国企业在伊朗的竞争力，对本国民族企业带来了巨大威胁。

这些措施在政治上削弱了伊朗的实力，使得外国势力在伊朗的权利大大增多，尤以英、俄两国获利最大。从此，伊朗国内市场也成为帝国主义市场体系的一部分。尽管背负着如此多的外部负担和压力，伊朗民族资产阶级依然试图拯救本国工业，并在19世纪早期将现代制造业引入伊朗社会。到1880年，传统工业已在国外企业竞争和本国封建统治者压迫和腐败的双重挤压下遭受严重创伤，几乎全面毁灭。同时，在外国势力不断渗透伊朗经济的过程中，鸦片等经济作物的种植迅速发展，开始在很大程度上取代伊朗人赖以生存的自给自足农业生产模式。

尽管遭遇诸多阻碍因素，1890年时，伊朗民族资本家依然在全国范围内成立了大量的小规模消费品生产企业。然而，在随后25年里，几乎每当伊朗民族资产阶级试图发展本国工业基础时，都会遭到封建专制统治和外国势力的干预和阻挠。这一时期的政治不稳定是导致伊朗资本主义缓慢发展的第三个原因。但尽管遭遇诸多不利影响，截至20世纪20年代，伊朗的社会生产力还是实现了比较大的发展和进步：人口增长、城市化同时发展、交通运输业出现重大进步、新技术和新工具在农业生产中得到应用、传统工业也大量引进新技术和新工具。

取得这些发展和进步的同时，伊朗社会的原始积累也开始不断进行，大量财富积聚到小部分人手中，导致人民大众持续陷入痛苦的深渊。这一过程导致伊朗社会生产关系发生变化，制造了大量失地农民和失去生产资料的小手工业者，他们要么大量迁往邻国谋生（这一过程也伴随着经常性的人口回迁），要么涌向城市，成为无产阶级。然而，尽管出现了这些必要的条件和有利于资本主义发展的环境（包括高物价、低工资、商品市场的形成等），伊朗的民族资产阶级始终未能实现伊朗社会的工业化。随后，一个欠发达的原生资本主义生产关系在伊朗出现，其经济高度依赖英、俄等发达资本主义国家。

尤为典型的是，伊朗封建统治阶级急需资本，因而与外国势力相互勾结，导致伊朗对外贸易不断增加，并在1890年通过一系列特许专营权、贷款、成立外国企业等举措使伊朗经济迅速实现对外高度开放。随后，英、俄开始大力干预、插手伊朗国内政治和经济，加之其脆弱的资本主义制造业遭到越来越严重的威胁和破坏，最终导致商品进口不断增加，出现了长期国际贸易赤字和支付问题。主要经济作物产量下降导致伊朗贸易赤字问题雪上加霜。20世纪初，伊朗的石油、地毯等新兴出口工业使民族产业看到一线生机，但由于国际贸易赤字问题过于严重，石油和地毯等出口均由英、俄等外国企业操纵，因此并未真正解决伊朗本国的危机。

1890年后，伊朗国内资本比较雄厚的资本家均将投资重点转向利润丰厚的国际贸易、经济作物种植和房地产投资等领域，与封建统治阶层和帝国主义结成同盟。他们越来越依靠英、俄等帝国主义势力来不断扩张其实力，在国外企业竞争和政府剥削的夹缝中生存。伊朗民族资产阶级仍在继续坚持其推进国家工业化的努力，他们与城市中产阶级和贫民结成联盟，有时甚至需要借助农村人口的力量来实现其目标，共同展开了一系列英勇的抗击反动封建专制统治和帝国主义势力的斗争。虽然取得了一定胜利，但最终依旧未能成功实现伊朗向资本主义社会的过渡，而导致这一失败的主要障碍之一就是落后的伊朗政治生态文化。

自1848年以来，腐朽的封建剥削政府虽然尝试了一些改革措施，但均因遭到国内反动保守势力和帝国主义列强的干预而未能付诸实践，抑或半途而废，仅在军队、政府管理和司法、教育等体系中实现了小规模的改革。这些变化推动了生产力的发展，促进了伊朗社会的觉醒，并催生了一个新兴的知识阶层。在此过程中，大量报纸和书籍得以出版，新兴的社团和组织开始出现，进一步推动了新社会和新秩序的形成，同时更有新的社会力量不断以和平或暴力的方式积极投身意识形态斗争和阶级斗争中。然而，这些斗争并未在伊朗形成全新的政治文化体系。

随着不断发展，伊朗社会呈现出越来越明显的政治化趋势，持续的混乱和斗争逐渐将焦点转向制定新宪法的需求和社会经济发展，尤其19世纪下半叶初期开启的改革运动中，部分自由主义改革家越来越直言不讳地批评和指责恺加王朝的当权者。巴布教徒起义已动摇了伊朗封建君主专制制度的根基。到1890年，改革运动已经催生了一场由羽翼渐满的民族主义者所领导的反帝反封建斗争。烟草抗议运动进一步表明民族主义的重要性，而随后于1906年爆发的宪政革命则开启了伊朗国家和民族构建的新时代。

直到此时，伊朗的民族构建还停留在自上而下的阶段，宫廷、统治精英、拥有巨额财富的高级乌勒玛们是构建伊朗民族仅有的几个群体，其余社会成员则只能被称作普通人或者臣民，并无任何权力。这种自上而下的民族构建与在伊朗流行的自上而下的教育体系改革类似。近一百年来，伊朗社会首先出现了高等教育的现代化改革，却始终未能在初级教育阶段推动现代化改革。1851年出现了伊朗历史上第一所世俗化高等教育机构"精英学院"，而此时整个伊朗尚未出现任何世俗化的初级教育机构。甚至早在"精英学院"建立前，伊朗王室就已派遣多名留学生赴欧洲学习西方先进的军事、医学等。然而，宪政革命开始时，伊朗的民族构建才开始自下而上展开，统治阶级开始考虑和满足普通民众的权利需求。同时，世俗化现代教育也开始向初级教育普及，并将农民、贫民和工人等下层阶级的子女纳入教育对象。

自上而下的民族构建和教育模式为19世纪的伊朗培养了一批全面的综合政治全才，而此时伊朗大众的受教育程度却几乎为零。这种政治精英与人民大众之间巨大的反差使任何可能出现的、有意义的改革举措都化为乌有。随后几十年里，教育在这个由封建专制和帝国主义所主导的社会中开始向社会底层普及。这一过程催生了一个新的政治阶层"政治化知识分子"，他们与之前的政治精英存在明显区别。政治精英大多受过良好的西方思想启蒙，更多地表现为政治现实主义和实用主义，而政治化知识分子则具有崇高的理性，是典型的政治浪漫主义者。自宪政革命爆发起，尤其巴列维王朝建立后，伊朗社会不断涌现出越来越多的政治化知识分子，而接受启蒙思想的政治精英却越来越少。这也是伊朗为何始终无法摆脱"独裁—革命—混乱"这种恶性循环的原因。

宪政革命爆发后，伊朗民族主义开始以新的形式迅速发展，开始强调公民的个人发展。然而早在19世纪初，以王储阿巴斯·米尔扎为代表的伊朗民族主义者则更加强调领土不受侵犯。这种民族主义专门针对俄国入侵和蚕食伊朗领土的行为而量身定制。19世纪中叶，伊朗民族主义开始聚焦经济发展和反对外国势力干预伊朗政治和经济，其代表人物为阿米尔·卡比尔。这种民族主义主要针对英、俄两国通过战争迫使伊朗签订不平等贸易条约，并导致伊朗经济遭到严重破坏的行为。尽管宪政革命开启了伊朗民族主义的新时代，其随后的发展却一直限于领土和反帝国主义。这也是为何伊朗民族主义未能将维护国家领土完整的诉求与百姓的利益相结合的原因。只有成功实现以领土为基础的民族主义向以领土和人民为基础的民族主义的飞跃才能最终将二者的利益完美结合。

1796—1890年的近一个世纪里，伊朗与英、俄两国之间多次爆发战争，国内爆发巴布教徒起义，统治集团内部也存在严重斗争，城市则接连不断发生反对封建腐败统治的粮食暴动、反对封建君主专制制度的起义和内战，以及规模有限的反帝斗争。与此同时，伊朗国教什叶派伊斯兰教也不断受到统治集团和民众的非议和攻击，由于早期教会处于比较弱势的地位，政府极力维护什叶派伊斯兰教的权威地位。反对君主专制的斗争有时也以改革的形式表现出来，改革派呼吁法律、秩序、安全、自由、平等、公正、集权、国家独立等能够最大化表现现代独立国家发展的基本特征，并希望以此推动伊朗社会的发展。然而，另一方面，改革运动也开始呈现暴力化趋势，缺乏完备的政治文化，遭到封建统治集团及反动的外国势力和国内保守反动势力的暴力抵抗和联合镇压。烟草抗议运动标志着暴力反抗时代的开始和宗教积极主义的复苏，而宪政革命则是所有这些斗争的最高峰。

因此，1891—1911年，伊朗出现了一系列具有暴力性质的革命运动，其中最具代表性的是以城市为基础的烟草抗议运动和宪政革命，成为随后城市中产阶级和贫民掀起的一系列资产阶级民主革命的开端。这些运动都具有反封建君主专制统治和反帝国主义侵略、渗透的特点。在1891—1892年烟草抗议运动与1906年宪政革命爆发的间歇，伊朗国内爆发了一系列城市粮食暴动和激进的民族主义意识形态斗争，并在此过程中形成了大量秘密社团和其他形式的革命组织。宪政革命爆发后，宪政派领导了一些非常重大的斗争，但由于英、俄等外国势力的武装干预，伊朗宪政革命最终以失败告终。

宪政革命后几年里，伊朗爆发了一些由城市中产阶级领导的武装斗争。19世纪60年代开始，什叶派乌勒玛的权威不断上升，至宪政革命初期已达到顶点。但随着恺加王朝晚期革命不断呈现激进化、暴力化趋势，很多宪政派成员开始走向革命反面，成为温和保守派，不愿看到社会发生重大变革。高度依赖封建君主专制政权和帝国主义列强势力的官僚资产阶级开始与其结成联盟，共同扼杀进步的革命力量，尤其将矛头指向新兴知识阶层。新兴的阶级未能挑起领导革命的重担，其政治诉求也仅限于政治自由，未承认广大工人和农民的基本需求，只能最终走向失败的结局。

1911年，宪政革命已几近失败，内阁政府也频繁更迭。随着第一次世界大战爆发，伊朗国内再次出现阶级斗争的新高潮。1917年十月革命爆发后，俄国对伊朗的侵略和掠夺戛然而止，为伊朗革命力量的发展提供了新的动力和机遇。随后，伊朗国内的共产主义力量及运动迅速发展，1918—1926年爆发了大量地区性资产阶级民主革命。虽然这些革命取得了一定胜利，但共产主义思想的传播一定程度误导了伊朗新兴知识阶层对"国际化"的认识，削弱了宪政革命早期就已经形成的、以百姓为基础的民族主义思潮的发展和影响，政治动荡一直持续至1926年。

英国对伊朗的第二波资产阶级民主革命高潮极为反感，帮助恺加王朝政府打击和镇压革命。1926年，在英国支持下，一位极具野心的记者赛义德·齐亚登上权力巅峰，但随后他的无知和愚蠢行为令英国政府大失所望，军事将领礼萨汗随即被推上了权力巅峰。礼萨汗废黜了恺加王朝最后一任君主艾哈迈德沙阿，建立了巴列维王朝。礼萨汗建立了伊朗历史上的第一个现代独裁政权，在其统治下，伊朗进入了原生资本主义的新阶段，更加依赖西方资本主义发达国家。这些变化使得英国得以加强对伊朗的控制。随后，英国结束了在伊朗的殖民政策，开始以新殖民主义策略扩大其在伊利益。

政治经济学理论与实践

下面我们将详细介绍本书的概念框架，这一框架将引导我们的研究过程。我们的概念框架以政治经济学传统为基础，重点强调其划时代的过渡理论和辩证方法，同时还增加了从伊朗社会发展的历史进程中所得出的经验主义结论。政治经济学是关于任何特定社会形成过程中社会生产和再生产的科学，尤其强调某一特定社会形成过程中的经济规律、社会物质基础和政治意识形态上层建筑之间相互关系和影响的研究。由于社会经济学的理论基础允许我们以普遍适用的术语来表达某一特定事物，因而非常适合帮助我们构建适用于研究某一国家从封建主义社会向资本主义社会过渡阶段的理论。

在政治经济学的理论框架下，我们将过渡理论分为三个层次：绝对抽象、部分抽象和具有较强地域性特征。在第一层面，其理论适用于所有地方、时代和社会体制。在绝对抽象形式下，理论构建主要是为了解释某一特定时期或特定社会体制，但不受地理环境的约束。在部分抽象层面，理论能够满足实际情况，因此任何抽象的地区、时间和社会关系都被从其所代表的具体现实中剥离出去。就伊朗从封建主义社会向资本主义社会过渡这一历史进程而言，我们已将这两个理论进行了详细归纳和应用。然而，我们的理论最显著的特点是从伊朗过渡时期的具体地理和历史个案中抽象出的理论，具有很强的地域性特征。这种特定的方法为本研究勾勒出了一些基本的观点和主张，充分揭示了伊朗如何变得高度依赖资本主义世界体系的迟滞发展现象，在恺加王朝末期形成了高度专制的独裁政治经济形态，并解释了导致这一现象发生的原因。

在绝对抽象层面，社会形态的过渡必须遵循以下几个基本原则。第一，人类历史被看作一个进步的自然过程，任何倒退都被视为不正常现象，代表了社会的撕裂。第二，作为社会存在的人不仅在哲学意义上具有社会意识的特点，更在真实历史过程中具备这一特点。因此，经济基础总是先于上层建筑而发生变化，而且决定着上层建筑的变化。第三，个人活动及其社会角色影响着社会的进步，虽然是人们的主观意识行为，却最终由社会决定。因此，这些活动不一定会带来人们预期的结果，因为这些结果是复杂的社会互动和斗争的结果。第四，社会现象之间的互相关联被视作人类生命维持基本需求的一部分，是对其内部矛盾的具体界定，从而使这种变化和过渡成为永恒的现实。第五，生产关系与生产力之间的统一与矛盾、对应与非对应是所有社会运行的主要动力。具体而言，阶级斗争和社会革命是社会过渡时期的决定性特征和因素。同样地，上层建筑与经济基础互不适应是导致危机出现、诱发社会变革和过渡提前发生的主要因素之一①。第六，社会变革从本质上是非均衡、间歇性的，同时也是不可避免、不和谐、充满矛盾的。世界历史之所以不均衡，原因之一是新的社会制度往往在旧的社会制度尚未彻底消失前就已开始出现，从而导致至少两种不对等的生产方式同时存在②。过渡阶段的阶级关系也会出现不均衡发展，社会和技术分工也会不断分化。

---

① 过渡时期上层建筑的本质及其与政治经济学经济基础的关系往往模糊不清。详见 M. Dobb 和 P. Sweezy 关于这一话题的辩论。

② 当我们想要更精确地界定某个特定政治经济体系时，生产方式的"共存"通常会在理论上给我们制造重重困难。以某位农民为例，他同时还是一名季节工。因此，他既是农民又是工人。但这一问题最终将顺其自然地解决，且往往朝着有利于新生事物的方向发展，即本例中的工人。但"农民工"的存在是否意味着这一时期不存在主导的生产方式？答案并非如此。首先，个别孤立现象并不能代表全部。其次，诸如"农民工"这种类型应被理解为农民正在经历一种量变。只要他尚未实现质变而最终成为工人（其劳动力既不受任何束缚，也不遭受任何腐败的影响），其量变过程就尚未完成，他就依然属于旧的阶级，采用旧的生产方式。在实现质变而成为"工人"后，他依然不能完全属于新的阶级分类。他依然是"农民工"，但他将逐渐适应新的生产方式。这一过程存在于所有社会现象的转型中。再如，当一个国家从封建主义社会向资本主义社会转型时，它既不是封建主义国家，也不是资本主义国家。当国家权力由封建地主和资本家共享时，这个国家仍处于量变的过程中。只要这一进程尚未完成，即尚未发生能将这个国家转型成资本主义社会的质变，它就依然属于封建主义国家，采用封建主义生产方式。在此情况下，一旦它强行采用资本主义生产方式，其经济结构将发生错位。这种国家最终将发展成为资本主义国家，并采取资本主义生产方式。然而，即使在质变发生后，这个国家仍然不能完全属于新的社会分类，而是两种生产方式共存的社会。在本例中，它将是一个与资本主义生产方式相对应的资本主义国家，尽管这个国家仍存在封建主义生产方式，但资本主义生产方式已取得支配地位。

部分抽象层面的社会变革也要遵循以下几个基本原则。第一，在部分抽象层面，完全抽象的所有原则都已被具体实现。第二，对直接生产者的剥削（即原始积累的规律）和直接生产者之间的分化是封建主义社会向资本主义社会过渡时期的基本特征之一。第三，剩余人口和自由劳动力市场的形成也是这一政治经济学变化过程的重要特征。第四，货币变成资本的过程和资本积累的过程将导致贫富严重分化，这也是过渡时期的特点之一。第五，社会形态的过渡总是伴随着商品交换的发展、全国性市场的形成及封建地租向实际地租、资本、税收转变的过程。第六，在社会形态过渡时期，中央集权政府的统治能力极大减弱，社会动荡频繁发生，政府需要不断使用武力来维持社会稳定。国家政权经常被用于篡夺大量土地，国家债务和税收也经常被当作原始积累的特殊要素。这些因素一旦成功实现，最终带来的影响是经济在经历简单协作、制造、现代工业三个阶段后不断发展。任何情况下，过渡阶段都会出现由阶级斗争或革命而引起的政治动荡和绝对君主专制权力被削弱和瓦解。实际上，处于过渡阶段的社会总会陷入无休止的"独裁—革命—政治混乱"的怪圈。除上述社会发展、矛盾和推动力量之外，导致这一恶性循环的基本因素还包括缺乏健康的政治文化，这本身又是暴力社会历史和频繁遭受侵略的地理环境的结果。

以上我们所列的过渡阶段一般理论基本不受地域限制，仅把地理因素视作一个抽象概念。当然，也有因为地域差异而导致的社会转型和过渡方式的差异，当这种社会形态的过渡阶段发生于某一特定国家或地区，且这一国家或地区具有自己独特的地理和历史特征，这种独特的状况会影响这一过渡阶段并改变其规律。一旦我们将抽象和具体相结合，便可使政治经济学的理论变得因地制宜，具备极强的地域性特征，其理论也不再适用于所有国家，仅适用于某一特定地理环境或历史环境，伊朗从封建主义社会向资本主义社会的过渡就是典型的例子。因此，以上我们所列出的抽象规律被实际应用于某一特定地理环境及其特定历史所共同决定的背景之中。因此，如果想要透彻分析这一过渡阶段，就必须更加深入地了解该特定国家或地区的特定地理和历史，因为其具体的特征、导致异象的原因，以及其过渡阶段独有特征总是隐藏于这些具体历史和地理特征之内①。

地理特征是影响一个国家从封建主义社会向资本主义社会过渡的最主要影响因素之一。没有任何两个国家的地理特征完全相同，包括伊朗在内，任何国家的疆域都具有其独特性。事实上，伊朗是世界上少数几个地理特征极为复杂的国家之一，其地貌复杂多样，气候虽以干旱为主但仍呈现多样化特点。伊朗周边不但有历史性的国家和地区，也有现代化的国家和地区，其国土由于经历了不断扩张和收缩而呈现明显的历史特征。伊朗可划分为多个发展不均衡的地区，其人口分布情况也极不规律，高度分散，有多个民族区域，同时又分为多个亚文化区和不同身份认同的部落社会。以上这些特点及其他历史、地理特征是形成伊朗独特的封建主义社会形态，导致其过渡到不均衡的资本主义社会制度的重要原因之一，在分析伊朗社会从封建主义社会向资本主义社会过渡的过程中，我们需要对此给予高度重视。由于本书研究范围有限，我们未对这些具体内容进行详细论述，仅在此做简要分析②。

此外，我们可以将某些类型的具体特征统称为历史性特点。就伊朗而言，我们可以归纳出以下7种类型。其一，独特的封建主义社会特点；其二，资本主义兴起和发展的具体环境；其三，政府和意识形态所扮演的独特角色；其四，阶级和阶级斗争的独特构成及其所扮演的独特角色；其五，伊朗国家的独特政治文化；其六，殖民主义和帝国主义在伊朗所扮演的特殊角色；其七，社会主义运动在伊朗的独特角色。这些都不是孤立或偶然的因素，是伊朗社会整体不可或缺的部分，因而对伊朗从封建主义向资本主义社会的过渡产生了重要影响，我们可以将其视作具体影响的完备体系。

---

① 译者注：恩格斯在1890年8月5日给康拉德·施米特的信中写道："但是我们的历史观首先是进行研究工作的指南，并不是按照黑格尔学派的方式构造体系的杠杆。必须重新研究全部历史，必须详细研究各种社会形态的存在条件，然后设法从这些条件中找出相应的政治、司法、美学、哲学、宗教等等的观点。"《马克思恩格斯文集》第10卷，人民出版社2009年版，第587页。

② 欲详细了解伊朗历史地理，参见 V. V. Barthold（C. E. Bosworth, ser. ed.）所著 *An Historical Geography of Iran*。

伊朗所有具体历史特征形成的前提条件是与其封建主义相联系的一些基本现状，并最终将其扭曲成伪封建主义社会的过程。其中最重要的是伊朗在与帝国主义列强所展开的战争中总以失败而告终，并频繁遭受游牧部落的入侵，以及定居的牧民部落与土地所有权制度不断出现的问题。伊朗封建主义社会也受其土地贵族构成变化、居住于城市的外居地主占主导地位、军事用地不断增多等情况的影响。其他导致伊朗封建主义与欧洲封建主义有所不同的原因还包括小规模佃农制度与大规模封建所有权制度的结合、大量公地的存在等。除此之外，实物地租占主导地位、私有土地和徭役制度缺失等也是导致伊朗未能像其他封建主义国家那样产生农奴制度的原因。

大规模灌溉工程的重要性、佃农制度兴起、社会发展高度依赖城市和行会都是伊朗这个频遭地理因素困扰的国家的独有特征。与伊朗封建主义社会同样独特的还有过渡阶段前相对闭塞的商品经济的形成和发展、地主贵族越来越热衷于商品贸易及其他以城市为基础的活动、那些居住在城市的外居地主、大商人和宗教领袖们结成了强大的利益同盟。最后，独裁和专制的政治上层建筑、统治阶级对百姓的压迫剥削以及其腐败的特征，还有对农民和行会前所未有的剥削都使伊朗封建主义社会与欧洲封建主义社会具备完全不同的特征。

这些具体特征与伊朗相对稳定的封建主义制度、农民起义屡遭失败、封建主义末期中央集权相对衰弱、帝国主义势力强行干预伊朗等因素共同导致伊朗从封建主义社会向资本主义社会的过渡出现了严重扭曲，从而导致其社会形态变化相对缓慢。伊朗封建主义社会相对稳定，主要因为伊朗农业与家庭手工业有机结合，导致农业生产力发展受到限制，阻碍了农民之间的分化，延迟了农民组织的形成，导致农民起义失败。同时，封建的王权统治虽然具有独裁专制的特点，却呈现出不断弱化的趋势，从而导致封建地主的实力不断增长，而地主阶级、大商人、宗教领袖之间的联盟则强化了这种趋势。另外，外国势力对伊朗的侵略和干预、伊朗农业从自给自足向经济作物种植的转型等因素也是影响伊朗社会从封建主义向资本主义过渡的独有因素。外国势力的干预尤其加剧了伊朗社会的分化和地域化特征，加强了伊朗社会的封建主义特征，也使帝国主义列强更容易实现在伊朗的渗透和统治。

然而，导致伊朗过渡时期封建主义制度更加稳固的因素同时也是推动伊朗封建主义制度在1926年至20世纪60年代彻底瓦解的推动力量。封建主义制度越得到加强，其生产力越能快速发展，而生产力越发展，就越难维持旧的封建主义制度，而帝国主义列强本国生产结构的变化则进一步加剧了这一矛盾。具体而言，帝国主义国家生产力结构的变化导致其对原材料的需求发生变化，从而最终导致帝国主义势力与伊朗封建地主间的利益冲突。伊朗封建主义生产关系不仅与伊朗的社会生产力发生冲突，也与帝国主义的生产力发生冲突①，必须通过快速的土地改革来调节和适应这些改变。而这次土地改革就发生于1963年，最终改变了伊朗社会的生产关系。这一时期，伊朗国内统治阶级与外国势力之间形成新的联盟关系和依存关系。

影响伊朗社会从封建主义向资本主义过渡的其他因素还包括伊朗资本主义发展的具体环境。伊朗的原生资本主义主要源自贸易和房地产，而非手工业和小商品生产。工业化、城市化和城市发展在伊朗社会向资本主义过渡的过程中只扮演了边缘化角色。农业和商业对伊朗资本主义的发展做出了巨大贡献，因为伊朗自给自足的农业生产方式和国内贸易很早就遭到破坏。这些部门只有在伊朗高度依赖帝国主义列强的原生资本主义已形成后才开始发挥一定作用。事实上，伊朗资本主义从自给自足农业向国内贸易扩张，再到本土工业化的自然发展过程被伊朗封建君主专制制度和帝国主义列强等因素强行破坏。然而，伊朗封建主义的瓦解和资本主义的兴起经历了社会生产要素、生产制度、基本生产条件等领域所发生的重大变化。在诸多关键因素中，劳动力、资本、技术、企

---

① 译者注：在详细论述了生产力和生产关系矛盾性质和后果之后，马克思恩格斯把自己的论点概括为以下几个方面。"因此，按照我们的观点，一切历史冲突都根源于生产力和交往形式之间的矛盾。此外，对于某一国家内冲突的发生来说，完全没有必要等这种矛盾在这个国家本身中发展到极端的地步。由于同工业比较发达的国家进行广泛的国际交往所引起的竞争，就足以使工业比较不发达的国家内产生类似的矛盾（例如，英国工业的竞争使德国潜在的无产阶级显露出来了）。"(《马克思恩格斯全集》第3卷，人民出版社1960年版，第83页）后几点对于我们理解目前的国际分工以及发达国家和从属国家（包括伊朗）之间依赖关系的起源至关重要。

业家精神、物资投入是其最主要因素。制度则包括私有财产制度、市场和贸易制度、公共政策和法规等，以及国家安全和各地社会秩序等。总体状况中最为关键的因素包括人口状况、城市化、交通运输和通信等技术状况。虽然这些因素、制度、状况都是伊朗资本主义兴起和发展最为关键的因素，但起决定作用的还是劳动者和资本家。

虽然无产阶级来源于奴隶、农奴、手工业工人、小手工业者及一些没落的小地主阶级等多个阶级，其最主要来源仍是农民阶级，也有大量手工业者最终被迫沦为无产阶级。农民的无产化过程主要是由于封建统治阶级残酷无情的剥削、税收压迫以及高利贷的盘剥等因素所致。相比之下，手工业者的无产化过程则主要是由帝国主义列强的竞争对他们所造成的毁灭性打击而导致。随着这一赤贫化过程的发展和无产阶级工人数量的不断增加，他们产生了新的需求、阶级意识、组织能力和谈判筹码。例如，早期的工人阶级缺乏独特的阶级意识，但随后他们成为一个特定的经济、政治、意识形态群体，从而形成一个"自在阶级"，而且随着其反对剥削和压迫的政治斗争不断展开，进一步形成了"自为阶级"。

资产阶级同样也源自多个阶级：高利贷者、大商人、贵族、地主、军官、政府官员、小官僚、城镇居民、手工业主和小生产者等。但与无产阶级形成明显反差的是，伊朗资产阶级的来源具有鲜明的多样化特征。具体来讲，伊朗从封建主义向资本主义社会过渡早期，资产阶级主要来自大商人、高利贷者，而中晚期则主要来自地主、军官、地方官员、官僚等。各阶级转化成资产阶级的过程随着时间的变化而变化，其速度和难度也不断变化。伊朗的资产阶级经历了多个发展阶段，形成了不同的目标、抱负、功能、实力、意识和组织。例如，伊朗资产阶级从民族主义者和宗教权威群体发展成一个高度依赖帝国主义的世俗化资产阶级群体。

资本是资产阶级最重要的物质基础，其来源也具有多样性，且经历了不同发展阶段。高利贷资本、商人资本、石油地租、外国贷款、公共集资（通过税收、公债、信用、赤字消费、通货膨胀等形式实现）、战利品和对小商品生产者的剥削等都是伊朗资本主义转型过程中资本的来源形式。其主要来源有两种：早期阶段主要是大商人资本和高利贷资本，

20世纪40年代后主要依靠石油地租。而且，资本本身也经历了多个发展阶段，从最初的简单资本主义协作（1800—1880年）到随后的资本主义大生产（1880—1950年）再到后来的资本主义现代化工厂。随着资本不断发展，不但其基本要素、制度、状况等发生了改变，包括意识形态和政治在内的几乎所有相关社会领域的形式和内容都发生了改变。

工人阶级、资产阶级和资本的来源对伊朗资本主义社会的健康发展产生了消极影响，然而，真正导致伊朗资本主义社会迟滞出现的原因是其封建君主制度和帝国主义列强在伊朗不受约束的权力和对这种权力的滥用。第一，传统的手工业在封建专制政府残酷剥削和帝国主义列强激烈竞争下被摧垮，手工工人被迫成为一无所有的无产阶级；第二，自给自足农业向经济作物种植转变和外贸不断增长阻碍了伊朗农业生产力的发展，农民遭受不公平的税收待遇，被迫破产；第三，伊朗大商人阶级与封建地主、外国企业沆瀣一气，将大量资本投入经济作物种植和房地产领域；第四，采矿业的发展和社会基础设施的建设状况受到帝国主义人为阻挠和破坏；第五，封建主义统治者和帝国主义列强对伊朗新兴民族资产阶级展开大肆掠夺和剥削。随着农业和手工业被摧毁，大商人积极融入世界经济体系，投资向经济作物种植和房地产转移，加之政府和帝国主义势力阻碍伊朗资本主义大生产的发展，伊朗社会形成了落后、高度依附资本主义世界经济体系的状态，并同时催生了现代形式的独裁政治，与传统的封建君主专制形成鲜明的对比。

其他重要的具体特点与政治和意识形态等上层建筑相关，国家的角色通常是其不同类型和不同形式具体功能的体现。我们可以肯定的是，伊朗政府在转型早期是封建主义形态，而晚期则呈现资本主义形态。无论封建主义形态还是资本主义形态，伊朗都未实现国家的发展，而是首先形成"阻碍主义"，在这一阶段后期则越发模糊，难以界定。其社会形态为君主专制制度，早期伊朗政府是阻碍社会进步的封建君主专制制度，而后期则成为模糊的资本主义独裁君主专制制度。这并非是说伊朗国家在过渡阶段没有代表其他社会阶层的利益，也并非意味着伊朗政府在国家发展中没有做出努力或未取得任何进步。

伊朗政府对百姓生活的方方面面都会干预，包括个人私生活等，政府彻底主宰社会中的一切，这种主宰不但全面彻底，而且非常绝对和任意。恺加王朝时期没有任何可供全体国民遵守的法律，也缺乏制约沙阿的力量，封建王朝政府干预利益群体、经济、意识形态竞争和外交事务等重要领域的程度不受任何制约。政府管理的有效程度直接依赖其镇压国内反对势力的能力和程度。事实上，这种能力在过渡时期的不同阶段亦表现不同。伊朗政府在过渡早期阶段比较强大，后期则不断衰弱。时至1880—1926年制造业大生产阶段，由于阶级斗争不断加剧和统治集团内部矛盾愈加严重，政府镇压和控制局势的能力尤显衰弱。宪政革命爆发前，封建王室和地主以铁腕统治伊朗人民，但宪政革命后被迫与新兴资产阶级分享其统治权力。然而，由于伊朗资产阶级一直比较软弱，封建地主仍在统治集团内部保持主导地位，从而导致资产阶级无法使用国家权力进一步实现自己的目标，也无法再发展资本主义大生产。

伊朗政府在过渡时期的阶级斗争中扮演了核心角色，经常支持旧的利益群体，而欧洲国家的政府则在本国的资本主义社会过渡时期选择与新的利益团体结成联盟。直至20世纪60年代，伊朗政府还在不断支持旧的封建地主集团，尽管统治者偶尔也会出于个人利益考虑而做出对抗外国势力的姿态，帝国主义势力对伊朗政治的主宰和影响仍不断加强。同时，在阶级斗争过程中，伊朗政府总是站在只关注"经济增长"的上层阶级一边，对提出"政治发展"的新兴中产阶级以及呼吁"社会公正"的工人阶级和贫民却置之不理，这种一边倒的国家发展策略贯穿了整个过渡时期。因此，对民主需求和人民基本需求的保障仍停留在较低层次，成为国家议程中百姓呼声最高的两个方面。

在公共政策领域，围绕国家优先权的斗争是1906—1926年最明显的特点。政府倾向于在其现有政府管理机构的基础上进行最小化的可控改革，封建地主则支持恢复封建主义制度并尽最大努力阻碍社会经济的工业化趋势。外国势力也支持封建贵族的诉求，并极力阻挠各种促进伊朗资本主义大生产发展的措施和政策，希望伊朗最大限度地保持现状。因此，过渡时期的伊朗政府成为新兴资产阶级、封建贵族、帝国主义势力激烈角逐的舞台。在19世纪末期逐渐形成的革命大背景下，政府受到来自下层人民的压力，他们的斗争不断削弱政府的任意统治，使政府更依赖其他力量，也更倾向于独裁，同时对资本主义发展也表现出模糊的态度。

重要的是，为了形成中央集权管理体系和全国性市场（全国性市场是新兴资产阶级的诉求），封建地主与其权力根基封建贵族发生冲突。因此，在过渡阶段早期（1890年以前），封建中央政府与城市力量联合对抗地方封建贵族，然而，在资本主义生产的第一阶段（1890—1926年），新兴资产阶级提出了自由的口号，成为封建君主专制制度的最大威胁。随后，封建的王朝政府开始背叛包括资产阶级在内的城市力量，与地方封建地主和帝国主义势力相勾结。20世纪前20年，政府与城市阶级之间的斗争正是这种变化和联盟的明显结果。

为了遏制这些进步力量带来的威胁，王朝政府再次与帝国主义势力相勾结，以上所有因素都增加了伊朗与外国势力的军事联系。对帝国主义军事力量的高度依赖进一步加深了金融上对帝国主义的依赖，又随着国家对现金需求的不断增强而导致现金危机。现金危机同时也是伊朗经济货币化不断发展、政府官员严重腐败、地方长官不断依靠高利贷增加政府财政、王室及封建地主对老百姓剥削不断加剧等因素的必然结果。国家财政基础遭到严重破坏，农民和手工业者尤其遭到毁灭性打击，导致国家现金危机不断加剧。因此，伊朗政府对帝国主义势力的金融依赖不可避免，否则其政府将崩溃。政府与帝国主义势力以贷款和特许专营权的方式建立起亲密的关系，这是导致伊朗政府对帝国主义势力形成金融依赖的最主要途径。随后，石油替代了贷款和特许专营权，成为这种金融依赖链条上的最重要环节。

伊朗政府还干预过渡时期的思想意识形态斗争，事实上，政府与意识形态休戚相关。意识形态斗争在各阶级间都曾发生，其斗争焦点是经济特权、适合的政府管理机构以及与外国势力的关系等。新兴资产阶级的自由主义意识形态与地主阶级的封建宗教意识形态之间存在激烈斗争，从此不难看出意识形态斗争背后所潜藏的巨大经济利益等经济因素。社会主义无产阶级的意识形态在后期意识形态斗争中扮演了非常重要的角色。民族主义也扮演了重要角色，但与自由主义和社会主义一样，未能始终维持其民族性的活力，最终被原教旨主义和本土主义击败，而这两个意识形态都坚定地支持封建君主专制统治和独裁统治，主要是因为这一时期伊朗的政治文化极其落后，且占据绝对主导地位。

对伊朗社会从封建主义向资本主义过渡最大的影响来自伊朗独特的政治文化。尽管我们给这种独特的政治文化冠以诸多特点，但有几个特点在伊朗过渡时期的表现最为典型。伊朗地理分布以干旱地区为主，需要大家协同提供充足的灌溉和饮用水源。长此以往，这种协同工作模式就导致绝对主义政治，其最重要的后果之一就是对社会高度怀疑，从而导致极端的狭隘个人主义、自私和不团结。同时，伊朗作为世界上最早建立庞大帝国的文明之一，曾卷入多场帝国主义战争，也曾多次遭受游牧部落入侵，且多以失败告终，因此伊朗社会形成了一种严重的"受害者心态"，总希望从某个神秘的力量中找到公正，或从自我内心深处找到心理慰藉，与国内、外势力的共存也成为一种严重的挑战。因此，伊朗民族在强权面前表现出了既好斗又恭顺的矛盾心态。

因此，我们不难理解为何伊朗历史和社会充满持续不断的政治混乱和动荡。这些动荡因素与伊朗宗教传统一道形成了高度意识形态化的伊朗政治文化，一方面怀疑物质和现实生活，另一方面却极力探寻超自然的理想主义力量。在意识形态上，伊朗不再信任他们视作敌人的任何国家，更倾向于相信他们视作竞争对手的国家和团体。缺乏对多元化的尊重也是伊朗的一个明显问题，导致其缺乏包容和妥协。于是，伊朗人更倾向于以暴力方式解决政治和日常生活中的所有争端。正是在这种绝对主义、个人主义、不团结、战争、战败、受害者、战斗性、被动性、意识形态、敌对、不稳定等因素影响下，伊朗完成了从伪封建主义社会向原生资本主义社会的过渡。因此，我们便不难理解在这种问题重重的政治文化和帝国主义干预的大背景下，伊朗社会向资本主义的过渡为何无法取得理想的结果。事实上，这种结果对伊朗国家发展的负面影响甚至达到令人不寒而栗的程度。

过渡阶段的特点也包括伊朗劳动阶层①独特阶级构成及其争取更好生活的斗争。具体而言，劳动阶层以"自在阶级"的方式存在，具有明显的经济和社会分层，却很难形成一个明确意识到自己利益和权利的"自为阶级"。由于存在这些严重缺陷，劳动阶层未能长期坚持与统治者的斗争，虽然爆发了几次大规模农民起义，但最终均遭到镇压。城市小资产阶级和工人阶级在民族主义商人和社会民主力量的带领下开展了更加激烈、更加频繁的阶级斗争。虽然他们也经常遭到统治阶级镇压，但却最终赢得了像烟草抗议运动、宪政革命这样的关键性斗争的胜利。然而，即使这些成功也不能带来有利于新兴资产阶级和伊朗国家的结果，因为这些斗争最终只能带来政治动荡，只有当这些斗争被统治者彻底镇压后，伊朗社会才能恢复那种死一般的宁静和稳定。

多个因素导致了伊朗被统治者所领导的阶级斗争只能以失败告终，其中最为关键的因素包括：第一，工人阶级遭到统治者严重的剥削且组织领导力不足；第二，城市和农村地区的阶级斗争缺乏团结和一致性；第三，封建政府的政治和军事结构具有强大的压迫和剥削特性；第四，英、俄等帝国主义势力粗暴干预伊朗民主发展。当然，导致伊朗阶级斗争失败的原因还有其陈腐的政治文化。在这种政治文化中，反对政府被视作国家公敌，导致反抗政府的群体很难在社会中找到其他同盟力量。当辛勤耕作的工人和农民阶级很难接受和适应这种政治文化时，那些经常发动反抗运动的所谓政治家、知识分子、中产阶级就成了这种陈腐的旧有政治文化的受害者。事实上，这种领导阶级不再是伊朗革命失败的重要责任方，导致革命失败的最主要原因是腐朽的封建专制政府及其帝国主义帮凶。

农民、城市中产阶级、新兴资产阶级以斗争的形式反对保守顽固的封建君主专制政府、帝国主义势力、依附于帝国主义列强的官僚资产阶级，但斗争失败后，伊朗社会则长期陷入落后状态，长期依附于资本主

---

① 译注：原书此处使用了"社会阶级"（Social Classes）的概念。经与作者沟通，由于此时伊朗的工人阶级尚未形成，作者暂用"社会阶级"代指包括手工业者、农民、部分行会工人，以及其他贫苦劳动大众在内的所有社会底层劳动人民。在作者建议下，此处译为"劳动阶层"（Toiling Class）。

义世界体系，成为其廉价原材料来源地和商品倾销市场。人民的每一次失败都是所谓官僚大商人资产阶级的重大胜利，他们借机不断扩大在经济、政治、意识形态、军事等领域与帝国主义商人和势力的紧密联系。事实上，伊朗国内劳动人民遭受的挫败越严重，就越不可能促进国内的生产，也就越依赖这个建立在非对等交换基础上的剥削性国家劳动分工，伊朗因而只能扮演廉价原材料供应者的角色。同时，这种高度依赖资本主义世界体系的伊朗官僚资产阶级发展越迅速，统治者就越依赖外国资本来实现其寄生式的再生产模式，同时也就越会将资本投向农业原材料生产和不动产。

或许，伊朗从封建主义社会向资本主义社会过渡阶段的所有历史特征中最重要的是那些与国外势力的存在相联系的特点。在过渡阶段，伊朗一方面遭到西方列强的军事入侵，另一方面遭到帝国主义势力的经济渗透。因此，帝国主义势力对伊朗政治和经济的控制从一开始就主要通过暴力方式来实现，尽管伊朗始终未完全沦为帝国主义列强的殖民地。具体而言，在过渡阶段早期，帝国主义列强主要通过暴力手段渗透和控制伊朗，而后期则主要通过较为"和平"的经济手段进行控制。尽管如此，帝国主义势力对伊朗的控制程度在过渡阶段后期远大于过渡阶段早期。事实上，早期以军事和政治征服相结合的殖民行为，逐渐被以经济剥削为基础的新殖民主义所代替。

然而，帝国主义在各阶段都会混合使用不同工具和方法对伊朗进行渗透和控制，早期渗透和控制伊朗的手段包括军事侵略、贸易、条约、特许专营权、补贴、外交、军事代表团、政府顾问、商行、公司、系列条款、经济作物、原材料生产、与地方政府和企业联合、腐败（贿赂和盗窃等行为）、贷款、提前预付款、东方主义和共济会等。石油租金和经济计划成为后期阶段（20世纪20—50年代）帝国主义势力控制和渗透伊朗的主要方式和机制。与伊朗地方势力、王室、封建地主和官僚资本家的联合是帝国主义势力打败伊朗国内进步民族主义力量反帝斗争的主要渠道和方法。正是通过这种方式，帝国主义一步步完全操纵了伊朗国内的政治和经济。

可以肯定地说，国外势力在伊朗的最主要利益是获得其廉价的原材料和庞大的消费市场，以及早期阶段（1920年之前）的金融市场、石油地租和后期专门用于某些特定消费品的市场。然而，列强对消费品市场和廉价劳动力的兴趣始终未减。同时，伊朗国内经济很大程度上遵循了外国商人对伊朗市场的需求。因此，伊朗经济屈服于不断变化的国际劳动分工，扮演了廉价原材料生产地和外国工业品消费市场的边缘化角色，同时也为帝国主义国家提供了廉价的劳动力。尽管获得了这些经济利益，帝国主义势力在1917年俄国十月革命爆发后还是将其关注焦点转向政治和战略性事务。英国试图强加给伊朗的1919年《英伊条约》[①] 是帝国主义势力在伊朗战略改变的典型案例。

虽然伊朗国内反动势力与帝国主义列强的联盟非常强大，他们彼此间却经常充满矛盾。事实上，他们的利益并不总是一致。例如，这种联盟在伊朗过渡阶段的早期至中期（19世纪50年代之前）加强了伊朗某些地区的封建主义制度，同时也阻碍了资本主义制度在伊朗的发展。这种方法意味着封建地主和大商人的政治地位得到加强，伊朗本土生产制造商和工业资本家的实力和地位却被削弱。而在后期（19世纪50年代之后），封建主义制度逐渐瓦解，大量封建地主摇身变成大商人、工业资本家（他们的土地一夜之间变成了工厂用地）。一些大商人也变成各种高度依赖帝国主义的资本家，只有小部分成为真正的工业资本家。

长期以来，帝国主义势力阻碍了伊朗工业资本主义的发展。19世纪60年代，帝国主义开始允许伊朗一定程度地发展资本主义，却紧紧地将伊朗的工业化发展与帝国主义国内的工业需求绑定在一起，从而彻底制约了伊朗的工业化发展进程。例如，西方国家不希望伊朗建立炼钢厂或任何大的生产资料生产行业或工厂，仅帮助伊朗建立了一些组装生产消费品的工厂，或称为替代商品生产工业。随着石油在后期不断成为伊朗对外交换的主要来源，耐用消费品的生产不断扩大，而生产资料或非石

[①] 译者注：第一次世界大战爆发后，伊朗宣布中立，却成为俄、英与德、土交战的战场。大战结束后，英军仍留在伊朗。1917年，沙皇被十月革命推翻后，俄国军队撤出伊朗，英国乘虚而入，迅速填补权力真空，次年年中即控制了伊朗全境。1919年，英国通过贿赂伊朗谈判官员，将《英伊条约》强加给伊朗，全面控制了伊朗的军队、财政、交通及通信网络。《英伊条约》终结了伊朗的独立国家地位。

油出口商品的生产仍然处于很小的规模。正是由于帝国主义采取的这一策略与伊朗国内反动势力相结合且得以充分实践，伊朗经济长期处于高度依赖资本主义世界经济体系的落后水平。

尽管帝国主义希望与伊朗国内的势力加强联合，他们间的敌对通常使其很难长期保持某种特定的联合方式，而是必须与伊朗国内不同势力集团形成不同联合方式。伊朗国内的某个特定阶级或阶级分支，甚至整个国家都时常会在互相竞争的帝国主义列强间达成某种妥协后成为牺牲品。19世纪初，当英、法两国与俄国达成妥协后，英、法随即终止了对伊朗的支持和承诺，致使俄国瓜分了大量伊朗领土，这是最能说明伊朗沦为帝国主义列强利益交换产物的典型事例。即使在列强彼此之间矛盾和敌对关系非常激烈时，他们始终倾向于将伊朗作为其彼此角力的舞台，而非列强之间直接展开斗争。即使列强间的矛盾已尖锐到无法调和且无法转嫁至其他国家或地区时，他们也倾向于将战场放在伊朗周边地区或伊朗国内，并残忍地将伊朗拖入战争。事实上，伊朗虽然在第一次世界大战期间宣布中立，却成为很多重要战役的战场，遭受了巨大的人员和经济损失。

伊朗国内也有帝国主义势力的克星，那就是成千上万的伊朗劳苦大众和民族主义爱国人士与社会主义力量的联盟。这些力量与帝国主义势力及其在伊朗的反动同盟之间的矛盾一直是整个过渡阶段出现政治动荡的主要原因。这些冲突经常产生激烈敌对的力量，并以公开的政治斗争和意识形态斗争形式表现出来，最终往往以民族主义者等进步力量的失败而告终。正是由于这些失败和随后伊朗政府所采取的政策及其与外国势力和国内其他反动势力的联合，伊朗成为一个长期依赖帝国主义发展的落后国家，处于资本主义世界体系的边缘。只有在过渡阶段后期，当伊朗石油财政收入大幅增加后，伊朗才开始成为一个依赖资本主义世界体系、半边缘化的资本主义发展中经济体。值得一提的是，大部分情况下，帝国主义都是阻碍伊朗发展的破坏性力量，但民主的思想却是帝国主义提供给伊朗社会的一剂良药，启蒙了仍处于愚昧状态的伊朗贫苦大众，成为帝国主义列强对伊朗为数不多的积极、正面影响之一。

最后一点与这一时期社会主义思潮和运动在伊朗的存在及其扮演的

角色相关。以布尔什维克主义为主的社会主义意识形态成为过渡阶段晚期年轻革命家们的主要思想动力。然而，与资产阶级自由主义意识形态和伊朗爱国志士的民族主义意识形态相比，社会主义运动及其意识形态在与封建宗教势力做斗争的过程中所扮演的角色几乎微不足道。但社会主义运动实现了伊朗新兴知识阶层的理想化和政治化，启蒙了伊朗民众，为更加激烈的反帝斗争奠定了重要的意识形态和组织结构基础。社会主义力量也参与了人民大众反对封建专制统治和帝国主义列强侵略的政治和经济斗争。由于所有这些斗争均以失败告终，社会主义力量始终未能在经济和政治上对伊朗社会过渡阶段形成任何重要影响。

伊朗社会主义思潮和运动对伊朗的经济影响非常有限，与其他影响间接混杂一起，直到伊朗大生产阶段才体现出来。一方面，伊朗政府与社会主义国家间的贸易关系扩大了伊朗经济公有部分的份额，加速了资本积累的过程，这是伊朗经济过渡时期一项非常积极的发展。另一方面，这些贸易关系加强了政府的实力和统治基础，使其在与本土进步力量作斗争的过程中具备了更强的合法性，而作为一种国际化的意识形态，社会主义实际上对民族主义持反对立场，同时也与个人自由相违背。这样一来，政府的合法性就得到加强，民族主义和个人主义则被大幅削弱，社会主义因而成为过渡时期伊朗政治体制发展过程中相对消极的因素。然而，社会主义带给伊朗最大的负面影响则主要源于伊朗与苏联这个世界最大的（第一个）社会主义国家相邻这一事实。在所谓"苏联威胁论"的影响下，西方大国加大了在伊朗国内反民主的力度，准备好随时扼杀伊朗轰轰烈烈的反帝反封建斗争。因此，当社会主义浪潮加速瓦解和破坏伊朗封建主义时，同时也削弱了伊朗民族主义和新兴自由主义的力量，使其在资本主义世界经济体系的框架下，对西方帝国主义列强产生高度依赖，并最终形成更加独裁的国家。

从以上所有分析和案例研究我们不难看出，在特定的历史过渡阶段，伊朗社会独有的国内压迫势力与国外压迫势力相结合，残酷地压迫和剥削人民，导致伊朗社会经济始终处于非常落后的状况，在经济和政治上对帝国主义列强产生了高度依赖。正是由于特定的政治经济关系和军事、政治、意识形态、经济乃至整个社会生活等方面均被西方帝国主义主宰，从而加速了这一最终结果的形成。落后的现状、高度依赖帝国主义、独裁的国内政治都是伊朗社会从伪封建主义向原生资本主义过渡时期的必然结果，由于封建专制政府与帝国主义列强联手击垮了进步的伊朗社会力量，其原有农业、商业和工业发展进程遭到严重破坏，社会政治经济发展的自然进程被人为篡改，进步社会力量期望实现的民族资本主义社会始终未能实现。

具体而言，在这样一个高度依赖资本主义世界体系的时代，由于伊朗国内经济增长或发展被帝国主义列强所支配，其增长或发展受到宗主国国内经济发展的严重影响。宗主国经济地位的变化可随时延迟或加快殖民地国家经济的地位和发展状况。这就是为何"依赖"一词本身就意味着"落后"，却并不完全等同于"落后"的原因。如此一来，附属国可能在经济上比较发达，政治上也比较民主，且偶尔也会"享受"到来自宗主国正面波及效应的冲击，但更多时候往往受到其消极反拨效应的影响。我们必须承认，无论附属国在政治和经济上如何发达，它都高度依赖其宗主国及资本主义世界经济体系，不仅其政治和经济发展被帝国主义控制和主导，其国家和人民福祉也被超出其本身控制力的诸多因素所主宰。必须明确的是，这种高度依赖帝国主义的国家并非只受到单向控制，附属国与宗主国之间有时也会形成一种不对称的相互依赖关系。

帝国主义列强与其附属国的主导和依赖关系并非形成于一夜之间，对伊朗来说，这一结果的形成经历了漫长的历史过程。然而，如果缺乏国内反动势力的积极配合，帝国主义力量很难对这些国家形成如此强大的控制力和支配。正是由于国内外反动势力以利益为基础形成了里应外合的联盟，才导致这些国家形成高度独裁的政治体制和高度依赖帝国主义列强的结果，这同时也是其经济落后的主要原因。这种强大的联盟为其成功击败任何反帝反封建的进步力量提供了重要基础，最终导致以新兴资产阶级为主导的改革和革命只能以失败告终。以新兴资产阶级和城市中产阶级为代表的社会进步力量的每一次失败都导致伊朗在经济和政治上进一步依赖帝国主义列强，使其经济上更加落后、政治上更加独裁。正是由于这一原因，这种依赖关系在特定的历史条件下诞生并被不断发展和维持。在过渡时期，外部势力开始实际干预伊朗国内政治和经济的发展，这种依赖关系应运而生。这种依赖关系形成后，曾一度经历短暂的变化，却最终在一系列相关机制的约束下重新形成，并得到进一步加固。这种控制和依赖机制由于伊朗特定的历史和地理条件而形成。正是由于这一原因，各附属国的社会经济、政治、意识形态存在巨大差异。

总之，政治经济学的理论框架有助于本研究将强调重点放在一般和具体分析水平间牢不可分的密切联系之上，并将注意力指向理论与实践的高度统一。这种理论在一般分析层面显得尤为重要，而具体分析层面则与其历史实践密切相关。因此，本研究通过分析和说明这种附属关系、落后现状及政治独裁而指出过渡阶段的统一性，它们也成为这种单一过渡阶段不可或缺的关键因素。政治经济学方法帮助我们联系分析外部势力与内部势力，了解其互相勾结、阻碍附属国经济发展和政治民主化进程的事实。在一般分析层面，过渡阶段的分析理论基础就这样形成了。然而，经济落后、高度依赖帝国主义以及政治独裁与实用层面的分析密不可分，因为这些正是外部帝国主义势力与国内反动封建专制势力相互勾结的结果。

参考文献

Abbott to Aberdeen, UK Public Record Office, FO 60/107 (30 September 1840).

Abbott to Thomson, UK Public Record Office, FO 60/328 (5 May 1870).

Abbott, K. E. UK Public Record Office, "Notes on the Trade, Manufacture, and Production of Various Cities and Countries of Persia", FO 60/165.

—— "Report on Trade for 1841", FO 60/92 (31 December 1841).

—— "Report on Journey to Caspian", FO 60/108 (29 June 1844).

—— "Report on the Trade and Commerce of Tabreez for the Year 1866", Accounts and Papers: vol. 29. Commercial Reports, Session 19: November 1867 – 31 July 1868. ZHC 1/3262 (Tabreez, 20 April 1867).

Abdullaev, F., *Gousheh—i Az Tarikh—e Iran* [*A Part of Iranian History*], Q. Martin, translator, Tehran: Khorshidnau Press, 1971.

Abdullaev, Z. Z., *Promysblennost i Zarozbedenie Rabochego Klassa Irana v Knotse XIX – Nacbale XXVV*, Baku: Izd – vo Akademiinauk Azebaidzhanskoi SSR, 1963.

Abrahamian, E., "The Crowd in the Persian Revolution", *Iranian Studies*, 2: 4 (Autumn 1969).

——*Iran Between the Two Revolutions*. Princeton, NJ. Princeton University Press, 1982.

Abstract of Confidential News, FO 248/530.

Adamiyat, F., *Amir Kabir Va Iran* [*Amir Kabir and Iran*], Tehran, 1334

(1955).

Adamiyat, F. and H. Nateq, *Afkar – e Ejtemai Va Siasi Va Eqtesadi Dar Asar – e Montasher Nashodeh – e Dauran – e Qajar* [*The Social and Political and Economic Thoughts in the Unpublished Works of the Qajar Period*], Tehran: Agah Press, 1356 (1977).

Adams, R. M., "Agriculture and Urban Life in Early Southwestern Iran", *Iranian Studies*, 2: 2 – 3 (Spring – Summer, 1969).

Afary, J., *The Iranian Constitutional Revolution: Grassroots Democracy, Social Democracy, and the Origins of Feminism*, NY: Columbia University Press, 1996.

Afshin, K., *Naft Va Khouzestan* [*Oil and Khouzestan*], Tehran, 1933.

Aitchison, C. U., *A Collection of Treaties, Engagements, and Sanads Relating to India and Neighbouring Countries*, Delhi, 1933.

Algar, H., *Religion and State in Iran 1785 – 1906*, Berkeley: University of California Press, 1969.

——*Mirza Malkum Khan: A Study in the History of Iranian Modernism*, Berkeley: University of California Press, 1973.

Amanat. A. ed., *Cities & Trade: Consul Abbott on Economy and Society of Iran*, Oxford Oriental Monograph No. 5, Ithaca Press, 1983.

——*Resurrection and Renewal: The Making of the Babi Movement in Iran. 1844 – 1850*, Ithaca: Cornell University Press, 1989。

——*Pivot of the Universe: Naser al – Din Shah Qajar and the Iranian Monarchy. 1831 – 1896*, London: I. B. Tauris, 1997.

Amin od – Dauleh, A., *Khan. Khaterat – e Siasi* [*Political Memoirs*], Tehran, 1341 (1962).

Amirahmadi, H., "A theory of ethnic collective movement and its application to Iran", *Ethnic and Racial Studies*, Vol. 10, No. 4, 1987.

Amirahmadi, H., "Toward a dynamic Theory of the State and Civil Society in Development Process", *Journal of Planning Education and Research*, No. 16, 1996.

——*Revolution and Economic Transition: The Iranian Experience*, NY: New York University Press, 1990.

——*Jame'h Siasi, Jame'h Madani va Touse'h Melli* [Political Society, Civil Society and National Development], Tehran: Entesharat Naghshva Negar, 1380 (2001).

——*Farhang Siasi va Tou' eh Melli* [Political Culture and National Development], www. iran - emrooz. net/index. php ? /politic/print/28043.

Ananich, B. V. , "Rossiya i Kontsessiyad'Arsi", *Istoricheskie Zapiski.* 66 (1960).

Anderson, P. , *Lineages of the Absolutist Slate*, London: Verso, 1979.

Arasteh, A. R. , *Man and Society in Iran*, Leiden: EJ Brill, 1964.

——*Education and Social Awakening in Iran 1850 - 1968*, Leiden: EJ Brill, 1969.

Arfa, General H. , *Under Five Shahs*, London: John Murray, 1964.

Arjomand, S. A. , *The Shadow of God and the Hidden Imam*, Publications of the Center for Middle Eastern Studies, No. 17, Chicago and London: The University of Chicago Press, 1984.

—— ed. *Authority and Political Culture in Shism*, Albany, NY: State University of New York Press, 1988.

Armajani, Y. , *Iran.* N. J. : Prentice - Hall, 1972.

Ashraf, A. , "Historical Obstacles to the Development of a Bourgeoisie in Iran", *Iranian Studies*, 2: 2 - 3 (Spring - Summer, 1969).

Ashrafian, LZ. and M. R. , *Arownova. Daulat - e Nader Shah* [Nader Shah's Government], Hamid Amin, translator, Tehran: Shabgir Press, 1356 (1978).

Asnad - e Jonbesh - e Kargari, Sosial Demokrasi Va Komonisti - ye Iran [Documents of Worker's. Social - Democratic, and Communist Movements in Iran (1903 - 1963)], Vol. 1, Florence, Italy: Mazdak Press, 2nd edn. , 1974.

Atabaki, T. , *Iran and the First World War: A Battleground of the Great Powers*, London: I. B. Tauris, 2006.

Atkin, M., *Russia and Iran* 1780 – 1820. Minneapolis: University of Minnesota Press, 1980.

Atrpet, M., *Mamed – Ali – Shakh*. Aleksandropol, 1909.

Aubin, E., *La Perse d'aujourd' hui*, Paris, 1908.

Avery, P., *Modem Iran*, London: E. Benn, 1965.

Axworthy, M., *The Sword of Persia: Nader Shah, from Tribal Warrior to Conquering Tyrant*, London: I. B. Tauris. 2006.

Azari, A., *Qiam – e Kolonel Mohammad Taqi Khan – e Pesian Dar Khorasan* [*The Rebellion of Colonei Mobammaii Taqi Khan – e Pesian in Khorasan*], Tehran: Tajaddod Press, 1950.

Bahar. M., *Miraskhar – e Estemar* [*The Inheritor of Colonialism*], Tehran: Amir Kabir Press, 1357 (1978).

Bahrami, A., *Khaterat* [*Memoirs*], Tehran, 1344 (1965).

Bakhash, S., *Iran: Monarchy, Bureaucracy and Reform under the Qajars: 1858 – 1896*. London: Ithaca Press, 1978.

Balfour, J. M., *Recent Happenings in Persia*, London, 1922.

Banani, A., *The Modernization of Iran 1926 – 1941*, Stanford: Stanford University Press, 1961.

Barclay, G. to Sir Edward Grey, UK Public Record Office, "Annual Report on Persia for the Year 1911", FO 881/10010 (Tehran, 28 January 1912).

—— UK Public Record Office, "Annual Report on Persia for the Year 1911", FO 416/14 (Tehran, 28 January 1912).

—— UK Public Record Office, "Annual Report on Persia for the Year 1908", FO 881/9656 (Tehran, 10 February 1910).

—— UK Public Record Office, "Annual Report on Persia for the Year 1909", FO 416/111 (Tehran, 10 February 1911).

—— UK Public Record Office, "Annual Report on Persia for the Year 1910", FO 416/14 (Tehran, 18 February 1911).

—— UK Public Record Office, "Annual Report on Persia for the Year 1910", FO 881/9855 (Tehran, 18 February 1911).

Baring, UK Public Record Office, "Report on Trade and Cultivation of Opium in Persia", ZHC 1/4682 (23 September 1881).

Barth, F., *The Nomads of South Persia*, Oslo: Oslo University Press, 1961.

Bausani, A., *The Persians*, J. B. Bonne, translator, NY: St. Martins Press, 1971.

Bayat, M., *Mysticism and Dissent: Socioreligious Thought in Qajar Iran*, Syracuse: Syracuse University Press, 1982.

——*Iran's First Revolution*, New York and Oxford: Oxford University Press, 1991.

Becker, C. H., *Islamstudien: von Werden und Wesen der Islamischem Welt*, Hildesheim: G. Olms, 1967.

Behnam, D., *Consequences Economiques de la Croissance Demographique*, Paris, 1957.

Bemont, F., *Les Villes de L'Iran*, Paris, 1969.

Bent, J. T., "Village Life in Persia", *The New Review*, 1891.

Berezin, I., *Puteshestvie Do Severnoi Persii*, Kazan, 1852.

Bharier. J., *Economic Development in Iran: 1900-1970*, London: Oxford University Press, 1971.

—— "A Note on the Population of Iran, 1900-1966", *The Population of Iran*, J. A. Momeni, ed., 1977.

—— "The Growth of Towns and Villages in Iran, 1900-1966", *The Population of Iran: A Selection of Readings*, J. A. Momeni, ed., Honolulu and Shiraz: East-West Population Institute, East-West Center and Pahlavi Population Center, Pahlavi University, 1977.

Bill, J. A., *The Politics of Iran.* Columbus, Ohio: Charles E. Merrill Publishing Co., 1972.

Binning, R. A., *A Journal of Two Years' Travel in Persia*, 2 vols, London, 1857.

Blau. E. O., *Commerzielle Zustande Persiens*, Berlin. 1858.

Bosworth, C. E., "The Political and Dynastic History of the Iranian World (AD 1000-1217", *The Cambridge History of Iran*, Vol. 5, J. A. Boyle, ed, Cambridge: Cambridge University Press, 1968.

Bosworth. C. E., *Iran and Islam.* Edinburgh: Edinburgh University Press, 1971.

Braidwood, R. J., B. Howe, and C. A. Reed, "The Iranian Prehistoric Project", *Science*, 1322 (April – June, 1961).

Brewer, A., *A Guide to Marx's Capital*, Cambridge: Cambridge University Press, 1984.

Brittlebank, W., *Persia During the Famine*, London, 1873.

Browne, E. G., "The Babis of Persia. I. Sketch of their History and Personal Experience amongst Them", *Journal of the Royal Asiatic Society*, vol. XXI [New Series] (July, 1889).

—— "The Babis of Persia. II. Their Literature and Doctrine", *Journal of the Royal Asiatic Society*, vol. XXI [New Series] (October, 1889).

—— ed. and translator, *A Traveller's Narrative Written to Illustrate the Episode of the Bob*, Cambridge: Cambridge University Press, 1891.

—— ed. and translator, *The New History. A Translation of Tarikb – e Jadid by Mirza Huseyn of Hamadan*, composed in 1880. also containing Haji Mirza Jani's History and Subb – e Ezel's Narrative, Amsterdam: Philo Press, 1975 (reprint), Originally published by Cambridge University Press, 1893.

——*The Persian Revolution of 1903 – 1909*, London: Cambridge University Press, 1910.

——*The Press and Poetry of Modern Persia*, Cambridge: Cambridge University Press, 1914.

——*Materials for the Study of the Babi Religion*, Cambridge: Cambridge University Press, 1918.

——*A Literary History of Persia*, 4 vols, Cambridge: Cambridge University Press, 1924.

——*A Year Amongst the Persians*, London, 1950.

Buchanan, G. to Sir E. Grey, UK Public Record Office, "No. 273 and Enclosure in No. 273", FO 881/10375 (St Petersburg, 15 May 1913).

Bulliet, R. W., *The Patricians of Nishapur: A Study in Medieval Islamic Social History*, Cambridge, Mass.: Harvard University Press, 1972.

——*The Camel and the Wheel*, Cambridge, Mass.: Harvard University

Press, 1975.

——*Islam: The View from the Edge*, New York: Columbia University Press, 1994.

Busse, H., translator, *History of Persia under Qajar Rule (Translated from the Persian of Hasan - e Fasai's Farsnama - ye Naseri* {1882 - 1883}), NY: Columbia University Press, 1972.

Cahen, C., "Tribes, Cities and Social Organization", *The Cambridge History of Iran*, Vol. 4, R. N. Frye, ed., Cambridge: Cambridge University Press, 1975.

Cameron, G. G., *History of Early Iran*, Chicago: University of Chicago Press, 1936.

Chardin, J., *Travels in Persia*, 1927.

Chehabi, H. E. and V. Martin eds., *Iran's Constitutional Revolution: Popular Politics, Cultural Transformations, and Transnational Connections*, London: I. B. Tauris, 2010.

Chirol, V., *The Middle Eastern Question: Or Some Political Problems of Indian Defense*, London: J. Murray, 1903.

Christensen, A. E., *L' Iran sous les Sassanides*, Osnabruck: Otto Zeller, 1971.

Clive, R. H. to Sir A. Chamberlain. UK Public Record Office, "Annual Report on Persia for the Year 1926", FO 416/112 (Tehran, 26 January 1927).

Collins. R., *The Medes and Persians*, NY: McGraw - Hill Book Company, undated.

Cottam, R. W., *Nationalism in Iran*, Pittsburgh: University of Pittsburgh Press, 1964.

Curzon, Hon. G. N., "The Karun River and the Commercial Geography of Southwest Persia", *Proceedings of the Royal Geographical Society*, 12, 1890.

—— *Persia and the Persian Question*, 2 vols, London: Longmans, Green and Co., 1892.

Daftary, F., *The Ismail is: Their History and Doctrines*, Cambridge, Cambridge University Press, 1992.

De Bode, C. A., *Travels in Luristan and Arabistan*, 2 vols, London: J. Madden and Co. , 1845.

de Morgan, *Safamameh – e de Morgan* [*Travel Accounts of de Morgan*], Persian translation by G. Qaem Maqami, Tehran, 1335 (1956).

Debevoise, N. C. , *A Political History of Parthia*, Chicago: University of Chicago Press, 1938.

Demin, A. I. , *Selskoe Khoziaistvo Sovemennogo Irana*, Moscow, 1967.

Diakonov A. M. , *Tarikh – e Ashkanian* [*History of the Parthians*], K. Keshavarz, translator, Tehran, undated.

Diakonov A. M. , *Tarikh – e Mad* [*History of the Medes*], K. Keshavarz, translator, Tehran, "Dispatch by Bonham, 28 June 1844", FO 60/107.

Dickson, W. J. , UK Public Record Office, "Memorandum on Commercial Relations between Persia and Great Britain and Communication with Persia", FO 881/4224 (Foreign Office, 2 March 1880).

—— "Report on the Trade of Persia", ZHC 1/4682 (Tehran, 30 August 1882).

—— "Report on the Trade of Persia", ZHC 1/4489 (Tehran, 17 September 1883).

—— "Report on the Manufactures, Commerce, &c. , of the Countries in which They Reside", ZHC 1/4774 (Tehran, 31 October 1884).

Douglas, J. A. to Sir W. Townley, UK Public Record Office, "Shiraz, Enclosure 1 in No. 63" (25 February 1913) and (T. W. Holderness, Enclosure 2 in No. 63 (India Office, 8 April 1913).

Drummond W. H. to the Marquis of Salisbury, UK Public Record Office, "Enclosure: Draft Convention", FO 881/5618 (Tehran, 21 April 1888).

Durkheim, E. , *The Elementary Forms of Religious Life*, Carol Cosman, translator, Oxford: Oxford University Press, 2008.

Duzdap Railway, UK Public Record Office, "Annual Report on Persia for the Year 1923", FO 416/112.

Dyson, R. H. , Jr. , "Problems in the Relative Chronology of Iran, 6000 – 2000 BC", *Chronologies in Old World Archaeology*, R. W. Ehrich, ed. ,

Chicago: University of Chicago Press, 1954.

Etemad os – Saltaneh, M. H. K. , *Tarikh – e Mantezam – e Naseri* [*Naser's History*], 3 vols, Tehran: Government Press, 1877 – 1882.

——*Rouznameh – e Khaterat* [*Journal of Memoirs*], Iraj Ashfar, ed. , Tehran, 1345 (1967).

East India Company, Three Reports of the Select Committee Appointed by the Court of Directors to Take into Consideration the Export Trade from Great Britain to the East Indies, China, Japan, and Persia, London: J. S. Jordan, 1793.

Eastwick, E. B. , UK Public Record Office, "Report by Mr Eastwick", ZHC 1/2770 (Camp near Tehran, 5 July 1861).

Eastwick, E. B. to Earl Russell, UK Public Record Office, "Report on the Trade of Khurasan", ZHC 1/2855 (Tehran, 2 February 1863).

Eaton, J. , *Political Economy*, NY: International Publishers, 1977.

Ellis to V. Palmerston, UK Public Record Office, FO 539/3 (16 January 1836 and 1 September 1836).

Elwell – Sutton, L. P. , *Persian Oil: A Study in Power Politics*, London: Lawrence and Wishart Ltd. , 1955.

Engles, F. , *The Condition of the Working – Class in England*, Moscow: Progress Publishers, 1973.

English, P. W. , *City and Village in Iran: Settlement and Economy in the Kirman Basin*, Madison: University of Wisconsin Press, 1966.

Entner, M. L. , *Russo – Persian Commercial Relations, 1828 – 1914*, Gainesville, Fla. : University of Florida Monographs, no. 28, Autumn 1965.

Eqbal Ashtiani, A. , *Mirza Taqi Khan – e Amir Kabir*, Iraj Afshar, ed. , Tehran: Tous Press, 1355 (1976).

Fakhrai, E. , *Gilan Dar Jonbesh – e Mashroutiyat* [*Gilan During the Constitutional Movement*], Tehran: Sepehr Press, 1977.

——*Gilan Dar Jonbesh – e Mashroutiyat. Sardar – e Jangal, Mirza Kouchak Khan* [*Mirza Kouchak Khan, the Commander of Jungle*], Tehran: Javidan

Press, 1357 (1978).

Fateh, M. K., *The Economic Position of Persia*, London: P. S. King and Son, 1926.

—— *Panjah Sal Naft - e Iran* [*Fifty Years of Iranian Oil*], Tehran: Chehr Press, 1956.

Fatemi, N. S., *Oil Diplomacy, Powderkeg in Iran*, New York, Whittier Books, 1954.

Fesharaki, F., *Development of Iranian Oil Industry. International and Domestic Aspects*, New York, Praeger, 1976.

Feuvrier, J. B., *Trois ans a la Cour de Perse*, Paris: Maloine, 1906.

Filmer, H., *The Pageant of Persia: a Record of Travel by Motor in Persia with an Account of its Ancient and Modem Ways*, Indianapolis and New York: The Bobbs - Merrill Company, 1936.

Fisher, M., *Iran: From Religious Dispute to Revolution*, Cambridge: Harvard University Press, 1980.

Foreign Office, UK Public Record Office, "Report for the Year 1885 on the Trade of the Persian Gulf", Diplomatic and Consular Reports on Trade and Finance, Persia. Annual Series: No. 29, ZHC 1/4965 (1886).

—— "Report for the Year 1886 on the Trade of the Province Fars", Diplomatic and Consular Reports on the Trade and Finance, Persia, Annual Series: No. 166, ZHC 1/4965 (1887).

—— "Memorandum, handed to Russian Minister for Foreign Affairs, Respecting Railway Construction in Persia", FO 881/9364 (14 October 1908).

—— "Numbers 116 to 130", FO 881/10375 (April 1913).

Fortescue, L. S. to British Forces Headquarters, North Persia, UK Public Record Office, "Military Report on Tehran and Some Provinces of Northwest Persia, 1920", FO 248/1300 (Tehran, February 1926).

Fraser, J., *A Journey through Persia, 1808 - 1809*, London, 1812.

—— *A Second Journey through Persia*, London, 1818.

—— *Narrative of a Journey to Khorassan*, London, 1825.

——*Travels and Adventures in the Persian Provinces on the Southern Banks of the Caspian Sea*, London, 1826.

——*Historical and Descriptive Accounts of Persia*, New York, 1833.

Frechtling, L. E., "The Reuter Concession in Persia", *Asiatic Review*, 1938.

Frye, R. N., *Heritage of Persia*, New York: The New American Library, 1963.

——ed.. *Cambridge History of Iran*. Vol. 4, Cambridge: Cambridge University Press, 1975.

Gafurov, B. G. and G. F. Kim, *Lenin and National Liberation in the East*, Moscow: Progress Publishers, 1978.

Garthwaite, G., *Khans and Shahs: A History of Bakhtiyari Tribe in Iran*, London: I. B. Tauris, 2009.

Ghirshman, R., *Persia from the Origins to Alexander the Great*, Thames and Hudson, 1964.

——*Iran*, New York: Penguin Books, 1978.

Ghosh, S. K., *The Anglo – Iranian Oil Dispute*, Calcutta, India: Firma K. L. Mukhopadhayay, 1960.

Gifford, J., *The World of the Persians (texts by J. A. de Cobineau)*, London, 1971.

Glukhoded, V. S., *Problemy Ekonomicheskovo Razvitiva Irana*, Moscow, 1968.

Gobineau, A. C de., *Trois ans en Asie*, Paris, 1859.

——*Religions et Philosophies dans L'Asie Centrale*, Paris: Gallimard, 1933.

Goldsmith, W. W., "The War on Development", *Monthly Review*, March 1977.

Gordon, T. E. G., *Persia Revisited*, London. 1896.

Gramsci, A., *Prison Notebooks*, Q. Hoare and G. N. Smith, translators and eds, New York: International Publishers, 1978.

Hallock, R. T., *The Evidence of the Persepolis Tablets*, Cambridge, Cambridge Middle East Center, 1971.

Hardinge to Salisbury, FO 60/61, 65/1549 (no. 140, Teheran, 23 October 1897).

Hardinge, A. H., UK Public Record Office, "The Persia (Regulations) Order in Council, 1901" no. 1 of 1901, Prohibited Imports and Exports, King's Regulation Under Article 3 (1), FO 881/7632 (Tehran, 26 August 1901).

—— "The Persia (Regulations) Order in Council, 1901", no. 2 of 1901, Road Tax, King's Regulation Under Article 3 (1), FO 881/7629 (Tehran, 28 November 1901).

Helfgott, L. M., "Tribalism as a Socioeconomic Formation in Iranian History", *Iranian Studies*, 10 (1977).

Herbert to Mr Nicolson, UK Public Record Office, FO 881/5281 (Tehran, 7 June 1886).

Herodotus, *The Histories*, Aubrey de Selincourt, translator, New York: Penguin Books, 1977.

Hertslet, E. et al., Foreign Office, UK Public Record Office, "A review of the British Consular Reporters on Trade with Turkey in Europe, Turkey in Asia and Persia, from 1868 to 1877", FO 881/3882 (30 April 1878).

Herzfeld, E. E., *Archaeological History of Iran*, London: Oxford University Press, 1935 (published for the British Academy by H. Milford).

Hirschman, A. O., *A Bias for Hope*, New Haven: Yale University Press, 1971.

Houtum-Schindler, Sir A., "Persia", *Encyclopaedia Britannica*, 1910 (11th edn).

Hunter, T. Shireen, ed., *Islam: Mediating Islam and Modernity*, NY: M. E. Sharpe, Inc., 2009.

Hurewitz, J. C., *Diplomacy in the Near and Middle East: A Documentary Record*, Princeton: Van Nostrand, 1956.

Ishciaq Ahmad, M. A., *Anglo-Iranian Relations 1905-1919*, Bombay: Asia Publishing House, 1975.

Issawi, C., "Urbanization and Economic Development", *Middle Eastern Cities*, Ira Lapidus, ed., Berkeley: University of California Press, 1969.

——*The Economic History of Iran: 1800-1914*, Chicago: University of Chicago Press, 1971.

Ivanov. M. S., *Tarikh-e Novin-e Iran* [*The Modern History of Iran*],

Tizabi. translator, Tehran: Eslouj Press, 1963.

——*Enqelab - e Mashroutiyat - e Iran* [*The Iranian Constitutional Revolution*], Izadi, translator, Undated.

Izadi, S., ed. And translator, *She Maqaleh Dar Bareh - e Bardegi* [*Three Articles on Slavery*] [Articles by I. P. Petrashevsky and E. A. Belianov], Place, date, and publisher unidentified.

J. E. F., UK Public Record Office, Memorandum to Persian Government Laws, FO 371/1711 (27 November 1912).

Jackson, A. V. W., *Persia: Past and Present*, New York: The Macmillan Company, 1906.

Jamalzadeh, M. A., *Ganj - e Shaigan* [*The Worthy Treasure*], Berlin, 1335 (1915).

Jazaeri, S., *La Crise Economique Mondiale et Ses Repercussions en Iran*, Paris, 1938.

——*Qavanin - e Maliyeh* [*The Financial Laws*], Tehran, 1335 (1956).

Jazani, B., *Capitalism and Revolution in Iran*, London: Zed Press, 1980.

Johnson, G. A., *Local Exchange and Early State Development in Southern Iran*, Ann Arbor, Michigan: Museum of Anthropology, University of Michigan, 1973.

Kambakhsh, A. - S., *Nazari Beb Jonbesh - e Kargari Va Komonisti Dar Iran* [*A Short Survey on Workers and Communist Movement in Iran*], Stassfurt: Salzland, 1972 (a publication of the Tudeh Party of Iran).

Kasravi, A., *Tarikh - e Pansad Saleh - e Khouzestan* [*500 Years of Khouzestan's History*], Tehran: Gam - e Paidar Press, 2536 (1978).

——*Tarikh - e Mashrouteh - e Iran* [*History of the Iranian Constitutional Revolution*], 2 vols, Tehran: Amir Kabir Press, 2537 (1979).

Katouzian, H., *The Political Economy of Modern Iran 1926 - 1979*, New York: New York University Press, 1981.

——*State and Society in Iran: The Eclipse of the Qajars and the Emergence of the Pahlavis*, London: I. B. Tauris, 2000, 2006 (paperback edn).

Kazemi, F. and E. Abrahamian, "The Nonrevolutionary Peasantry of Modern Iran", *Iranian Studies*, vol. XI (1978).

Kazemzadeh, F., "The Origin and Early Development of the Persian Cossack Brigade", *The American Slavic and East European Review*, Vol. XV, No. 3 (October 1956).

——*Russia and Britain in Persia, 1864 – 1914*, New Haven, Yale University Press, 1968.

Kazim Beg, M., "On Babism", *Journal Asiatique*, 1866.

Keddie, N., *Historical Obstacles to Agrarian Change in Iran*. Claremont, 1960.

——*Religion and Rebellion in Iran: The Tobacco Protest of 1891 – 1892*, London: Frank Cass and Co., Ltd., 1966.

—— "The Assassination of the Amin os – Sulcan (Atabak – e Azam), 31 August 1907", *Iran and Islam*, C. E. Bosworth, ed., Edinburgh: Edinburgh University Press, 1971.

——*Qajar Iran and the Rise of Reza Khan, 1796 – 1926*, London: I. B. Tauris, 1999.

Kennedy to Salisbury, FO 60/553 (No. 227, 10 October 1891, and No. 228, 19 October, 1891).

Kent, M., *Oil and Empire: British Policy and Mesopotamian Oil* 1900 – 1926, London: London School of Economics and Political Science, 1976.

Kermani, N. – E., *Tarikh – e Bidari – ye Iranian* [*The History of the Iranian Social Awakening*], 2 vols, Tehran: Agah Press, 1357 (1978).

Khanji, M. A., *Resaleh – i Dar Barrasi – ye Tarikh – e Mad Va Mansha – e Nazariveb – e Diakonov* [*An Article in the Investigation of History of Mede and the Origin of Diakonov's Theory*], Tehran: Nauzohour Press, 1358 (1979).

Khosravi, K., *Jameeh – e Dehqani Dar Iran* [*The Peasant Society in Iran*], Tehran: Piam Press, 1357 (1978).

——*Nezamha – ye Bahrehbardari Az Zamin Dar Iran: Az Sasanian Ta Saliouqian* [*The Systems of Land Exploitation in Iran: From Sassanids to Saljuqs*], Tehran, undated.

Kinneir, J. M. , *Geographical Memoir of the Persian Empire*, London, 1813.

Krusinski, J. T. , *The History of the Late Revolutions of Persia*, 2 vols, New York: Amo Press, 1973.

Kuznetsova, N. A. , "Materialy K Kharakteriscike Remeslennogo Proizvodstva V Iranskom Gorode XVIII - Nachala XIX Veka", *O Genezise Kapitalizma V Stranakh Vostoka* (XV - XIXVV.), Moscow, 1962.

Labat, R. , "Elam and Western Persia, c. 1200 - 1000 BC", *The Cambridge Ancient History*, Vol. II Part 2, I. E. S. Edwards, et al. , eds. , Cambridge: Cambridge University Press, 1975.

—— "Elamc1600 - 1200 BC", *The Cambridge Ancient History*, Vol. II, Part 2, I. E. S. Edwards, et al. , eds. , Cambridge: Cambridge University Press, 1975.

Lafont F. and H. L. Rabino, *L'industrie Sericole en Perse*, Montpelier, 1910.

Lamberg - Karlovsky, C. C, "The Earliest Communities of Iran", *Iranian Studies*, 2: 1 (Winter, 1969).

Lambton, A. , *Landlord and Peasant in Iran*, London: Oxford University Press, 1953.

——*Islamic Society in Persia*, Oxford, 1954.

—— "Persian Society under the Qajars", *Journal of the Royal Central Asian Society*, Vol. XVIII (April, 1961).

—— "Rural Development and Land Reform in Iran", Symposium on Rural Development, CENTO, 1963.

—— "The Evolution of the Iqta in Medieval Iran", *Iran*, 5 (1967).

—— "The Internal Structure of the Saljuq Empire", *The Cambridge History of Iran*, Vol. 5, J. A. Boyle, ed. , Cambridge: Cambridge University Press, 1968.

——*Cambridge History of Islam*, Vol. II , Cambridge: Cambridge University Press, 1970.

—— "Persia: The Breakdown of Society", *Cambridge History of Islam*, Vol. I P. Holt, A. Lambton and B. Lewis, eds. , Cambridge; Cambridge University Press, 1977.

—— *Qajar Persia: Eleven Studies*, London: I. B. Tauris, 1987.

Lascelles to Rosebery, FO 60/553 (No. 261, 22 December 1891), and FO 60/554 (No. 28, 11 February 1892).

—— FO 60/542 (No. 3, Teheran, 13 January 1893).

—— FO 539/66 (No. 44 (58), Teheran, 12 February, 1894).

Laurence, K., *Diplomacy and Murder in Tehran: Alexander Griboyedov and Imperial Russia's Mission to the Shah of Persia*, London: I. B. Tauris, 2006.

Law, E. F., Reports by Mr E. F. Law on Commercial Matters in Persia, FO 881/5728, 2 January 1889.

Le Strange, G., *The Lands of the Eastern Caliphate*, Cambridge: Cambridge University Press, 1905.

League of Nations, Commission of Inquiry into the Production of Opium in Persia, Geneva: League of Nations, 1926.

Lenczowski, G., *Russia and the West in Iran, 1918—1948: A Study in Big-Power Rivalry*, Ithaca, New York: Cornell University Press. 1949.

Levine, L. D., "Prelude to Monarchy: Iran and the Neo-Assyrian Empire", *Iranian Civilization and Culture*, Charles J. Adams, ed., Canada: McGill University, Institute of Islamic Studies, 1973.

Lenin, V. I., *Development of Capitalism in Russia*, Moscow: Progress Publishers, 1977.

Levy, R., *The Social Structure in Islam*, Cambridge: Cambridge University Press, 1962.

Litten, W., *Persien*, Berlin, 1920.

Longrigg, S. H., *Oil in the Middle East*, London, 1963.

Loraine to Chamberlain, FO 416/112 (No. 186), Tehran, 8 April 1926.

Loraine to Curzon, FO 416/112 (No. 314), Tehran, 26 July 1923.

Loraine, P. to Mr MacDonald, UK Public Record Office, "Annual Report on Persia for the year 1923", FO 416/112 (Tehran, 4 May 1924).

Loraine, P. to Sir A. Chamberlain, UK Public Record Office, "Annual Report on Persia for the year 1925", FO 416/112 (Tehran, 8 April 1926).

Loraine, P. to Sir Austen Chamberlain, UK Public Record Office, "Annual Report on Persia for the year 1924", FO 416/112 (Tehran, 22 May 1925).

Loraine, P. to the Marquess Curzon of Kedleston, UK Public Record Office, "Annual Report on Persia for the Year 1922", FO 416/112 (Tehran, 10 February 1923).

Lorimer, J. G., *Gazetteer of the Persian Gulf*, Calcutta, 1915.

Lorini, E., *La Persia Economica*, Rome, 1900.

MacEoin, D., *The Sources for Early Babi Doctrine and History: A Survey*, Leiden and New York: EJ Brill, 1992.

MacGregor, C. M., *Narrative of a Journey through the Persian Province of Khorasan*, 2 vols, London, 1879.

Maclean, H. L., UK Public Record Office, "Memorandum on Persian Finances", Enclosure in No. 295, ZHC 1/7889 (5 July 1913).

Maclean, H. W., UK Public Record Office, "Report on the Condition and Prospects of British Trade in Persia", ZHC 1/6773.

Mahboubi Ardakani, H., *Tarikh – e Moassat – e Tammadoni – ye Jadid Dar Iran* [*History of Modern Civil Institutions in Iran*], Vol. 1, Tehran: Entesharat – e Daneshgah – e Tehran, 1354 (1976).

Makki, H., *Tarikh – e Bist Saleh – e Iran: Koudeta – ye 1299* [*The 20 – Year History of Iran: 1299 Coup detat*], Vol. 1, Tehran: Amir Kabir, 1358 (1979).

Malcolm, Sir J., *The History of Persia*, 2 vols, London: John Murray, 1829.

—— *The Melville Papers*, London, 1930.

Malekzadeh, M., *Tarikh – e Enqelab – e Mashroutiyat – e Iran* [*The History of the Iranian Constitutional Revolution*], Tehran, 1327 (1948).

Markham, C. R., *History of Persia*, London: Longmans, Green, and Co., 1894. Kraus Reprint, 1977.

Marling, C. M. to Sir E. Grey, UK Public Record Office, "Annual Report on Persia for the Year 1907", FO 881/9221 (Tehran, 28 January 1908).

Martin, V. , *The Qajar Pact: Bargaining, Protest and the State in 19th Century Persia*, London: I. B. Tauris, 2005.

Marton, B. G. , *German – Persian Diplomatic Relations: 1873 – 1912*, Netherlands: Mouton and Co. , 1959.

Marx, K. , *On Colonialism*, NY: International Publishers, 1972.

——*The German Ideology*, C. J. Arthur, ed. , New York: International Publishers, 1974.

——*Capital*, vols 1 – 3, NY: International Publishers, 1977.

——*Pre – capitalist Socioeconomic Formations*, introduction by E. J. Hobsbawm, New York: International Publishers, 1977.

—— F. Engels, *Selected Works [of K. Marx and F. Engels]*, Moscow, Progress, Publishers, 1970.

McDaniel, R. A. , *The Shuster Mission and the Persian Constitutional Revolution*, Minneapolis: Bibliotheca Islamica, 1974.

Mclean, H. W. , UK Parliament, Accounts and Papers, "Report on the Condition and Prospects of British Trade on Persia", 1904.

Medvedev, A. I. , *Persiya Voenno – Statisticheskoye Obozrenie.* St Petersburg, 1909.

Memorandum by Mr W. J. Dickson on Commercial Relations between Persia and Great Britain and Communication with Persia, FO 881/4224, Foreign Office, 2 March 1880.

Meredith, C. , "Early Qajar Administration: An Analysis of Its Development and Function", *Iranian Studies* (Spring – Summer, 1971).

Middle Eastern Cities: A Symposium on Ancient, Islamic, and Contemporary Middle Eastern Urbanism, Lapidus, Ira M. ed. , Berkeley: University of California Press, 1969.

Military Report on Tehran and some Provinces of North – West Persia, FO 248/1300, Tehran, February, 1926.

Millspaugh, A. C. , *The Financial and Economic Situation of Persia*, New York, 1926.

——*Americans in Persia*, Washington, DC: The Brookings Institution, 1946.

Ministry of Labour, *Statistical Survey of Major Industrial Plants of Iran*, Tehran, 1947.

Ministry of Mines, *Industry and Mines Statistical Yearbook*, Tehran, 1959.

Minorsky, V., translator and commentator, *Tadhkirat Al – Muluk: A Manual of Safavid Administrators.* Cambridge: W. Heffer and Sons, Ltd., 1943.

Mirfetrous, A., *Hallaj*, Tehran: Kar Press, 1357 (1978).

Miroshnikov, L. I., *Iran in the First World War*, Moscow: Oriental Literature Publishing House, 1963.

Moaiier ol – Mamalek, D. A., *Khan. Yaddashtha – yi Az Zendegani – ye Khosousi – ye Naser od – Din Shah* [Notes from the Private Life of Naser od – Din Shah], Tehran, undated.

Mokhberos – Saltaneh – e Hedaiat, M. Q., *Khaterat Va Khatarat* [Memoirs and Dangers], Tehran: Sherkat – e Chap – e Rangin, 1329 (1950).

Molkara, A. M., *Sharh – e Hal – e Abbas Mirza Molkara* [An Account of Abbas Mirza Molkara's Life], Tehran, 1325 (1946 – 1947).

Momeni, B., *Iran Dar Astaneh – e Enqelab ~ e Mashroutiyat* [Iran on the Eve of the Constitutional Revolution], Tehran, undated.

Momeni, J. A. ed., *The Population of Iran: A Selection of Readings*, Honolulu and Shiraz: East – West Population Institute, East – West Center, and Pahlavi Population Center, Pahlavi University, 1977.

Murray, C. A. to the Earl of Clarendon, UK Public Record Office, "Inclosure, Tabular Survey of the Strength and Condition of the Persian Army, with Notes and Observations", FO 881/624 101183 (Camp at Lar, 18 August 1855).

Nafisi, S., *Tarikh – e Ejtemai – ye Iran: Dar Dauran – e Pish Az Tarikh Va Aqaz – e Tarikh* [The Social History of Iran in the Period of Prehistory and the Beginning of History], Tehran: University of Tehran, Institute of Social Studies and Research, No. 13, 1342 (1963).

——*Tarikh – e Ejtemai – ye Iran: Az Enqeraz – e Sasanian Ta Enqeraz – e Omavian* [The Social History of Iran from the Decline of Sassanids to the Decline of Umayyads], Tehran: University of Tehran, Institute Of Social Studies and

Research, No. 15, 1342 (1963).

—— *Tarikh – e Ejtemai Va Eqtesadi – ye Iran Dar Qoroun – e Moaser* [Political and Social History of Iran in the Contemporary Centuries], Tehran: Boniad, 1965.

Nateq, H, "Rauhaniyat Va Azadiha – ye Demokratik" ["The Clergy and the Democratic Freedoms"], *Iranshahr*, vols. 4, No. 3, 2 April 1982.

Nicolson to the Earl of Iddesleigh, FO 881/5392 (No. 149), Tehran, 8 December 1886.

——UK Public Record Office, "Inclosure: Report on the Internal State of Persia", FO 881/5392 (Tehran, 8 December 1886).

Nicolson to the Earl of Rosebery, FO 881/5250 (No. 47), Tehran, 2 April 1886.

Nicolson, A. to the Earl of Rosebery, UK Public Record Office, "Inclosure 1: Mr A. Herbert to Mr Nicolson", FO 881/5250 (Tehran, 2 April 1886).

—— UK Public Record Office, "Inclosure in No. 4: Report on the Present State of Persia and her Mineral Resources, &c.; with Appendix by Dr Baker on the Diseases and Climate of the North of Persia", by A. Herbert, British Legation (Tehran, 7 May 1886) ZHC 1/4861 (Tehran, 10 May 1886).

Nicolson, H., *Curzon. the Last Phase*, London, 1934.

Nomani, F., "A Note on the Abolition of Extraterritoriality in Persia", *Asiatic Review* (New Series), No. 23 (1927).

—— "The Origin and Development of Feudalism in Iran: 300 – 1600 AD (Part One)", *Tahqiqat – e Eqtesadi* [*Economic Research*], 9: 27—28, Tehran: University of Tehran, 1972.

—— "Notes on the Origins and Development of Extra – Economic Obligations of Peasants in Iran, 300—1600 AD", *Iranian Studies* (Spring – Summer 1976).

—— "Notes on the Economic Obligations of Feasants in Iran, 300 – 1600 AD", Iranian Studies, 10: 1—2 (Winter – Spring, 1977).

Nourai, F. M., "An Analysis of Malkam Xan's Economic Ideas", *Tahqiqat – e*

Eqtesadi, 8: 22 (Spring, 1971).

Nweeya, S. K. , *Persia, the Land of the Magi*, Philadelphia, 1913.

Olmstead, A. T. , *History of the Persian Empire*, Chicago: University of Chicago Press, 1948.

Paiandeh, M. , *Qiam – e Qarib Shah – e Gilani* [*The Rebellion of Qarib Shah – e Gilani*], Tehran: Sahar Press, 1357 (1978).

Parsons, T. , *Economy and Society. A Study in the Integration of Economic and Social Theory*, London. Routlege, 2010.

Paton to Kennedy, FO 60/553 (5 September 1891), enclosed in Kennedy to Salisbury, No. 207, 12 September 1891.

Pelly, Sir L. , Report on the Tribes around the Shore of the Persian Gulf, 1874.

Perry, J. R. , "Forced Migration in Iran during the Seventeenth and Eighteenth Centuries", *Iranian Studies*, 8: 4 (Autumn, 1975).

Petrashevsky, I. P. , *Keshavarzi Va Monasebat – e Arzi Dar Iran – e Ahd – e Moqol* [*Agriculture and Land Relations in Iran of Mongol Period*], 2 vols, Karim Keshavarz, translator. Tehran: University of Tehran, Institute of Social Studies and Research, nos 34 – 5, 1344 (1965).

—— "The Socio – Economic Condition of Iran under the Il – khans", *The Cambridge History of Iran*, Vol. 5, J. A. Boyle, ed. , Cambridge: Cambridge University Press, 1968.

——*Eslam Dar Iran* [*Islam in Iran*], K. Keshavarz, translator, Tehran: Piam Press, 1354 (1975).

——*Tarikh – e Nehzat – e Sar – beh – daran Dar Khorasan* [*History of Sar – beh – daran Movement in Khorasan*], Karim Keshavarz, translator, Tehran, undated.

Picot, H. P. , Lieutenant Colonel, Military Attache, H. B. M's Legation, UK Public Record Office, "Report on the Persian Army", FO 881/7364 (Tehran, January 1900).

Piggot, J. , *Persia: Ancient and modern*, London: Henry S. King and Co. , 1874.

Pigoulevskaya, N. V., A. Yakoubovsky, I. P. Petrashevsky, L. V. Stroeva, and A. U. Belenitsky, *Tarikh – e Iran: Az Dauran – e Bastan Ta Paian – e Sadeh – e Hijdahom* [*History of Iran from the Ancient Time to the End of the Eighteenth Century*], 2 vols, K. Keshavarz, translator, Tehran: University of Tehran, Institute of Social Studies and Research, No. 73, 74, 1349 (1970).

Polak, J., *Persien: Das Land und Seine Behwohner*, 2 vols, Leipzig, 1865.

Political Department, UK Public Record Office, "Memorandum as to Persian Government Loans", FO 881/9733 (17 October 1910).

Poulantzas, N., *Political Power and Social Classes*, T. O. Hagan, translator, London: Verso, 1978.

Rabino, H. L., *Gilan*, Jafar Khomamizadeh, translator, Tehran: Entesharat – e Boniad – e Farhang – e Iran, No. 119, 1978.

Rabino, J., "Banking in Persia", *Journal of the Institute of Banking* (13 January 1892).

Rain, E., *Yeprem Khan – e Sardar*, Tehran: Javidan Press, 1976.

——*Anjomanha – ye Serri Dar Enqelab – e Mashroutiyat* [*The Secret Societies in the Constitutional Revolution*], Tehran: Javidan Press, 2535 (1977).

——*Faramoushkhaneh Va Framasoneri Dar Iran* [*Free Mason House and free Masonry in Iran*], 3 vols, Tehran: Amir Kabir Press, 1357 (1978).

Rawlinson, G., *The Seventh Great Oriental Monarchy*, London: Longmans, Green, and Co., 1876.

Rawlinson, H., *England and Russia in the East*, London, 1875.

Ricks, T., "Background to the Iranian Revolution: Imperialism, Dictatorship, and Nationalism, 1872 to 1979", *Iran: Essays on a Revolution in the Making*, A. Jabbari and R. Olson, eds., Lexington, Kentucky: Mazda Publishers, 1981.

Rodinson, M., *Islam and Capitalism*, B. Pearce, translator, Austin: University of Texas Press, 1978.

Rodinson, M., *Muhammad*, A. Carter, translator, New York: Pantheon Books, 1980.

Rogers, R. M., *A History of Ancient Persia*, New York: Charles Scribner's Sons, 1929.

Rudolph, J. D., "Armed Forces", *Iran: a Country Study*, Area Handbook Series, R. F. Nyrop, ed., Washington, D. C.: American University, 1971.

Saflnejad, J., *Boneh*, Tehran: Tous, 1354 (1975).

Said, E., *Orientalism*, New York: Vintage Books, 1978.

Saudagar, M., *Roshd – e Ravabet – e Sarmaiehdari Dar Iran (Marhaleh – e Enteqali)*, 1304 – 1340 [*The Growth of Capitalist Relations in Iran (the Transition Period)*. 1925 – 1961], Tehran: Pazand, undated.

Savory, R., "The Safavid State and Policy", *Iranian Studies*, 7 (1974).

——*Iran under the Safavids*, Cambridge: Cambridge University Press, 1980.

—— "Notes on the Safavid State", *Iranian Studies* 1(1986).

Setoudeh, M., *Joqrafia – ye Esfahan [Esfaban's Geography]*, Tehran, 1963.

Shah, I., *The Sufis*. NY: Anchor Books, 1971.

Shahri, J., *Gousheh – i Az Tarikh – e Ejtemai – ye Tehran – e Qadim [A Part of the Social History of the Old Tehran]*, Tehran: Amir Kabir Press, 1357 (1978).

Shaian. F., *Seiri Dar Tarikh – e Iran – e Bastan [A Tour in the Ancient History of Iran]*, Tehran: Raz Press, 2536 (1978).

Shams Gilani, J., *Khaterat [Memoirs]*, Tehran, 1369 (1990).

Sharvar, S., *The Forgotten Schools; The Baha'is and Modern Education in Iran, 1899 – 1934*, London: I. B. Tauris, 2009.

Sheikholeslami, A. R., "The Patrimonial Structure of Iranian Bureaucracy in the Late Nineteenth Century", *Iranian Studies*, 11(1978).

Sheil, M. L., *Glimpses of Life and Manners in Persia*, London, 1856.

Shuster, W. M., *The Strangling of Persia*, London: T. Fisher Unwin, 1912.

Shwadran, B, *The Middle East, Oil and the Great Power*, NY: Council for Middle Eastern Affairs Press, 1959.

Smith, P., *The Babi and Bahai Religions: From Messianic Shiism to a World Religion*, Cambridge and New York: Cambridge University Press, 1987.

Sobotsinskii, L. A. , *Persiya: Statistiko – ekonomicheskii Ocherk*, St Petersburg, 1913.

Soltykoff, Prince A. , *Mosaferat Beh Iran* [*Travel to Iran*], Mohsen Saba, Persian translator, Tehran, 1336 (1957).

Spooner, B. , "Towards a Generic Model of Nomadism", *Anthropological Quarterly*, 44 (July, 1971).

—— "City and River in Iran: Urbanization and Irrigation of the Iranian Plateau", *Iranian Studies*, 7 (1974).

Stern, S. M. , "Yaqub the Coppersmith and Persian National Sentiment", *Iran and Islam*, C. E. Bosworth, ed. , Edinburgh: Edinburgh University Press, 1971.

Stevens to Sheil, UK Public Record Office, Tabriz, FO 60/166.

Stolze, F. and F. C. Andreas, *Die Handelsverhaltnisse Persiens*, 1885.

Sunderland, E. , "Early Man in Iran", *The Cambridge History of Iran*, Vol. 1, W. B. Fischer, ed. , Cambridge: Cambridge University Press.

—— "Pastoralism, Nomadism, and the Social Anthropology of Iran", *The Cambridge History of Iran*, Vol. 1, W. B. Fisher, ed. , Cambridge: Cambridge University Press, 1968.

Sykes, P. , Report on the Agriculture of Khorasan, Calcutta, 1910.

——*A History of Persia*, 2 vols, NY: Barnes and Noble, Inc. , 1969.

Tabari, E. , *Barkhi Barrasiha Dar Bareh – e Jahanbiniha Va Jonbeshha – ye Ejtemai Dar Iran* [*Some Investigations about Ideologies and Social Movements in Iran*], Place and Publisher unidentified, 1348 (1969).

—— *Foroupashi – ye Nezam – e Sonnati Va Zaiesh – e Sarmayehdari Dar Iran Az Aqaz – q Tamarkoz – e Qajar Ta Astaneh – e Enqelab – e Mashroutiyat* [*The Collapse of the Traditional System and the Rise of Capitalism in Iran from the Beginning of the Qajar Centralization to the Eve of the Constitutional Revolution*], Stockholm: Takmann, 1975.

——*Jatmeeh – e Iran Dar Daureh – e Reza Shah* [*The Iranian Society during the Reign of Reza Shah*], Stockholm: Tudeh Publication Center, 1356 (1977).

Tandon, B. N., "Administrative Reorganization in Iran: 1875 – 1900", *Indo – Iranica*, 40: 3 (September, 1962).

Teimouri, E., *Tahrim – e Tanbakou* [*The Tobacco Boycott*], Tehran, undated.

Terray, E., *Marxism and "Primitive" Societies*, New York: Monthly Review Press, 1972.

Thompson, K. ed, *Readings From Emile Durkheim*, London: Routledge, 2004.

Thomson to Alison, UK Parliament, Accounts and Papers, "Report on Persia", 1867 – 1868.

Thomson to Salisbury, FO 881/3821 (No. 161), Tehran, 20 September 1878.

Thomson. R. F., UK Parliament, Accounts and Papers, "Report on Persia", 1867 – 1868, 19 and 69.

Thomson, R. F., UK Public Record Office, "Report to Mr Alison", ZHC 1/2929 (Tehran, 3 February 1864).

Thomson, R. F., UK Public Record Office, "Report by Mr Thomson, Her Majesty's Secretary of Legation, on the Population, Revenue, Military Force, and Trade of Persia", ZHC 1/3263 (Tehran, 29 April 1868).

Thomson, R. F. to the Marquis of Salisbury, UK Public Record Office, FO 881/3821 (Tehran, 20 September 1878).

Thomson, W. M. Taylor to the Earl of Derby, UK Public Record Office, "Inclosure: Report by General Franchini on the Persian Army", FO 881/3478 (Tehran, 25 February 1878).

Townley, W. to Sir E. Grey, UK Public Record Office, Tehran, 16 March 1913, [N. Patrick Cowan, Enclosure in No. 37, Consul Cowan to Sir W. Townley, Tabriz, 24 February 1913], FO 881/10375.

—— UK Public Record Office, "Annual Report on Persia for the Year 1913", FO 416/14 (Tehran, 18 February 1914).

—— FO 416/111 (No. 55), Tehran, 18 February 1914.

—— UK Public Record Office, "Annual Report on Persia for the Year 1912", FO 416/14 (Tehran, 18 March 1913).

UK Parliament, Accounts and Papers, "Report on Persia", 1867 – 1868.

—— Accounts and Papers, Report by the Consul General Jones, "Tabriz", 1873.

—— Accounts and Papers, 1880, 73.

—— Accounts and Papers, "Report on Bushire", 1880.

—— Accounts and Papers, "Rasht", 1898.

UK Public Record Office, "Manufactures and Commerce, &c.; China; Coal", Accounts and Papers: Vol. 30, Session: 19 November 1867—31 July 1868, ZHC 1/3263.

—— "Correspondence Respecting the Religious and Political Revival Among Mussulmans 1873 – 1874", FO 881/2621.

—— "Correspondence Respecting Trade in Arms in Persia, Muscat, &c. 1880 – 1898", Part 1, No. 230, 231 and 232, Inclosures 1 – 6, FO 881/7093.

—— "Persia considered as a Market for Austrian Goods", FO 881/1127.

—— "Report for the Year 1898—1899 on the Trade and Commerce of Khorassan", Diplomatic and Consular Reports, Persia, Annual Series: No. 2386, ZHC 1/6352.

—— "Report for the Year 1899 on the Trade and Commerce of the Persian Gulf", Diplomatic and Consular Reports, Persia, Annual Series: No. 2442, ZHC 1/6352.

—— "Report for the Year 1899—1900 on the Trade and Commerce of Khorassan", Diplomatic and Consular Reports, Persia, Annual Series: No. 2533, ZHC 1/6352.

—— "Report for the Year 1900 on the Trade and Commerce of the Persian Gulf", Diplomatic and Consular Reports, Persia, Annual Series: No. 2631, ZHC 1/6449 (presented to both Houses of Parliament by Command of His Majesty, June 1901).

—— "Report for the Year 1900 on the Trade of the Consular District of Resht", Diplomatic and Consular Reports, Persia, Annual Series: No. 2648, ZHC 1/6449 (presented to both Houses of Parliament by Command of His Majesty, June 1901).

—— "Report for the Year 1900 on the Trade of Azerbaijan", Diplomatic and

Consular Reports, Persia, Annual Series: No. 2685, ZHC 1/6449 (presented to both Houses of Parliament by Command of His Majesty, August, 1901).

—— "Report for the Year 1901 on the Trade and Commerce of the Persian Gulf", Diplomatic and Consular Reports, Persia, Annual Series: No. 2803, ZHC 1/6567.

—— "Report for the Year 1901 – 1902 on the Trade of Khorassan and Sistan", Diplomatic and Consular Reports, Persia, Annual Series: No. 2921, ZHC 1/6567.

—— "Report on the Silk Trade of Gilan", FO 60/90.

—— FO 60/19.

Upton, J. M., *The History of Modern Iran: An Interpretation*, Cambridge: Harvard University Press, 1960.

Vali, A., *Pre – Capitalist Iran: A Theoretical History*, New York: New York University Press, 1993.

Vardasbi, A., *Elal – e Kondi Va Napeivastegi – ye Takamol – e Jameeh – e Feodali – ye Iran* [*The Reasons for the Slow Growth and the Discontinuity of the Feudal Society of Iran*], Tehran: Chapar Press, 2536 (1978).

Vreeland, H. H., *Iran*, New Haven: Human Relations Area Files, 1957.

Walcher, H. A., *In the Shadow of the King: Zill Al – Sultan and Isfahan under the Qajars*, London: I. B. Tauris, 2008.

Ward, W. R., "British Policy in Persia, 1858 – 1890", *The English Historical Review*, Vol. LXIX, No. 273 (October, 1954).

Watson, R. G., *A History of Persia*, London, 1866.

Weber, M., *Protestant Ethic and the Spirit of Capitalism*, Richard Swedberg, ed, NY: W. W. Norton & Co Inc., 2009.

Whigham, H. J., *The Persian Problem*, London: Isbister and Company, 1903.

White, W. to the Marquis of Salisbury, UK Public Record Office, "Reports by Mr E. F. Law on Commercial Matters in Persia", Inclosure No. 1 – 7, FO 881/5728 (Constantinople, 8 December 1888).

Wilber, D. N., *Iran: Past and Present*, Princeton: Princeton University Press, 1976.

Wilson, Sir A. T., *The Persian Gulf*, London: George and Unwin, Ltd., 1954.

Wittfogel, K., *Oriental Despotism*, New Haven: Yale University Press, 1963.

Wolff to Salisbury, "Very Secret and Confidential", FO 65/1394 (No. 271, 3 September 1890).

Wright, D., *The English among the Persian during the Qajar Period* 1787 – 1926, London: Heinemann, 1977.

Wright, H. T. and G. A. Johnson, "Population, Exchange, and Early State Formation in Southern Iran", *American Anthropologist*, 77 (1975).

Wulff, H. E., *The Traditional Crafts of Persia*, Cambridge: MIT Press, 1966.

Yaganegi, E., *Recent Financial and Monetary History of Persia*, NY, 1934.

Zabih, S., *The Communist Movement in Iran*, Berkeley: University of California Press, 1966.

Zarrinkoub, A. – H., "The Arab Conquest of Iran and Its Aftermath", *The Cambridge History of Iran*, Vol. 4, R. N. Frye, ed., Cambridge: Cambridge University Press, 1975.

Zell os – Soltan (Soltan Masoud Mirza Qajar), *Sargozasht – e Masoudi* [*Masoudi's Biography*], Lithograph, Place and publisher unidentified, 1907.

Ziba Kalam, S., *Maa Chegouneh Maa Shodim: rishehyabi – ye elal – e Aghabmandeguidar Iran* [*How we became what we are: searching for the causes of Iranian backwardness*], Tehran: Entesharat Rouzaneh, 1374, 1375 (2nd edn).

Zolotarev, A. M., "The Area and Population of Persia", *Proceedings of the Russian Geographical Society* (Izvestiya Russ. Geogr. Obshest. XXIV), 1888.

Zonis, M., *The Political Elite of Iran*, Princeton: Princeton University Press, 1971.